公司·金融·法律译丛

The Economic Structure of Corporate Law
Frank H. Easterbrook
Daniel R. Fischel

公司法的经济结构

(中译本第二版)

〔美〕弗兰克·伊斯特布鲁克 著
丹尼尔·费希尔
罗培新 张建伟 译

北京大学出版社
PEKING UNIVERSITY PRESS

著作权合同登记号：图字 01-2013-0831 号
图书在版编目(CIP)数据

公司法的经济结构/(美)伊斯特布鲁克(Easterbrook, F. H.)，(美)费希尔(Fischel, D. R.)著；罗培新，张建伟译.—2 版.—北京：北京大学出版社，2014.4
（公司·金融·法律译丛）
ISBN 978-7-301-24110-3

Ⅰ.公… Ⅱ.①伊… ②费… ③罗… ④张… Ⅲ.公司法—研究 Ⅳ.D912.290.4

中国版本图书馆 CIP 数据核字(2014)第 068342 号

THE ECONOMIC STRUCTURE OF CORPORATE LAW
by Frank H. Easterbrook and Daniel R. Fischel
Copyright © 1991 by the President and Fellows of Harvard College
Published by arrangement with Harvard University Press
Simplified Chinese translation copyright ©
ALL RIGHTS RESEVED

书　　　名	公司法的经济结构（中译本第二版） GONGSIFA DE JINGJI JIEGOU
著作责任者	〔美〕弗兰克·伊斯特布鲁克　〔美〕丹尼尔·费希尔　著 罗培新　张建伟　译
责 任 编 辑	王　晶
标 准 书 号	ISBN 978-7-301-24110-3
出 版 发 行	北京大学出版社
地　　　址	北京市海淀区成府路 205 号　100871
网　　　址	http://www.pup.cn
电 子 邮 箱	编辑部 law@pup.cn　总编室 zpup@pup.cn
新 浪 微 博	@北京大学出版社　@北大出版社法律图书
电　　　话	邮购部 62752015　发行部 62750672　编辑部 62752027
印 刷 者	三河市博文印刷有限公司
经 销 者	新华书店
	650 毫米×980 毫米　16 开本　25.5 印张　367 千字 2005 年 1 月第 1 版 2014 年 4 月第 2 版　2024 年 2 月第 6 次印刷
定　　　价	59.00 元

未经许可，不得以任何方式复制或抄袭本书之部分或全部内容。
版权所有，侵权必究
举报电话：010-62752024　电子邮箱：fd@pup.cn
图书如有印装质量问题，请与出版部联系，电话：010-62756370

公司法的科斯定理
——代译序

2013年，法律经济学巨擘罗纳德·科斯（R.H.Coase）溘然辞世。2014年，《公司法的经济结构》这部涓涓流淌着"交易成本"思想韵味的作品，完成了中译本的第二版。作为译者，我们愿意以这份小小的序言，向这位思想巨人表达内心崇高的敬意。

一、法律经济学的进路

社会科学学术史的经验证明，影响一个学派的际遇和发展的重要因素之一是其质量本身，即它是不是一种强有力的分析和解释工具，能否据此有效地积累和传承智识。对于以解决商事纠纷为己任的公司法进行研究的学术流派，还不可避免地带有实用主义的倾向。近年来，以法律经济学视角分析公司法问题逐渐成为一种趋势。这与法律经济学内在的品格息息相关。

通常认为，现代意义上的法律经济学[1]诞生于20世纪50、60年代，其标志性事件为1958年芝加哥大学法学院创办《法律经济学杂志》和1960年科斯发表《社会成本问题》，后者通过对外部性问题独辟蹊径的分析，创设了著名的"科斯定理"，为运用经济学的理论与方法研究法律问题奠定了基础。20世纪70年代以后，法律经济学进入蓬勃发展时期，代表人物与研究成果大量涌现，最著名的就是理查德·A.波斯纳及其《法律的经济分析》。波斯纳借助经济学分析范

---

[1] 法律经济学的萌芽和孕育却可以追溯至古希腊时期。在柏拉图的《理想国》和亚里士多德的《政治学》中，即可以看到用经济学思维来分析法律规则的影子。随后，在意大利刑法学家贝卡利亚的《论犯罪与刑罚》中，同样可见经济分析的痕迹，他提出的"刑罚与犯罪相对称"理论就带着经济学思维的深深烙印。

式,通过著述、讲座对美国法律的各个具体领域进行了深入而细致的分析,构建了一个比较完整的法经济学理论体系。这"不仅对法学研究的方法论提出了严峻的挑战,而且正在改变着许多传统法学家、法律专业学生、律师、法官和政府官员的行动哲学"[2],其影响不言而喻。1981年,美国前总统里根任命了波斯纳、博克、温特等有着经济学思维倾向的法学家为联邦上诉法院法官,并发布总统令,要求所有新制定的政府规章必须符合"成本—收益"分析的效率标准;要成为美国各级法院的法官,也必须事先通过法律经济学课程的培训和考试。这无疑标志着法律经济学在法律实践中获得了巨大的成功、得到了广泛的认同。在此过程中,法律经济学还把研究的触角伸展到了宪政、刑事、民事、婚姻家庭、政府管制、程序规范等几乎无所不包的法律场域。可以说,在法律的意义上,所谓的"经济学帝国主义",其实就是"法律经济学方法论上的帝国主义"。

然而,社会科学学术史表明,从来都没有无懈可击的理论。20世纪70年代末80年代初,在法律经济学试图以自己独有的效率分析方法来解构所有的法学领域时,受到了施密德等经济学家和德沃金、弗莱德等法学家不同角度的猛烈批判。这些批评和责难的要义在于:法律制度是一个价值多维的制度体系,法律经济学意义上的"效率"是否完全等同于法律意义上的公平与正义?在婚姻家庭等注重情感治理的法律场域,以及在关乎人之生死的刑事法律场域,我们还能够以效率作为正义的实现标准吗?

对法律经济学的旗手波斯纳的批评,最犀利者莫过于以下言辞:

> 就是顺着这种"谁出钱最多就给谁权利"的一根筋思维,再加上惊人的写作热情,波斯纳法官已经把法律改写为刺激财富最大化的代价体系,改写了几乎所有部门法中的权利义务体系。而为了贯彻他的思维的一致性,他已经作出很多惊世骇俗的结论:出钱多的人有"权利"违约,有"权利"歧视劣等种族,甚至还

---

[2] 蒋兆康:《中文版译者序言》,载〔美〕理查德·A.波斯纳:《法律的经济分析》,蒋兆康译,中国大百科全书出版社1997年版,第9页。

有"权利"强奸,只要能够促进社会财富的最大化。[3]

前述批判一针见血地指出了法律经济学的局限性:在衡量法律规则的正当性时,并非总是能够以促进社会财富的最大化为标准。然而,正如自然界因物种的纷繁芜杂而呈现多样性一样,调整场域各不相同的法律,其品质或其公平正义目标的实现方式也或有差异。公司法调整的是被抽象为一个个理性的经济人在公司运作中发生的经济关系,盈利是各个微观主体的趋同性目标,尊重情感、伦理等在其他法律场域中可能要被考虑的多维目标,在公司法中则无需顾及。就此而论,法律经济学分析方法的效率导向,与公司法的财富和效率最大化目标堪称完美的契合。

也正因为如此,在公司法领域,法律经济学的研究范式具有顽强的生命力。作为法学家和经济学家之间成功合作的典范,20世纪30年代伯利(Berle)和米恩斯(G. Means)共同撰写的经典著作《现代公司与私有财产》甫一问世,就引起世人瞩目。从此以后,有关公司治理的法律经济学交叉研究开始蓬勃地开展起来。

1937年科斯的《企业的性质》一文发表,其独特的研究思路启发了后世的经济学家,也给法学学者的研究带来了一股清新的风气。本书作者坦言,他们对公司的理解,就是起源于科斯的这篇文章。在这篇文章中,科斯首先设问,为什么会存在企业?为什么企业不同于市场?两者之间的边界在哪里?对于这些问题,科斯从交易成本和契约的角度做了一个功能主义的解释。这种解释极大地启发了法学学者的研究思路,公司法学者开始沿着科斯的思考路径,以企业理论为基础,对公司法展开经济分析,试图寻找公司法存在和运作的若干价值和理念。自此,科斯所提出的交易成本和企业"合同束"理念开始在公司法研究领域大规模地繁衍开来。

受科斯的影响,美国第七巡回区上诉法院大法官伊思特布鲁克和芝加哥大学法学院法律与商务讲座教授费希尔率先对公司法和证券法展开较为全面而深入的经济分析。作为"科斯传统"的继受者,他们像科斯一样,以合同或契约为切入点,以交易成本的节约为主要

---

[3] 柯岚:《波斯纳经济分析法学批判》,载《财经》2005年第13期。

思想线索,对企业、公司法和证券法进行理论解构,试图发现公司法条文背后的效率含义。这种研究思路为曾经一度彷徨且沉闷的公司法研究重新注入了生机与活力。

自20世纪80年代以来,他们联合撰写并发表了系列论文:"Limited Liability and the Corporation," 52 *U. Chi. L. Rev.* 89 (1985);"Voting in Corporate Law," 26 *J. L. & Econ.* 395 (1983);"Corporate Control Transactions," *Yale Law Journal* vol. 91, pp. 698—737;"Close Corporations and Agency Costs," 38 *Stan L. Rev.* 271 (1986);"Mandatory Disclosure and the Protection of Investors," 70 *Va. L. Rev.* 669 (1984);"Optimal Damages in Securities Cases," 52 *U. Chi. L. Rev.* 611 (1985)。这些论文在学术界引起强烈反响。后来这些论文结集出版,就构成了《公司法的经济结构》(*The Economic Structure of Corporate Law*)的主体内容。

本书将法学和金融经济学原理近乎完美地结合了起来,既没有被经济学的"形式主义"所淹没,也没有为正统的概念法学所羁绊。在浩如烟海的公司法著作中,它能将法学、经济学和金融学知识如此有机地缝合在一起,达至水乳交融的境界,称其为"已有的公司法著作中最为优秀的作品"实不为过。难怪《耶鲁法学杂志》对其作出这样的评价:"绝对一流……伊思特布鲁克法官和费希尔教授已经完成了一部最重要、最具可读性的公司法著作,我们坚信它将是一部经典之作,它的出版必将对公司法的教学方式、公司法的理念乃至实务运作产生革命性影响。"的确如此,我们在翻译本书时已经感受到了本书所构造理论的冲击力量。

本书作者是美国著名的公司法和证券法专家,也是法律经济学的芝加哥学派的代表人物。伊斯特布鲁克是美国第七巡回区上诉法院法官,其主要研究兴趣在于反托拉斯法、刑法、程序法和其他涉及隐性市场和显性市场上的相关主题。他还是1983年美国证交会要约收购咨询委员会成员,美国法律协会会员,1992年当选美国艺术和科学院院士,1982至1991年还担任过《法律经济学杂志》编辑。本书的另一位作者费希尔教授曾任美国第七巡回区法院首席法官和最高法院法官的助理,其主要研究领域涉及公司金融、金融市场监管等领域。1980年他曾任西北大学法学院教授,1984年加盟芝加哥大学法学院成为该院终身教授。从本书内容所涉及的知识领域可以看出,两位学者的知识极为渊博,且精通法律实务。他们在剖析案例时,信手拈来;在作经济分析时,又鞭辟入里;全书说理与叙事相结合,经验与逻辑共演绎,整个论证过程显得血肉丰满,是一部难得的经典之作。

该书于1991年出版后,学术界对其好评如潮。据Westlaw数据库检索系统,在有关公司法的经典著作中,本书在1999年的被引证率为81次;而由Mark Roe所著的名著《强管理者、弱所有者》(*Strong Managers, Weak Owners*)和由伯利和米恩斯所著的经典著作《现代公司与私有产权》的被引证率则分别为31次和51次,这说明,在该年度公司法领域的著作中,本书的引用率雄居榜首。运用Google Scholar的数据检索显示,该著作1999—2014年累计被引用2450次。鉴于作者在公司法领域的学术影响力,他们二人被公认为公司法经济分析学派的领军人物。

2005年,《公司法的经济结构》推出中译本之后,迅速引起了中国公司法学界的广泛关注。根据2014年1月24日在中国知网(www.cnki.net)的检索结果,该著作为知网收录文献的引用频次分别为38次(2005年)、108次(2006年)、164次(2007年)、135次(2008年)、181次(2009年)、168次(2010年)、171次(2011年)、183次(2012年)。2005年译本刚推出,被引频次未得到充分体现,2013年的被引频次因文献收录滞后而未获完全统计。就引用率而言,这是一份多么令人骄傲的成绩单!

二、自由主义与契约自治

作为法律经济学芝加哥学派的理论旗手,伊思特布鲁克法官和费希尔教授仍秉承了芝加哥大学一贯的自由主义、市场本位传统。他们试图在其论文和著作中为公司法勾勒出一个契约自治的解释框架,从而为其存在和功能找到一种自由主义的宏大解说。认真研读他们的作品就会发现,自由主义的契约自治和对市场机制近乎神化的推崇,几乎是贯穿其作品始终的主旋律。他们认为,股票的价格评价机制一般能够确保股价反映公司治理的运作状况,就像其反映经理人水平的高低及公司产品的好坏一样;股票价格反映公司法律和公司合同的优劣,就像它反映公司产品的好坏一样。对于公司的经营状况,股价甚至比市场中任何单个参与者都更加敏感。他们在论述公司控制权交易(收购)的公司治理效应时宣称,只要收购机制能够在某种程度上确保公司经理市场的竞争与效率,就可以为广大小股东提供最强有力的保护,而法院和 SEC 为保护股东而发展出来的信义义务规则和股东派生诉讼制度则显得微不足道。

不难看出,从理论叙事风格看,他们保留了典型的"芝加哥风格",在法律经济学界独树一帜。然而,不可避免的是,这种"芝加哥风格"也因其意识形态的偏见而遭到众多非议,甚至在美国公司法学界还引发了关于公司法的性质的激烈论战。这些论争对于公司法理论的发展已经产生了深远的影响。直到现在,有关公司法的强行法抑或任意法性质的争议,仍是公司法理论与政策争议的核心。所幸的是,我们在本书中就能领略到各种学术观点的较量与交锋——尽管作者在本书中提到一些观点时,仅仅是为了论证自己的观点而以"假想敌"的形式出现的。

在本书中,伊斯特布鲁克和费希尔教授首先注意到了这样一些问题:为什么公司法会允许经理人在经营公司财产时,制定一系列规章制度?为什么法庭授予那些有利己主义倾向的公司经理人,比那些所谓的代表公共利益的无私管制者更多的权限?为什么投资者会相信那些自身行为基本上不受法律约束的经理人,并将大笔的钱交由他们去管理呢?为什么公司经理人可以自主决定诸如企业生产什么以及利润如何分配等问题?为什么公司几乎所有的重大决策都由私人自主决定,而不是由政府去开药方?为什么法律会不惜笔墨地对经理和股东之间的关系进行界定,却放手让公司雇员、债权人和其他利害关系人以合同来保护自己的权利?由此引发的理论命题是:什么是公司?公司法的性质究竟是什么?是强制性还是任意性的?还是二者兼而有之?为什么存在公司法?是公司参与方的合约创造了公司,还是公司法创造了公司?闭锁性公司和公众公司的公司法规则应否保持结构性一致?股东能否在章程中议定合约条款、进而排除公司法的适用？公司法条文是否可以由当事人自由选择？对于这些问题，本书的作者并没有拘泥于概念法学的研究程式，而是以法与经济学的交叉理论视角去探究隐藏在公司法和证券法背后的经济逻辑。

围绕这些问题，本书对诸如公司合同、有限责任、投票权、信义原则(本书将"信义原则"定义为"合同的默示条款"，也就是指在书面合同缺乏规定时，合同双方在交易费用为零的情形下，本应协商好的隐含契约条款)、商业判断规则与股东派生诉讼、公司控制权交易、估价救济、公司合并与反接管条例、封闭公司、内幕信息交易、强制性信息披露、最优损害赔偿等问题都作了新古典主义经济学的分析和契约化解释。

按照新古典经济学的公司合同理论，公司"乃一系列合约的连结"。这"一系列合约关系"，包括与原材料或服务的卖方签订的供应合同，与向企业提供劳动力的个人签订的雇佣合同，与债券持有人、银行及其他资本供应方签订的借贷合同以及与企业产品的购买方签订的销售合同等。这些合同既可能表现为文字的和口头上的，也可以通过明示或默示的方式来完成。

从公司合同理论考察，公司法实际上就是一个开放式的标准合同，它补充着公司合同的种种缺漏，同时也在不断地为公司合同所补充。公司合同补充着公司法，主要表现在公司参与方拟定公司合同，"筛选出"公司法，这可视为对这一标准合同的"补充"；具体公司合同在经过千百次的市场考验，经过优胜劣汰的进化进程以后，立法者将其一体"继受"，就可成为公司法规则了。鉴于此，我们可以把公司法视为合同法在公司领域的延伸，或者说是合同法的特殊形式。据此解释，公司中诸多意思自治的成员所形成的复杂关系往往是契约性的，而且是自愿的。有些合同可能经过谈判和协商，有些合同则可能是由经理人或投资者直接制定的一系列格式条款——在这些条款中，只有价格允许协商；有些合同可能是固定的，且对方必须按照随行就市的价格去接受(如人们在市场交易中买进投资工具的行为)，另有一些合同则可由法院或立法机关提供解释，这类合同中包含有"如果合同双方有明显的争议，则可再行协商"的条款。

当然,从动态的角度来看,公司法的这种契约性质并不是偶然形成的,而是在公司"为生存而斗争"的演进过程中适应性地出现的。从长期来看,这种优胜劣汰的竞争压力可以推动多样化公司治理结构的形成,并且使契约式承诺和信义原则生长出来。从这种意义上说,公司法条款,应当是公司参与各方在协商成本足够低的情况下,必然会采纳的制度安排。也就是说,公司法应该有一个经济结构,如果充分缔约的成本很低,公司法就可以通过提供投资者自愿选择的规则而使股东财富有所增进。公司法规则也是在竞争中演进的,那些不利于人们从有利可图的交易中通过竞争而获利的公司法规则,将会在实践中被淘汰。对于这一点,如果我们仅仅从公平与否,或本着"泛道德化"的"家长主义"去理解,就很难把握公司法潜藏的这种利益驱动下的"财富最大化"的精神气质。

其实,沿着这种公司法的契约分析进路,本书作者伊思特布鲁克和费希尔所要表述的正是"科斯定理"的公司法版本:在零交易成本条件下,假如公司组织中的投资者、经理人和其他利益相关主体能够协商一致并且能够准确无误地履行他们之间的协议,公司法的规则和运作就和他们所自愿达成的契约条款相类似。但是由于有关契约的谈判和履行总要付出成本,这时,对于那些公司参与者来说,公司法就能够为他们之间的关系提供一套他们都可以一体遵循的规则及实施机制。这种理念贯穿本书始终,比照财产法上的"科斯定理"的含义,我们完全可以把本书所要表达的核心理念表述为公司法的"科斯定理"。

概括而言,本书的研究结论表明,公司法应该是开放式合同,在这种合同形式下,公司参与各方在利益驱动下可以对公司法进行增删修改,在一定情况下公司参与各方甚至可以选择"退出"公司法规则。也就是说,公司法的品格应该被理解为适应性的。其适应性品格在现实中最重要的表现就是对技术和市场相对价格变化方面的灵活应变性——正所谓"势易时移,变法宜矣"。当投入公司的某种生产要素的相对价格发生变化时,公司法就应该对新的利益格局作出明智的适应性反应。

三、计算的可能及限度

法学研究及制度设计经常面临的困难在于,如何确立正义的标准,并以此为基础完成权利义务的配置?举例而言,本书第三章所关注的是,公司法领域的基础问题在于,在雇员、高管、董事、债权人和股东等多元利益群体中,应当由谁拥有投票权?投票权的配置,应当遵循怎样的规则?对于这些问题,伊思特布鲁克和费希尔并没有拘泥于概念法学和规范分析的研究程式,而是以法与经济学的交叉理论视角去探究隐藏在公司法背后的经济逻辑。

这些研究进路与传统的规范分析迥然相异,为公司法学研究带来了一种"计算"的可能。接下来,回到投票权这一基础性制度安排来展开分析。

我国早期的教义告诉我们,职工是企业的主人翁,职工要爱厂如家。现在仍未废止的《中华人民共和国全民所有制工业企业法》第9条规定:"国家保障职工的主人翁地位……"然而,随着国有企业改制的深入开展,许多企业职工纷纷下岗,这对"职工是企业的主人翁"这一法律规定带来了严峻的挑战。一个直观的疑问是,职工既然是主人翁,为什么会丢掉饭碗?如果说这条法律规定是泛意识形态的法条,那么在法律的意义上,企业的"主人翁"究竟应当是谁?换句话说,公司的投票权应当如何配置?

这一问题之所以至关重要,是因为投票权在公司治理中发挥着基础性作用,弥补着公司法规则之于具体公司治理的种种不足。如前所述,在法律经济学的分析框架内,公司法是规范公司设立与运作的标准合同形式。立法者将公司设立及运作实践中遇到的问题及其解决途径,以法律的形式转化成公共产品,向公司参与者提供,便形成了公司法规则。这些规则能够满足绝大多数公司参与方的需求,从而有效地降低了协商成本,使他们能够将谈判焦点集中于特定事项。但面对纷繁芜杂的公司实践,规则本身的不周延使公司法规则难免挂一漏万,公司的特殊事项必须留待公司各参与方自行议定。

投票机制正发挥着此项功能。投票权意味着权利人有权对公司法未予明确规定的事项作出决议。在法律经济学的语境下,作为"一系列合约的连结"的公司,有着股东、经营管理人员、雇员、债权人、原材料供应商、客户等多个参与方,他们存在着明显的利益异质性,这使得把公司的表决权配置给他们每个人,都将存在极大的"集体行动成本"。该成本是指不同的决策主体在利益上存在异质性而产生的额外成本。举例而言,在一个八层楼高的大楼里,修理电梯的决定给住在一层的人们带来的益处,远不及给住在八层的人们带来的益处大。所以,因为楼层的不同,对于要不要多付加班工资以加快电梯维修进度,各方会持不同意见。这种不同的见解,常常拉长决策的过程,增加决策成本,甚至会使电梯的维修无法进行下去,最终降低了参与方的总体福利。这种对效率的损害,就表现为"集体行动的成本"。

在这些多元利益群体中,将投票权配置给股东的原因在于,股东是公司财产的剩余索取权人。在公司诸多利益相关人中,债权人拥有固定的利息收入,经理及雇员已就薪酬计划与公司有过协商安排,无论他们如何努力以作出正确的投票,都无法获得超额的回报。因而这些对公司收入拥有固定索取权的人缺乏适当的投票激励。而对于股东而言,无论公司经营情况如何,都必须一体承受,他们永远站在最后一线与公司兴衰与共。作为剩余索取权人,股东拥有最适当的激励去作出理性的投票。所谓剩余索取权是指股东就其持股份额而享有的分红权及公司解散之后的剩余财产分配请求权。在美国各州,关于股东投票的绝大多数基础性规则都保持着一致:所有的普通股都拥有表决权,所有的投票都拥有相同的权重;除股东外,其他公司参与方都没有表决权,除非合同中另有明确约定。

在实践中出现的另一问题是,如果股东不想行使投票权,能否将其出卖以获得利益?就纯粹的私权交易而言,股东投票权买卖似乎并无违法之处,有学者即认为,如果投资者不能或不愿行使他们的表决权,应当允许他们将其出卖。[4] 然而,在法律经济学的分析框架内,投票权与剩余索取权必须相配比,也就是说,如果每股所拥有的剩余索取权相同,则其所附着的投票权权重也应相同。如果投票者的表决权与其剩余索取权不成比例,则他们无法获得自己努力所带来的等同于其表决权比例的利益份额,也无须按其表决权比例承担可能造成的损失。这样,利益和风险机制的匮乏使得他们不可能作出最优的决策。或者更为糟糕的是,如果一方股东拥有相对于其持股比例而言过高的投票权,还会诱发损害其他股东利益的关联交易等道德风险。因而,买卖股东的投票权应为法所不许。

举例而言,如果允许投票权买卖,那么张三持股10%,在理论上可以通过购买而获得80%的投票权,将会产生如下后果:

其一,由于张三拥有80%的投票权,在理论上,采取种种措施(包括作出明智的投票决定)以增进公司利益的激励应当有80%来自于张三。然而,由于张三只能获得10%的剩余索取权,无论其如何努力,均只能获得公司因此所增收益的10%,因而,张三虽拥有超级投票权,却少有时间和精力的投入。他宁可消闲、过度奢侈消费,或本着有利于其获得在职消费的方式来投票,而不可能尽力谋求公司利益的最大化,因为其他股东承担着其余绝大多数的成本。

其二,一种更为糟糕的结果是,张三不但消极无为,甚至有可能控制股东大会,将公司市值1000万的优质资产,以500万元卖给其另设的全资公司。在这笔交易中,张三获得的净收益是450万元,其计算方式如下:−50万元(其在本公司的收益)+500万元(其在另设公司的收益)=450万元。而这450万元正是其他所有股东利益的减损,也就构成了张三行使其购得的投票权所产生的代理成本。

股权转让的代理成本,表现为股权行使的外部性,易言之,一方股东行使股权的行为,在为其带来利益的同时,如果损害了其他股东或其他利益相关方的利益,则会构成经济学意义上的负的外部性,也

---

[4] Timothy K O'Neil, "Rule 19c-4: The SEC Goes Too Far in Adopting a One Share, One Vote Rule," *Northwestern University Law Review*, vol. 83, 1989, pp. 1057, 1077.

即产生了股权行使的代理成本。该代理成本的产生原因有二:

第一,股权具有共益权属性,其不当行使会伤及其他股东利益。根据股权的内容和行使目的,股权可分为自益权与共益权。自益权是指股东专为自己利益而行使的权利,如分红权、公司剩余财产分配请求权等,自益权主要是财产权。而共益权是指为自身利益并兼为公司利益而行使的权利,包括表决权、选举权、查阅权等,共益权主要是人身权。自益权的行使不会带来代理成本,但共益权则不然。如果转让股权中的共益权而不转让自益权,将会导致受让人获得的身份权与转让人保留的财产权相分离,带来了激励的错配。举例而言,股东卖出投票权以获取价金,尽管符合意思自治的正当性外观,但由于其导致股东的投票权与投票后果的承担相分离,将引发不负责任的投票等风险,从而损害了其他股东的利益。在其他股东虽不是投票权买卖合同的当事方却仍然受损这一角度而言,投票权买卖产生了代理成本,故应为法所不许。

第二,股权转让具有遏制公司经理人与股东之间的代理成本的功效。公司经理人利用信息不对称滥权谋私,损害股东利益,产生了传统意义上的代理成本。股权的自由转让,创造了反映着公司治理水平的股权价格和公司并购市场,如果经理人滥权谋权,股东将抛售股票,公司股价将直线下挫,公司将面临被收购的威胁,现任经理人职位堪虞。故而,顺畅的股权转让市场有利于降低经理人的代理成本。也正是在这一意义上,股东会决议或者公司章程条款中限制或者禁止股权转让的约定,尽管符合"资本多数决"的正当性外观,但它可能伤及股东的退出权,进而减损了资本市场对高管的制约力量,从而间接地推高了代理成本,对其正当性应予审慎考量。

正因为如此,股权转让与物权或债权的转让理路判然有别。以所有权这一最为重要的物权而论,通说认为,它具有绝对性和排他性,即只要他人不加干预,所有权人自己便能实现其权利。所有权的义务主体是所有权人之外的一切人,后者所负的义务是不得非法干预所有权人行使权利,是一种特定的不作为义务。而债权则具有相对性,具有特定的义务主体,即债权人的请求权只对特定的债务人发生效力。总之,物权或债权的转让不会产生外部性问题,而股权(包括其权能)的转让则须考虑其潜藏的外部性所引发的代理成本。股权转让的受让方继受的并非仅仅是权利,而是概括继受了股东身份,必须接受此种身份所带来的有利或者不利。一方面,相关法律规定必须使股东身份产生的投票权等共益权与其自益权相匹配,也就是说,股东的身份权必须与财产权相匹配,以降低代理成本;另一方面,在意思自治的前提下,股东在一定范围内可以达成限制股权转让的合约安排,而且在资本多数决条件下,有时小股东虽未许可,大股东也会达成强制转让股权或强制锁定股权等种种限制性条件,从而产生了股东之间的代理成本。凡此种种,均须在合同自由、资本多数决与降低代理成本之间求取适当的平衡。

此种分析路径显然与传统的规范分析差异极大。在评价法律经济学对于公司法学研究的贡献时,不妨借用弗里德曼的一句话"从一个共同的目的出发,法律经济学提供了一种评价法律规则的确定的方法……"[5]在商法、特别是在公司法领域,这个"共同的目的"就是公司参与方福利或效率的最大化,而这种确定的方法,就是计算各方的福利。

然而,以公司参与方福利或效率最大化为目标,却也会面临"计算"方面的难题。"活熊取胆"的福建归真堂药业股份有限公司(下称"归真堂")谋求上市所面临的争议,淋漓尽致地体现了这一点。2012年"归真堂"再度谋求在深圳创业板上市。由于该公司的主营业务是熊胆制成的中成药,而这需要从活着的熊身上抽取胆汁。2012年2月,国内动物保护组织致信证监会反对归真堂上市,迅速引发公众关注。美国《纽约时报》等西方媒体纷纷报道,指责"活熊取胆"行为,呼吁中国将其取缔。与此同时,国内媒体也纷纷报道此事,指责"归真堂"虐待动物,主张采用人工合成产品代替天然熊胆汁制品。

"归真堂"应否上市?有观点认为,单纯从上市资格角度看,只要公司的主营业绩不存在欺诈行为,历史业绩能够证明公司具有可持续经营能力,符合上市条件,就应允许其上市。上市公司和保荐人的

---

[5] 〔美〕大卫·弗里德曼:《经济学语境下的法律》,杨欣欣译,法律出版社2004年版,引言,第2页。

主要职责是充分披露公司的主营业务、经营业绩和风险。在上市公司充分披露的前提下,投资者必须承担上市公司的经营风险。证监会对上市文件的审查并不涉及伦理层面。只要是合法存在的公司,都有可能获批上市。如果投资者厌恶"活熊取胆"的盈利模式,自然会拒绝购买该公司的股票,"归真堂"最终也将发行失败。

然而,历史多次证明,只要能够盈利,投资者从来不会因道德方面的可责难性而放弃对公司的投资,国外的烟草公司或军火公司屡受资金追捧即为适例,倚赖市场机制并不可靠。因而,法律经济学论者试图抛开市场机制,转而运用福利效用之"计算"来为证监会拒绝"归真堂"上市寻求正当性。该观点认为,熊胆制品虽具有清热解毒、平肝利胆等一定的医疗功能,却并不能治疗癌症等绝症,不具有药理上的不可替代性,而其保健功能亦并非人类所不可或缺。相反,"活熊取胆"已经违背了大多数人的内心感受,伤害了人类对动物的基本情感,引发了国际舆论对于中国企业道德水平的质疑和担忧,影响了中国企业的国际形象,因而违背了我国《公司法》第5条关于公司"必须承担社会责任"的规定。鉴此,"活熊取胆"减损了社会总福利,应予禁止,该公司也不应上市。

但以上判断所面临的责难在于,任何公司行为、甚至是任何交易行为,都不可避免地带有外部性,在计算这些行为的福利效应时,应当在多大程度、多大范围内考虑这些外部性,从而决定该行为是否具有正当性,颇难计量。如果处理不当,极易破坏交易的相对性,影响各方预期,最终伤害法律的安定性。也正因为如此,尽管公司法将"遵守商业道德"明确为公司义务但"公司缺德"现象仍层出不穷。对于公司的悖德行为,裁判者向来缺乏"以德入法"的意识和技术准备,而法律经济学方法对此提供的支持也嫌不足。《公司法的经济结构》显然也没有找到很好的机会来回应这些潜在的问题。

尽管法律经济学方法运用于公司法学研究仍然存在诸多缺陷,但正如波斯纳所言,至少"在一个目的共同的场合,将一个法律的问题转化为一个社会科学的问题,可以使法律问题变得确定起来,并因此可以推进有效的边沁式工程,即把法律建立在一种更为科学的基础上……"[6],对于存在着简洁明快地解决纠纷需求的商事裁判领域而言,此点尤为重要。

四、技术变革与规则趋同

作为一门应用科学,公司法天生具有贴近生活、解释实践的内在品性。置身于经济全球化的年代,公司法不可避免地被打上了技术变革与规则趋同的烙印,公司治理也表现出鲜明的一体化走向。

公司法的这种适应性品格,对于当下的中国,具有别样的意义。

2013年国务院印发的《中国(上海)自由贸易试验区总体方案》明确指出,必须"着力培育国际化和法治化的营商环境,力争建设成为具有国际水准的投资贸易便利、货币兑换自由、监管高效便捷、法制环境规范的自由贸易试验区"。目前,上海自贸区近13000家企业中60%为外资企业,一旦产生争议,它们希望纠纷得到简洁明快的解决,不愿陷入旷日持久的诉讼中。这对裁判、特别是商事裁判的效率提出了极高的要求。以此为背景,如何在外资倒逼机制下,形成一套便捷高效的商事裁判规则和做法,以复制推广到全国,将是自贸区建设面临的一项严峻挑战。

而其中,完善公司立法并确立法官裁判所依循的公司法理,无疑是重中之重。

在立法方面,尽管在上海自贸区内暂停公司法的实施已给市场足够的修法预期,但这次修法力度之大,仍然出乎许多人的意料。2013年12月28日,我国最高立法机构对《中华人民共和国公司法》完成了以下修改,并将于2014年3月1日起实施:

> 其一,取消了公司注册资本最低限额的要求。除了法律、行政法规以及国务院另有规定外,取消有限责任公司最低注册资本3万元、一人有限责任公司最低注册资本10万元、股份有限公

---

[6] [美]波斯纳:《法理学问题》,苏力译,中国政法大学出版社2002年版,第485页。

司最低注册资本500万元的限制。这意味着"1元"设立有限责任公司或者股份有限公司成为可能,注册资本不再因公司形式不同而有差异。

其二,取消对股东首次缴纳出资比例及缴纳出资期限的限制。全体股东(发起人)认缴的注册资本可以在十年、二十年甚至更长时间内缴足。

其三,从实缴登记制转变化认缴登记制。除了募集设立的股份有限公司的注册资本为在公司登记机关登记的实收股本总额外,有限责任公司的注册资本为在公司登记机关登记的全体股东认缴的出资额,发起设立的股份有限公司的注册资本为在公司登记机关登记的全体发起人认购的股本总额。公司营业执照不再记载"实收资本"事项。同时取消了"有限责任公司中全体股东的货币出资金额不得低于注册资本的百分之三十"的限制。

其四,取消公司登记提交验资证明的要求。删除公司法"股东缴纳出资后,必须经依法设立的验资机构验资并出具证明"的规定,这意味着自2014年3月1日起,股东缴纳出资后,不再要求必须经依法设立的验资机构验资并出具证明,公司登记机关也不再要求提供验资证明,不再登记公司股东的实缴出资情况,公司营业执照不再记载"实收资本"事项。

这次修法的制度功效之评估,或许还有待时日。但淡化公司法管制过多的刚性色彩,还原公司法适应性品格的真实面目,使公司治理合乎本性地自然生长而不是由国家推动的"逆向生长",这是一个历史的必然趋势。而且,在公司法日后的修订过程中,我们势必还会遇到这样的问题:国家强制和契约自治的界限到底在哪里;公司治理中政府管制机制和市场机制如何协调;公司法在修改过程中该如何把握二者之间的"度",这是公司法修改中最难把握的问题。读一读本书,以一种适应性的品格来理解公司法,或许我们会有一种豁然开朗的感觉。

同样,就司法而言,法官裁判大量案件所获得的"习得经验",本质上是一种依附于法官个人智慧和学识之上的人力资产。而在法官

"习得"的过程中,本着公司治理的进化理性主义而不是建构理性主义来确立裁判理路,其重要性不言而喻。细细品读本书,无疑大有裨益。

本书由张建伟和罗培新合作完成。全书翻译的分工如下:张建伟负责前言、第1、2、5、8、10、12章和封底及全书翻译第一版的协调工作;罗培新负责第3、4、6、7、9、11章、致谢、案例索引、作者索引和总索引的翻译,另外负责全书翻译第二版的协调工作。本书第5章和第10章译稿的校对和整理曾得到复旦大学法学院的何苗和刘晶晶两位同学的大力协作,何苗同学还参与翻译了第2章,在这里向她们表示衷心的感谢。能得到本书的翻译机会,还要感谢贺维彤先生以及毕竞悦女士促成此番美事,使我们能够得以优先领略大师原汁原味的经典著作的思想魅力。特别要感谢北大出版社的王晶编辑为此付出的智慧和辛劳。

翻译过程实际上也是创造性的解读过程。本书横跨法学、经济学、金融学(公司金融)和管理学诸学科领域,原著的语言简洁而行文又极具跳跃性,这无疑增添了翻译的难度,不过我们还是尽力捕捉原著字里行间所蕴藏的神韵,并尽量用地道的中国语言去体现原著行文过程中所内含的气脉与精神。第二版还修订了第一版的若干误译。尽管作了这样的努力,由于译者的时间和水平有限,难免会有一些缺憾,在这里也欢迎读者批评指正。

罗培新　张建伟
2014年1月于上海

献给我们的父母

及献给罗纳德·科斯

前 言

我们来寻求理解公司法的逻辑。为什么公司经理人可以自主决定诸如企业生产什么、是否支付红利以及如何支付自己的薪水和奖金等问题？为什么公司几乎所有的重大决策都由私人自主决定，而将诸如股权委托最大期限之类鸡毛蒜皮的琐事，交由政府去开药方？为什么同一位法官在产品责任案件中，会咄咄逼人地审视飞机的设计过程或在其他案件中审查无私利的政府部门决策，而在决定一位只在两个城市做过简单的试用，就匆匆引入新产品的公司经理，是否负有疏忽的过失责任时，却表现出相当的踌躇？为什么法律会不惜笔墨，对经理和股东之间的关系进行界定，却放手让公司雇员、债权人和其他利害关系人以合同来保护自己的利益？为什么在证券案件的审理中没有实施惩罚性赔偿，而在其他诉讼中这种赔偿却司空见惯？

公司法的这些突出特征并非空穴来风，它是在州与州之间、企业与企业之间经年累月的长期演进过程中，出现的共性模式。这些模式也是随着公司为生存而进行的斗争中而适应性地出现的。如果以"公平"或"家长主义"为公司法的目标和理念，我们几乎无法理解这些模式，但从经济的角度出发，便可轻而易举地理解它们。因此，我们断定公司法有一个经济结构，而且推断，如果充分缔约的成本很低，公司法就可以通过提供投资者自愿选择的规则，而使股东财富有所增进。

这本书将法律和经济学原理结合了起来，其中有一大部分是有关实证经济学的演习——也就是说，我们是在这个世界和其法律都给定的假设前提下来试图理解它们为什么存在。当然我们也会涉及一些明显的规范性命题——我们采用经济学的分析方法去解析法律，并假定如果它能够促进社会福利的话，而告诫立法者和法官应该作出什么样的立法和法律裁决。我们这本书只是一个前沿性的探索性综述,一个更完整的评估,将会包含对法律教义及其细枝末节的详尽考察——它不仅涉及对法律主要特征的考察,也会涉及对其起源的详尽解释。然而仅就解释公司法的结构和动力机制来说,一本书足矣。

十多年来,我们已经将经济分析的视角瞄准了公司法领域。我们先前发表的几篇论文构成了本书的核心章节;另一些论文则仅出现于脚注之中;还有一些来自于我们所写的手稿,并且这本书的所有部分(包括那些基于论文的部分)都已被我们充分修订和更新。本书为了易于处理所作的简化处理,势必会使我们忽略许多别人业已取得的智力成果。尽管我们对此无法补偿,但我们还是在这本书的末尾表示了我们的谢意。特别地,就像别的当代企业组织领域的学者一样,我们非常感谢科斯,正是他,首次指出企业和市场之间存在的相似或差异。尽管科斯在我们加盟芝加哥大学时,已从芝加哥大学教席上退休,但他曾作出的智识性探索仍在给我们这个学院和这个职业注入生机与活力。没有他,或许公司法的经济研究仍在沉睡之中。我们已将这本书献给了他。我们也同样把这本书献给我们的父母亲——没有他们,也不可能有本书的诞生。

弗兰克·伊斯特布鲁克　丹尼尔·费希尔

目 录

1 公司合同 … 1
　公司形态的动态构成 … 4
　市场、企业和公司 … 8
　真实的和非真实的契约 … 15
　公司合同构造原理 … 22
　最大化目标 … 35
2 有限责任 … 40
　有限责任的基本原理 … 41
　有限责任和风险外部性 … 49
　揭开公司面纱 … 54
　降低道德风险的替代性方法 … 59
3 投票 … 62
　股东为什么投票 … 62
　涉及选举的各州规则 … 72
　投票事项 … 79
　委托投票机制的联邦法律规则 … 81
4 信义原则,商业判断原则和派生诉讼 … 90
　信义义务的功能 … 90
　商业判断原则和责任规则的局限性 … 93
　(信义原则的)应用 … 102

2 公司法的经济结构

5 公司控制权交易 — 110
　　平等待遇、信义义务、股东福利 — 111
　　实务操作中的信义原则 — 125
　　相关背景中的信义义务 — 142

6 估价救济 — 144
　　估价的功能 — 144
　　估价机制是否关乎大局 — 146
　　股票市场的例外 — 148
　　什么是"公平价值" — 151
　　估价存在的问题 — 152
　　估价救济的排他性 — 156
　　估价救济的范围 — 160

7 要约收购 — 161
　　合同范式 — 162
　　代理成本和要约收购 — 171
　　对并购理论的检验 — 192
　　特拉华州的中间标准 — 209
　　附录 — 214

8 公司注册地选择的争议和州反接管条例 — 217
　　是否存在"竞相放宽反接管标准的竞赛"
　　　　（race for the bottom）? — 217
　　反接管条例与注册地选择之争 — 224

9 封闭公司 — 233
　　封闭公司的经济结构 — 233
　　封闭公司的治理结构 — 237
　　在缺乏股东协议时公司法的作用 — 241

10 内幕信息交易 259
内幕信息的含义 259
为什么公司应当把信息产权分配给管理层 262
为什么公司应该限制内幕信息交易 265
内幕交易与科斯定理 269
限制内幕交易的法律规则 271

11 强制性信息披露 283
联邦法律禁止欺诈的规定 287
强制性信息披露 293
作为"第三方效应""法律错误""寻租"应对策略的
　披露规则 307
成本和收益的实证分析 317

12 最优损害赔偿 323
证券市场最优制裁的经济学 324
法律规则和经济分析 337

致谢 362

案例索引 365

作者索引 368

总索引 372

1 公司合同

长期以来,公众和学界对有关公司的讨论,似乎都是建立在这样一种假设之上——公司管理层拥有公司"控制权",并可以利用该控制权来剥夺投资者和消费者的利益。针对这种假设,通常给出的药方是,可以由政府对公司采取某种形式的干预——如:针对企业的产出、价格、甚至是企业员工的工资水平等来对该企业施加某些影响;也可以由政府对证券市场实施监管;当然,还可以采取公司法的形式,比如在公司事务的决策方面,确立对某些事项表决的法定最少投票规则,来规范和限制公司管理人员的权力,以使得管理层能更好地经营公司和善待投资者。

这个命题其实并不复杂。在大多数大型公司中——企业与其投资工具一起被自由地交易——我们姑且可以将这种公司称为公众公司。在这种公司里,每个投资者都拥有很小的份额,也就仅仅承担整个公司经营活动中的一小部分风险,与此相应,他们所拥有的权利也就很小。但是公司的管理人员就不一样了,他们更了解公司的运作情况,因此就极有可能向投资者隐瞒有关公司和他们自己行为的信息。只要拥有了公司的这些私密信息,经理人就可以对投资者瞒天过海,暗渡陈仓了。他们大肆地将财产向他们自己转移,甚至将公司财产窃为己有或将其挥霍一空。这些转移财产和玩忽职守的行为,也许表现得并不那么明显,但却是客观存在着的。即使不存在,也有出现这种不当行为的潜在可能性。因此,这时只有采取某种形式的管制,才能保护投资者的切身利益。监管的局限性,并不在于其违背了自由缔约原则,而在于监管过度的担忧,毕竟,公司章程充其量是各类意思表示的聚合体,而该意思表示的形成过程,往往由经理人说了算。这样一来,在有关是否应该允许公众公司发行无表决权股票的问题上,大多数人就认为,这种无表决权的股票是不好的,因为它

2 公司法的经济结构

将使得经理人越来越脱离投资者的控制。由此产生的一个问题是,如果直接禁止(而不是严格限制)发行无表决权股,是否会对公司筹集资金的能力造成"过多"的限制呢?

尽管现在有关公司管制的话语俯拾皆是,但公司法还是沿着不同的方向,走出了一条迥异的道路。几乎在所有的州,公司法都是"赋权型"法。赋权型的法律允许经理人和投资者自行填写选票以建立公司治理制度,监管者无须进行实质审查,而且对于许可的公司治理方式,也无须进行正儿八经的约束。除了极为少数的例外情形,公司经理人的行为是终局性的。法院对其运用"商业判断原则",不能随便插手公司内部事务。然而,法官所遵循的这个准则,却不适用于政府行政官员所做决策的场合。因为,和公司管理人员相比,政府行政官员不会从决策中获取利润,因而,很可能有人会认为,他们在作决策时就不会面临导致公司经理人偏离投资者的目标的压力。因此,一般法庭会去监督所谓公共利益的代言人——行政经理人,而放手让自利的公司管理人员自行其是。那么公司经理人都会做些什么呢?

我们先来看一看选择的问题。公司的创立者和经理人可以决定公司采取什么形式,是公司制、信托制、合伙制、互助制还是合作制。他们要考虑设置公司的目的是什么;是营利还是不营利;或者持一个中间立场,即在追求利润目标的同时,也关注其他目标(就像报纸的出版者一样)。他们必须选择是设立允许大众投资的公众公司,还是设立封闭公司。他们选择发行何种权利凭证(债权、股权、权证),按什么比例、以什么价格来发行;这些权利人拥有什么权利,其中不仅包括获得偿付的权利(多长时间一次,数量多少),还包括投资人是否拥有投票权,以及如果有权投票,拥有多少投票权,在什么事项上有投票权。他们还要决定公司到哪里去注册。他们要选择公司的组织结构(是金字塔形的,还是松散的、事业部制结构),在组织结构中,中央集权的程度是强还是弱,企业是(通过内部增资或合并)扩张还是(通过变卖公司现有资产或公司分立)收缩。投资者还可以选举公司董事会成员,后者既可以是内部人,也可以是外部人,并且董事会还可以决定由谁来代表公司行使什么权力。在实践中,除非投资者对董事会的业绩不满意,并且通过多数决来推翻一切并重新组建董事会,董事会通常是自我维续的。除了极少数的例外情形,公司所有的商业决策——包括经理人的工资、奖金、股票期权、退休金和津贴等——都由董事会作出或者在其监督之下作出,任何人都不会提出实质性的异议。如果有人向法院表示疑义,法院将援引商业判断原则将他们打发掉。

然而,有些事情却必须予以限制。比如,几乎所有的州,都毫无例外地规定了禁止设立永久董事;它们还设立了法定最低人数规则,通常要求三分之一董事出席,或在作出重要决定时必须有一半的投资者出席。它们要求"重大"交易必须提交董事会(偶尔也会要求提交股东会),而不仅仅是由经理人或者董事会下设的委员会来批准;它们禁止出售与其投资权益相分离的投票权,并且禁止以公司库存股来累积其投票权;它们要求公司经理人对投资者负有忠实义务。联邦法律还要求企业在发行证券时要及时披露相关信息,而公众公司则被要求定期公布其年度财务报表。

其意已决的投资者和经理人可以规避掉这许多规则,然而,必须附带说明的是其便利性。公司法的任何理论都必须对法律的强制性与赋权性特征作出解释,同时必须解释的是规制的范式——这种范式一方面使经理人可以自由设定其薪酬,但另一方面禁止他们将某些事项委任给董事会下设委员会,这样,股东对股利或者任何类型的公司分配并不享有权利,但公司的某些决策却必须获得三分之一的董事会成员的同意。我们将在这本书中对这些问题进行探讨。现在,我们已经能够充分地认识到,对于企业的日常运作和投资者的福利来说,让公司自由选择,将远比由法律开出药方要有意义得多。通常情况下,对合同作出限制是件很平常的事情(举例来说,有关职业安全的法律,就会对雇员自己来承担的风险作出某种限制),但在公司组织中却很少有关涉这方面的内容。

为什么公司法允许经理人设定条款来运营公司资产?在自利的经理人和无利害关系的监管者之间,为什么法院赋予前者更多的专断权?为什么投资者将如此大笔的资产托付给行为基本不受法律拘束的经理人?我们以对公司法经济结构的解释,来解答这些问题。

公司形态的动态构成

我们对公司以及公司法所持的论点，常常会不自觉地建立在我们对内部投资者、雇员和其他参与者是如何紧密地与风险事业联系在一起的假设上。如果你认为公司天生就是一种经理、雇员和投资者之间的混合体，而且认为经理人（或者经理）对整个公司拥有全面控制权，而投资人却软弱无力，那么你就很可能会持一种关于公司应该受到政府管制的论点。然而我们在这里需要指出的是，公司并不是自发地生成的。经理人认为他们之所以有那样的地位，是因为他们拥有关于对结果预知的知识。投资者不把他们的钱投向债券、银行存单、土地或黄金等诸如此类的投资品，而是一掷千金地把它投向公司股权证券，那是因为他们相信股权的收益更有吸引力。而对于经理来说，他们要在公司里谋得一席之地，就必须同其他对手展开竞争，要费一番周折才能取得。不过，当所有的参与者都兴致勃勃地参与到公司事务中去的时候，就意味着公司就开始发展壮大起来。但是，他们为吸引更多的客户和投资者，还必须要承诺并支付他们所索要的价值，不这么干他们就无法生存下去。这时人们就会看到，公司蓬勃发展的光辉前景，原来是与每一个投资者都息息相关的；同时也会看到，公司的成功，实际上也就来自于公司对这些投资者和客户需求的满足。

经理人是如何控制这些资源的呢？我们都知道，各个分散的股东是不可能直接控制经理人的。如果投资者知道经理们享有如此之多的自由裁量权，那他们为什么还会争先恐后的去投资呢？如果经理人所承诺的回报微不足道，投资者也不会提供太多的资本——他们甚至不会去花钱购买公司发行在外的股份。因此对那些靠牺牲投资者利益以"自肥"的经理人的行为倾向还是有一定限制的。尽管经理人有时也会千方百计地通过鱼肉投资者，从而为自己牟利，但最终他们会发现，就好像有一只看不见的手在操纵似的——市场动力学原理正在驱使他们时时刻刻将投资者的利益铭记在心。

公司及其发行的证券，作为金融市场的产品，在很大程度上就和他们制造的缝纫机或其他产品相类似,就像企业的创建者有动力去制造人们想要购买的缝纫机产品一样,他们也有动力创造出资本市场上的客户所需求的各类企业、治理结构和证券。企业的创立者们发现,在扣除维护这种结构的成本之后,构建对投资人最大利益回报的公司治理结构,也会使自己获益颇丰。想控制资源的人,必须是那些能给投资者带来更多回报的人。相应的,那些承诺最多回报的人——并使这种承诺具有拘束力从而提高其可信度——也必然会获得最大限度的投资。

对于企业家来说,他们所面临的首要问题是,他们要对投资者作出什么样的承诺;其次是如何诱使投资者们相信他们的承诺。空许承诺是毫无价值的。对于第一个问题的回答有赖于我们是不是能找到减少利润分流效应的方法;至于第二个问题,则有赖于我们是否能找到一种法律及其自我履行的机制。法律越是能够自动履行,投资者就越是相信企业家的承诺。

为了吸引投资者更多地"掏腰包",企业家会许下什么样的承诺呢?实际上,并不存在千篇一律的对所有企业在任何阶段都普遍适用的承诺。没有人会认为自家隔壁餐馆的治理结构会在埃克森(Exxon)或魁北克水电公司(Hydro Quebec)这样的大公司运行得一样好。最好的治理结构并非从理论中产生,它一定是从实践经验中发展而来的。对于那种声称某一种结构——或某一类结构——是最好的治理结构的观点,我们持一种怀疑态度。不过我们还是会看见,这种类型的承诺,却非常有可能在投资者的竞争中产生出来。

有些承诺需要在开始行动之前进行实质性审核。外部董事监督内部董事,内部董事监督经理层,经理们则雇用哨探或者建立交叉检查系统来监督其职员,以至于职员们几乎没有可能去独立采取行动。然而,在另外一些时候,上面提到的监督与收益相比,代价实在有些太大了,最理想的控制方式还在于依靠一种事后的惩罚措施,也就是说,让人们先按照其意愿行事,等到出错时再施以惩罚。信义义务和诉讼程序,就是包含这种机制的解决监督问题的方式。当然还有其它方法也可以自发地起作用,比如,经理们一般都享有高额薪水和高级办公室——由于害怕失去这些,他们也不得不为了投资人的利益而努力工作。

在美国,管理层必须选择好公司注册的地点,因为在投资者保护方面,美国50个州分别提供了各不相同的保护机制选择菜单(从股东投票到信义原则再到派生诉讼)。只有那些选择了对潜在投资者最为有利的州,来组建公司的管理层,才可能吸引到最多的资金。那些选择了最优规则组合的州,也将能吸引到最大数量的公司投资(因此也将提高州的税收)。所以,州际竞争使得各州争相提供——由经理人使用的——有利可图的法律规则。这不仅包括治理结构规则,也包括信义原则和禁止欺诈规则。

经理人还可以决定公司何时上市。初出茅庐的企业家从风险投资起家,而风险投资本身又同风险投资家有着千丝万缕的联系。风险投资家一开始控制公司运营时,还显得有点谨小慎微,直到他们的管理团队和结构发展成熟,他们的公司才开始运作公开发行证券。虽然企业家一般都拥有大部分首期公开发售的控制权,但他们还是要受到风险投资家的约束,这种约束使得企业家的持续控制权与持续的成功紧密联系在一起。直到最终企业家拱手出让控制权,风险投资家才肯罢手。这时,公司不仅在名义上,而且在实质上成为了真正的上市公司。

企业家们在公司章程和上市后发行的证券上作出承诺;债权投资人在契约中得到更详尽的承诺,这些承诺涉及公司运营风险、报酬支付程度和经理人自由裁量的范围等。这些承诺不仅使债权投资人受益,也对股权投资人有好处。股权投资人通常收到的是投票权而不是明示的承诺。投票权使得投资人可以替换经理人(那些相信经理人拥有不受约束的控制权的人,应该扪心自问,为什么发行证券的企业组织者,会赋予投资人以替换经理人的权力)。经理人也会作出明确的或不明确的承诺,表示要遵守公司法信义原则中所包含的"公平交易"标准。有时他们还会作出其他一些额外的承诺。

小结:自利的企业家和经理,正如其他投资人一样,在利润的驱使下,去寻求最有可能使其净利润最大化的安排。如果不这么做,他们就会因公司股票价格走低而付出代价。当然,任何一家公司都有可能偏离利润最大化的最优选择,数十年来,已有数以千计的公司体现出这样一种倾向。公司和经理作出投资者青睐的选择,也会使其他利害相关人获利。由于这种选择并没有将成本转嫁到契约之外的其他人身上,因此对公司和经理人而言的最优选择,往往也就是对社会的最优选择。对于这一点,我们只需观察一下何种机制被广泛运用,何种机制又没有被运用,就可以略知一二。

将单独的交易和治理结构区分开来是非常重要的。就像其他处理利益分野问题需要付出很高的成本一样,资本市场和经理人市场的运作,也往往成本高昂,因此难免会出现大量的懈怠和自我交易行为。问题在于是不是有一种本身成本并不高的机制,来消减这些成本。投资者也会像日常生活中所有的普通人一样,往往也会接受一些他们自己并不喜欢的行为,因为要改变这种做法的补救措施成本会更高。当威慑手段成本最小(通常也的确如此)时,我们也使用威慑手段(比如,对欺诈进行惩罚的威胁),而不是其他形式的法律控制手段来解决问题。如果没有证据证明行为是错误的,代价高昂的司法系统通常不会起动;如果适当选择可预期的惩罚(制裁加上其实施的可能性)对人们构成威慑,那么错误行为会减少,法院系统的运行成本,也就会随之下降。即使风险很小,一个监管体系(要求在每一个案中事前进行实质性审核批准)也常常会使监控成本居高不下。

利用任由错误行为发展的市场,或者使用事后威慑而不是用事前的监管手段来解决代理成本问题的法律体系,在判断最优治理结构方面,往往是行之有效的。与他们试图控制的行为指令不同,治理结构是一个开放的系统,要了解它并不太费神——几十年来,公司和管理团队已经通过相互竞争筛选出了好的治理结构,来建立对团队成员行为瑕疵的惩罚机制。就治理结构层面而言,竞争过程的运作,并没有太多实质性阻力。从长期来看,恰恰是这种竞争压力才推动了治理结构的形成,并且使契约式承诺和信义原则,也随之应运而生。

在探讨诸如有限责任和接管等特定问题之前,我们有必要回过头来探寻一下作为契约的公司,是不是一种即使在理论上也能令人满意的看待事物的方式。大概不会有人把受托人和受益人之间的关系,描述成类似陌生人之间的市场化交易(arm's-length contracting)关系,而且法律规则也往往会对受托人施加许多连他们自己都不可能规避的限制。既然如此,我们为什么还要用合约的方法去思考公司呢?

市场、企业和公司

"市场"是陌生人之间在追逐私利的交易过程中的一种经济互动。人与人之间日趋激烈的竞争会形成价格,正是这种价格机制使资源得到优化配置——这已经是老生常谈了,在亚当·斯密的《国富论》(*The Wealth of Nations* 1776)中至今仍保留着对此问题的最好陈述。然而,市场中一系列的短期交易,对于贸易来说比对生产更为重要。企业,即较长时间内聚集在一起的人们的集合,使得人们在更大程度上利用专业化技能从事生产成为可能。人们可以组成团队去组织生产活动,在这个团队中,每个成员的职责分工都是非常明确的,因而每个成员的专业化操作,使得团队作为一个整体,比依照其他方式组织生产更具生产能力。

团队在每一天都可以组成,就像码头装卸承包商雇佣沿岸工人一样简单;建筑业也往往通过工程项目招募成员组成团队。然而,更普遍的是企业团队,在企业中,团队成员间的长期关系的重要性占据主导地位,并在很大程度上促进着企业的发展和成长。随着企业规模的扩张,成员之间的交易也会越来越多。一个小汽车的生产商要生产汽车自用的油漆,它就必须确定他们要使用的油漆数量及质量。那么这个生产商是自己生产油漆还是从市场上购买呢? 这要取决于企业使用油漆的价值以及是否有其他人能提供更便宜一些的油漆。

一个一体化企业要评估其为自用而生产的油漆价格是很困难的,它必须采取几个复杂的步骤,来确定油漆的价格(我们称为"转移价格")。这样的话,即使是在最好的情况下,这种所谓的"转移价格"也只不过是简单复制了一些由市场所产生的信息而已;在最差的情形下,甚至很可能连这个价格本身就是不正确的,从而使公司作出低效的决策。经理人们确定的转移价格会使企业去生产它们本应去购买的油漆;或者在他们使用油漆时根本就拿不准:不是太多,就是太少。在市场中,油漆交易常常存在难以应对的风险(如卖方会按时发货吗？质量是否合格？）。信用证、法庭、有组织的交易所、征信所以及其他机构都构成市场成本。当组织生产的内部管理成本超过组织整个市场交易的成本时，企业就会停止扩张。

企业参与者之间往往存在利益冲突，这给其内部合作生产带来一些成本。由于市场中的交易多为原子式交易，往往是其所得一般归其个人所有，决策成本也由其个人承担，那么这些冲突，在这种场合下，有时对市场交易而言，还是有些用处的。但是对于团队生产组织来说，却并非如此简单。企业或许会按小时（"小时工"）或按年份（"年薪工"）来雇佣劳动力，两种方式都是按一段时间而非按一个特定的工作成果来计算劳动报酬。要使员工尽最大努力去为企业的财富贡献力量是很难的。他们为什么要全心全意地工作呢？因为，毕竟无论他们的业绩如何，工资都是一样的。尽管通过减少工资或解雇的办法，来惩罚懒散员工，以激励他们努力工作是可能的（这个过程有时被称为"事后算账"），但这种监督员工工作的代价往往是高昂的，——况且监督者的工作又由谁来监督呢？首先，确定工作成果的质量通常是非常困难的。比如，一个设计组组装了一架很好的飞机（比如 Lockheed L-1011），但是却由于他们自己也无法控制的原因，或者因为飞机质量太好而价格太贵，而在市场上没有销路。如果一个监督系统只以员工的工作是否为企业赚得了利润为标准，那么，当风险超过了员工的控制，或知识超越了监督者所能达到的范围时，往往会导致不正确的报酬支付。除非有人知道与需求有关的每个人的工作质量，否则结算工作一定是不完美的。即使这个问题在工作完成后可以得到解决，但由于货币时间价值的存在，也将使账户不可能平衡。

围绕监督员工工作方面困难的另一个解决方式，是赋予每个员工从企业的成果中，获得一定利润的权利。这时每个人都会努力工作并监督其他同事的工作，以免因同事工作表现太差而使自己的报酬减少。但是企业利润分配给员工——我们这里也包括经理人，则构成另外一种成本，因为它毕竟会减少企业资本提供者的回报，因此也是不完美的。大量生产以团队的形式进行：一般雇员团队负责扫地；工程师团队负责设计新产品；经理人团队决定是否建立以及在哪里建立新的工厂。只要监督者不能确定每个成员对团队产出的边际贡献,每个成员就不可能成为作为一个整体的全组利益的完全忠实的代表。除非一个人获取所有成功的回报并且接受失败的惩罚,他的动机才不会与那些作为整体的企业员工完全一致。当任何一个特定的员工都可以从 George 的辛勤工作中分得一杯羹,但却并不能从自己的辛勤劳作中获取全部收益时,那么,一个可以预见得到的回答将是:"让 George 去干吧!"

有时候这种利益分配会导致员工转移企业的资产为己有,盗窃就是其中较为激进的一种;而公司"机会"的转移则是另外一种方式——通常经理人们总会有机会在与其他人做交易时"中饱私囊"。有时候这种利益的分配会导致工作的懈怠;员工可能游手好闲;上层经理人也可能会"放纵"一下自己——他本可以工作 75 个小时(如果他可以从自己的工作成果中获取更大的回报的话)而这时也只会每周工作 70 小时;有时候这种利益的分配,会降低他们承担风险的热情;毕竟安逸的生活也可以说是雇员们的额外收益。所有这些都构成了成本,而为减少这些成本而由外部人进行监督也会代价高昂。

员工们可以通过提供"担保"来减少必要的监督,这里所说的"担保"不是指物质方面的"担保",而是对工作绩效一旦出现不足,就施加惩罚的一种自动的机制。当经理人们持有本企业股票时,他们实际上以他们的财产(或部分财产)对其工作绩效作了"担保",如果他们的工作业绩或企业利润不符合标准,他们的财产就会受到损失。企业往往使用"担保"机制、监督机制、还有利益分歧的剩余成本等各种混合手段来监督企业运行,使用这些方法的目的是为了尽可能地减少这些机制运作的总成本。我们认为,把 2 美元花在监督上,以消减 1 美元的员工奖金是一种不明智的做法。我们将在整本书中讨论这些监督、担保和作为代理成本的剩余成本等机制问题。

以上我们已经将企业描述成了一个特殊的市场,或者说一种带有成本和收益计算特征的团队生产方式。公司是企业的一种形式,而且其显著特征就是一种作为融资工具而存在的企业形式。和一般企业生产活动中参与者所获的收益不同,公司的特征在于,资本提供者所获得的是一种正式的求偿权。公司发行股票以换取资金,公司员工不必掌握公司的股票,而由投资者承担风险责任(有时我们称之为"风险承担者")并获取经营成果的边际收益。股权投资者在债权人、员工和对它有(相对地)固定收益求偿权的投资者之后受偿。从这种意义上说,这些股权投资者享有剩余索取权,实际上也就意味着他们只能得到剩余财产——但他们得到的是所有的剩余财产。

风险承担从雇佣劳动中分离出来,是劳动分工的一种表现形式。它使得那些虽拥有财富但却缺乏管理才能的人,可以通过雇佣劳动将他们的资产用于生产活动;而那些有管理才能却又缺乏资产的人,则可以受雇于市场上的资本。同雇佣劳动相分离后,企业的求偿权就可以独立地进行交易了,这使得投资者进行多元化投资成为可能。多元化投资降低了投资的风险,因而使投资活动更具吸引力和更具效率。投资者承担了大部分商业失败的风险,同时他们也获得了他们所承诺的大部分成功的回报。这种安排的缺陷在于,由于管理活动和风险承担的分离,使得员工利益和企业整体利益的偏离更为明显,这就有可能增加潜在的代理成本。这样的话,员工所获得的回报就会减少;而且,由于投资者所持有的股份极为分散,投资者也就不会成为一个有效的监督者,他们也就没有激励去作好监督工作。(换句话说,投资者自身面临的代理成本会妨碍他们有效地监督,这就是为什么公众公司的投资者,通常信息闭塞而且消极被动的原因所在。)当劳动分工的收益大于代理成本的增加时,公司就会兴旺发达起来。

有时候人们会认为,公司的最显著特征就是有限责任、法人人格和永久存续。其实这些都是误导性陈述。"有限责任"仅仅是指,只有那些资本提供者,才以其出资为限对企业风险承担责任,——这是投资的属性而非公司的属性。投资者的这种风险属性,同投资者广泛持有的有流动性的投资工具所产生的收益有关。当这些收益很小时,它通常随合同的变化而变化。我们将在第2章对有限责任作更详细的讨论。法人人格和永久存续指的是公司在解散前是一直存续的,并且这样的话,公司在交易和起诉时就会有一个固定的名称,因而将企业看作是"它"是很方便的。除公司之外的很多企业,比如商事信托,也都按同样的方式处理。在订购办公设备时,为确保所有投资者分担其各自投入的成本而附上每一个埃克森公司的投资者名单,岂不是一种非常愚蠢的做法。

然而,公司作为法人的所谓"人格"只不过是为了方便起见,它本身并非现实的人。这正如我们也将遗产执行人当作一个法人,但却毫不讳言他是其他继承人的代表一样。在具体环境下,美国政府或国会的立法部门、参众两院、参议院的一个委员会或是国会议员才有意义,所以我们不要把作为一个法人名称出现的国会,误认为仅仅就是一个法人实体,或让人们误以为国会作为法人的地位是最为重要的。其实,"国会"只不过是一个集合名词,它代表的是一个由相互独立的政客及其雇员组成的集团,只有在特定形式下,它才成为一个实体(比如在参众两院形成多数赞成意见时)。公司的情形与国会如出一辙,公司也是由包括生产者、经理人、权益投资者、债权投资者、担保债权人以及侵权损害赔偿求偿权人等众多角色构成的,这些人员的角色设置通常根据的是合同和成文法,而非仅仅依据公司法或公司作为一个法人所具有的法律地位。将公司当作法人的说法往往会掩盖其交易的本质。因此,我们常常说公司是"合同束(合同的组结)"或一组"默示"或"明示"的合同,这种说法也为公司中各种组成人员的复杂角色安排提供了功能定位的捷径。通过这条路径,自愿组成公司的各类人员均能解决其自身的定位问题。这种"合同束"的说法提醒人们,公司是一项意思自治的风险事业,同时也提醒我们,必须审视自然人同意参与公司所依据的条款。

就如同在公司中实施的经济活动具有多样性一样,合同所达成的合意也是多种多样的。有时公司经理人持有大量公司股票,并从其所持有的股票价格上涨中获取投资回报;而公司雇员则可以以计件方式获得工资支付;还有些时候公司则通过薪金或红利来支付报酬。有时公司具有"金字塔"式的严格等级制度,下级严格遵从上级的指示;而有些公司则是专制型组织模式,一个人说了算;另外还有些公司则是由分立的利润中心构成,这些中心的结构很松散。公司组织模式以及报酬给付方式的不同选择,取决于公司的规模、经理人的认知程度和公司所从事的行业领域(或产业群)。比如,投资银行的组织模式和报酬给付方式,与大工业集团就有着天壤之别。对于这种区别,那些熟知投资银行的工业企业肯定会有深切体会。

融资活动的组织及控制模式,也一样存在着差异。规模较小的封闭公司可能会把银行作为惟一的外部投资者,这些银行通过持有公司的"负债"凭证,通过行使债权来控制整个公司。而高杠杆融资(高负债)型公众公司则会将权益性投资集中在管理层手中,而对公众发行可转换债券;这时公众投资者就不可能有效地控制公司,因为他们所持的债权通常不具有表决权。鉴于规制性结构和企业本身的风险特性,公用事业和国有银行即使拥有更多的可交易证券,也仍然不能取得有效的控制权。许多正在成长期的公司几乎没有负债性投资,而且权益性投资又往往不派息,这些公司一般都处于企业家的专制控制之下。有些公司在上市时通过特定规则来遏制任何意图控制公司的企图。以福特公司为例,其通过对外发行无表决权股票,从而使公司长时间在其家族的控制之下。成熟的企业有可能更官僚化一点,它有着独立于经理人的董事会,而且董事会又对权益投资者负责。一些管理团队试图将自己同投资者的控制隔离开来,目的在于实施他们认为比利润更为重要的计划。《纽约时报》和《华尔街日报》都建立了能够给予它们的经理人以极大的新闻自由空间的治理结构,虽然这种结构有可能对其利润造成(潜在)损害。

公司在企业运营、代理成本控制、资金筹集以及投资回报方式等方面都会随着行业和时间的变化而变化,例如适合于1965年处于动态成长中的施乐(Xerox)公司的结构模式,就完全不适用于同时代的埃克森公司(或是1990年的施乐公司)。企业的参与者需要建立最有益于公司兴旺发达的结构模式,外部投资者也不可能找到一个放之四海而皆准的、适合所有公司的一成不变的统一模式。公司发展的历史,就是那些在治理结构上因不能适应周围环境的公司,在竞争中不断被击败的历史。[1] 同样公司法的发展历史,也就是那些试图将所有的公司统一为单一模式的法律不断被淘汰的历史。于是公司试图寻求允许其结构不断针对环境作出适应性变动的法律(第8章

---

[1] Oliver E. Williamson, *The Economic Institutions of Capitalism* (1985);cf. Alfred D. Chandler, Jr., *The Visible Hand* (1977).

中有论述)。这也正是赋权型法律存在的原因所在,因为赋权型法律仅仅规定公司的控制程序,而对公司的结构并不施加太多的限制。[2]

公司中诸多意思自治的成员之间所形成的复杂关系是可以变更的,他们之间的关系往往是契约性的,因此我们把公司称作"合同束"。这种自愿的安排就是合同。有些合同可能经过谈判和协商;有些合同可能是直接由经理人或投资者制定的一系列格式条款——在这些条款中,只有价格允许协商;有些合同可能是固定的,且对方必须按照随行就市的价格去接受(如人们在市场交易中买进投资工具的行为);还有一些合同包含默认条款,由立法机关或法院去填补,这些条款是在当事人明确遇到这类问题时本来会去协商的条款。尽管像"召开公司董事会必须达到法定出席人数"这样的合同条款是固定不变的,但它们仍在一定程度上属于补充性或备用性合同条款。所有这些自愿的安排都将呈现出契约性特征。

正如没有所谓的正确的汽车用漆数量一样,公司的管理层、投资者和其他成员之间的关系也没有精确的标准。公司成员间的关系必须根据每个公司的情况,具体问题具体分析。无论是汽车专用漆的技术改进,还是由于控股集团的重组而导致公司控制权的变化,这些技术上的改变都会反映在公司运作和治理结构的变化上。要理解公司法,就必须要了解公司在代理成本控制方式方面的装置,是如何达成利益平衡的,这种优势在公司之间各不相同,并且时常发生变化。公司法的作用就是合理分配企业成员之间的权利。谁来治理公司?为了谁的利益来治理?如果我们对不同代理成本控制方式的有效性这个复杂问题避而不谈的话,便不可能恰当地分配公司成员间的权利。

我们利用贯穿本书关于代理成本的经济争议,来解答有关合同的备用条款(那些适用于在特定公司合同中有关条款缺失时的条款)、强制性条款以及这些条款变更问题。与合同关注意思自治和所

---

[2] 十多年来,美国法律协会的公司治理项目,一直认为存在一个放之四海而皆准的公司治理模式。但是其实公司结构往往是多样化的,并不是一成不变的。各个州对这个项目研究的结果也是淡然处之。这也似乎预示了凡是"企图削减公司治理选择权"的公司立法"处方",是注定要失败的。

有公司的适应性本质相类似,我们将公司法看作一种标准合同文本,它提供了会被大多数企业成员所选择的条款,但在有些时候在明示条款上也会作出一些让步。本书的规范性命题是,只要陌生人之间的谈判成本相当低,那么公司法就应当包含允许人们自愿谈判、协商的条款。公司法的实证命题几乎总是遵循这种契约的模式。公司法是通过授权而非直接制定的,它的备用条款赋予经理人以极大的自由裁量权,并且为公司实际的签约提供便利。至于合同的修正,则是由彼此间相互影响、但又都以自身利益为本位的公司成员来行使的,而不是由政府管制部门来行使。但是许多备用条款——比如设定权益资本所有者拥有一股一票的投票权,这些投票权可以用来约束管理层和治理企业;设定债权投资人在治理中没有发言权——它们既起到了重要的作用却又包含有冷酷的经济理性,我们会在接下来的各个章节中,对诸如此类的各种类型的公司规则展开讨论。

真实的和非真实的契约

有关契约的措辞可能会引发一系列有关政治和哲学的争议。契约往往意味着相关当事人之间自愿和一致的合意,正因为此,它也就成为一个渗透力很强的概念。契约反映了关于评判政治社会正当性的有关"社会契约"学说的争议。整个美国就是伴随着许多有关"社会契约"的论证而建立起来的。那些诉诸于"初始状态"的哲学家,也正是在利用这些"社会契约"的争议来建构他们对"正义"的诠释。然而有关"社会契约"的争议本身却是存在疑问的,因为,严格说来,这些所谓的"社会契约"其实也不过就是一些指导性原则,而非真正意义上的合同。而且即便是由我们的祖先们签订了一个真正意义上的合同,这些合同规则还会对他们后代产生约束力吗?这样的疑问也构成了我们政治传统的一部分。杰斐逊总统建议,宪法自上一次重新协商起,每当人口数量增加一半时,就应当宣告期满,并且应对之作出相应补充。或许公司契约就如同"社会契约"一样,只不过是一套花言巧语的把戏而已,毕竟投资者并没有就合同条款的内容,真正坐下来进行讨价还价。投资者从市场上买进股票,他们只不过是根据他们所知道的一点有关股票价格的信息而已。合同条款是由公司发起人、投资银行和管理层共同制定的,公司的规则变革也总是伴随着投票决策而不是全体一致同意。所以,与其我们把公司看成一整套合同,还不如不把它看成一个共和政府。

公司有很多真实的合同。公司章程中订立的那些关于公司成立或发行股票的条款就是真实的协议。一切有关公司和劳动力的提供者(雇员)之间、货物和服务(供应商和签约者)之间的关系都是契约性的。如果 AT&T 公司签订一个合同,允许下一个约翰·巴登(晶体管的发明者)保留他的发明,那么合同中的这一条款就会得以实施;公司的权利也会相应地进行分配。尽管决定一个还未发明出来的东西的价值是相当困难的,但定价的困难并不重要,发明者及公司财富之间在事后的巨大变化也是无关紧要的。在公司增资时生效的条款也是如此——无论是通过借贷筹资(其中的条款通常都在会议上旷日持久地讨论过),还是通过发行股票筹资(相关的条款会影响发行价格)。许多规则上的变革通常是在与管理层协商之后,由大股东同意的方式进行的。当然治理如何变革规则的规则,也属于真实的合同。有关公司合并的章程就是典型的例子——它规定,允许通过协议或多数票原则将其变更。他们可以随意地阻止变革,也可以要求具备多数票才能通过,或允许自由变更,但要求对收购持有异议的投资者的同意。允许通过投票无偿改变规则的章程就是一个契约性的选择。在他们作为法律明确指定的"备用条款",并且不会因某个具体的公司行为而改变这一意义上说,许多关于公司安排的剩余条款,都是契约性的。这些条款成为合同的一部分,就像在商业合同中没有明确说明时,《统一商法典》中的有关条款,就会成为合同的一部分一样。

这些合同通常都是经各个代表们协商而签订的,如:独立的受托人代表证券持有人的利益,工会代表雇员的利益,投资银行代表股票投资者的利益——他们在此基础上进行充分协商和谈判。有时,一些条款并不直接经过协商,而只是简单的宣示一下,就像汽车租赁公司宣布他们的租赁契约一样。企业家或经理们可以自行决定采用一套规则,并宣称"要么接受,要么放弃"。尽管如此,它仍然是一种缔约活动。我们执行这些"汽车租赁条款",就像我们执行一份信托合同条款——尽管受益者在他们制定过程中没有发言权。租赁合同、保证合同以及诸如此类的合同条款都是真实的合同,因为它们的价值可以通过价格而反映出来。

公司选择何种治理机制,并不会产生太多的第三方效应——也就是说,不会损害那些不自愿参与到这个企业中来的人(我们下面会讨论第三方效应)。投资者、雇员和其他人都可以自由选择是否参与公司事务。假设企业家在选择治理条款时显得过于随意,他们就无法让投资者付出比这个方案投资价值更多的钱,因为有的是地方让他们去投资。除非企业家能骗过投资者,否则那些会降低投资者预期回报的条款,就必然会相应地降低该投资方案的价值。所以这就鼓励制定公司治理条款的人设计一个好的公司治理制度。可以设想他们必须决定,是允许公司的经理人利用公司的某一机会,还是要求他们必须将这些机会运用于公司(或者将其出售给与公司无关联的第三方)。经理人在面对商业机会时的处置能力,往往会给公司带来显而易见的风险;当然他们也可能通过有效地利用"商业机会",从而给自己带来回报,同时也给股东带来利益。这样做的净效应,无论是好是坏,都将影响投资者支付的股票价格。如果经理人作出了"错误"的决定——也就是选择了在投资者看来较劣的治理条款——他们就得为他们的错误决策而付出代价。要获得一种无效的转移公司机会的权利,他们就必须提前付出代价。相同的过程也适用于公司后续采用的条款。那些不受欢迎的条款,由于降低了股票的价格,以至于买了股票的投资者,在购买之后发现得不偿失。有关公司治理的所有条款,从他们在利益集团交易过程中被充分估价的意义上说,都是契约性的。此后这些条款将按其所获的投资收益来检验,那些制定了错误条款的公司,将在与其他公司争夺资本的竞争中而败北。条款未经协商并不重要,只要对第三方不产生影响,定价和测试机制就可以搞定一切。这一点对任何熟悉科斯定理的人来说,应该没有什么可大惊小怪的。[3]

---

[3] R. H. Coase, "The Problem of Social Cost," 3 *J. L. & Econ.* 1(1960),再版 *The Firm, the Market, and the Law* 95—156(1988).

公司治理条款真的被有效定价了吗？有关公司合并章程和规章里的条款往往是模糊的，而且许多条款并没有列在公司的招股说明书中，甚至连原始股的购买者及后来的投资者也可能对那些条款根本就一无所知，更不用说一个交错的董事会及累积性投票的存在能给他们到来多少好处了。甚至他们在购买前也并没有参考《金融经济学杂志》(Journal of Financial Economics)中提示的信息。然而至少对公众公司来讲，有关公司条款的性质和影响的相关信息是否广为传播，似乎并不那么重要，重要的是，股票的价格评价机制要能确保该股票价格能反映公司治理的运作状况，就像其反映经理人的水平的高低及公司产品的好坏一样。

公众市场上交易的股票的价格是由专业投资者而非业余投资者所确定的。[4] 这些专业投资者——造市商、投资银行的套汇部门、共同基金和退休基金的信托管理人等——操纵着巨额资金，他们可用这些资金来购买那些价值被普通人低估了的股票。他们研究上市公司的利润和前景，并相应的买卖其股票。不擅长此道的人会发现他们可处置的资金在变得越来越少；而那些长于此道的人则会发现他们财源滚滚而来。不管在什么情况下，真正的职业投资者往往都是那些能成功地给股票估价的人。

如果股票价格与未来价格并不呈现相关关系，那么职业投资人就可以大赚其钱了。如果公司的规章条款和公司结构的细节对投资者的福利产生影响，那么它也会反映在公司的利润上，并最终反映于股票价格。专业人士之间进行的交易，将促使股票的现期价值更接近于其未来的价值。如果人们都知道某支股票将在一年后值20美元，那么人们就会竞相购买(少于货币的时间价值)；没有人会有理由坐等，因为如果这样，别人就会攫取这个利润。专业投资者越是灵敏，

---

[4] 我们下面描述的过程已得到很好的理解，并且它已经在别的地方被详尽而广泛地讨论过了，以至于我们只能仅仅给出一个概要性的论述。参见 Richard A. Brealey, *An Introduction to Risk and Return from Common Stocks* ch. 2 (2d ed. 1983); Ronald J. Gilson and Reinier Kraakman, "The Meechanisms of Market Effciency," 70 *Va. L. Rev.* 549 (1984)。信息调整异常快速，通常在这一天之内，职业投资者就可以了解到该信息。Douglas K. Pearce and V. Vance Roley, "Stock Price and Economic News," 59 *J. Business* 49 (1985).

他们买入股票或出货的速度就越快,价格调整的速度也就越快。最终整个市场交易过程即使对专业人士来说,想赚钱也会变得相当困难——除非他们能领先获得影响股票未来价格走势的信息。大量的数据和证据——包括大多数专业投资者的有关证据都表明,人们其实根本就无法"击败市场"。这个观点和有关价格迅速而准确地反映了关于企业的公开信息的观点是一致的。紧接着,业余投资者以与专业人士以相同的价格进行交易,这些业余人士根本就无需知道关于公司治理和其他相关条款的任何信息,因为对于这些令人费解的东西来说,其价值已经隐藏在专业人士所建立的价格体系之中了。股票价格反映公司法律和合同效应的或好或坏的情况,就像它反映公司生产的产品好坏一样。然而,这也正是说明市场通过价格机制传递信息价值的又一例证,它比市场上的任何单个参与者都更加灵通。[5]

我们说股票价格反映公司治理机制和相关规则的价值,但并不是说股票价格就一定能完美地实现这一点。对有关价格准确性的研究表明,价格通常是"错误"的,这意味着要想提高其准确性往往需要更多的信息和时间。[6] 这使得对公司治理条款所产生的效应估价不准,对一个企业或所有企业来说,可能会有人感到奇怪,但这些信息和估价问题,也会影响其他有关公司治理机制效应的评估方法。也就是说,如果连在业内浸淫数年的腰缠万贯的职业投资者,都不能准确预测无表决权股票或其他股价波动的真实效应,那么国家的立法成员或其他规则制定者又怎么能比他们预计得更准呢?换句话说,市场是否百分之百高效和是否完美无缺并不重要——除非有其他社会制度在评估公司治理机制的可能效应上表现得更好。其实,和其他方式相比,价格比其他任何方式都更好地传递信息,任何人从其他任何途径中所能获得的信息也都能通过价格而得到。

---

[5] 参见 Thomas Sowell, *Knowledge and Decisions* (1982); Sanford J. Grossman and Joseph E. Stigitz, "Information and Competitive Price Systems," 66 *Am. Econ. Rev.* 246(1976); Robert E. Verrecchia, "Consensus Beliefs, Information Acquisition, and Market Infermation Efficiency," 70 *Am. Econ. Rev.* 874(1980)。

[6] Stephen F. Lroy, "Efficient Cpital Markets and Markets and Martingals," 27 *J. Econ. Lit.* 1583(1989),文献综述。

这就意味着我们需要进入有关股票是否被完美地定价这一问题的争议。股票价格并不能很好地反映未曾对公众披露的信息,它所反映出来的是那些分散持股的大众投资者的股票价值,而非那些内幕人员或可掌握公司命运的人士所持有的股票价值。对任何一个企业来讲,在为股票定价的过程中,总会出现不可避免的错误——毕竟,要准确地为股票定价是要花费成本的,而要获得一个"完美价格"更可能会得不偿失。股票的价格越精确,那些研究股票并从中获利的专业人士所能赚到的收益就越少,这样他们就会发现追求完美可能无利可图。除非我们能找到更好的办法,上述这些都可能不符合我们的目的。几乎没人相信,在评估公司治理条款方面,监管者会比市场做得更好。资本市场效率方面的缺陷仍比由监管者管制所带来的麻烦要小得多。

可能有人会说,公司创立章程中的模糊条款对股票的价格影响甚微。其实,价格真正表现出来的,却是对公司治理结构的变化甚为敏感。正如我们接下来要讨论的,很多研究都表明,公司章程及其他结构特征方面的变化,大多都会给股票价格带来巨大的、可以预见得到的影响。要想找出一个对价格没有一点影响的项目,那简直就是天方夜谭。市场决定价格,这是基本常识。所以,我们可以预想,股票价格也同样能反映出管理人员风险偏好方面的变化,并且评价这种重复发生的诸如公司治理结构之类事件的技术也已发展成熟。

价格效应一般也支持我们先前所提出的命题。[7] 即使那些不

---

[7] 在这些章节中我们提到许多公司治理方面的专题研究文献,本书中有关这方面的综述可参见 Frank H. Easterbrook, "Managers' Discretion and Investors' Welfare: Theories and Evidence," 9 *Del. J. Corp. L.* 540(1984). 至于经济学方面的经验研究文献,它们出现的频率是如此之快,我们几乎无法跟踪,有关评论文章也很快就过时,不过,一些研讨会论文集还是可以提供一些有用的综述。参见,例如,Symposium, "The Structure and Governance of Enterprise", 26 *J. Fin. Econ.* (1991); Symposium, "The Distribution of Power among Corporate Managers, Shareholders and Directors", 20 *J. Fin. Econ.* 1—507(1988); Symposium, "Management Compensation and the Manageerrial Labor Market", 7 *J. Accounting & Econ.* 1—257(1985); Conference, "Corporations and Private Property", 26 *J. L. & Econ.* 235—496(1983); Symposium, "The Market for Corporate Control: The Scientific Evidence", 11 *J. Fin. Econ.* 1—475(1983)。

相信市场会产生显著效率的人也承认，对于管理层以外的投资者来说，价格也会对公众披露的有关企业信息的边际价值有所反映。任何人都可以拥有有关公司治理结构方面的信息，所以治理结构会对定价机制产生正面或负面的双重影响。相比之下，我们更容易将价格与盗窃及竞争不足所产生的风险联系在一起，而不是将价格与新产品以及其他商业前景联系在一起。所有那些认为市场擅长对管理良好的企业的未来利润定价的人，也一定会认为其更擅长给公司治理效应定价。

现在我们假设，市场并未精确地为公司治理条款定价。除非价格完全错误地反映了有关治理特征的效应，在现实中，即使存在信息噪音或不透明因素，经理人依然有适当的激励。这最终使那些对投资者不利的条款显露出来，公司也就会因此在争取投资者资金的竞争中落败。所以我们应把难以评估的条款看作是合同性的。如果忽视那些出现在公司文件中的条款或试图要求公司选择它们本来力图逃避的治理安排，只会诱使得公司作出上有政策下有对策式的抵消性调整。例如，如果公司法禁止经理人向他们自己转移公司业务机会，那他们很可能会相应地要求更高的薪水，或是在面对公司新的商业机会时不思进取。同样，一项要求延长冰箱品质保证期的强制性条款，也通常会引起冰箱价格的上涨。如果保证期的延长是合算的话，商家可能早就会率先把这一条款打在显要位置，以获取更高的价格，从而赚更多的钱。在其他条款都调整后，仅仅就一个条款作出变更，并不见得会给合同任何一方带来好处，因为许多条款都是开放式的，允许充分而公开的缔约，因此，最终的努力往往极有可能会使得某一特定条款失效。

如果被公司选定的条款既无法定价，同时也在根本上有悖于投资者的立场，那就需要用法律来设定强制性条款。这也可以说明，只有一个人对他所选择的条款，确有把握地将会给合同参与各方带来财富增进时，那么这个条款才可以说是在合同各方充分知晓和无成本的情况下签订的。这也是从合同的视角来看待公司的例子。由于合同不可能涵盖每一项内容，那么让法庭去填补合同中出现的不可避免的合同漏洞，就显得非常必要。所有认可充分缔约的法律体系都必须处理那些漏洞和模糊的地方。这时漏洞填充规则就会要求法院去复制那些在给合同各方都带来联合利益的前提下,他们所愿意选择的条款——如果他们已经充分缔约的话。这一点可以使人更加明白:公司文件中的默示的或模糊规定本身,实际上就是一个合同问题,如果合同双方愿意,并且谈判费用可以接受,那么他们也就可以轻易地解决这个问题。高昂的信息费用,既不利于股票价格准确反映公司治理特征,也不利于促成完整的交易。

当然,这并不是说公司文件就是最理想的,因为或许还会存在一个所谓的第三方效应;或许要达成合适的协议还会存在诸多障碍;或许那些所谓的最优条款,一经达成,就会被经理人们变更以便避免他们的行为所引发的后果。比如,通过投票来变更有关条款办法即属此类。在下一个章节,我们将从行为和意思两个方面来讨论合同的限制问题。

公司合同构造原理

法律中的很多部分会涉及合同无效的原则,其中一些也适用于公司合同。我们来看一下其中的四个主要原理。

保护合同各方原则

我们来考虑一下私人间的协议可能不会被遵守的情形。在强力胁迫下签订的合同既有违自愿,也有悖公平,因此是不合法的;一些契约选择因合同双方之间缺乏诚信而不能履行(比如合同中的存在欺诈);婴儿以及其他不能了解自己利益的人也是不能签约的。合同的一方也可能缺乏调查能力:他们或许会低估某些风险的发生概率(洪水、地震、所购货物的履行不能),所以他们面对此类风险选择时,可能会轻率地作出决定或作出不明智的决定;而在另一些时候,他们又可能过高估计某种风险(如核灾难)。当一个人面对的风险或问题是他人生中第一次(或仅有的一次)时,他作出错误选择的可能性就最大。只有不断地尝试、修正,并在此过程中不断积累经验,才能作出更正确的选择——一方面是人们一般都会从经验中吸取教训;另一方面也是因为人群中会出现许多精明的搜寻者,他们可以分辨出"廉价的合同",进而影响合同各方的交易条款。

一些合同无效的原因可能在于,它给第三方带来了不利影响。比如,可能产生污染后果的合同,往往会影响非合同当事方的其他人的利益;比如,卡特尔(行业竞争者之间的提价协议)往往会损害消费者利益,所以我们就要制定有关控制污染和垄断的法律;竞争机制的缺乏会导致垄断价格,基于这种信念,我们常常会采取更多的政府管制措施(如电力公共设施收费的管制);另外,为保护需救助人员(沉船上的旅客们)不被救助方索取额外费用而制定法律,也是出于这个理由。有时,在是否需要国家干预的争议中,常常有这样的主张:应该由收入转移的受益方付费;例如,在国家确定租金和最低工资额的判定问题上,有时就会依据地主与租户(或雇主与雇员)之间的收入对比指标来确定。

上述国家干预的理由没有一条可以适用于公司内部事务问题的处理。投资者不是潜在的财富的让渡者;它不属于财产法范畴。投资者在"钱"这一问题上,与其他参与者立场是一致的,所以他们会很容易在有关最大化公司总价值问题上达成共识。利润在投资者之间如何分配并不重要;收益的重新分配只会导致一个人和另一个人相对价格的变化,但对社会总财富并没有影响。有关公司治理的规则向所有公众都是开放的,因此不存在欺诈的问题(尽管企业经理人有可能在运作方面耍些诡计,但对任何规则的隐性违反都是错误的,回忆一下我们有关筛选出公司治理规则的说明就可知晓)。

似乎可以看出,基于可感知偏见的观点证明了干预的正当性。了解公司治理的投资者毕竟凤毛麟角;所以他们中的大多数人极可能对他们所面临的风险作出错误的理解。然而正像我们已经解释的,在公司交易中风险是通过股票市场来定价的,这些价格实际上就是对职业投资者的专业知识的反映,它们会自动保护无知的投资者。公司治理的"游戏"是重复进行的,人们从经验中汲取知识。每个公司都有广泛的活动范围,因此公司治理机制的效果也就可以被我们观察得到;并且当大量公司采用类似的公司治理机制时,我们就可以在各个公司的相互比较中发现其中发展的规律。尽管大多数投资者可能会因公司合同中所包含的规则而困惑不已,但作为一个整体(价格也一样)的投资者还是信息灵通的,同时他们本身也会提供大量的信息。

参与公司的过程,充满了合意的氛围,因为即使是毫无知识的人,也会有一群"帮手"。股市就是一个自动的"帮手"。雇员是在经工会与雇主协商过的条款下工作的(没有参加工会的雇员可以参考一下其他公司里提供的条款,这些条款可以提供大量信息)。经理人和公司可以雇用专业猎头公司来为其提供人才方面的信息,替他们物色为他们所需的工作相匹配的人选。债券持有者由受托人来提供保护,由其来谈判各种条款并监督执行。许多人通过银行账户向公司投资;银行(经审查之后)将存款蓄积起来,用于对公司的投资。许多年金是由职业经理人进行管理的;这些基金会雇佣专家来代为理财,而且这些投资者,甚至无需知道自己所持有的是什么股票。个人投资者可以直接(通过代理经纪公司)或间接(通过对共有基金投资)获取专业信息。他们通过购买多种投资组合进行套期保值,从而利用整个市场(或子市场),而不是单一的公司获取投资回报。

总之,有关公司交易的知识,并不依赖于单个投资者的智慧。那些通过咨询专业人士仍然无法理解的信息,将在股票价格上得到反映,这样,投资者就获得了他们支付的对价(在没有欺诈的情况下)。如果把某些合同看作是一生仅此一次的交易("一锤子买卖"),例如房屋建筑合同,那么,对于协议制订具有约束力的合同中有关公司履行义务所要遵循的条款,就是硬性的和不可变更的,我们社会中没有任何合同可以满足这种基于自愿协议的履行所需要的条件。

这仍然是个谜。公司法允许公司同债权投资者、雇员、供货方、当地政府进行任何可以想象得到的谈判,并提供从防火到职工下一代子女教育等方面的一揽子核心服务,这些都将按照合同法的条款予以执行。所有这些都将对公司形成巨大的投资(在不可撤销的意义上讲是,或是人力资本或是实物资本的专用性投资);他们都是通过合同来进行自我保护的。公司法中散布的"强制性"规定是专门针对权益投资者制定的,如:董事会(仅由股权拥有者选出的)要受到一定限制;经理们(是由董事会,也就是由股权投资者选出的)在订立合同时可能没有尽到忠实义务;以及开头我们提到的其他一些强制性条款。然而,相比之下,对于风险参与者来说,最强有力的保护策略——还是由专业投资者所形成的流动市场价格——它最适合用于保护投资者,尤其是股权投资者。为什么受到良好保护的参与者可以适用于强制性条款,而那些从市场中获益较少的其他参与者,却只能利用合同来进行自我保护?稍后我们会指出,答案部分在于股权投资者提出的求偿权的性质——它是一种剩余索取权而非那种明确的工资、利息之类的固定回报权;另一部分则在于市场的固有特性,即股份在进行广泛交易时,没有人有充分的激励去收集信息,从而作出最优化投资决定。然而现在,我们并不准备立即对此问题展开讨论,读者们就还是将这个差别先作为一个困惑留在脑海中吧。

低效率条款

有关合同是最优化的说法,仅仅适用于合同双方对其所作出的决定承担所有成本,并获取所有收益的场合;同时它也仅适用于合同达成以后并得到实施的情形;该观点还取决于全部可能的合同的有效性。如果一些类型的协议被取消赎回权的话,那么实际达成的协议就可能不是最优化的。这些所谓合同最优化问题,也会时不时地从公司法中冒出来。

第三方效应和集体决策

有一种第三方效应是由信息的特性和企业间互惠式信息披露安排的困难而产生的。对此,证券法规定了一系列详细的规则。一个原因可能是,除非不得已,公司通常情况下不大愿意披露太多信息。经理们会寻求披露所有对投资者私下最佳的信息,因为这将诱使投资者购买他们更多的股份。但是一些披露行为也有可能同时给其他的公司带来好处,而且除非立法作出规定,要求公司间相互披露信息——否则公司就会发现,在披露对投资者而言具有重大价值信息的过程中,他们自己却并没有从中获益。一些披露行为可能会很复杂,而法律规则则可以建立一种便于信息传播的通用语言。

要想弄明白一个公司的行为可能对另一个公司的行为所造成的

影响,往往需要理解要约收购——也就是对一个公司发行在外的现有股票的标购行为。所谓要约收购,就是通过收购目标公司股票的形式,对公司股权结构作出根本性改变。一般而言,现有管理层会对这种收购方式予以反对。但这种越过"经理人头顶"的收购方式,对普通股投资者来说,却是很有吸引力的。因为通常收购要约所发出的价格,会超出市场价格。因此,在公司上市时就与公司签约的投资者,常常会希望要约收购能够顺利进行。要约收购是件有利可图的事情;而且,不管此公司是否为标的,推定的投标者还可以起到监督的作用,从而减少管理的代理费用。所以,在一个公司得知要约收购之前(即为事前),所有涉及公司都会发现尽职调查和投标是很有用的。但是一旦潜在的投标者对此已经发生兴趣,或者已经有标价的话,那么,改变相应方案,并进行拍卖,可能对目标公司经理人以及投资者更为有利。他们会意识到这将抬高价位;同样这也会减少监督,但当监督已经发生,招标已开始,目标公司的投资者也就不再关心这种利益了。这时,事前最优的合同,在事后就不一定是最优的了。目标公司投资者很可能迅速变更他们自己的合同,进行拍卖。但如果这种变更已经发生,那么就不可能再去执行(假定的)最初最优的合同。

我们注意到,它所提供的关于有效合同的观点,其实是片面的,因为,它假定只有目标公司的参与者之间才有可能存在合同。然而,其实我们可以假定目标公司的投资者可以与推定的投标者之间订立合同,或许,他们可以出售其在某些特定条件下,以某种价格购买自己股份的选择权。如果预先可以与投资者进行协商并签约的话,投资者就会在可望中标时,去限制自己采用新的策略。最终证明,这种选择权既不具有可行性(因为这暗含着他们与所有潜在投标者以被禁止的"天价"订立合同),也是不合法的(因为威廉姆斯法案禁止投资者在公告之前出售股票,同样也不允许这种选择权所暗含的优先购买权)。一种重要契约安排的不可行性和不合法性,或许意味着实际所采用的合同并非最优的,这也意味着法律规则可以改进公司合同。

执行合同的困难也可能会给其他的有益干预带来机遇。合同履行问题是显而易见的。假设一个为拍卖而订立的合同,无论事前或事后对于推定的目标公司投资者来说都是最优的,他们就会明确地采用该合同。他们也会明确禁止经理们所进行的"辩护":即他们的目的也是在于,想让公司卖个好价钱,而非保持中立。但他们能得到他们所想要的吗?任何拍卖策略都会存在投标失败的风险,如果今天的投标出价不够高,拍卖者将会短期内取消这幅画的市场销售,直至更高的投标出价出现。由于在短期内出价最高的投标人,也可能不会出现,因此拍卖期可以是灵活的、可变更的。然而,所有这些安排都会允许经理们撤销最初几个有关投标的设定——例如未经理同意就不能投标的规定,以及对"毒丸"计划采用近似规定等——同样可以使任何投标无效。有谁能够说出正在采用的是哪种策略呢?经理们自己知道吗?他们可能会设定一个不现实的保留价格,似乎他们主观上在进行销售,而实际上根本就不可能卖出去。要确保公司合同中的条款得到遵循的确是有难度的,这使得某些特定类型的合同并没起到多大作用。

至于对合同的观察,我们需要考虑:"容易收购策略"在事前或许是最佳的,而拍卖策略在事后可能是最佳的,但是一旦拍卖策略成为众所周知的策略,投标就可能不会实现;因此,对于一个公司来说,最好的策略就是,在任何时候都看似"容易收购",但在任何时间又都遵循拍卖规则的策略。换句话说,对于目标公司私下最优化的策略就是愚弄投标人。这并不违反任何合同规则,因为合同双方均可从中获利。(推定的投标人没有获悉目标公司真正策略的权利,就像土地所有者无需被告知,土地购买者将会如何使用这块土地一样。)持有内幕信息对个人和社会都是最优的。如果矿产勘探公司在取得富含矿产资源的土地所有权之前,必须向社会公开披露他的这一发现,那么它就会减少勘探工作的努力程度。然而,如果一些推定的目标公司采取这种潜在策略,那么持不同策略的其他公司就会受到损失。有些公司可能已采取"容易收购"政策,而推定的投标人很难分辨哪些公司会拒绝投标要约,哪些又会被接受,因此甚至对于非从事拍卖业务的公司,这些投标人都可能会减少监督和投标活动。有关契约策略选择的不确定性将会妨碍其他公司的治理进程。

这又引发出了另一类问题,即个人最优与社会最优之间的偏离问题。至此我们已经假定投资者和公司其他参与者之间,可以制定适合于他们公司的最好规则,而且他们也确实这样做了。然而从另一个角度来看,投资者们并不关心某个特定公司的运营状况,因为他们可以投资的公司不止这一家。因此,从长期意义上说,他们最终所关心的是整个经济,而不是某个公司的具体运行状况。有些公司效益会好一些,而另有些公司则效益差一些。对此,投资者们事先并不知情,他们并不知道哪一家是业绩好的公司,所以他们所想要的也就仅仅是所有公司平均业绩的最大化就行了。那些自认为可能与投标人或目标公司有着利害关系的投资者,对于那些设法给目标公司带来较大收益的规则并不感兴趣;相反,他们感兴趣的是,尽量用尽可能少的成本为各公司之间的收益分配提供便利。

　　这一章的基本观点就是:投资者想要使他们所持财产的价值最大化,而不只是使其所持某一股票的价值最大化。不论何时出现收益分配问题,投资者总是愿意选择那些能使其净收益最大化的规则——这就意味着应尽量增加能创利增收的交易,而降低利润实现的成本。那些处理如何抓住机遇来创利增收的规则,总会在一些特定机会出现之前就被创设出来,因此每个投资者都会喜欢选择一套能使他们所拥有的全部财富价值最大化的规则,而根本不考虑公司之间如何进行利益共享或进行利润再分配的问题。第4章和第5章就此问题进行了更为详尽的讨论。如果投资者想要使其预期价值得到最大化实现,就得遵循以下规律:那些不利于人们从有利可图的交易中竞争性获利的公司规则,在实践中是不大可能存活下来的;而那些可以填补现存的合同漏洞而且没有考虑利益分配问题的公司规则则会安然无恙。

　　因此,在思考要约收购问题时,投资者并不知道他的公司是否将会成为投标人或目标公司,因此我们估计,他应该不会对所制定的规则,是否会把资金转移到目标公司手中(假如有招标的话)而过分担心,因为如果他的公司最后真正成为投标人的话,他也要付出代价。有一种潜在的反对意见,即对风险的厌恶,可能会反对这种看待最优公司合同的方式。我们已经假定投资者对于一个有10%概率可以获得1000美元的机遇,和一个可以确定性地获得100美元的事实,持无所谓的态度,但现实中大多数投资者一般还是会厌恶风险的,这就意味着收益的共享规则毕竟还会扮演一定的角色。尽管常常会导致预期利润的减少,投资者还是会去寻求各种避险方式。如果他们这样做,那就会对有关如何提供公司合同中的缺失条款——何时又该对这些真实的合同置之不理之类问题,有着意味深长的意义。

然而谈到公众公司,我们则有可能会忽视风险厌恶问题。我们对风险厌恶者提供的建议很简单,即风险分散。借助风险分散的策略,那些不喜欢风险的人就可以通过它来消除风险。他们可以持有低风险的投资工具(如高信用等级的债券和国库券),当且仅当投资的预期价值超过从其他途径获得的利润时,投资者才会持有普通股股票。通过持有"一篮子"证券,投资者就会规避某一公司所专有的风险去实现其预期利润(不管这个风险是企业的商业风险还是经理人的不诚信所导致的风险)。那些持有股权投资工具的人也可以通过互助基金或选择其他更广泛的"一篮子"多元化投资来达此目的。多元化投资组合不可能消除市场所固有的系统性风险,然而,它基本上还是可以消除公司之间相互冲突的个别风险,并且还可以熨平公司间的损益分配。这样的话,那些持有多样化投资组合的人,实际上就是对作为整体的经济系统进行了投资,因此,任何能使所有企业财产价值得到最大化实现的社会或私人治理规则都是他们所需要的规则,而且他们对那些通过超越其他公司而实现财产价值最大化的公司并不感兴趣。在现代经济中,多样化投资的成本是很低的,购买并持有分散化的基金,比进行小额股票交易所花费的成本要小得多。

这似乎又忽略了一个事实,即许多人实际上并没有进行分散化投资,并且,有些人是有意不进行分散化投资的。公司经理人通过持股,从而将他们的大部分财产与他们所经营的公司捆绑在一起。这种多元化投资的缺乏,减少了管理活动的代理成本。这些经理人,同时也作为投资者,大都会厌恶风险,而且对公司损益的分配很关心。然而,这并不意味着就可以因此而把公司法看作是应该关注利润分配的一个理由。经理人们对风险的厌恶感,对公司组织结构的选择而言,不仅是一种令人遗憾的成本,而且也不构成他们不选择能使财产价值最大化规则的理由。对于其他那些不进行多元化投资的人,这些持有一点股票的"选股者"或积极进行交易的人,只是告诉我们,他们并不是风险厌恶者。回想一下,人们关注多元化投资的惟一理由就是,如果人们厌恶风险,他们宁可需要一种最低限度的回报最大化的规则,也不需要一种使预期回报最大化进而使社会财富最大化的规则。如果厌恶风险的人能用较低的成本照看好自己的利益,就没有其他理由不选择一种使财富最大化的规则。值得一提的是,绝大部分投资都是由多元化投资者所持有的。在大多数企业中,这些主要的投资者都是各类机构投资者,如互助基金、银行的信托部门、养老基金等等其他多元化投资工具的持有者。为了赌徒们未决的利益而减少小心谨慎的大多数人的财富,这绝不是一个好主意。

错误

一些人把公司组织的特定方面,作为证明缔结合同过程中有些条款可能不被选用的证据。假定在 Acme Widget 公司的章程中出现了这样一些条款:在决定公司经理是否可以利用公司机会为自己谋福利时,与之有利害关系的董事有权对此事进行投票;假定这种条款强加给投资者一种义务,表明自我交易对公司是不公平的,那么经理人是不是要披露交易事项并且事先征得同意呢?这种类型条款往往是由经理人单方面作出的,而且对投资者来说,是如此的险象环生,以至于它们的存在不正表明经营经理人的专制和狡诈吗?难道这也不正说明了法律的强行条款对投资者更有利吗?

关于这些问题,这里有两种论点。一种就是某些第三方效应导致了某个公司的利益偏离了社会最优化;另一种观点就是,正如投资者所观察到的,公司章程中的某些特定条款本身有失误。个人和社会利益的偏离是很少见的,而且在这些事例中看起来也并不发挥作用。这就给错误留下了空间。但是这到底是谁的错呢?是投资者的错吗?——因为他们没有识破欺诈伎俩而降低了证券价格;或者是那些以一部分学者或监管官员等为代表的评论者的错吗?——因为他们认定公司条款损害了投资者的利益。除非那些向公司合同中的部分条款兴师问罪的人,能给出一个令人信服的论据,即这些条款不合投资者的意,并且不能有效地定价,否则他们是没有理由介入并纠正所谓错误的。事情往往是如此复杂,甚至连职业投资者都难以认清某一条款的真实效力,更不用说那些指手画脚的评论者有能力当此重任了。因此我们推定的一个假说就是,错误常常是由那些评论者而不是由公司或投资者造成的。

无论何时,只要一项公司业务的成本和收益是可知的,它们最终都会从公司股票交易的价格中反映出来。那些认为公司治理的某些重要条款会偏离这种机制的指手画脚的评论者认为,要么成本和收益根本就不可知;要么只有他一个人知道这项业务的成本和收益。当然此时如果他能把这些信息披露出来,如果人们也相信他,那么无须政府干预,市场就能自动作出调整。然而,更可能的假说往往是,那些肯为自己的信仰下赌注的人常常是正确的,因为他们有很多理由去避免错误;而那些评论者(他们往往是一些学者和监管者)是以幻想而不是确定的信仰作为回报的。作出错误预测的专业人士会直接受到损失,而那些学者或监管者如果作出错误预测,却不必为此付出一丁点儿代价。那些用自己的钱做赌注的人可能会犯错,但比起那些用别人的钱做赌注的学者和监管者,他们犯错的几率还是要小得多。

那些在许多企业竞争中经过筛选、检验而幸存下来的公司治理方略,是不大可能出错的。我们已经强调,一项惯例存活的持久性,不仅能使人们更能领略其重大影响,而且更能促使公司之间的竞争,从而淘汰那些对投资者不利的惯例。而在学者的思想或监管者的规约中,就不可能有类似的淘汰过程。恰恰相反,法律中的强制性条款却阻碍了这一自然选择和评价过程的运作。除非有强有力的理由使人们相信,在评估公司合同的效应方面,管制比市场竞争更具比较优势——这还有赖于我们接下来在后续章节将要讨论的一些特征——那么,用"错误""剥削"诸如此类的字眼,去代替现实生活中所存在的真实安排,就会缺乏最基本的支撑。

后续条款

迄今为止所进行的诸多讨论,似乎都认为公司合同的全部内容从一开始即已制定完备了。"开始"这个概念对于任何参与者来说,一般是指该参与者以雇员、投资者或其它身份进入企业的时间。在绝大多数情况下,该时点都非常关键,因为公司治理安排的成本与收益,就是从这个时候开始被定价的。如果一开始公司治理条款就制定得很好(或不好),那么股价的调整可以平复一切问题。当然,此后许多情况会发生变化。公司或许会迁址于内华达州。公司可能会对董事会成员引入交错任期条款或"公允价格修订"条款;公司也许会废除董事会执行委员会,罢免所有独立董事或建立由大多数独立董事组成的董事会。我们又当如何理解这些变化?

这些变动一般都有一些共同点:那就是它们一般都是由现任经理人提出方案(除非获得董事会同意,现行公司规则不会发生任何变动),并由股东投票予以通过,而且在投票中胜出的一方不会对另一方进行补偿。如果这些变动不利于公司的当前参与者,那么股价就会作出调整,但这些调整不会补偿那些参与者。如果这种修订使公司的预期利润每股减少 1 美元,那么股价就会下跌,当前投资者将会遭受每股 1 美元的资本损失。他们也可以出售股份,但损失难以避免。股份购买者得到的是与其所付资金等值的股份;而在这种变动时期进入的投资者却十分倒霉。由企业家和经理人承担不合时宜的条款的成本,这种机制对后续条款而言不起作用,至少没有直接作用。然而,它最终仍会起作用。因为那些使投资者遭受损失的后续性条款,最终将会降低公司筹资能力以及在产品市场中的竞争力。不过这些最终的反应却并不是救济措施;它们仅仅解释了为什么那些选择低劣治理手段的企业,最终未能幸存下来;同时它也表明,虽然这种广泛而长期存在的做法也有可能带来好处,但它们对于这些企业的参与者们而言,却仍然是无所作为的,这些企业必将消逝于历史的尘埃之中。

投票程序可以在一定程度上控制这些对投资者不利的条款,但这种控制也并不完美。对于投票而言,投资者们往往报有一种"理性的冷漠"态度,这不仅是因为他们的投票可能根本无法改变选举结果,而且也因为投出理性的选票所需要的信息也并不那么容易获得。股东们批准公司的后续条款的变动,但以此认为这些变动符合股东利益却往往并不可靠,因为公众公司的股东非常分散——他们没有时间和信息、也没有动机去审查提出来的变革建议。表决权是不能出售的,至少不能脱离股份本身而被出售。初始制定的治理条款与后续性治理条款之间存在的诸多差异提醒着我们,在对待这两个类似的范畴时,必须谨慎行事。公司法中某些最难以解决的问题,都与那些在公司开始步上正轨、资金已经筹集到位之后才采用或改变的安排有关。因而,不允许股东批准浪费公司资财的行为(除非股东一致同意)这一公司法理,就获得了坚实的基础。而对规则进行修订所依据的规则本身,就是公司成立之初所签订章程的一部分,它有可能(或者说应该可能)会对以后的章程修订设置某些限制。其中最为普遍的做法是,将某些章程条款的修订视为公司实施了特定的交易,在这些交易中,投资者可以表示异议并主张评估权。更进一步说,变更治理结构极有可能激发投资者广泛关注的代理权争夺,也有可能引发敌意接管。因而,投票、或者说至少由投票机制所带来的审查机会,就部分地取代了公司成立之初即运用的定价机制。

通过法律规则来解决缔约过程中的问题的一种方法是,法律对于公司在不同时期所通过的各种条款予以区分。法律可以规定,公司成立之初(指公司创立、上市或发行大量股票时)的条款通常应予信守,除非这些条款发生了显著的第三方效应,它们一般应得到遵守;而后续通过的条款因看起来增加了管理层的代理成本,因而只有在后续召开的年度股东大会上获得了股东的超级多数通过、或者异议股东被买断的情况下,才是有效的(双重会议规则允许运用阻挠式的代理投票或者收购竞争来防止章程条款的变更生效)。然而,如果对公司条款修订的此类限制有益于投资者,为什么超级多数和双重会议规则在公司文件中如此少见?投资者可以、而且确实发现后续条款会带来损害,然而,或许阻滞公司章程变更的规则所带来的损害更大,这两者之间保持着平衡。我们固然无意在此制定法律规则,然而,重要的是,在本着合同的视角看待公司法时,要意识到后续条款可能会存在问题。

为什么要制定公司法

既然公司是一种以合同形式存在的企业,一个十分自然的问题便是:为什么还要制定法律?为什么不废除公司法?为什么不让人们自由谈判以达成他们愿意签订的合同呢?一个简短但不十分令人满意的回答是:公司法是一套现成的法律条款,它可以节省公司参与者签订合同时所要花费的成本。其中的众多条款,诸如投票规则以及形成法定人数的规定等,是几乎所有人都愿意采用的规则。公司法以及既有司法裁决,可以免费为每一家公司提供这些条款,从而使每个公司都能将精力集中用于公司特定的事项。即使他们一一考虑了他们认为有可能出现的各种情事,也仍然可能有所遗漏,因为各种复杂的情况会在未来日渐显现。公司法,尤其是由法院实施的信义原则,可以填补法律的这些空白和疏漏;而填补这些空白和疏漏的法律条款,属于如果人们能事先预见这些问题并且可以不费成本地进行交易而达成的条款。在这个意义上说,公司法补充了,但从未取代真实的谈判,它只是在出现第三方效应或后续条款的情况下才发挥作用。

在人们交易的讨价还价过程中,公司法准则和司法判决能提供现成的填补某些空白(或制定后备条款)的向导。这些实际的谈判也同样给其他企业提供了示范。通过议价达成现实交易的公司和其他仍然保持沉默的公司有可能是不同的,最明显的区别在于这种谈判的缘由。当然,除非有特别明显的区别需要不同的治理规则去治理,可能交易成本或判断能力的差异看似更合理。规模更大一些的企业发现,详细地对其他公司没有作出规定的地方作出规定,这种做法非常有价值,因为随着公司规模的扩大,该种做法的收益也会随之提高。正如业余投资者往往得益于职业投资者的工作一样,更小一些的企业和法院,也能从为大型公司解决问题的职业谈判高手的工作中获益良多。

然而,事情并没有结束,因为它并没有解答"为什么要制定法律"这一问题。为什么律师事务所、公司服务部门以及投资银行不制定一系列条款,使公司赖此建立起来?他们可以兜售这些条款,以弥补解决这些问题所花的费用。然而,各方主体(或者规则的私人提供者)绞尽脑汁地把各种意外情况都考虑进去,并就各种条款的采用与否进行谈判与协商,其成本极高。各当事人及其代理人必须首先发现问题,然后极其详尽地提出解决问题的方案,而且,如果这些问题没有出现,所有的这些努力又都要付诸东流。但因为变化是公司生命中的常态,浪费也就不可避免了。通常而言,公司遇到的那类问题,在其他人开办公司之后才会出现。法院在处理这些未能事前解决的突发问题时,往往具有比较优势。只要问题不发生,普通法法律体系一般不会过问,因此这种机制还是比较经济的;它避免了将精力花费在未产生的问题上。法院所积累起来的处理异常问题的案例,能够提供解决相关问题的丰富经验,如果让私人通过谈判来获取这些细致的经验,则成本太高了。换句话说,事实证明,那些针对各种问题而制定的"契约"条款,对公众来说实际上就是一种公共物品。

即使律师事务所、投资银行或者其他私人解决方案的提供者能够提供最佳解决方案,也不可能现成地给出针对所有边际案例的解决方案。没有一个企业能事先解决所有问题,并获得全部收益,因为其他企业完全可以效仿他们的解决方案,而不付任何费用。如果新的解决方案的价值难以评估,而且私人的谈判收益又微不足道,那么人们就会把事情束之高阁,留待日后再行解决。正如我们反复强调的,公司法所要解决并提供的是这样一种规定,即这种规定如果得到统一的适用的话,就会从整体上使公司所作努力的价值得到最大化实现,法律只不过是对各种合同进行完善而已。因此,没有理由把公司法看作是施加一些强行性条款,从而使现实的谈判无效,或者使企业家们的共同财富减少的法律规则。

最大化目标

强调公司的契约本质的分析方法,远离了让许多经典作家所困惑不解而兴趣盎然的领域:公司的目标是什么?是获取利润吗?又是为了谁?是更广义的社会福利吗?公司从事慈善事业是否存在问题?公司在追求利益最大化时,是应该更注重长远利益还是追求短期利益?我们对这些问题的反应是:谁会关心这些问题?假设组建《纽约时报》的首要目的是出版报纸,而将营利放在次要地位,不应该有人表示反对。公司组建时的那些最先加入该公司的人表示了赞同,后加入该公司的人则购买了该公司的股票,这些股票的价格就反映了该公司对利润目标的温和承诺。如果一个公司成立之初即许下诺言,表示愿将一半的利润分给雇员而不是分给股东,这仅仅是公司章程的一个条款,也是一项试验,教授们就可能对它的成功并不看好。但对不了解情况的陌生人而言,有这种预期是很自然的。类似的,假若一家银行宣称,其成立的目的在于优先向小业主和第三世界国家发放贷款,那就是风险投资者们自己要解决的事务了。同样的例子还有,公司在建厂时承诺永不离开该社区,这样,公司创业者就可以选择他们各自喜欢的"选民"。

公司法的契约框架所关注的问题是令人惊奇的。如果一家企业成立伊始,即按照一般的形式来设计——雇员和债权人有权获得固定的薪水和利息,股东则拥有企业利润的剩余索取权。追求该利润的最大化是公司其他成员的承诺——这份承诺是有约束力的。假如该公司突然收购了一家报社,并宣称它不再关心利润,这时股东就会有产生一个法定的诉权,该诉权产生于管理层的违约而非对公司治理理想的背离。

公司法在这里所起的作用,就是提供了一个普遍适用的基本性条款,这些条款只能由合同来加以变更。这个基本性条款或由合同明示采纳,或由成功企业有效运作作出示范。对于大多数公司而言,可以期待的是,股东们冒着风险签订了一份契约,该契约承诺他们会尽力谋求公司的长远利益;反过来这也会最大幅度地使他们手中持有的股份升值。至于其他成员,他们签约则是为了获得固定的收益——如月息、薪水、退休金、解雇金之类。后面我们将会讨论,这种在获得固定收益和浮动收益的人之间所进行的权利配置,在经济上将会起到什么样的作用——风险承担者享有企业利润的剩余索取权,而那些在边际上不承担风险的人则获得固定的收入。

有一件事情是无法留存下来的,这就是那些试图愚弄公司参与者的行为。如果为吸引投资,公司作出了谋求最大利润的承诺,那么,该承诺就必须要得到实施,否则公司就会因筹措不到新的资金而落败;如果投资者开始怀疑他们作出的承诺的价值,那么他们在整个经济中的投资就会衰败。类似的,如果公司开办工厂时许诺,只要盈利就运作;一旦不盈利就解雇工人,然后就迁移。这种对合同条款的变更(在担心的情况出现的状况下)——如就地关门大吉或强迫性支付解雇金——就是一种违反协议的行为。出于对这种事后的机会主义行为的担心,投资者们投资办新厂和雇佣新员工的意愿就会下降。

需要注意的是,公司法的合同分析,并未在雇员和投资者之间,划定一条泾渭分明的界线。从某种意义上说,雇员也是投资者,他们的部分人力资本被公司所专用化了——也就是说,这种人力资本已经适应了这家公司的特定事务,若再换别的工作则会贬值,从这种意义上说,拥有被公司专用化的人力资本,就是对企业的一种投资。问题并不在于雇员和其他"选民"有没有权利或期望,而在于这些权利是什么。假如雇员谈判或接受解雇金制度,以保护其专用化人力资本,那么在生意变糟时,他就应毫无怨言地恪守这个协议之承诺。每个投资者都必须与公司结构中的固有风险生死相随,当企业进入财务困境时,企业的股东们的求偿权就被转移至债权人,并因此不再享有额外的补偿。这些完全都是契约的履行问题。也就是说,除剩余索取权人之外,对于任何雇员和投资者而言,这些契约实际上都意味着是经过明确地协商和谈判才达成的。

在政治社会希望改变公司的行为时,财富最大化选择仍然很重要。给定财富最大化选择,社会可以通过货币罚金的方式来改变公司的行为,而这些罚金又将会减少风险投资家的财富,所以公司经理人会千方百计地避免受到此种惩罚。例如,征收污染税就会诱使企业减少排污量,它就会在行为上更多地考虑他人的利益。这样的话,社会就利用企业所固有的财富最大化为激励,从而以最小的代价来改变其行为的方式。在我们的分析中,我们并不关心政治社会是否应当尝试让企业更多地考虑那些非企业成员的福利,并按照这个标准去行事。我们也并没有强调要用最优化的方法,去处理诸如污染、贿赂、关闭工厂及其他可能会影响到非公司合同参与方利益的各种问题。然而,社会却必须决定是否去采取一些措施来调动企业的力量(其财富最大化倾向)以减小其自身之追求财富最大化的倾向,如果作出决定,那么在措施的选择上,就会有一个问题,即我们是采取改变企业面临的价格的方式还是直接改革企业结构呢?我们认为,后一种选择对双方的效应而言,还是不及前一种那么好。

有一个原因可以解释上述选择。很明显,由于存在"一仆侍二主"(部分为了股东,部分为了社区)的局面,这使得经理人虽独立于双方,但又不会真正对任何一方负责。面对任一方的需求,经理人都可以推诿,诉诸另一方的利益。如此这般,增加的只能是代理费用,而减少的却是社会财富。因此,更好的改变经理人行为激励的方法,就应该是建立将价格(如污染、解雇)与行为挂钩的规则,与此同时,放手让经理人们在社会约束下,谋求剩余索取权人的财富最大化。

另外一个原因同样重要,但却常常被忽略,即为股东谋求最大利益,也会自然而然地有利于其他利益相关"选民"。企业的参与各方扮演的并不是对立的而是互补的角色,尤其在市场经济条件下,交易各方是通过交易来相互增进各自利益并各得其所的。一个成功的企业可以同时既为工人提供工作岗位,又为消费者提供商品及服务,而且商品越是具有吸引力,利润就会越大。股东、工人及社区的兴旺与发达,也是与企业为消费者提供了更好的商品密切相关的。有了利润,企业的其他目标也就会随之而实现。财力雄厚的企业可以提供更好的工作条件,并做好垃圾清除工作;高利润还可以增加社会财富,而社会财富的增加又可以强化对清洁的需求。对环境的关注是奢侈品。富庶的社会比贫穷的社会更容易获得清洁和健康得多的环境,——部分由于富裕的公民要求更干净的空气和水,部分由于他们能够负担得起此项费用。和美国工厂相比,苏联工厂污染大而产量小,恰恰是"因为"他们较少关心利润,而不是"尽管"存在该差别。在这个国家,为利润而相互竞争的目标,极有可能随着利润下降而被牺牲掉。

利润最大化与其他目标间利益的和谐一致性常常被忽略。一家企业在一地遭到关闭,而在别的地方又重新开张,这家企业就往往会被指责为缺乏对受影响的工人、社区的社会责任感。然而,这样的指责其实忽略了新工厂的建立,给所在地的工人和社区带来的更大好处(必定是更大的,否则该迁移就无利润可言了)。同由于发明了新产品导致竞争对手破产、员工失业,而引起社会混乱的企业一样,由于工厂搬迁而引起混乱的企业,也同样没有违反社会伦理。一切竞争都必然会产生无序——所有的进步,也都会产生无序(对真空管和滑动刻度尺的制造者们深表同情!)——那些试图阻止资本主义经济伴随着强烈阵痛的结构转换行为,实际上就是在遏制生生不息的经济成长。

  我们在这里并不想作出一个过分乐观的(panglossian)宣言——声称公司的利润是和社会福利完全和谐一致的。当成本落在第三方头上时——污染就是一个最普遍的例子——居民则是确实实实地遭受了损害,因为损害并没有以私人成本的形式由企业自身承担。倾倒垃圾使下游用水者承担的成本也可能会超出股东所获的收益。但是,不分青红皂白就一味地去禁止污染也并非灵丹妙药。作为一种资源,如果可利用的水源减少,企业所能生产的产品也就会减少、价格也会更加昂贵,就会有诸如把岛屿变成垃圾堆之类的更多的处理垃圾的替代性方案。水流的使用者将成本施加给这些企业(及其消费者)与企业加诸于他们的成本同样高昂。对此种情况,即使对企业治理结构进行重整也无济于事。当前的任务首先在于建立产权,以使企业在行为时就像对待私人成本一样,去对待去社会成本,并且,在管理人员追求给定这些新成本下的最大化利润时,使公司的行为反应,就像相关各方(下游用水者和消费者等)在无成本条件下自由谈判、协商达成一致意见的结果一模一样。而如果将污染、在南非的投资以及其他棘手的道德和社会问题统统都看作是治理问题,那可就真的是不得要领了。

2 有限责任

有限责任是公司法的一个突出特征,甚或可以说是公司法最突出的特征。一般认为,合伙人对合伙债务要承担个人责任,而股东却不必对公司债务负责。在本书中,我们也一直都在强调公司法的契约性质,然而有限责任的这一性质似乎表明,它是专属于投资者的、与我们强调的公司法的契约精神本质相违背的某种特权。既然如此,就有许多人认为,作为这一利益的对价,应该要求公司服从政府管制,或者为顾客、雇员和相邻社区的利益服务。

其实这种描述并不准确,事实上它并没有违背契约精神。公司法人本身并非"有限责任",它必须像其他任何实体一样清偿自己的所有债务(无论如何,除非在其破产的情况下始可免除责任)。之所以说公司责任是"有限"的,是指公司的投资者只以其对公司的投资额为限承担责任。一个投资100美元购买公司股票的投资者,只以100美元为限承担公司经营风险;一个购买100美元公司债券或者将价值100美元的货物赊账卖给公司的人,也至多承担100美元的风险。经理人和其他职工都不对公司行为承担替代性责任。没有人会承担超过自己投资的风险。

以投资为限的有限责任是大多数投资的共同特征,并非仅仅公司法才有如此规定。个人独资、普通或有限合伙、商事信托以及其他风险投资中的债务投资者都属于有限责任。假设银行给某合伙企业贷款100美元,不久该合伙企业资不抵债,则银行可能损失100美元,而不用支付其他额外费用。与股东以出资额为限对公司承担责任一样,银行的风险责任也以出资为限。无论公司采取的是何种组织形式,雇员和其他人力资本的提供者也均只需承担有限责任。公众公司、有限合伙和商事信托的权益投资者在风险事业失败时,都无需支付额外资金。真正"无限"责任的情况几乎没有。合伙企业中的普通合伙人可能会被要求支付额外的资金以清偿合伙债。然而即便是如此,由法庭宣告的解除破产人未偿债务的命令,也会使合伙人可以根据自己在合伙需要更多的资金时,以其当时所拥有的资产比例限定个人责任(一些资产即使在破产程序中也是可以免除扣押的)。由此可见,有限责任是普遍存在的。

公众公司的显著特点——授权不同的代理人团队来管理公司和由资本提供方来承担风险——就依赖于像有限责任这样的制度。如果公司法不以有限责任为出发点,公司本身也会通过合同来创设它——实际上这并不难办到。贷款方可推出"无追索权"的信贷,承诺不向借款方提出偿还请求(以换取较高的利率)。无追索权的贷款方只对担保贷款的资产享有权利,就像贷款给公司的出贷方只可就公司资产享有权利。这是一个可使公司以较低成本获得有限责任好处的法律规则。

有限责任的基本原理

我们首先探讨公司理论和有限责任的关系,然后再来分析有限责任对公司资本成本的影响。

有限责任和企业理论

当生产技术要求公司把众多代理人的专业技能和大量资金有机地结合在一起时,公众公司——这个相对于其他公司组织形式而言更便于资本筹集和使职能专业化的公司组织就会占据优势地位,它一经出现便大大降低了代理人专业技能和大量资金提供者相分离的成本,同时使管理职能更加专业化。

第一,有限责任降低了监督代理人的必要。为了保护自己,投资者会更紧为密切地监督代理人;他们要承担的风险越高,越重视监督。然而,超过一定的临界点后,更密切的监督将得不偿失。另外,专业化的风险承担意味着,许多投资者可以多元化投资。在任何一家公司的投资,都只占他们财富的一小部分。这些多元化的投资者既没有专业知识、也没有动机去监督专业化的代理人的行为。在有限责任条件下,多样化投资和消极监督成为较理性的策略,从而潜在地降低了公司运作的成本。

第二,有限责任降低了监督其它股东的成本。[1] 如果股东承担无限责任,则其他股东的财产越多,任一股东的资产被用来支付赔偿判决的可能性就越小。这样,现有股东就有动机来对其他股东实施成本高昂的监督,以确保后者不会转移或者低价转让资产。而在有限责任的条件下,其他股东的身份无关紧要,因而避免了这些成本。

第三,有限责任促进了股份自由转让,从而使经理人更有动力实施高效的经营。尽管个体股东缺乏专门知识和动力去监督专业化代理人的行为,但投资者个人可以买卖股票,从而使其有机会形成一个团队来约束代理人的行为。只要股份与投票权挂钩,运营不善的公司必将吸引能够低价收集大量股份的新投资者,进而组织新的管理团队。被替换的潜在威胁,促使在位的经理人努力实施高效的经营,力求将股价维持在一个较高的价位上。

由于股东是有限责任的,股票价格是由公司资产所创造的收入流的当前价值(贴现值)决定的,股东的身份和其他股东的财产等因素就是不相关的;股票是可以流通的,在流动市场上以相同的价格进行交易。而无限责任公司的股份是不能流通的,其股份价格是由未来现金流的当前价值和股东个人财产所共同决定的。流通性的缺乏将阻碍股权收购,假设有人打算收购控制性数额的股份,则他必须跟每一个股东单独谈判并支付不同的价格。更糟的是,公司控制权交易中的买方通常比原先的持有人富有得多,从而新的股份持有人预期会额外付出资金的成本也比原先的持有人高得多。这一点对于正在考虑收购一家面临财务困境的公司的购买者而言,是非常重要的,因为如果重组公司的计划失败,收购者可能不得不帮助目标公司偿还债务。有限责任允许个人购买大量股票,而不用冒着支付额外费用的风险,从而促进有益的控制权交易的开展。一项促进控制权转让的规则,同时也可以促使经理人更有效地工作以避免转让情形的

---

[1] 参见 Paul J. Halpern, Michael J. Trebilcock, and Stuart Turnbull, "An Economic Analysis of Limited Liability in Corporation Law," 30 *U. Toronto L. J.* 117 (1980)。

发生,因此无论公司是否被收购,都会降低专业化的成本。

第四,有限责任使得市场价格有可能反映公司价值的其他信息。在无限责任条件下,股票不是种类物,没有统一的市场价格。投资者需要耗费更多的资源去分析公司的前景,以确定"价格是否合理"。当所有人都可以按照相同的条件进行交易时,只有股票价格反映了关于公司前景的可获得信息时投资者才进行交易,这样,绝大多数投资者不需要费时费力来搜寻额外的信息。

第五,就像 Henry Manne 所强调的那样,有限责任可以提高多元化投资的效率。[2] 投资者可以通过多元化投资而最小化风险。这样会降低公司的筹资成本,因为投资者无须承担与未分散的投资相关的特定风险。当然,只有在实行有限责任规则或者采取其它好的制度安排的情况下,它才会成为现实。而如果实施的是无限责任,则多元化增加了、而不是降低了风险。任何一家公司破产,都会使投资者倾家荡产。因而,无限责任规则之下的理性策略是,投资者将尽可能地降低持有证券的数量。其结果是,投资者被迫承担本可以通过多元化而避免的风险,公司的筹资成本将上升。

第六,有限责任有利于实现最优投资决策。当投资者持有多样化的投资组合时,公司经理人将投资那些具有正的净现值的项目,以最大化投资者的利益;他们可以从事变数很大的风险投资(例如新产品开发)而不使投资者承担破产损失。每个投资者都可以通过在其他公司持股而避免承受某一项目的失败。在无限责任的世界里,经理们的行为将正好相反,他们会拒绝一些虽有正的净现值,但是却"过于冒险"的项目;投资者也要求他们采取此种行为模式,因为这是最好的降低风险的做法。确切地说,这种做法是一种社会损失,因为毕竟具有正的净现值的项目是资本使用的有益途径。

股权投资者在不同的责任规则下都会有效地行为。每个投资者必须在无风险的有价证券如短期国库券(T-bills)和风险性较大的投资形式之间作出选择。股权投资的风险越大,投资者付出的就越少。

---

[2] 参见 Henry J. Manne,"Our Two Corporation Systems: Law and Economics," 53 *Va. L. Rev.* 259 (1967)。

投资者在边际上压低股票价格，直到股票和短期国库券二者随风险调整的回报相同。低效率的责任规则会减少投资于有风险项目的可用资金，而有限责任带来的最大的好处就是，它会增加投资于有正的净现值回报项目的可用资金。

有限责任和公司的资本成本

有限责任并不是要消除破产。当企业经营失败的时候，是必须要有人来承担经营失败的损失的。有限责任是一种消化损失而非转移损失的制度安排。每个投资者所承受的损失都有一个上限，在一个负有债务的公司里，这种关于损失上限的保证是与债权人的偏好联系在一起的，股东有可能首先被排除出局，从这个上限范围之内，风险从债权人"转移"到了股权投资者。在无限责任制度下，还有更多的风险会被转移。很多人认为有限责任的重要性被夸大了，因为在任何一种制度安排下，都必须要有人承担商业失败的全部损失。[3]

上述观点认为，有限责任给股东带来的好处，被债权人所遭受的损失所抵消了。有限责任下的股东处境较为安全，他们追求的回报率也较低，但是债权人却会要求一个更高的回报率；无限责任正好相反。该观点还认为，在任何一种规则下，公司的资本成本都是相同的。但是这一论证依赖于这样的假设，即风险是由债权人和股东平等地分担的，这一假设在很多方面都还有待验证。

共同利益的范围　认为公司的资本成本不会因为不同的责任规则而有所差别的观点，依赖于这样的假设，即股东在有限责任下获得的利益与债权人所受的损失将会完全抵消。实际上，这种假设是错误的，理由如下：

比如，我们可以考虑一下有限责任和外部人监督之间的关系。被接管（以及其他控制权交易）的威胁，往往会驱使经理们竭力保持

---

[3] 参见 Robert B. Ekelund, Jr., and Robert D. Tollison, "Mercantilist Origins of the Corporation," 11 *Bell J. Econ.* 715(1980); Roger E. Meiners, James S. Mofsky, and Robert D. Tollison, "Piercing the Veil of Limited Liability," 4 *Del. J. Corp. L.* 351(1979)。

股价的上涨。外部监督者对债权人的影响就不太明显,采用过于保守的有利于债权人利益的投资策略的经理层,可能在代理权争夺和公司接管时被董事会淘汰。因为这样的策略虽然有利于债权人,却没有最大化公司的价值,其中的一些措施还会因此而在事后恶化债权人的利益。但是只要这种接管行为,能增加公司资产价值提升的可能性,股东、债权人等作为等着分享更大蛋糕的利益同盟军,都将会因此而受益。因此,这样一种包含着控制权非自愿变迁的体制对债权人和股东都有好处。

相关的监督成本 相对于无限责任而言,有限责任下的股东并没有足够理由去承担监督经理层和其他股东的成本。如果股东监督经理层行为的激励逐渐减少,而债权人监督经理层行为的激励就会相应地增加。但是上述情况在投资者之间存在优先权的情况下就不会发生;因为相比较债权人而言,股权投资者会首先失去他们的投资,因此他们对监督公司的运营拥有更浓厚的兴趣。事实上,这种投资者之间的优先权安排,是最优监督制度设计中的一个重要因素。将全部的边际损失和边际收益都集中于一个投资者群体,将会促使他们在监督经理层时(或者将监督权出卖给有意向的买方时)支出合适的成本,同时避免其他更偏向追求安全性的投资者支出多余成本。担保债权人享有最保险的权利主张,他们可以选择只监督公司安全状况,而非整个公司的运营情况。因此担保之债可能是降低监督成本递增的一种方式。

因此债权人并不会通过加强对经理层的监控,来弥补股东监督减少所带来的效应。更进一步说,有限责任下的债务投资者,不会承担为抵消内部股东监控的减少而付出的成本。不管股东是否承担有限责任,其他债权人的财产并不会受到影响,因为不管在什么规则下,债权人本身所承担的责任都是有限责任。当股东和债权人双方承担的都是有限责任时,比仅仅由债权人承担有限责任时的监督成本更低。

相关信息和协调成本 股东要给予承担更多商业失败风险的债权人以补偿的另外一个原因在于,债权人在监督某些特定管理行为时拥有比较优势。个人股东作为资本的特定提供者,不会积极主动地监督经理层的行为。他们往往依赖于第三方监督(比如大的机构持股者和潜在的控制权竞争者)来做这件事,并且在适当的时机,这些个人股东也会购买一定的股份。尽管债务投资者不享有剩余索取权,从而缺乏监督公司日常行为的激励,但他们却特别适合监督某些特定行为。

银行和其他机构投资者,通常在某些特定行业拥有专业知识,因而在作出诸如是否要建立新公司等重大决策时,会是很好的监督者。银行等贷款方可能会向同行业的不同公司提供融资服务,因此积累了很多这方面的知识。这些债务投资者通常都会跟公司谈判非常具体的合同,以获得否决公司经理作出的有可能会置公司于新的重大风险中决策的权利;尽管这些决策可能对于激励控制权竞争并不是重要的。

然而,上面所提到的契约性权力只不过是债权人最基本的手段,最重要的手段还是偿付义务。股权投资者基本上全程参与了公司运营,但对于股权投资者来说,他们却必须按时清偿公司债务,否则债权人将会取得控制权。债权人可以通过对延长贷款期限或要求高利率来坚持短期的偿付期限。承担还款义务的公司必须筹集新的资金来确保日常经营。回到信贷市场,公司的经营计划必须接受银行的审查;他们必须支付合乎他们所承担的风险的利息。如果公司运作不良,利率的相应调整不仅是对债权人的补偿,同时也提高了公司的资本成本。债务的强制支付性,便利了对公司行为的持续监督和公司冒险行为的重新定价。

不同的协调成本也是解释一些债务融资的原因。比较一下一个资深股东和一个资深债权人(或者一群债权人的合同托管人)的情况。即使资深股东拥有监督的能力,但也缺乏监督的激励,因为监督成本虽由股东个人支付,而所获得的收益却是根据股东持股比例与其他所有股东分享。相反,债权人从自己的监督行为中会获取更大的收益,因为在同一投资领域内的债权人较少。当同一投资领域内的债权人较多并且债务是长期的时候,针对"搭便车"问题的应对策略就是合同信托。当债权人付出的协调成本和信息成本比股东低时,有限责任制度就拥有明显的优势。因为在有限责任下,债权人由于承担了更多经营失败的风险,他们更有动力去运用专业知识来监督公司运作。

对待风险的态度 无论是股权投资者还是债务投资者,都可以多样化他们的投资组合,从而使他们投资于任一公司的风险最小化。当然,整个经济体系的风险(系统性风险)是不会因为这种投资多元化而消除的。当交易双方都厌恶风险时,最理想的契约安排,应是双方都承担风险。有限责任就是这样一种风险分担的制度安排。在这种制度安排下,股东和债权人都要承担投资失败的风险;而在无限责任制下,几乎所有风险都由股东来承担了。

作为有限责任替代的保险制度

有限责任所具有的优点表明,即使法律没有规定有限责任制度,公司也应该自己去创制它。一个近似的替代品是保险。如果公司能够购买某种"经营失败保险"来保证其对债务投资者的责任,则公司结构会跟现在差不多:股东责任以投资额为限;债权人由于处境更加安全,相应地回报率也就较低。为什么我们在应对破产风险时,没有选择保险却选择了有限责任呢?

首先,股东单独购买保险的交易成本是非常高的。如果由股东单独购买保险,则每一个股东都不得不跟承保人单独谈判;同时,在另一方面承保人也需要监控每一个被保险人和其他股东的财产,以评估自身所承担的风险。这时,一种比较经济的方式是,由公司为投资者总体购买保险。那么,谁会给公司承保呢?专业化的保险公司是一种选择;而公司债权人则是另一种更便宜的保险提供者。

债权人可能在评估内在交易风险水平方面具有比较优势,并且在协议期限内也更有能力监督公司行为——特别是防止新增风险(假定那也是所有保险的效应)。换句话说,公司从债权人处购买保险——这是我们最本质的观点。债权人无论是作为"承保人"还是债权人本身,都承担了企业经营失败的风险。有限责任的法律规则,是实现这一目的的捷径,因为它避免了单独交易的成本。

从不同的承保人处购买保险的优点在于,它可以避免很多债权人团体所面临的"搭便车"问题,而第三方承保人也更有能力进行监督。公司会从承保人处寻求成本最低廉的保险,而不管法律规则如何规定。尽管存在着有限责任制度,公司仍为火灾、侵权责任和其他危险投保。但是如果第三方承保人在承担风险方面拥有比较优势,我们希望能有一种普遍适用的公司"失败保险"。为购买这种保险,债务投资者将为公司支付这个成本,而结果是它所接受的风险也降低了。但事实上却并不存在这样的交易。

考虑到公司有能力通过契约来完全复制,或近似地构造无限责任或有限责任,那么有限责任的法律规则是否仍有存在的必要呢?回答是肯定的,但是并非绝对如此——至少今天是这样的(我们并不怀疑在保险市场尚未得到充分发展的19世纪,有限责任在公众公司发挥着更大的作用)。在债权人通常是最有效率的风险承担者这一看似可信的假设前提下,有限责任规则避免了跟每一个债权人单独谈判的需要,从而节省了交易成本。但是有限责任不会导致与第三方承保人之间在交易数量方面的相应增加。不管法律规则如何,只要第三方是最廉价的保险人,这种交易就会发生。

如果公司购买了不适当的保险或者在竞争性市场上无法购买到保险时,有限责任就非常有存在的必要。例如,我们很难想象,保险市场可以应对所有破产。破产可能是由整个经济体制造成的,承保人无法将风险分散化。更进一步,完全的破产保险还会引发经理层的道德风险,使得承保人承担的风险过大。面对这种道德风险,股权投资者和债务投资者都将不会再去监督经理人的行为,而保险人也不可能再提供最优水平的监督。如果没有完全的破产保险,就总有一部分人去承担公司经营失败的风险;这个风险如果全部由股东来承担,那么无限责任制的问题就会重现;如果由债权人与股东来共同分担风险,情况就同有限责任制没什么两样。

作为有限责任的替代,破产对保险提出了一个更为普遍的问题——谁来为保险人提供保险?如果由保险人来承担公司经营失败的风险,那么被保险的公司未清偿的债务,就有可能超过保险人自身的资本;这一资本风险必须有人来承担。我们可以指望由保险公司的股东来承担无限责任;然而股东无限责任不可能形成大型的保险公司,这反而会使得问题更加恶化。另一种选择是由保险公司的股东和债权人共同分担风险。同样的分析还可以用来判断有限责任制和无限责任制孰优孰劣。

总体而言,我们面临的问题是:让损失制造者承担风险和将损失转嫁给其他人来承担这两种方案相比,究竟哪一个更好?这是一个经验性问题。市场给出的回答是将风险部分转移。由股权投资者承担比债务投资者更多的风险,但债务投资者要对重大风险继续承担责任;并且所有这些投资者所承担的风险,都被限定在他们最开始投入资金范围内。这样的安排具有重要的存在价值。如果转移更多风险的机制是有效的,则市场就会演进、发展出这种机制。现在说交易成本过高还为时尚早,所以这种安排存在的依据还是很模糊的。通过契约来对股东责任进行治理,是很容易的。借款给封闭公司的贷款人,通常要求投资者提供个人担保或者其他对有限责任方面的修正。我们将在后文中探讨他们这样做的原因。现在的问题是,如果人们通常只是围绕小型公司的有限责任去订立契约,那么大公司就会因交易成本过高而无法订立契约。有限责任制度能够存活到今天,的确是令我们获益匪浅。

有限责任和风险外部性

因为有限责任提高了资产不足以清偿债权人请求权的可能性,公司股东获取了风险活动的所有收益,却无须承担所有成本。其中部分成本由债权人承担。有限责任的批评者们非常关注此种道德风险——有限责任创造了将风险活动的成本转嫁给债权人的激励——并以此为由,主张对其进行大刀阔斧的修订。[4]

风险外化带来了社会成本,因而并不可取。然而,这种观点的含义并不明晰,这既因为修订有限责任本身也存在成本,而且即使不存在有限责任,道德风险也无可避免。大幅修订有限责任的一大后果

---

[4] 例如,参见 Jonathan Landers, "A Unified Approach to Parent, Subsidiary, and Affiliate Questions in Bankruptcy," 42 *U. Chi. L. Rev.* 589 (1975); Christopher D. Stone, "The Place of Enterprise Liability in the Control of Corporate Conduct," 90 *Yale L. J.* 1, 65—76(1980)。

是,社会上减少了对某些类型的项目的投资,它带来的社会福利的损失可能远远超过降低道德风险所产生的收益。进而言之,即使放弃有限责任也无法彻底消除道德风险问题。当个人或者公司的资产不足以偿付其预期债务时,它们都将普遍拥有过度冒险的动机。尽管有限责任制加剧了道德风险问题,但在任何规则下,道德风险都无可避免。收益和损失的大小是个实证问题,在这个方面,有限责任的重要性尤为突出,因为通过合同的安排,有限责任能够轻而易举地将更大风险转嫁给股权投资者。

无论如何,有限责任之下风险外部性的重要性被夸大了。正如 Richard Posner 论证的一样,对于自愿的债权人来说,并不存在所谓的外部性。[5] 另外,公司有激励投保比它们现存资本更大额的保险;保险公司成为合同债权人,就可以减少风险外部性。

有限责任和自愿债权人

雇员、消费者、合同债权人和贷款人是自愿性债权人。他们所要求的补偿与由他们所面临的风险有着密切的关系。其中一个风险是,由于股东有限责任而使他们无法获得偿付;而另一种风险则来自于这样的预期:合同条款确定之后,债务人将从事更为冒险的活动,从而损害了贷款人的利益;这一风险普遍存在于所有的债权债务关系中。

只要存在上述风险,公司就必须付出代价以换取从事冒险活动的自由。任何投资者都可以通过投资短期国库券(T-bills)或者其他低风险的替代品来获得无风险利率,在这种情况下,为吸引投资,公司必须提供一个比较好的风险回报组合。如果公司不能作出避免过度冒险的可靠承诺,则必须要支付贷方更高的利率(或者,在债权人是雇员和交易债权人的情况下,支付更高的劳动成本或更高的赊账购买货物的价格)。尽管经理们可以在贷款后改变公司行为的风险性,但是毕竟贷款是必须要还的;这促使公司又回到信贷市场上,在

---

[5] Richard A. Posner, "The Rights of Creditors of Affiliated Corporations," 43 *U. Chi. L. Rev.* 499 (1976).

那里它必须支付一个合乎现行项目的质量和风险水平的利率。除了在最后的阶段——也就是说,公司不再打算在资本市场筹集新资金的阶段,这里并不存在"外部性"。那时,也只有到那时,公司才会去冒险而无需支付对价。而即便在那个时候,该公司已经为此种境地支付了对价。对于公司将来可能无法履行债务的风险,自愿性债权人提前获得了补偿。但是即使在那时,公司也已经为这种特权地位而付出代价,只要存在公司提高其项目的风险性而后又不能履行还债义务的情况,自愿债权人就可以提前获得补偿。

股权投资者和公司经理有激励去采取措施降低风险,从而降低他们必须支付给债权人的额外费用。对于债券合同来说,还通常包含限制公司从事损害债权人利益的行为的详细规定,这也是一种降低额外费用的方法。

如果从事某特定行为支付给第三方的补偿,超过了公司自身获得的收益,这种行为无论是在有限责任还是无限责任下,都是不会被实施的。这也是科斯定理的简单应用。然而最优的风险值并不为零,只要降低风险的收益多于他们付出的成本,经理们就会采取措施来降低风险。

采取最优的防范措施防止风险升高的动力,并不是建立在自愿债权人拥有完全信息的基础上的。在某些情况下,拥有大量信息的当事人会收取相应的风险酬金。例如,公司行为所产生的风险,即使没有被个人债券持有人或员工了解,也可以被契约托管人或协会所了解。如果风险酬金设定得当,则每一个自愿债权人是否享有充分信息并不重要。任何自愿债权人都受市场价格的保护。只要公司必须支付适当的风险酬金,它就没有激励从事过分冒险的行为。

尽管如此,有时仍没有自愿债权人有足够的信息和激励,去正确评估风险或监督债务的清偿。这可能导致自愿债权人收取高得惊人的风险酬金,因为他们坚信公司会从事过高风险性的行为,因此需要以这种酬金来弥补他们在监督公司运营方面能力的缺乏。然而,正是在这种情况下,公司才有激励为应对有可能发生的重大侵权判决或者公司经营的结构性失败等危险情形而进行投保。公司通过与更高级的监督者(更有效率的保险人)订立契约,以减少他们不得不支付的高额风险酬金。反过来,保险人则可以运用监督权,促使公司去内在化其从事风险活动的成本。我们的观点并不是说,有限责任永远都不会带来过度的社会冒险行为;更准确地说,任何规则都不可能导致系统性的过度冒险;事实上,法律规则起不了什么作用。

有限责任的最大效应就是,任一特定债权人都有可能获得事后支付。即使公司支付了从事风险活动的成本,并且也采取了适当的防范措施,在有限责任下经营失败公司的债权人,也还是很少能获得完全的补偿。然而,这并不是说,应该取消有限责任,除非你对分配问题过于关注。其实,在各方当事人都能达成一致的条件下,分配问题并不重要,因为他们可以围绕任何事关他们利益的有关不合意规则而展开谈判和协商,并在此基础上订立契约。更为重要的是,不管在什么规则下,他们都可以选择持有不同的债权与股权比例,从而改变风险结构。无论如何,第一方保险使得分配问题远没有初看起来那么严重。潜在的受害者通过保险来保护自己免受损失的能力,是在选择责任规则时,可以不考虑分配问题的重要理由。

非自愿债权人和公司的保险激励

当公司必须支付从事风险活动的成本时,他们必须选择边际社会收益和边际社会成本相等的方案。然而,当高额交易成本妨碍那些受风险活动影响的人收取适当的风险酬金时,有限责任制度下的公司就更有可能从事风险过大的活动。公司可以获取这些风险行为的收益,却仅仅承担部分费用,其他成本则转嫁给了非自愿债权人。这是有限责任制度的真实成本,但是其大小却被公司参与保险的激励降低了。

一般而言,对保险的普遍解释是出于对风险的规避。尽管保险费可能超过损失的预期价值,一个厌恶风险的人仍可能会支付保险费,来避免巨大的、不确定的损失。通过将风险集中,保险公司可以分散损失。一个完全多样化的保险公司,应该是风险中立的。保险使得厌恶风险的人,通过购买保险,让风险中立的保险公司替他们承担风险。

公司购买保险看似不符合上文对保险的解释。投资者完全可以通过分散投资而减少风险,并且这也是一种廉价的减少风险的方式,而有限责任就为这种分散投资提供了便利。因此通过它,投资者就用不着再购买保险来减少风险了。既然已经免费享用了保险,何必再去购买呢?

然而,并不是所有跟公司建立契约关系的人,都享有同样的通过分散化投资来使风险最小化的能力。例如,众所周知,人力资本就很难分散投资。那些拥有企业专用性人力资本投资的经理们,就不能将他们经营失败的风险分散化。相反,投资者实际上更希望经理的个人财产能与他们所控制下的公司的命运紧密相连,因此这些经理们要承担公司经营失败时的额外成本,并且在经营成功时,又可以获得不成比例的报酬。对于那些拥有企业专用性人力资本投资的经理们来说,破产的可能性也代表了一种真实的成本,公司必须要能补偿这些承担了风险的人。购买高于公司资本的保险,是减少公司必须支付的成本的一种方法。为避开侵权求偿而为公司投保的公司一般比较不容易破产,也有较少的可能性让公司经理和其他雇员蒙受损失。因此保险可以促使人们做企业专用性人力资本投资。

购买高于公司资本的保险是否可以减少公司从事过度冒险行动的激励,是一个复杂的问题。公司投资者在投保前,其所有资本都处于风险之中;投保后,投资者的风险就会减少甚至消失了。而现在,其侵权行为所导致的经营失败的风险也由保险公司所承担了。因此,保险可能被认为是减小了公司经理人采取谨慎行为的激励;而在有限责任下,经理人的谨慎行事的激励已经太低了。然而,购买保险可以产生这样一种效应,即产生一种以前从未存在过的合同债权人。被保险的公司必须支付较高的保险费来从事风险活动,因为公司承担了从事风险活动的成本,所以在作出投资决策时,它会力求使社会收益和社会成本相等。

我们的观点并不是说,公司有购买保险的激励,就可以彻底消除公司从事过分冒险行为的可能性。有可能存在这样的情况,即使公司能够购买保险,它也决定不投保。如果潜在损失非常巨大,那么,支付给那些风险规避型的拥有人力资本专用性投资的经理们用于补偿公司破产损失的酬金,就会少于支付给保险公司的保险费。换句话说,经理的有限责任(特别是在破产清偿可行的情况下)和公司有限责任两者加在一起,可能会导致公司面临对非自愿债权人的巨大可预期责任,从而要向经理层支付保险费,同时也会减少公司资本总额。此外,如果各种风险之间是紧密相关的,就不能保证一定会获得保险。即使保险了,有关责任范围的规定也会使很大一部分损失得不到保险。尽管如此,我们讨论公司投保激励,仍意味着公司会在普通人和合伙不愿意投保的情况下购买保险。例如,一个资产充裕(a fleet of trucks)的公司可能购买超过其资本额的保险;而一个资产较少的个人独资者,却只会购买小额保险或者根本就不会投保。

揭开公司面纱

法院允许债权人在某些情况下追索股东的财产这样做的法律基础是很模糊的。各州法律一般认为有限责任是绝对的。[6] 并且,法院在审查公司是否有"独立的属于它自己的思维"、还是一个被利用的"纯粹的工具"等问题时,所采用的测试方式通常对案件的审理是于事无补的。[7] 这些名义上的测试的武断性,暗示着其功能基础的缺乏。

尽管如此,我们推断,揭开公司面纱的理论以及法院制定的区分标准,比初看起来更具有经济意义。可以将这些情形理解为、至少是大体上理解为,它们试图在有限责任的成本和收益之间求取平衡。在有限责任条件下,如果改善资产流动性和投资多样化所带来的收

---

[6] 例如,参见 8 Del. Code §152 (stock is "fully paid and nonassessable" once paid for in cash); §162 (investor's liability on partially paid-for shares is limited to the balance of the agreed consideration); 另参见 American Bar Association, *Model Business Corporation Act* §6.22(b) (rev. 1984) ("Unless otherwise provided in the articles of incorporation, a shareholder is not personally liable for the acts of debts of the corporation except that he may become personally liable by reason of his own acts or conduct")。

[7] 主要参见 Philip I. Blumberg, *The Law of Corporate Groups: Tort, Contract, and Other Common Law Problems in the Substantive Law of Parent and Subsidiary Corporations* §6.01 (1987); Section Service System, Inc. v. St. Joseph Bank &Trust Co., 855 F.2d 406,413—416 (7th Cir. 1988)。

益微乎其微,却反而使公司更倾向于从事社会风险过高的冒险活动时,法院就更有可能允许债权人去追索股东的个人资产。

封闭公司 vs. 公众公司

几乎所有由法院审理的允许债权人追索股东财产的案件,都会涉及封闭型公司。[8] 封闭公司和公众公司之间的区别是有经济逻辑支撑的。在封闭公司里,管理和风险承担之间并没有很大的分野,这对有限责任的作用具有深远的影响,因为那些向封闭公司投资的人,通常会参与公司决策,有限责任并不会降低监督成本。有限责任之于公众公司的其他收益,如促进有效率的风险承担和资本市场对公司的监督,在封闭公司里也是不存在的。由于投资人常常会参与公司管理事务,封闭公司的投资分散化并不重要。同样地,封闭公司会限制股份的转移,以确保投资人能够跟现存公司决策者相协调一致。出价接管也是不可能的;因为管理功能和风险承担功能是结合在一起的。

此外,封闭公司的管理层更有激励采取过度冒险的行动计划。无论责任规则如何,公众公司的经理人并不承担其行为的所有风险。公司有很多的经理人,每个人都只拥有公司的很小一部分股份。但对于封闭公司来说就不一定如此了。在无限责任规则下,投资者—经理人承担其行为的所有风险;相反,在绝对有限责任规则下,投资者 经理人可以将其风险限定在公司财产的范围内,并且将更多的风险转嫁给第三方。揭开公司面纱可以降低第三方承担风险的程度,这尤其有利于那些无法与公司进行谈判的交易债权人和侵权债

---

[8] 我们在这里用"几乎所有的"这样的说法,仅仅是因为我们并没有审查所有的案件。揭开公司面纱的著名案件,一般都会涉及闭锁型公司。参见 Minton v. Cavaney, 56 Cal. 2d 576, 364 P. 2d 473, 15 Cal. Rptr. 641 (1961); Walkovsky v. Carlton, 18 N.Y.2d 414,223 N. E. 2d 6,276 N. Y. S. 2d 585 (1966); Bartle v. Home Owners Cooperative, Inc., 309 N.Y. 103, 127 N. E.2d 832 (1955)。这并不是说,即使在公司和经理层几乎无法区分的情况下,投资者的责任仍是普遍的。没有理由忽视一个为了债权人利益而存在的"空壳"公司,这些债权人可以就其求偿权的保护跟公司谈判。法院在这种案件里通常是例行公事地执行有限责任,参见 Brunswick Corp. v. Waxman, 599 F. 2d 34 (2d Cir. 1979)。

权人。

公司股东 vs. 个人股东

揭开公司面纱的其它主要类别包括母公司与子公司合并,在这种情况下,子公司的债权人试图追索母公司的资产。[9] 法院更愿意允许债权人追索公司股东的资产,而不是个人股东的资产,个中原因又与经济原理不谋而合。

允许债权人追索母公司资产,并不是要让所有投资者承担无限责任。投资多样化、资产变现力,以及资本市场的监督等作用都不会受到影响。更进一步说,道德风险在母子公司的情况下更为严重,因为子公司缺乏投保的激励;而在公众公司,经理们由于不能分散化其专用性人力资本投资,因而更有激励去购买保险。如果子公司的经理人同时也是母公司的经理人的话,情况就又有所不同了。由于子公司破产不会导致他们失去在母公司中的地位,或者使其遭受其他专用性人力资本的损失(当然,其声誉却会受到影响)。这时,如果有限责任是绝对的,母公司就可以以最低的资本额,来建立一个子公司从事高风险业务。如果一切顺利,母公司就可以从中获益;如果大事不妙,子公司就宣布破产;然后母公司可以雇佣同样的管理人员,再创立另一家子公司,从事同样的业务。在有限责任是完全绝对的情况下,这种收益与成本上的不对称,将会促使人们从事大量过高风险的冒险活动。

它并不意味着,母公司及其关联公司总是要对其持股的公司的债务负责。情况远非如此。如果要承担此类普遍的债务,那些非关联企业将会赢得竞争优势。[10] 以出租车行业为例,出租车公司可以

---

[9] 参见 William P. Hackney and Tracey G. Bensen, "Shareholder Liability for Inadequate Capital," 43 *U. Pitt. L. Rev.* 837 (1982)(该文所引证的案例说明,法院通常比一个由单个个人所有或多个个人所有的公司更容易忽视一个子公司实体问题);另参见 Robert W. Hamilton, "The Corporate Entity," 49 *Tex. L. Rev.* 979, 992(1971)。

[10] 这一观点的正式提出,参见 Jack L. Carr and G. Frank Mathewson, "Unlimited Liability as a Barrier to Entry," 96 *J. Pol. Econ.* 766(1988)。他们的模型结合了对经理层和公司规模监督的无限责任效果。

将所有出租车合并起来经营,或者只将其中一部分出租车交给一个公司。如果法院一以贯之地刺破这样的安排,要求以公司的全部资产承担任何一辆出租车的事故风险,那么那些"真正的"只拥有一辆车的公司,运营成本将更低,因为这些公司自身可以隔断责任的承担。这将造成一种反向的激励,因为正如我们所强调的,公司规模越大,就越会去购买保险金额更大的保险。那些鼓励公司拆分设立的法律规则,将无法使侵权行为的潜在受害者受益。而且如果要求公司承担其关联企业的债务请求,将会导致每一家公司的债权人都去监督其他企业,这就使债权人作为资产和项目的专业监督者的好处无法发挥,从而造成资源浪费。(这与无限责任制下,股东互相监督他人财产的情形如出一辙。)因此,只有当公司安排所增加的风险,超过了公司作为独立的实体所应承担的风险时,法院才会否认公司法律人格。

合同 vs. 侵权,以及欺诈或虚假陈述的例外

相对于合同纠纷案件而言,法院更倾向于在侵权案件中揭开公司面纱。[11] 这种差别的基本原理直接源自于道德风险的经济学分析——如果因债权人承担了有限责任带来的风险而公司必须付出代价,公司就不大可能实施社会风险超过社会收益的行为。换句话说,合同债权人可以就事后违约风险的增加而事先获得偿付。相反,除非公司产品的价格调整,侵权债权人无法事先获得补偿。

这种合同之债的债权人与侵权之债的债权人之间的差别待遇,在债务人实施欺诈或虚假陈述行为时被打破了。为确保过度冒险行为的成本能够完全内部化,债权人必须能够精确地评估违约风险。如果债权人被误导,认为违约风险低于其实际水平,债权人不会要求足额的赔偿。这将导致公司过度冒险,因为毕竟一部分成本将会转

---

[11] 关于合同案件和侵权案件司法审判方面的差异,早在以下著作中就有涉及,参见 William O. Douglas and Carrol M. Shanks, "Insulation from Liability through Subsidiary Corporations," 39 *Yale L. J.* 193, 210—211 (1929)。Blumberg, supra note 7, 也提供了同样的说明。最近出现的强调这种差异性的案例,参见 Edwards v. Monogram Indus., 730 F. 2d 977, 980—984 (5th Cir. 1984)(in banc)。

嫁给债权人。

法庭对于这个问题的处理方式,通常是在发生了欺诈和虚假陈述的情形下,允许债权人在公司资产之外进行追索。[12] 这个问题可能以不同的方式出现,最明显的一种方式就是,公司对自己的行为性质、履约能力或者财务状况作了虚假陈述;另一种则是一种不很明显的方式,即公司误导债权人相信,在公司不履行的情况下可以追索其他公司的资产。通常的情况是经理人会作出明确声明,表示母公司会支持子公司的债务;或者是母子公司拥有足以引起人们混淆的相似名称,使得债权人误以为自己是在同母公司做交易。在所有这些情况下,由于债权人都不能正确评估违约风险,因此公司就更容易从事过度冒险行为。

资本额不足

法院在决定是否允许债权人超越公司资本范围之外去追索债务的决策中,通常所强调的一个最终因素,就是所谓公司资本总额的范围。理由很清楚:公司资本额越少,从事过度冒险行为的激励就越大。

公司资本总额的范围在涉及非自愿的债权人的情况下最为重要,因为在这种情况下,高额交易成本阻碍了谈判的进行。然而资本不足的问题,即使是在债权人自愿的情况下也是存在的。许多信用交易由于标的太小,不能保证债权人对债务人资信进行全面调查。如果某人以 30 天赊购的方式,出售给公司一把椅子,他不需要就交易的风险和安全等细节问题与公司进行谈判。在这种情况下,有必要使债权人能够假定债务人的资本额是充实的。公司应当有义务通知债权人任何有关资本额的异常情况,因为公司在异常情况下通知债权人,要比债权人任何时候都要去调查公司资本额,耗费的成本要小一些,毕竟公司拥有其自身资本结构的最充分信息。(我们说"资本充实",意思是涉案公司的资本在正常运营的基本范围之内,股权投

---

[12] 参见 Cathy S. Krendl and James R. Krendl, "Piercing the Corporate Veil: Focusing the Inquiry," 55 *Den. L. J.* 1, 31—34(1978),以及 Blumberg,前注[7],两者都包括案例。

资的绝对水平和资产负债率都取决于公司所从事经营的种类。)

允许债权人追索资本不足的公司资本范围之外的资产,会促使债务人在交易时有激励去披露自身的实际情况。这时,债权人就可以根据他们披露的信息去选择放弃交易,还是就增加的风险追加补偿;当然,债权人还可以要求债务人提供预付款、个人保证或其他担保等。无论债权人选择何种方式,债务人都不得不支付从事风险活动的成本,从而更有激励在社会收益和社会成本之间作好平衡。[13]

降低道德风险的替代性方法

揭开公司面纱是降低有限责任引发的公司过度冒险激励的方法之一。在本部分,我们简要地分析降低此种风险的其它四种方法的成本与收益:最低资本要求、强制保险、[以及]经营责任以及投入规制等方法。我们的探讨只是概要性的和描述性的。一个规范性分析还要包括各种数据,这些数据包括有限责任带来的风险外部性程度以及为了减少这种外部性的实际规制效果等,而现在这些数据很难找到。

公司资本越少,就越有激励从事过度冒险行为。法定的最低注册资本要求就是风险承担内部化的方法之一。然而这种规定本身也是有问题的。成本之一在于,我们在确定公司应当拥有多大数额的资本时,要花费相当部分的行政管理成本;另一种成本是错误成本,

---

[13] 尽管我们讨论的是"揭开公司面纱"问题,同样的考虑也适用于衡平法的从属原则。在这一原则下,内部人的债务证明可以从属于交易债权人的债务请求权,和那些对内部人请求权性质一无所知的其他债务请求权。一个资本不足的公司使交易债权人面临着无法预料的风险,衡平居次原则要求内部人告知股权和债务请求权 的种类。参见 Costello v. Fazio, 256 F. 2d 903(9th Cir. 1958); Robert Charles Clark, "The Duties of the Corporate Debtor to Its Creditors," 90 Harv. L. Rev. 505(1977)。在债务合同中,从属性可以视为合同的默示条款,而非破产的特别规定。参见 Thomas H. Jackson, "Translating Assets and Liabilities to the Bankruptcy Forum," 14 J. Legal Stud. 73, 86—87(1985);比较 Taylor v. Standard Gas & Elec. Co., 306 U. S. 307(1939)(该案认为破产法迫使债权人对母公司的从属性请求权针对子公司,但是又认为这一结果同样是根据更为宽泛的衡平原则)。

如果公司资本门槛设置过高,将会阻碍新的竞争者进入,无异于允许现有企业收取垄断价格。另一个问题是,在技术上公司如何满足其最低资本要求。为使此种要求行之有效,公司必须交存一笔与它所预计到的最高负债额等值的保证金,或者在公司库存中保留充足的资金,并将它们投资于无风险资产领域。以这种方法持有的资产总量,将会大大高于公司整体的预期风险(因为并非所有的公司都会破产或者遭到最大可能的损失)。不管采取哪一种方法,股权投资的回报率都会降低。这样,出于赢利的考虑,人们就会从风险较高的行业里转出股权资本,这也同样代表了一种社会成本。

强制保险要求在某些方面与最低资本要求相类似,这表现在,它们都包含了行政管理成本,并且都可被当作一种准入壁垒。当然,强制保险是否造就了更严重的准入壁垒,仍是一个难以确定的问题。新公司与现有公司相比,比较缺乏市场经验,这在保险人看来风险更大,因此必须支付更高的保险费。如果这笔保险费低于自我保险的成本,强制保险实际上便利了新公司进入市场(与最低资本要求相比)。但另一方面,仍有不少公司、特别是新公司会发现,要从市场上购买保险相当困难。因此强制保险对于新公司的影响,可能要大于最低资本要求。

强制保险和最低资本要求的一个重要区别在于,二者对公司过度冒险的激励的影响有所不同。最低资本要求降低了这一激励;强制保险要求则可能强化也可能弱化这种激励,其最终结果将取决于保险人的监督能力。如果保险人无力监督,则保险可能反而增加了冒险的层级。

一种既可以最小化公司过度冒险的激励,又能免掉最低资本要求或者强制保险的行政成本的方法,是要求经理人和公司同样承担起责任,即经营责任。经营责任对于那些必须对经理人作出相应补偿的公司而言,是一种额外的风险。然而,从公司的角度看,因经理人承担了风险就向其作出补偿,这是有问题的。但由于公司经理不能分散其投入公司的专用性人力资本,因而他们并不是有效的风险承担者。这样,公司通常就会有激励给予经理人以补偿或保险,从而减轻经理人的经营责任。

然而,这种风险转移机制并没有挫败经营责任的根本目的。如果公司必须承担责任,那么对于一家几乎没有任何专用性人力资本投资的公司而言,价值最大化的策略或许就是保证资产少于预期负债。而如果经理人必须同样承担责任,那么他们就有激励去监督公司的资本总额和保险状况,因为他们承担了风险未能完全转移条件下的成本。这样,经营责任制之下的价值最大化策略,就是通过增加企业资本或者购买保险,来实现企业的自我保险,在这两种方法中,就看那一种方法的成本比较低。无论如何,通过这些方法和策略,公司过度冒险的激励势必有所降低。

经营责任的一个问题是,风险转移机制可能运作得并不十分完善。例如,那些对大量侵权行为负有责任的管理人员,面临着巨大的不可预知的风险,而且他们未必能够将风险完全转移出去。其理由在于,由于赔付的数额巨大,以及对保险事项的监督存在困难,保险人一般不愿意承保可能发生的最高预期责任。从风险未能完全转移这个角度来说,经营责任法律规则对于一个缺乏承担风险比较优势的团体而言,就等于创设了风险。这种效率低下的情形,既增加了经理人的竞争性薪酬,也导致放弃了冒险的经营活动。况且,也不能保证放弃冒险的经营活动所产生的社会成本,不会超过在没有经营责任情况下参与高风险活动所要承担的社会成本。

降低由于有限责任而导致的参与过度冒险活动的激励的最后一种方法,是投入管制。例如,对核动力工厂的管制,可能被证明是对有限责任产生不当激励的一个反应。然而,对冒险行为直接进行管制,会耗费很多相关成本,管制者本身也缺乏市场参与者在平衡冒险行为的社会成本和社会收益方面所具有的激励。事实上,市场监管的经济理论表明,许多管制性规则产生的目的,往往是为了制造而不是消除市场"缺陷"。因此对核动力工厂的管制,可能更造成对市场上其他动力生产商的竞争性排斥,而非消除有限责任产生的不当激励。管制的社会成本是否超出过度冒险行为所带来的社会成本,这是一个经验性问题。因此,不能仅仅用有限责任会产生潜在的参与过度冒险行为的激励,就简单地认为应该引入市场监管。

3 投　票

如果说有限责任构成了公司法最显著的特征,那么在彰显公司法的特征方面,投票机制则无疑稳居第二。股东选举产生董事会,后者选聘经理;股东能够重新选任董事,并从根本上改变公司的运作方式。而公司债权人却没有类似的权力。投票可能并不那么像合同,但投票的结构——谁投票、运用什么机制投票——却无疑是合同性的,而且这种结构安排本身是极其富有效率的。

股东为什么投票

"股东为什么投票?"事实上已将以下三个问题合而为一:首先,为什么任何股东都拥有投票权? 其次,为什么只有股东拥有投票权? 第三,股东为什么要行使他们的投票权? 在本章中,我们主要关注公众公司。至于封闭公司中的投票问题,我们将在第9章详细探讨。

规则和实践

在美国,绝大多数州允许公司按其偏好自行建立投票机制。例如,特拉华州允许公司赋予股份任何数目的投票权(包括不给投票权),该州公司法除了给股东投票权之外,还将投票权同时赋予了债券持有人,或者在特定的情况下,只给债券持有人、而不给股东投票权。[1] 股东的投票权可累积、也可不累积,任由公司选择。(在累积投票制下,股东可以将多重投票权集中投向一位候选人,这样,这位候选人就可由不占多数的股份选为董事)。[2] 股东可以自行投票,也可委托他人投票。他们可以亲自选任经理人,也可以通过董事会

---

[1] 8 Del. Code §§ 151(a), 221.

[2] 8 Del. Code §§ 102(b)(3), 214.

来完成这一工作。[3] 他们可以允许董事(或经理)完成任期,也可以中途以某种理由、甚至无理由地加以撤换。[4] 作出这些决定,可以经不足一半的股东同意,公司也可要求特定事项须经绝对多数的股东投票同意。[5] 拥有投票权的股东可以随时设定并更改这些规则。这种情形在美国其他各州也大抵如此。[6]

然而,(尽管公司选择极其灵活)美国各州还是有许多清晰可辨的公司选举模式。如几乎所有的股份都平等地拥有一票表决权、只有股东享有投票权,优先股股东和债券持有人只有在公司陷入财务困境时才享有投票权。累积投票机制、无表决权股和表决权严重受限的股份,在公众公司中极为少见。[7] 股东极少直接选任经理,而是选任董事会,由其选聘经理。在公司经营会计年度期间,通常不进行特别的选举,董事也不会被免职。股东常常并不亲自投票,而是委

---

[3] 8 Del. Code §§ 102(b)(1), 109(b), 141(a) & (f), 228(a).
[4] 8 Del. Code §141(k)214. 这是该州惟一的董事可由少数股股东利用累积投票权选出的例外。只有具备了充分的理由、或者经由持股份额足以在当初防止这些董事获选的多数股东同意,才能解聘这些董事。
[5] 8 Del. Code §216.
[6] 参见美国律师协会(American Bar Association)1984年修订的《模范商业公司法》(*Model Business Corporation Act*)第7章。大多数州都采取了这一立法范式。
[7] 极少数的一些公司拥有不同种类的普通股,其表决权重各不相同。对此表决权结构的分析,可参见 Daniel R. Fischel, "Organized Exchanges and the Regulation of Dual Class Common Stock", 54 *U. Chi. L. Rev.* 119 (1987)。还可参见 Gregg A. Jarrell 和 Annette B. Poulson, "Dual-Class Recapitalizations as Antitakeover Mechanisms: The Recent Evidence", 20 *J. Fin. Econ.* 129 (1988); Richard S. Ruback: "Coercive Dual-Class Exchange Offers" ibid. at 153; Kenneth Lehn, Jeffrey Netter and Annette Poulson, "Consolidating Corporate Control: The Choice between Dual-Class Recapitalizations and Leveraged Buyouts", 26 *J. Fin. Econ.* (1991)。关于股票拥有不同投票权的大量的法律讨论,已经超越了这种现象引人注目的表面特征。参见 Ronald J. Gilson, "Evaluating Dual Class Common Stock: The Relevance of Substitutes," 73 *Va. L. Rev.* 807 (1987); Jeffrey N. Gordon, "Ties That Bond: Dual Class Common Stock and the Problem of Shareholder Choice," 76 *Cal. L. Rev.* 1 (1988); Joel Seligman, "Equal Protection in Shareholder Voting Rights: The One Common Share, One Vote Controversy," 54 *Geo. Wash. L. Rev.* 687 (1986); George W. Dent, Jr., "Dual Class Capitalization: A Reply to Professor Seligman," ibid. at 725。

托他人对在任管理层提出的人选予以投票表决。要求代表股份半数以上的股东出席股东会,议决事项要求参与投票的代表多数股份的股东同意。对于以上事项,例外的情形并不多见。

当然,在美国,还存在相当多的制定法规则,来限制公司随心所欲地创建各自偏好的投票机制。例如,虽然股东可以通过转让附着有投票权的股票来实现投票权的转移,但却不能将投票权独立于股票这一载体而单独转让。[8] 法律通过限制股东作出不可撤销的委托,来防止"投票权不可出售"这一规则受到侵蚀。在这一规则之下,一项投票委托——也就是说,投票者授权他人行使自己的投票权——可以因为投票者另作授权而被撤销;甚至一项意在不可撤销的委托,也只有与股票方面的"利益"相"捆绑"时,"不可撤销"才有约束力。这种情形,如股东以股票为担保,从受托投票人处获得贷款。[9] 投票权信托(Voting Trust)——一项不可撤销的委托,其中,数个股东将他们的股票及附着于股票之上的投票权让渡(convey)给了受信托人,受信托人将众多的投票权聚合起来,并按股东的指令行使——在普通法上属于违法行为。即使后来的制定法规则对此作出了授权,但这种授权还附加了种种限制,如具体投票时间的限制、对受托人的权力进行期限和续展规定(renewals)等。[10] 而且,这种制定法规定的投票信托只适用于封闭公司。

各州的制定法要求公司的"重大"交易、如公司兼并以及出售公司的重大资产时,必须引入投票机制。[11] 制定法还规定,当足够的投票者或者董事要求董事会提出其他议案、以供投票者表决时,董事

---

[8] 一些州的法律明令禁止出售投票权,如《纽约州商业公司法》第609节(e)(N. Y. Bus. Corp Law 609[e]),其他州则通过司法裁决达此目的(参见案例 Macht V. Merchants Mortgage & Credit Co, 22 Del. Ch. 74, 194 A. 19 [1937])。还可参见 Schreiber v. Carney, 447 A. 2d 17 (Del. Ch. 1982)(该案讨论了禁止出售投票权的情形)。

[9] 例如,8 Del. Code § 212。

[10] 例如,8 Del. Code § 218(规定了10年的期限)。

[11] 例如,8 Del. Code § 251(c).规定要求绝大多数的股东、而不是多数股东同意,才能批准一项兼并。

会必须执行。[12] 另外还存在一些限制,但重要性无疑要低得多。

投票:作为合同机制的一个方面

明示的合约、公司法的结构性规则和信义义务原则(参见第4章)糅合在一起时,必须细为辨识。一些在合同中未予详细约定的项目——谁将完成哪些工作,与谁合作,将生产出什么产品,如何将这些产品卖出去等等——经常比能够细致规定的项目更为重要。(要解释这一问题)就必须添加一些细节。

投票机制正发挥着此项功能。对于股东而言,有权投票即意味着有权对合约未予明确规定的事项作出决议,不管这种合约是通过公司章程予以明确规定,还是通过法律的一体供给来获得。有权作出决定,同时意味着股东有权委任他人作出相应的决定。这样,投票者就可以选任董事并授权他们对一些事项自由裁量,而对于这些事项,投票者原本可以自行决定。

由于投票需要付出成本,企业参与方对投票权往往抱以节制的态度。股东只是偶尔使用投票权选任经理人,并为经理人运营公司的行为,设定基础性的规则,然后就将投票权搁置不用,除非经理人的表现实在太差。众多合约方一起参与公司投票所带来的集体选择问题表明,除非在极端情况下,投票几乎没有什么作用。当成千上万的投票者有权投票时,没有人能够期望自己的投票能够决定"游戏"结果。这样,股东就缺乏适当的激励去搜集掌握公司的相关信息,以投出正确的一票。[13] 例如,假设一项选举将给每一位投票者带来1000美元的收益,或者使其损失1000美元,并且如果他们都确信不管他们投票与否,结果并无二致,那么对于这些投票者而言,在信息

---

[12] 例如,8 Del. Code § 109(a)"虽然董事会可能被赋予修改章程的权力,但这并不能剥夺股东制定、改变或者取消章程条款的权力");第211节(b)、(d)("股东例会和特别股东大会必须按章程规定召开");第228节("只要得到大多数的签名,投票者不需以聚会的方式投票")。同时可参见 SEC v. Transamerica Corp. 一案,案号为 163 F. 2d 511 (3d Cir. 1947)。在该案中,法官将特拉华州的法律解释为要求董事将股东的提案提交股东大会表决。

[13] 参见 Anthony Downs, *An Economic Theory of Democracy* (1957); Mancur Olson, *The Logic of Collective Action* (1965)。

方面最理想的投资便是零。甚至即便其中一位投票者认为,他的投票对于结果有着决定性的作用,因而为此进行1000美元以上的投资也是值得的,但这却远不够充分。假设有1000位投票者,投票结果对他们作为一个整体的影响将是100万美元。很显然,凭借价值仅1000元的信息,是远远不足以作出价值100万美元的决定的;更糟糕的是,1000人各投资1000元,意味着他们每一个人都是在信息不充分的情况下展开行动的。当然,那些持股大户,如投资公司、养老信托基金和其他一些内幕人士,并不会和散股股东在同一程度上面临集体选择的问题。然而,任何股东,不管他持股份额有多大,都无法拥有完全正确的激励(去投票),除非他们享有100%的利益份额。

通过兼并和要约收购以集中股权(及其附着的投票权),可能会克服集体选择所带来的问题。事实上,允许那些能够就股本获取收益的人去行使控制权,正是投票机制所发挥的主要功能。然而,在股权分散的情况下,由于集体选择带来了巨大的信息成本,某种代理机制的产生也就是势所必然了。在公司中,经理们正发挥着这种功能。相应的,投票者认为在做商业决定时,自己远远不如经理们富有远见。难怪乎投票者将广泛的权力赋予经理们,甚至几乎将决定权全盘相托。当然,股东对经理人员的这种默许,并不能抹杀这样一件事实:经理们是在投资者的"忍耐"下行使权力的。

投票:作为风险承担机制的一个方面

公司中必须保有投票机制,因为在公司合同不完备时,必须有人拥有剩余权力来决定(或者委任他人来决定)一些事项。投票权可由股东、债券持有者、经理、公司雇员或者他们中的任何组合来享有。考虑到集体选择的种种不利,人们很自然地冀望由一小部分信息比较充分的人——经理——来行使投票权。事实上,从世界范围来看,投票权却是毫无例外地由股东享有,债权人、经理和其他雇员都被排除在外。当公司的创办者将公司上市后,他们总是经常发现,将包括投票权以及最终罢免内部人士在内的权利一体出售会给他们带来利益。为什么公司的内部人*愿意出卖这些权利？为什么投资者愿意为此付出代价？（投资者必须付出对价以获取权利，否则内部人不愿主动置身于被免职的风险之中。）

对此，以下解说提供了很好的解释。股东是公司财产的剩余索取权人，而债权人拥有固定的利息收入，雇员在工作之前通常已就薪酬计划与公司有过协商安排。公司经营获利颇丰也好，公司经营惨遭失败也罢，股东都必须一体承受，他们永远站在最后一线与公司兴衰与共。

也正因为如此，只有股东拥有适当的激励（虽然集体选择问题仍然存在）去作出相应的决定。在公司不断开发新产品、增设厂房、直至边际效益趋同于边际成本的过程中，所有的公司参与方，除了股东之外，都缺乏适当的激励。那些对公司收入拥有固定索取权的人，只能从公司实施的新项目中获取一小部分固定的利益份额，而且这一利益份额往往伴随有担保，安全性高。股东情形正好相反。他们获取绝大多数边际收益（marginal gains），同时也承担着绝大多数的边际成本（marginal costs），在此激励之下，他们就可能认真对待投票权。当然，由于集体选择问题使得散股股东不可能事事亲为、日复一日地就公司事务作出决定，但公司经理人员都心知肚明，他们时刻处于拥有正确激励的股东的监督之下。同时经理人员还明白，股东的投票权可以聚沙成塔并可以随时行使，这些都使得经理们在拓展职业前程、避免遭到股东罢黜的压力之下，为股东利益而善尽职守。

但这并非构成解释的全部。（在一些情况下）股东利益与债权人利益会产生冲突，此时股东将想方设法地将财产转为己有，例如从公司中抽回出资、或者将公司投入到高风险（因而同时存在高回报可能）的经营活动中。对此，债权人往往采取以下方法予以回应：其一，通过详尽的合同约定。[14] 的确，当股东的行为使债权人面临不可预

---

* 指公司的创办者，公司成立后他们升任经理，因而具有了内部人身份。——译注

[14] 参见 Clifford W. Smith, Jr., and Jerold B. Warner, "On Financial Contracting: An Analysis of Bond Covenants," *J. Fin. Econ.* 117 (1979)。关于详细缔约的成本的讨论，另参见 Laurentius Marais, "Wealth Effects of Going Private for Senior Securities," 23 *J. Fin. Econ.* 155 (1989)。

见的风险时,债权人事实上就成为最后索取人。* 所以,我们可以预期,事实上也看到了,债权人对高风险的交易拥有批准权,这种交易包括公司的重大建设项目、重大合并等事项。这类批准权,通常写入债券合约和大额的贷款合同中。并且,贷款文本还将产生风险的某些情形界定为违约,并相应地将其他审批权赋予银行。其二,通过债权合约不言自明的性质:有负债就必有偿还(来对公司经理人员构成压力)。巨大的(向债权人)偿付现金的压力,将使公司被迫转向金融市场寻求新的融资,这种压力甚至比(向股东)偿付股息迫使经理重新转向股票市场还要大得多。正如我们在第 2 章所讨论过的,持续融资使公司(的经营策略)经受持续(而不断变化的股东或债权人)的监督,这对公司管理层而言,未必是件好事。而且,如果公司选择实施风险过高、或者预期收益过低的项目,就必须承担更多的资金成本。只要债权人可以收回本息,并且愿意以协商的借款利息参与公司合约,他们就既得到了偿付,又对公司形成了"没有投票权"的控制。

投票权(也就是实施自由裁量的权利)与剩余索取权相伴相随。当公司陷入严重的困境时,股东的剩余索取权为负值,他们显然没有足够的动力来使公司效益最大化。这时,其他人员,如优先股股东、债权人却首先能够从公司的后续项目和经营决策中受益,直至他们的剩余索取权得到满足。在这种情况下,很难设想公司股东以及对股东负有责任的经理人员,会有足够的激励来投入时间和精力去改善由别人获益的公司。于是,当股份净值为负时,无论是通过合约,还是依据破产法进行的公司运作,股东都丧失了控制性的投票权;经理人员开始考虑为其他投资群体负责。** 其他投资群体可以通过协商一致,选择留任经理人员,但这并不表明剩余索取权人*** 的决定权(discretionary power)已经一去不复返。因为我们有理由相信,从职业

---

* 因为在高风险经营活动中,如果公司赢利,股东则获得暴利,债权人仍然只能得到固定的回报;而一旦经营失败,公司面临破产,债权人可能颗粒无收,股东则反正是冒险经营,最多亏蚀了股本金。——译注

** 根据第 1 章的公司契约理论,公司参与方,包括公司的债权人和雇员,都是公司的投资方,他们或以人力资本、或以金钱资本投资。——译注

*** 此时,剩余索取权人已经不是股东,而是公司债权人。——译注

声誉考虑,经理将一如既往地努力为债权人利益工作,正如他们为股东赚取利润一样。

投票权随着拥有剩余索取权群体的流动而流转的事实,有力地支持着我们关于投票权功能的分析。它同时还表明为什么在某一确定的时期,只有某一类群体享有表决权。在同一时期,让不同的群体共享表决权(如除了股东,雇员也可以享有表决权),将产生代理成本。不难理解,如果让一些无权获得边际收益的人影响公司的决定,则其可能并不以公司参与各方的整体效益最大化为目的。故而,除非法律强制性规定,比如说德国雇员参与的"共决制"(codetermination)以及在美国工会作为一方而进行的"诚信谈判"(good faith bargaining),公司一般不会采取不同群体共享表决权的模式。除此之外,只让企业中的一类群体在某一确定的时期享有表决权,还有另外一层原因:投票者及其选任的董事们,不仅要决定公司的经营目标,还要决定实现该目标的方式。众所周知,当投票者偏好各有不同时,公司根本不可能将种种差异化的偏好,整合到一套连贯的选择体系中。[15]如果公司做决定时磕磕绊绊,决策不连贯,那极可能会自我毁灭。然而,如果投票者共同拥有同一层级的选择,或者选择层级虽不相同,但其最高目标却保持同一,公司还是有可能作出连贯的经营政策选择。

同一类别的公司参与方,其偏好虽然未必完全同一,但却趋于类似。股东正属于这种情形,特别是考虑到人们不断地在市场中买入、卖出股票。这样,在特定的时间里,特定的公司的股东,就他们对公司所保持的愿望而言,是相当合理的同质群体(homogeneous group)。所以,从总体上看,投票者种类单一的公司,其目标也相对单一;而目标单一的公司,相对于其他公司而言,在运作上也较容易获得成功。这也解释了为什么在一特定的时期,只有某一类群体拥有控制性的投票权;它还同时解释,为什么在效益最大化这一目标之外(特定的法律规则要求公司必须以效益最大化为目标),法律从来不要求公司

---

[15] Kenneth J. Arrow, *Social Choice and Collective Values* (2d ed. 1963); Duncan Black, *The Theory of Committees and Elections* (1958).

去追寻其他目标。

在投票与剩余索取权之间的关系中，最后要提及的是，股东并不经常拥有平等的权力。有时，"稳定的联盟"（内部股东群体和一些机构投资者的联盟）可以长期而有效地控制公司。正如我们前面所阐述的原因，这一状况是有益的，因为它缓解了集体选择所带来的问题。而且，如果公司活动所获得的收益，都能够在股东之间按比例分配，那么股东权力不平等的状况将不复存在。甚至当公司收益并没有按比例分配时，只要这种联盟能够改变，"投票权的聚合"（the aggregation of voting power）与否，并不重要。总而言之，只要每一股份的持有者都有机会平等地参与"赢家联合"（winning coalition），监督收益就能得到合理的分配，股东也将因此获得适当的边际激励。

投票无足轻重？

当然，股东投票是否会产生以上效果，这必然是个实证问题。我们无法给出绝对的答案，但考虑以下几个方面无疑具有启示意义。

第一，简而言之，就是考虑股东投票机制本身的生命力问题。如果投票的价值还无法抵消因此给公司带来的选举成本，那么，取消投票机制的公司就应当相对繁荣昌盛。但实际情况却并非如此，因而人们似乎可以就此推断投票机制是有益的。

第二，股东投票促进了公司的并购活动。收购方通过购买股票并行使附着于股票之上的表决权，可以对目标公司实施控制。这类收购通常伴随着股价上扬，增加收购难度的策略则通常引发股价下跌。[16]（我们将在第 7 章详细讨论这一问题。）

第三，投票权的争夺，不管最终是否引发控制权的转移，都将引

---

[16] 参见 Jarrell and Poulson, 前引注 [7]; Ruback, 前引注 [7]。另参见 Sanford J. Grossman 和 Oliver D. Hart, "One Share-One Vote and the Market for Corporate Control," 20 *J. Fin. Econ.* 175 (1988)。

发股价上扬——我们假定股价上涨反映着公司真实的价值提升。[17]当市场"嗅到"争夺战的气味,股价将即刻走高,而且即使"图谋者"最终落败,股价高位仍将持续一段时间。对于这种现象,惟一可以解释的是,投票机制以及未来遭受股东监督的预期所产生的压力,使得公司经理必须本着股东的利益行事。

第四,由于在剩余索取权人通过投票影响公司决策的进程中,集体选择问题是一主要的不利因素,人们很自然地期望,如果投票本身富有价值,那么降低集体选择的成本——例如,通过股份聚合而形成股权的集束(bloc)——将与股票价格的提升息息相关。现有的数据表明,股份聚合的确提升了股权集束之外的股份的价格。这样,收购要约形成了最大的股权集束,造就了股票价格的最大幅提升;同样,相对较小的股权集束也会提升股票价格。

第五,在极少数的情况下,公司发行了具有同等资产受益权但表决权却迥然相异的股票,这样,拥有更多表决权的股票,相对于其他股票而言,交易价格一般上浮2%~4%。类似的,在代理权争夺战中,股价通常在股票登记日里应声下跌,股票登记日之后,购买者购入股票,也不能在即将到来的选举中行使投票权。[18] 表决权的溢价现象,可能也正反映了人们认同表决权改善公司运作的预期价值(尽管该价值已经被稀释过了)。另一方面,我们不可能将表决权的溢价,归因于投票者拥有将公司利益中饱私囊的特权,因为这种利益转移(如果有的话)只归于内部人。从现实情况看,公众投资者尽管无此预期,但却仍然愿意付出溢价的成本。

---

[17] Peter Dodd and Jerold B. Warner, "On Corporate Governance: A Study of Proxy Contest," 11 *J. Fin. Econ.* 401 (1983); Harry DeAngelo and Linda DeAngelo, "Proxy Contests and the Governance of Publicly Held Corporations," 23 *J. Fin. Econ.* 29(1989)(在第5章和第7章中,我们探讨控制权交易中的收益问题);另参见 John Pound, "Proxy Contests and the Efficiency Of Shareholder Oversight," 20 *J. Fin. Econ.* 237 (1989)。

[18] Ronald C. Lease, John J. McConnell 和 Wayne H. Mikkelson, "The Market Value of Control in Publicly-Traded Corporations," 11 *J. Fin. Econ.* 439 (1983); Dodd and Warner, 见前引注第[17]。另参见 Haim Levy, "Economic Evaluation of Voting Power of Common Stock," 38 *J. Finance* 79 (1983)(在文章中,作者提及,在以色列,拥有更多投票权的股票平均升值45%)。

最后,对于没有剩余索取权人或者剩余索取权人不参与投票的公司,曾有过一些关于他们经营表现的证据。分析表明,那些没有股东的公司*经营业绩相形见绌,同样,那些公司结构不利于形成股份集束的公司,经营业绩也相对较差。[19] 这些实证分析有力地表明,尽管存在集体选择的问题,投票机制对于公司运作的作用,仍然举足轻重,而且,投票进程本身也促使公司运作更加富有效率。

涉及选举的各州规则

一股一表决权的假定

在美国各州,关于股东投票的绝大多数基础性规则都保持着一致:所有的普通股都拥有表决权,所有的投票都拥有相同的权重;除股东外,其他公司参与方都没有表决权,除非合同中另有明确的约定。

但这种约定实属凤毛麟角。[20] 虽然存在数以百计、各不相同的投票选举机制,如在分类表决的董事会中,不同种类的股份分别对应着它们可以选举的董事席位,优先股拥有或然性投票权,但几乎所有大公司的公开交易的股票,都只对应着一个投票权,而且它可以投向未予分类表决的董事会的任何席位。对此,长期以来,有看法认为这种投票机制是不"民主"的,因为一些人(那些拥有更多股份的人)比别人拥有更多的表决权。

---

* 如雇员所有的企业。——译注

[19] 参见,例如,Maureen O'Hara, "Property Rights and the Financial Firm, 24 *J. L & Econ.* 317 (1981)(该文提及,表决权大小依存款而不是依可转让股份来确定的合作银行,经营效果不如发行可转让股份的银行);Eric Rasmusen, "Mutual Banks and Stock Banks," 31 *J. L & Econ.* 395 (1988);David G. Davies, "The Efficiency of Public versus Private Firms: The Case of Australia's Two Airlines," 14 *J. L & Econ.* 149 (1971)(文章提及,剩余索取权人比较清晰的公司,拥有比剩余索取权人比较模糊的公司更好的经营业绩)。请注意,我们的这种比较仅限于营利性的公司。

[20] 参见 Lease, McConnell, and Mikkelson, 前注[18](文章提及,从1940年至1978年,在所有的证券交易所和柜台交易系统交易的股票中,只有30家公司曾发行无表决权股或者表决权权重不一的股票)。至于为什么这些股票还会存在,请参见 Fischel,注[7]。

然而，每股所附着的投票权权重相同这一前提性的假设，却是我们前面所讨论的投票功能的逻辑性结果。投票权与投票者在公司中的剩余利益(residual interests)如影随形，剩余利益的相等份额必须带有相同的表决权重，否则在公司管理层面将产生不必要的代理成本。如果投票者的表决权与其剩余索取权不成比例，则他们无法获得自己努力所带来的等同于其表决权比例的利益份额，也无须按其表决权比例承担可能造成的损失，这(利益和风险机制的匮乏)使得他们不可能作出理想的选择。反向可推，没有表决权的债券持有人和雇员也不会在表决方面制造麻烦，因为他们并没有剩余索取权。

另外，这种假定也可以解释为什么累积投票权绝少运用于公众公司中，什么大多数州的立法都反对引入累积投票权制度。累积投票权给了某些"少数股"股东不适当的表决权重，由于他们不能获得与其表决权重相对应的剩余索取权，同样将产生相当的代理成本问题。而且，累积投票制还使"无理要价"的权力(holdup power)滋生蔓延，形成控制性的投票权集束也因此愈发困难；虽然每股都具有相同的"无理要价"可能，但聚合的股份"无理要价"所开出的"天价"(holdup value)，超过了公司本身的价值，这也使得股东间的商谈极为困难。

累积投票制(或者其他要求超级多数同意才有效的机制)还可能进一步阻碍了公司控制权的转移。并因此使在任管理层相对于(Vis-à-vis)"流水般"的剩余索取权人而言"我自岿然不动"。因此，与其他管理层赖以免受异议股东诘问的机制一样，累积投票权也带来了高昂的代理成本。此外，累积投票权还使少数股股东得以在公司治理中保有自己的利益，公司董事成员也可能因此偏好各异，这样，公司将面临不能作出连贯的或者符合市场逻辑的决定的危险。更要命的是，这种风险对于公司而言，是无法获得补偿的。

最后，以上考虑因素还为设定投票权信托的设立和存续的法定限制提供了依据，同时它还解释了投票权信托只适用于封闭公司这一事实。投票权信托设立的目的在于禁止控制权的转移。在封闭公司中，投票权信托的确起到了防止家族争斗、增加监控力度的作用；但对于公众公司而言，投票权信托却因为分离了剩余索取权和表决权，而意外地产生了代理成本。同样的，关于"控制股"方面的法律规定——除非其他股东同意,控制股股东不得投票——也分离了投票权与剩余索取权,因而我们估计这些公司的价值也将相应降低。(第7章和第8章将详细探讨公司反接管问题,有关"控制股"的法律数据及其晚近发展。)种种情况表明,公司控制权和剩余索取权相分离,在公众公司中产生了巨大而不必要的代理成本。

禁止购买投票权

将投票权分离于股份收益权,这绝无可能。欲购买投票权,则必先购买股票。限制作出不可撤销的投票委托——只有在以股票为受托人的其他债务做担保时,才能作出不可撤销的投票权委托——也着意于确保投票权与股份收益权相伴相随。

从表面上看,这些规则着实令人费解,因为它十分奇怪地限制了投资者自我安排的能力。但如果我们站在"同等权重规则"(equal-weighting rule)的基础上,这种制度安排就不难理解了。只有确保表决权与剩余股权利益结为一体,才能避免产生不必要的代理成本。股份和表决权的分离将导致投入与回报失衡。

举例而言,如果一位只拥有20%剩余索取权的股东,虽然获得了100%的投票权,但因为他只能获得五分之一的剩余索取权,所以他采取措施以改善公司处境的激励(或者是作出明智决定的激励),也只有这种决定原本应当具有的激励的五分之一。拥有一大把投票权的股东,却少有时间和精力的投入。他宁可消闲,而不可能把公司利益最大化放在心头,因为其他股东承担着绝大多数的成本。[21] 这种偷懒风险将在总体上减少对该公司的投资价值,而将投票权与股份锁定,这一问题就迎刃而解了。

当然,有人会主张,如果持股20%的剩余索取权人能够得到其股

---

[21] 所以我们不同意克拉克院长(Dean Clark,克拉克时任哈佛法学院院长——译注)的分析。克拉克认为,如果购买者在公司中拥有可观的股权利益,并且希望单单通过股权溢价这一项而获益,则应当允许其受让投票权。参见 Robert Charles Clark, "Vote Buying and Corporate Law," 29 *Case West L. Rev.* 776 (1979)。在这里,克拉克并没有解释与投票权购买密切相关的代理成本问题,也没有试着解释为什么购买投票权遭到了众口一词的谴责。

本份额之外的剩余索取权,那么代理成本问题将不复存在。并且只要在股权市场之外,同时并存着投票权市场,那么在投票购买者之间展开的竞争,将抬高投票权价格,这足以弥补投票权出卖者的股份收益损失。

这种方案似乎很富有吸引力,但我们认为实际上它无法令人满意。投票权交易将为投票权本身的估价带来极大的困难,而且相对于投票权与股票"绑定出售的"交易而言,这种交易并没有带来明显的利益。[22] 而且,集体选择问题将同样对投票权的市场定价产生严重的影响。因为投票者并不抱有希望去影响选举结果,所以他将轻易地卖掉投票权(投票权对于他而言,是无足轻重的),尽管出售价格可能远低于因投票权出售而使其股份被稀释的价值。(在这种信息不对称的博弈中)股东们将推断,如果自己不出售投票权,其他股东会抢先出售,这样他将在股份市场上受损,并在投票权市场上一无所获。在这种情况下,对于股东而言,任何出售价格都是富于吸引力的。

当然,我们不能完全排除这种可能性,投票权竞买者之间的竞争,将一路抬高投票权的价格,但这种价格的抬升,通常不足以弥补股份因失去投票权而被减损的预期价值。因为每一位投票权的竞买者在竞买的过程中,可能心存犹疑,担心自己最终因无法获有绝大多数的表决权而使竞买无果而终。而且,事实上如果竞买者无法占有多数投票权,他将一无所获,枉费时间和精力。在这种考虑之下,他的出价就极可能低于投票权分离导致的潜在的股份减损的价值。这样的担忧并不适用于以下情形:在选举前购入股票,并藉此行使投票权,然后在选举结束后卖出它们——通常认为这也是"购买"投票权,但这种行为在任何州都被认为是合法的,因为他们必须承担选举造成的利益得失(股份的升值或者贬值)。

当然,我们也不能完全排除以下可能:投票权竞买者之间的竞

---

[22] 在出售投票权的游戏(game)中,当收益无法平等地分配时,将不存在有效的解决方案;即使收益能够平等地分配,(对于投票权出售所带来的问题)也没有彻底有效的解决方案。相关的探讨,请参见 Lester G. Telser, "Voting and Paying for Public Goods: An Application of the Theory of the Core," 227 *J. Econ. Theory* 376 (1982)。

争,将使卖出投票权的股东获得充分的补偿。这样的话,对于竞买者而言,购买投票权和购买股票就全无差别了。因为竞买者可以先买入股票,在投票结束后,可以继续保留或者将其回售给原股东。如果州或者联邦法限制股份的转让,那么在一个竞争的市场中,出售投票权仍不失为富有吸引力的、次优的解决方案。[23] 本书将在第7章和第8章中讨论法律(和公司实践)对于公司控制权市场竞争中的股份交易予以限制的种种情形。只有购买者购买投票权的目的在于稀释其他股东的利益,股票与投票权的分离才是有益的。但正如我们将在第5章讨论的,投资者将反对这种稀释行为,以确保公司控制权的转移有助于增加公司的价值。这样,法律规则使投票权与股份相伴相随,从而有助于提高公司组织的运行效率。当然,潜在的例外情形是公司控制权的争夺,在这种争夺战中,股份本身无需转让*。

公司管理人员没有稳固的任期

尽管公司的董事会成员被选任时通常有明确的任期规定,但他们却无法拥有稳固的任期。股东可召集会议重新选任新成员,并可以某种理由、甚至无理由地解聘董事职务。特拉华州,这一执美国公司法牛耳的州,即素以董事职位最不稳固而著称。[24]

拒绝赋予董事会成员稳固的任期,这一规则使公司的控制权在任何时候都牢牢地掌握在投票权人手中——如果他们选择行使投票权的话——它还确保剩余索取权人享有最后的决定权。如果他们无法接受高昂的代理成本,就可以让经理们随时走人。尽管在公众公司中,股东很少中途撤换董事会成员,但被免职的可能性(犹如悬挂

---

[23] 参见 Thomas J. Andre, Jr., "A Preliminary Inquiry into the Utility of Vote Buying in the Market for Corporate Control," 63 S. Cal. L. Rev. 533 (1990)。

* 而只需通过征求投票委托来完成。——译注

[24] 参见前注[5],以及,例如 Campbell v. loew's, Inc., 36 Del. Ch. 563,134A. 2d 852(1957)。比较 Schnelll v. Chris-Craft Industries, Inc., 285 A. 2d 437 (Del 1971)(董事会不能改变会议日期,以达到不利于其反对派的目的)。通过在章程中规定罢免董事必须经过超级多数的股份同意,以赋予董事固定的任期,这在某些时候得到了肯认,但在许多州,它的效力还存在疑问。参见 Texas Partners v. Conrock Co., 685 F. 2d 1116 (9th Cir. 1982)(特拉华州法律)。

在公司高管们头上的达摩克利斯之剑),却使得管理人员必须像剩余索取权人忠实的代理人一样恪尽职守。撤换公司管理人员完成于一夜之间,这一能力在公司收购纷争中显得最为重要。在公司收购中,获得大多数股份而新入主的股东往往走马换将,对领导班子进行大换血。

将公司高管人员的任期和政治体制中的官员任期作一比较,我们将发现一个有趣的现象,即绝大多数的政府管理人员,都有着固定的任期。即使一些州在理论上允许中途撤换官员,但实际中这种情形极为少见。为什么政府官员拥有更多保障(或许也有更多限制)的任期?对此的解释之一是,公司的高管人员,其经营绩效直接反映在公司股价上,这直接决定着他们未来的薪酬。所以,即使没有任期的保障,公司高管仍会尽心尽力,以谋求公司未来收益折现价值的最大化。而政府管理人员却不存在类似的监督和回报机制,如果他们对未来没有预期,职位朝不保夕的话,他们很可能"透支将来",只图一时的政绩,而没有长远的谋划。任期制可以在一定程度上解决这个问题。

选举行为的普通法规则

不像我们在下一部分将要讨论的联邦法律,各州法律除了要求在任管理层向潜在的挑战者提供股东名单外(由挑战者承担费用),通常不作其他限制。[25] 经理们可以为获连任而反击股东的议案,费用由公司列支;但如果挑战者获得了成功,则其相关费用由公司承担,而且尽管挑战者最终未能成功,在任管理层仍然可以弥补挑战者的费用(当然这种情形相当少见)。[26] 人们有时会认为,在任管理层可以利用公司资源来巩固自身地位,但要求所涉争端必须事关公司经营政策而不是个人恩怨。但事实上可能存在这种情形,即某位董事在控制权纷争中的表现察觉不出任何公司政策的影子。因为人们都善于包装自己,穿着华丽的外衣征求股东投票权,同时并不声称自

---

[25] 对于在何种情况下必须提供股东名单,特拉华州法律有详细的规定。参见 8 Del. Code § 220.
[26] 例如 Hall v. Trans-Lux Daylight Screen Picture Corp. , 20 Del. Ch. 78, 171 A. 226 (1934); Rosenfield V. Fairchild Engine & Airplane Corp. 309 N.Y. 168, 128 N. E. 2d 291 (1955)。

己要改选董事,而是要反对现任管理层运作公司的方式。总之,现有的案例表明,公司经营政策和个人问题的合理界限根本不复存在。

这些规则(或者是所有这些情形中相关规则的缺乏)与我们的前述分析一脉相承。因为委托投票权争夺战的成功,可把那些持股不多、管理才能不如在任经理人但却"善于"中饱私囊的人推向管理层的高位。这些"败家子"一旦"谋反"成功,将肆意提升自己的福利,改善津贴待遇,其因此获得的好处,远远超过了因公司衰败而给其持股带来的减损(因其持股不多)。如果他们的阴谋被挫败,公司所有的剩余索取权人都将因此而受益。公司在任经理人运用公司资金谋求连任、或者谋求其推举的候选人获选成功时,将把选举的成本摊及所有的剩余索取权人。正如我们前面讨论过的原则,这降低了另有图谋的"谋反者"进行与其持股份额不相称的巨额开销而带来的代理成本。正如我们所知,董事作出决定所带来的利益得失,都必须由所有的剩余索取权人一体承受;如果董事的决策成本不遵循类似的分摊机制,则很难期望董事将合理地考量边际效益和成本,并本着公司利益的方式行事。基于同样的考虑,我们可以对以下现象作出合理的解释:"谋反者"一旦胜出,将(以公司资财)给予自己补偿,同时,在任的公司管理层也可能去补偿失败的"谋反者"。

然而,从总体上看,挑战者得不到公司补偿,这也许的确令人费解。要挑战管理层,就无法回避"搭便车"问题。前已述及,使得投票者不愿详细了解公司情况以投出理智一票的集体选择问题,在同一程度上也存在于公司管理权争夺战中。挑战者必须承担所有的挑战成本,但却只在胜出时才得到补偿,另外,由于管理层换班给公司带来的收益(如果有的话),挑战者也只能依其持股比例享有。这种成本与收益的鸿沟,使得代表权争夺战相当罕见,它甚至驱使挑战者采用要约收购这一代价更为高昂的办法。因为不管要约收购是否成功,公司都将因此而受益,故而或许能够认为,公司至少应当像承担在任管理层为保住职位而支出的费用一样,承担要约收购者同样为获取公司职位而支付的费用。

然而,允许公司承担挑战者的费用,这里存在着一个重大的问题。作出这样的承诺,对于公司而言,尽管极富吸引力,但可能同时是"自寻烦恼"。我们的社会总不乏爱出风头的人,他们愿意花别人的钱来谋取公司职位。因而,只有当不弥补挑战者的费用将扼杀有益于公司的管理权争夺战时,作出承诺要承担挑战者费用对于公司才是有益的。当然,只有在能够有效甄别值得信赖的挑战者和无聊的肇事者时,这种方法才是有效的。

我们可以先将甄别无聊的挑战者的困难放置一边。因为事实上几乎所有的代表权争夺战都是由大宗持股人或者公司的前任管理人员发起,他们这些人根本不需要自动获得费用补偿的诱惑,而会主动发起有利于公司的管理权争夺战。

投票事项

股东投票,并不限于选举董事。各州公司法通常要求,一些事项、如公司的重大变更(兼并、清算、出售资产)和章程的修改必须得到占已发行股份一定比例的股东同意。[27] 而且,即使法律没有规定,公司中的许多事项通常还是提交股东大会表决。我们以下对此展开分析。

公司的重大变更

美国各州的公司立法通常规定,公司通常由董事会、或者在其指导下运营,股东通常不对公司的一般事项进行投票。然而,与此同时,各州法律又规定,公司的"非常"事项——公司的重大变更——必须提交股东表决。这一规则,也着眼于减少代理成本。

作为公司的剩余索取权人,无论公司的重大变更是福是祸,首当其冲并且受影响最深的就是股东。重大事项的变更,因其即将带来的巨大收益或者亏损,足以克服股东集体选择的种种问题,特别是对机构投资者而言。相形之下,对公司日常的营运事项进行投票就显

---

[27] 8 Del. Code § 242(要求公司章程修订必须经过股东同意);§251(要求公司兼并必须得到股东同意);§271(公司出售资产必须得到股东同意);§275(公司解散必须得到股东同意)。

得毫无意义。公司兼并对于董事而言,不啻于一次中期选举、一次股东对于董事的信心重估。由于平时受集体选择问题的影响,中途解任哪怕是并不称职的董事,也极为不易。因此,法律规定进行中期选举,这是对集体选择问题的部分应对措施。* 在投票人利益份额足够大时,投票权无疑可以视作剩余索取权人的另一项监督机制。虽然投票者几乎批准了所有的兼并,但这完全可以归因于机构投资者事先的同意。试想,如果没有投票权,同意将是多余的(这反过来表明了投票权的重要性)。

修改章程

除了公司的重大变更外,公司章程的修改也需要股东同意,特别是修改章程的目的在于阻遏潜在的要约收购之时。因为标购人的出价通常明显地高于股票的市价,修改章程以阻止要约收购获得成功,将大大减少股东成为要约收购受益者的可能,因而在整体上降低了股东的福利(第7章提供了相关的数据支持,同时可参见本章的脚注[7])。此时,股东如果发现管理层修改章程的行为,纯为个人私利,股东应当投票反对章程的这些修订。因而,从这个意义上说,股东投票还兼有监督管理层的功能。实际情况与这种假设一脉相承。许多机构投资者争先恐后地与他们一贯遵循的"华尔街规则"(Wall Street Rule)——用手投票,支持管理层或者用脚投票,抛售股权——走向决裂,美国公司的机构投资者经常投票否决在章程中增加"驱鲨剂"(Shark-repellent)条款。[28] 机构投资者持股越多,章程中的此类条款越容易被否决,而获得通过的章程修改,对股东利益的破坏力就越低。

---

* 它本身即蕴含着为股东提供一个重新选任经理人的机会,因为一旦兼并成功,则原任经理人通常必须离任。——译注

[28] 参见 Office of the Chief Economist, Securities and Exchange Commission, "Shark Repellants and Stock Price: The Effects of Antitakeover Admendments Since 1980" (1985); James A. Brickley, Ronald C. Lease, and Clifford W. Smith, Jr., "Ownership Structure and Voting on Antitakeover Amendments," 20 *J. Fin. Econ.* 267 (1988); Paul H. Malatesta and Ralph A. Walkling, "Poison Pill Securities: Stockholder Wealth, Profitability, and Ownership Structure," 20 *J. Fin. Econ.* 347 (1988)。

未被要求时的股东投票情形

到目前为止,我们的分析还限于法律明确规定的股东投票情形。除以上情形外,公司的管理层常常将一些法律未要求股东表决的事项,如期权计划、聘任独立的审计师、小型的并购等,提交股东表决,对于这种种情形,该作何种解释?

经营层作出这番举动,原因在于法律鼓励他们这样做。得到股东的批准,将大大降低管理层在法庭上遭受攻击的可能性。而且,董事、经理与公司之间的利益冲突交易,如果得到股东的批准,就通常不属无效或者可撤销行为。[29] 同样的,一项经过收购方之外的绝大多数股东同意的并购,也较容易闯过司法审查这一关。

当然,这些规则的效果还远远不够清晰。法律规则鼓励管理层将需要监督的事项——如涉及利益冲突交易的场合——提交股东表决,可能会增加股东的福利。但由于集体选择固有的缺陷,极可能使得这种审查只是走走形式。所幸的是,由于普通法规则规定股东无权批准诈欺行为[30],并且法院倾向于自行审查利益冲突的交易是否有利于公司,股东的批准权力因而受到了限制,这反而有效地降低了不利于公司的交易获得批准的风险。另外,股东监督的原则表明,鼓励股东对特定的事项进行审批的法律原则(虽然在连贯性和完备性方面,这些原则远远不如涉及公司重大变更时的法律原则),的确给公司带来了一定的净收益。

委托投票机制的联邦法律规则

美国各州中,哪一个州允许公司采用最有利于公司效益最大化的投票程序规则,公司就倾向于在该州注册(参见第 8 章)。这样,公司在各州法律之下就有相当灵活的回旋余地。它们可以设计一些规则,将投票权分配给最优持股人,并主要通过降低股份转让成本、促

---

[29] 8 Del. Code §§144(a)(2).
[30] 例如,Kerbs v. California Eastern Airways, 33 Del. Ch. 474, 184 A. 2d 602 (1962); Continental Securities Co. v. Belmont, 206 N.Y. 7, 99 N.E. 138 (1912).

进股份转让等方法,帮助股东克服集体选择所面临的种种问题。与此同时,这些规则还必须确保投票者目标趋同,以克服民主决策时的偏好多样性问题。另外,对于需要以投票直接解决的事项,即由股东直接决定,而不是由董事代为决定的事项,以及在投票前必须披露的情形,他们在实践中都形成了一些规则。的确,自然界"适者生存"的法则在这里同样适用,历久而不衰的投票程序规则,无疑是资源分配最佳模式的最好见证。

伯利和明斯的著述[31]中的许多观点,对公司的见解与本书有所不同。根据伯利和明斯的研究,现代公司以无所不能的经理人为特征,他们利用委托投票机制,使自己的经理帝国固若磐石。正是由于意识到这个问题,美国1934年《证券交易法》第14节关于委托投票的规定,就着意于通过赋予股东对其资产运营拥有更多的权力,以修正这种种的不平衡。[32]

投票委托书规则包括以下四个组成部分:(1) 一般的披露规定,要求即使不存在竞争性选举,公司也要进行通常的信息披露,以使股东处于知情状态;(2) 要求竞争对手必须在投票权委托征求战中披露充足的信息,以使股东充分知情并作出理智的投票;(3) 一般的反欺诈条款,禁止在征集投票委托时进行虚假或误导性陈述;(4) 除特定的例外情形,允许股东在委托书征集材料中提出议案,并借此与其他

---

[31] 参见 Adolph A. Berle and Gardiner C. Means, *The Modern Corporations and Private Property* (1933)。参见 Symposium, Corporations and Private Property, 26 *J. L. & Econ.* 235—496(1983),该文高度评价了这本书。(*J. L. & Econ.*)1983年总第26期,第235—496页。

[32] 15 U.S.C § 78n. 相关的执行规则见于 17 C.F.R. §240.14a. 美国1934年《证券交易法》第14节的意图,在众议院的一份报告中得到了清楚的阐释:"管理者投资大众财产的公司管理层,不得滥用公司的委托投票机制,以实现自我维续(perpetuate themselves)的目的。参与公司管理的内幕人士在其掌管的财产中没有、或者只有很少的持股份额,他们对于自己在公司中的利益以及他们即将采取的公司经营的政策导向没有进行充分披露的情况下,默不作声地保有着对公司的控制权。公司的内部人时常在没有合理地告知股东投票权使用意图的情况下,发出委托书征求劝诱,而且往往将这些征求来的投票用于个人目的,而不是用于增进股东的福利。"《众议院报告》(H. R Rep.)第1383号,73d Cong. , 2d Sess. 13—14(1934)。

股东交流。

因而,这些规则,就在股东有权对什么事项投票、获得什么信息方面,取代了股东的私人安排。(从理论上说)法律规则无法像历经市场考验的自愿性安排那样,在效率方面获得肯认。

委托书规则的行为假定

联邦层面的投票委托书规则主要依赖于两项假设:(1)股东希望得到关于公司的更多信息,而在任经理人自愿提供的信息量少于此项要求;(2)股东愿意在各州立法所允许的范围之外,更多地参与公司经营政策的制定。由此必然引发的一个推论是,除非股东得到的信息在类型和准确性方面都满足了他们的要求,否则极易受到误导,投票也就违背了他们的真实意愿和利益。

然而,这些假定并没有得到证实。不管是抽样实证分析,还是经济学理论,都与支撑联邦投票委托书规则的行为假定背道而驰。股东参与投票的热情并没有因为这些规定的实施而提升。管理层很少被投票者所撤换;管理层关于公司重大事项变更、章程修改、或者其他事项的提议也常常顺利通过;同样,股东如果握有5%的投票权,他们的议案也极易顺利通过。在相当鲜见的为争夺公司控制权而进行的投票委托书争夺战中,挑战者胜出的概率高低,并非取决于他是否拥有强有力的政策主张,而在于他持有的股权数是否足够充分。

赞成通过投票委托书机制使股东更多地介入公司运作的人,对于股东冷漠的事实,并没有进行很多辩驳。他们认为,这种情况归咎于股东缺乏有意义的参与公司运营的机会。这样,如果更多的信息得以披露,而且股东得到更多的富有价值的参与机会,他们将会很好地充当公司财产所有者和公司决策者的角色。

对于股东民主的美好假定和股东实际行为之间的差异,一种更合理的解释在于,支撑着联邦委托书投票规则的行为假定并不成立。正如我们已经强调的,我们没有理由认为那些向公司投入资金的人,具有兴趣和专业智识来运营公司。考虑到集体选择问题和股票市场退出渠道相当通畅,对于大多数失望的股东而言,抛售股票比试图通过投票来改变公司无疑要理性得多,因为后者将使股东承担更多的成本。[33]的确,投资者对需要通过投票以解决的事项和供给的信息量作出限制,的确有其合理性:理性的冷漠本身即意味着投票权的委托;信息披露存在成本,也意味着向投资者披露信息存在着局限。事实上,即使投资者掌握了信息,他也未必会以此为基础而行事。

将涉及委托投票权的法律法规与劳工法中有关工会选举的规定作一类比,将会发现一个有趣的现象。全国劳工关系组织(The National Labor Relations Board)曾对竞选各方的宣传提出要求,不得使用太富有煽动性的华丽辞藻。劳工关系组织作出这项规定,基于以下考虑:雇员对"选战"极为关注,他们的自由选择极易受到"选战"宣传的误导。然而,调查结果却有力地表明,雇员对"选战"并不十分关注,也不易受这些花言巧语的蛊惑。[34]如果宣传口号误导不了雇员——如果雇员甚至不注意这些将对他们的未来构成重大影响的"选战"——那么,对于老练的股东而言,由于存在抛售股票退出公司的选择,投票的意义远逊于雇员,股东对选举的关注又何其少也!

然而,以上所述与我们关于投票机制在监督管理层方面所起作用的分析,其实并不矛盾。事实上的确存在最理想的监督临界点,公司在利益驱使下也将努力达致这一安排。正如我们所指出的,股东投票的范围应限于公司的重大事项(兼并或者类似的情形),在这些情形下,股东因投票而获取的利益,将超出信息收集及集合大宗投票权所耗费的成本。但这种情形的存在,并不能为以下推论——正如美国证券交易委员会所做的——提供正当性:如果股东对一些事项予以投票是有益的,那么更多的信息披露和股东更多的投票将会更

---

[33] 抛售股票或者选择退出的可行性越大,选择投票或者在公司管理中发表意见就越没有吸引力。参见 Albert O. Hirschman, *Exit, Voice, and Loyalty* (1970)。要找出比股票市场更有效的退出通道,实在是无法想象的事。

[34] Julius G.. Getman, Stephen B. Goldberg, and Jeanne B. Herman, *Union Representation Elections: Law and Reality* (1976)。将这些发表于1976年《斯坦福大学法律评论》(*Stan. L. Rev*)1976年总第28期第1161页至1207页的质疑方法论的文章,与作者的以下辩驳文章做一对比,无疑会很有帮助:Stephen B. Goldberg, Julius G. Getman, and Jeanne M. Brett, "Union Representation Elections: Law and Reality:The Authors Respond to the Critics," 79 *Mich. L. Rev* 564 (1981)。

好。由于股东售出股份极为容易,也因为公司管理层必须为新型的证券设计出富有吸引力的条款(包括投票规则),所以,如果股东追求最大的回报,我们就没有理由认为,公司自身设计的规则,不如那些出自证券交易委员会的规则。[35]

支撑委托书机制的假设的含义

许多特定的法律规则和原理,都奠基于股东有兴趣并且专注于公司事务这一行为假设。在本书的这一部分,我们将讨论这些规则和原理,同时以对股东行为更合理的假设为基础,对它们展开分析。

根据一个被广泛接受的定义,"理性的股东认为,被隐瞒或者误述的信息对于他们决定如何投票非常重要,如果股东这么认为的可能性相当大,那么这种被误述或者隐瞒的信息就具有重大意义"。[36] 这一定义本身的问题在于,它没有为判断"理性的股东"在投票时认为什么是重要的事项提供明确的指引。结果之一是有可能导致对言论的内容不加规制,而是依赖市场自身的见解和市场各方的激励去披露最适量的信息。这样,公司选举将类似于政治选举。在政治选举中,由于退出通道不畅,投票权本身的价值被急剧地放大,而选举的言论本身却极少受到规制。

支撑联邦投票委托书规则的行为假定,在股东议案的规则方面体现得最为明显。联邦委托投票 14a-8 规则规定,只要股东所提的议案不属于该规则规定的任何一种例外情形,公众公司都必须将其纳入议程。允许任何一个有兴趣并且关注公司事务的股东,将议案提交其他股东,并要求他们细致考虑,还有比这更民主的制度设计吗?

然而,细想之下,股东议案权的这一规则却与真正的民主机制背道而驰。因为绝大多数股东都消极对待公司事务,对于通常都会被轻易击败的其他股东的议案毫无兴趣。在这种情况下,按照联邦委托书投票规则,大股东还必须"贴补"时间和精力,去"陪伴"有权提出

---

[35] 还可参见 John Pound, "Proxy Voting and the SEC: The Case for Deregulation," 26 *J. Fin. Econ.* (1991)。在该文章中,作者得出与本书相仿的结论,即委托书规则必须立足于投资者的自身利益。

[36] TSC industries, Inc. v. Northway, Inc., 426 U.S. 438, 449 (1976).

议案却无须承担成本的小股东。

但这项规则的支持者,却对股东议案的成本或几乎为零的成功率视而不见。他们认为,这项规则在总体上是有益的,因为它对公司行为具有"间接而健康的影响"。[37] 之所以会得出这项结论,是因为他们存在以下这项假定:委托投票规则所造就的公司公开性,使得公司会放弃效益最大化的经营目标,而对其他一些"更富有道德感"、"更有社会责任感"的经营方略保持偏好。但这项关于股东投票——以及联邦投票委托书规则的假定——却只是自说自话。如果联邦委托书规则的目的是使股东能够影响公司的经营政策取向,但设计一套机制,使得绝大多数股东迁就小股东背离公司利益最大化目标的行为,则实在令人难以称道。

在当前股东的提案中,几乎没有股东提议要放弃有利可图但风险重重的经营活动,而是更多地要求公司放弃保护管理层的措施,如毒丸计划等。根据我们将在第 7 章展开的原因分析,我们对这些提案的价值深表认同。而且,反收购措施的成本,并不足以改变股东提案机制的"成本—收益"比率。如果更便于投票的(涉及投资者选择事项)机制在总体上是有利的,公司自身、或者各州立法将会自行予以采纳。

改革委托投票机制的建议

由于赞成联邦委托书投票规则的人,忽视了股东行使投票权的冷漠现状,反而认为股东希望更多地介入公司的决策进程。同时,他们认为,股东持续的冷漠,可归咎于相应的程序性规则的缺陷。以此为背景,许多改革的建议纷纷出台,其中包括增加信息披露、拓宽投票委托机制的通道、增加对机构投资者的监管。然而,这些措施却无一例外地减少了股东的福利。

增加信息披露

股东介入公司运作的水平不高,对于这一事实,一种解释认为,

---

[37] Donald Schwartz and Elliot L. Weiss, "An Assessment of the SEC Shareholder Proposal Rule"(SEC 为译者填加,原文疑有误), 65 *Geo. L. J.* 635 (1977); David Vogel, *Lobbying the Corporation* (1978)。

根本原因在于股东缺乏足够的信息以作出明智的决定。于是有人建议,应当要求公司多披露一些有关它的经营活动、背景和管理层的资质等方面的信息。但事实上,正如我们已经强调过的,并没有证据表明股东有兴趣拥有更多的信息。由于信息披露会产生成本,而这些成本又将由公司目前的投资者来承受,强制性地要求公司披露更多的信息,将会在其他方面、也许是更为根本地减损了股东的福利。如果强制性地要求公司披露股东议案中通常提及的披露事项,可能会阻遏有利的公司运营行为。另外,如果要求公司披露它们的运作是否遵循环保法、监管法律法规以及披露公司有争议的国内外支付状况,有可能影响公司实施上述行为的积极性。出于对涉讼、不利的公众形象、政府干预的恐惧,公司经理人可能简单地认为披露的成本超过了从事相关经营活动的收益(从而在经营上更趋保守)。

拓宽委托代理机制的通道

关于股东缺乏参与公司运作的热情,另一种更加通常的解释是他们缺乏有效介入公司的选举进程的能力。在目前的投票机制下,在任董事会提名董事候选人,后者通常都会由股东选举而成为董事。这种董事会自我维续的状况,是公司高管选任程序中最为一些人所诟病之处。这些人认为股东应当有权控制提名和选举进程。为弥补这些他们认为的"缺陷",许多改革的建议陆续出台,包括赋予股东相应的权力,使他们有权要求将他们的董事提名人加入投票委托书征求材料、有权要求公司组建全部由独立董事组成的提名委员会,并由独立董事从经过股东考察的候选人中选任董事等。

然而,主张拓宽目前股东投票委托机制通道的人,认为当前机制惟一的缺陷是,它与有兴趣参与公司运营并且富于理性的股东行为假设不相符。但如果这种假设本身是不成立的,那么要求股东控制提名进程这一基础也就荡然无存。相反,关于股东投票的一个更为根本的经济学前提是,由于集体选择问题,股东在绝大多数情况下,都缺乏必要的专业智识和激励去了解、评估潜在的候选人,从而更好地投票。

进而言之,如果将这些改革的议案付诸实施,则必将带来更多的成本。除了因投票机制复杂化而带来的管理费用、并因此增加新的官僚层级外,还将产生大量的代理成本。除非这些改革议案除了增加管理费用外,没有什么其他负面效果,否则,它们将使得小投资者或者那些在公司中没有利益份额的人,更可能将他们的提名人推选进入董事会,而且这一行为的成本,是由大投资者来承担的。显而易见,这种违反一股一票原则的做法,正如我们前面提到的原因,将大量地增加代理成本。其结果只会是股价下挫,所有股东因此蒙受损失。

通过机构投资者来改善公司运作

许多公司中前几位的大股东,都是金融机构,它们本着小额投资者的利益投资并管理着基金资产。这些机构通常就其掌管的资产单独或者共同拥有着其投票权。正因为如此,机构投资者经受着种种批评,认为它们在决定如何投票方面,投入的心智不够。例如,美国证券交易委员会的官员,已经"敦促"这些机构,要求它们"停止将未引入竞争的董事选举当成常规事项处理。而长期以来,这种处理方式使得被提名的董事候选人的整体自动当选获得了正当性。美国证券交易委员会要求这些机构认识到,对于董事选举事项的更加准确的判断,有助于改善公司的可信度,并将为公司带来长期的效益"。[38]
为达此目的,相关建议频频出台,要求机构投资者建立投资标准,并向受益人披露他们的投票政策,或者将投票权交还给受益人,让他们自行投票。[39]

以上令人沮丧的文字,给人的直观印象是,机构投资者没有善尽投票职责,正在危害受益者的利益。但事实并非如此。专业化的投资机构经理们在一种竞争程度相当高的行业中运作,在这个行业中,资产的高度流动性使得对经理们的业绩评估极易进行,资产也极易发生流转。在涉及建立更加精细化的表决程序方面,如果投资机构的经理们对成本和收益考虑不周,将无法吸引投资跟进。故而,在投

---

[38] SEC Staff Report on Corporate Accountability, Committee Print, Senate Committee on Banking, 96th Cong., 2d Sess. 422 (1980).

[39] Myron P. Curzan and Mark L. Pelesh, "Revitalizing Corporate Democracy: Control of Investment Managers' Voting on Social Responsibility Proxy Issues," 93 *Harv. L. Rev.* 670, 694 (1980).

票规则方面,机构投资者具有足够的激励去进行最理想的设计。的确,机构投资者反对修改章程以引入反收购条款,这一事实也表明,为了自身的利益,他们也会投票反对管理层。他们被认为不愿作出"更加准确的判断",根据前述我们讨论过的股东投票的经济学原理,无疑是理性的行为。应当注意的是,这里的问题不在于机构投资者的投票权实践,而在于监管者和改革倡导者的行为假定发生了错误。

让受益人直接投票将产生另外的问题。确定并将信息传播给高度分散的受益人本身会带来相当高的成本,同时并没有理由认为,受益人对投票权的重视程度足以使其承受这些成本,因为在监督经理层的激励方面,个别分散的股东,远远不及机构投资者。正是在这一意义上说,转移投票机制分拆了大宗的投票权,使得集体选择问题更趋恶化。正如要求拓宽股东委托投票通道的改革一样,让受益人直接投票将带来高额的代理成本,降低股价,并最终损害投资者的利益。总而言之,经济分析表明,目前的法律规定是合理的。

4 信义原则,商业判断原则和派生诉讼

至此,我们开始探讨股东和公司管理层之间的关系,它在本书余下各章中,居于中心的地位。在本章中,我们将研究的焦点集中于信义义务和商业判断准则的含义及其功能,同时,我们还将对派生诉讼——信义义务赖以履行的惯常手段——展开探讨。

信义义务的功能

公司董事和其他管理人员,被称为受托人(fiduciaries),他们必须为信义义务受益人(beneficiaries)的利益而正直行事。然而,正如大法官法兰克福特(Frankfurter)所指出:"称某人是受托人,只是一系列分析的开始,它为更多的进一步询问指明了方向。他是谁的受托人?他作为受托人必须承担什么义务?"[1] 对这些问题的回答,首先取决于我们为什么需要将公司管理人员称为"受托人"这一前提。

信义原则在合约关系中并不常见。在公平交易中,彼此互不相识的合同各方也可能会先进行激烈的讨价还价,而在达成合意后,不论最后的结果是多么地苛责对方,他们都会尽力依约履行。我们将公司视作复杂的合约,那么读者就有权发问:信义义务是如何悄无声息地潜入这些合约之中的?我们的回答从一项假定开始:人们无法详察未来以提前应对一切偶发事件。对此,我们在第1章给出了轮廓性的框架分析,在第3章(投资者的表决权)则做了进一步的阐释。公司是持续性的(关系)契约。一些当事人的权利可能是相当明确的,如供应商、工人和债权投资者(debt investor)即属此类。如果公司合同可以写得足够的详细,就再无必要引入信义义务。这一点极好

---

[1] SEC v. Chenery Corp., 318 U.S. 80, 85—86 (1943).

理解。雇员和债券持有人必须行使他们的合同权利,而不可主张公司管理层对其履行信义义务。[2] 公司合同不确定性所带来的风险,都由剩余索取权人一己承担——通常而言,公司的剩余索取权人是股票投资者,他们几乎得不到明确的承诺。相反,他们获得了投票权和由忠实义务(duty of loyalty)和注意义务(duty of care)构成的信义原则的保护。正如我们在第3章中所阐释,之所以将信义原则的保护配置给公司剩余索取权人,是因为后者承担着公司的边际风险(marginal risks),因而具有最佳的激励来作出最优的投资和经营管理决策——当然,这种激励只是最佳选择,而并非完美。在公司合同这样一种开放式的关系中,管理层所作出的惟一有意义的承诺,就是努力并诚实地工作。换言之,公司合同虽然使得公司管理层成为股票投资者的代理人,但却并没有详细规定代理人的职责。要使这一安排对于投资者而言富于吸引力,管理层就必须承诺细致而诚实地工作。

当一个人行使权力的同时,对其他人的财富构成了影响,这就可能产生利益分野问题。公司经理人在公司中持股越少,他们与投资者的利益分野倾向就越发明显。在任何代理关系中,这一现象都不可避免地存在着。例如,如果某一房产经纪人只能获得交易价格5%的佣金收入,那么他将不愿付出哪怕只是价值10美元的努力去工作,即使这种努力将会使该笔交易的价格攀升100美元,因为该经纪人只能从中得到5美元的佣金收入。然而,对于被代理人而言,这10美元的努力,无疑是极其富有价值的。

利益分野问题,可以通过多种方法加以缓解。劳动力市场的存在,使得怠惰和不忠实的经理面临薪酬锐减的惩罚,而那些勤勉的经理们则因公司业绩走强而获得津贴褒奖。另外,公司控制权市场存在,也使公司管理层必须妥善运营以保全自己的职位。最后,产品市场的竞争也有助于控制公司管理层的行为,因为在其他条件一样的

---

[2] 例如,Broad v. Rockwell Int'l Corp., 642 F. 2d 929, 955—960 (5th Cir. 1981)(在开庭的时候)(公司管理层必须切实遵守与债权投资者达成的合同条款,而无须考虑公平性问题)。至于公司在什么范围内与债权投资者达成明确的合意,可参见Clifford W. Smith, Jr., and Jerold B. Warner, "On Financial Contracting: An Analysis of Bond Covenants," 7 *J. Fin. Econ.* 117 (1979)。

情况下,一个管理混乱的公司,很难在与内控健全的公司的竞争中存活下来。当然,上述这些机制只是缓解、而并没有从根本上消灭利益分野问题。要彻底解决这一问题,就必须构建广泛的、高成本的监督机制,以使投资者和其他主体了解公司管理层的运作情况。而且,即使这样,它可能也并不足以应对一次监守自盗的后果。当公司管理人员认为侵夺公司眼前机会所获得的收益,超过了随后劳动力市场带给他们的惩罚时,这种现象就常常发生。

投资者可能会试图通过在合同中约定更为细致的问责条款、并通过对管理层实行专职监督来解决问题。但我们只需试着回想一番就会明白,公司管理层之所以拥有经营管理的自由裁量权,正是由于事先洞悉所有问题、据此进行磋商并通过法院予以执行面临着高昂的成本。鉴于此,我们不难发觉,试图通过更细化的合同约定来解决前述问题其实并不可行。谁来监督监督者?专职的监督者其实根本上就是经理人本身,只是名称不同而已;而兼职的监督者,既缺乏细致督察的动力,也缺乏赖以评判被监督者是否恪尽职守的信息。

信义原则是对公司合同予以细致规定和进行额外监督的替代解决方案。它以威慑作用替代了事先监督,这正如同因为刑法为抢劫犯罪行为悬起了达摩克利斯之剑,所以银行没有必要对进入银行的每一个人都严加盘查。社会最优化的信义原则所达到的效果近似于以下情形:如果投资者和管理层双方的谈判(和执行合约)成本为零,他们也将作出这种安排。这些规则在保全公司经营和风险承担相分离所带来的收益的同时,还降低了公司管理层将其个人利益凌驾于投资者利益之上的可能。

信义原则包含了反盗窃指令、限制利益冲突的交易以及对管理层中饱私囊、损害投资者利益的行为予以限制的种种规则。但这些原则同样也存在适用的边界,这些边界正反映了公司管理层损害投资者利益的行为,与同时有利于投资者和管理层的行为存在着区别。例如,公司管理层可以决定本公司与其他公司发生交易,尽管自己在其他公司中享有利益份额,但只要这种交易经无利害关系的董事批准,或者这项交易本身对于公司而言是"公平的"(有利的)。在这方面,公司董事的信义义务,和其他一般的受托人的信义义务存在着重

大的区别,因为本人(或委托人)的利益结构明显不同。*

由于信义原则是对合同结构中合意不充分的一项补充规则,故而,认为"信义义务"超越了事实上的合约,其实并不妥当。同样,如果说信义原则意味着公司经理人可以为了其他目标而稍许牺牲投资者利益,只要投资者受害不会"太深",也显然是误读了信义原则。可以假定的是,所谓投资者受害"太深",在这里意味着"投资者受害如此之深,以至于他们开始怀疑信义原则,而谋求对其予以限制"。但信义原则存在的首要原因,在于订立详尽而明确的合约面临着高昂的成本,如果要谋求对信义原则予以限制,则无疑是否认了该规则的惟一功能。在公司成立伊始,试图凡事进行细致约定,成本已经居高不下,在公司成立后凡事再细为协商,则更是几乎毫无可能。在公司筹集了必需的资金后,投资者试图改变合约条款以克服管理层的违法滥权行为,缺乏现实的途径。因而,将信义原则导向于投资者利益最大化之外的任何目标,无疑是把投资者直接监督管理层的高昂成本——这正是需要信义原则的原因所在——转变为一道使得投资者无力控制管理层行为的屏障,这势必会偏离它当初的制度功能。

商业判断原则和责任规则的局限性

信义原则意味着,在通常情况下法院应当进行广泛的调查,以确定如果交易成本为零,投资者和管理层本来可以达成怎样的交易。这近似于法院审查侵权纠纷的机理:法院往往会考察行为人作出决定(采取预防措施)的成本,是否小于因此获得的收益(因此避免的损害);与此同时,法院还考虑了收益与损害发生的几率大小。在审理侵权纠纷案件中,法院通常都会作出此类测算,并对那些计算粗疏者科以严重的处罚。然而,法院援引"商业判断原则"(business judgement rule)所得出的结论却大不相同。根据该原则,即使公司管理层存在经营过失,也可能被免于承担责任。关于"商业判断原则"的表述众多,但这并不重要,

---

* 在一般的信托关系中,受托人不得代替委托人与自己发生交易;而在公司中,董事作为受托人,只要交易是公平的,他们也可以决定本公司与其存在利益关系的其他公司发生交易。——译注

重要的是其中存在一种独特的"顺从路径"(deferential approach)。

既要求公司管理层为投资者的最大利益行事,同时又必须避免通过"打击管理层的钱包"(一个特别适合的地方)这一方式来实现目的,究竟原因何在？支撑着商业判断原则的一项认知是,如果对经理们的商业决定都加以严格的司法审查,反而不利于股东利益。

为什么在细致的司法审查下,投资者的财富反而无法最大化？对这一问题的解答远远不够明确。对此,标准的辩解是法官并不胜任作出商业决定,而且出于承担个人责任的担忧,(如果司法审查过于严苛)公司管理层将变得过于谨慎而事事保守(缺乏冒险热情),这同时还将使得有才华而且愿意出任董事的人将大为减少。这些辩解是有益的,但还不够充分。它们无法解释以下现象：为什么同样的法官可以决定工程师是否妥当地设计了喷气式飞机的压缩机、决定农民是否按行业标准提供了石榴、决定狱政管理是否对囚徒的身心健康构成了损害,却不能轻易地决定公司经理没有解雇轻率地发放了贷款的下属是否构成过失。同样的,这种标准的解释也没有告诉我们,把使得汽车驾驶员面临责任威胁(这样有助于激励其谨慎驾驶)的谨慎标准,拿来用以引导公司管理层履行谨慎义务,是否合适。

商业判断原则必须寻求新的解释。它反映着以责任规则来确保合约得以履行的种种局限。接下来我们将探讨,为什么将责任规则作为公众公司的一种治理机制,只能起到有限的作用。[3]

---

[3] 我们的讨论,汲取了近年来许多研究成果的精华。这些成果表明,在执行存在长期关系的当事方之间达成的合约方面,市场是如何成为最好的法院机制的。参见 Charles Goetz and Robert E. Stott, "Principles of Relational Contracts," 67 *Va. L. Rev.* 1089(1981); Benjamin klein and Keith B. Leffler, "The Role of Market Forces in Assuring Contractual Performance," 89 *J. Pol. Econ.* 615 (1981); Benjamin Klein and Kevin M. Murphy, "Vertical Restrains as Contract Enforcement Mechanisms," 31 *J. L. & Econ.* 265 (1988); Charles R. Knoeber, "An Alternative Mechanism to Assure Contractual Reliability," 12 *J. Legal Stud.* 333(1983); Anothony T. Kronman, "Contract Law and the State of Nature," 1 *J. L. Econ. & Org.* 5 (1985); Lester G. Telser, "A Theory of Self-Enforcing Agreements," 53 *J. Bus.* 27 (1980); Oliver E. Williamson, "Credible Commitments: Using Hostages to Support Exchange," 73 *Am. Econ. Rev.* 519 (1983); Williamson, "Transaction-cost Economics: The Governance of Contractual Relations," 22 *J. L. & Econ.* 223 (1979).

自力执行的合约(Self-Enforcing Contract)

许多侵权和违约都是一次性的行为。除非法律要求侵权人或者违约人承担因此带来的成本,履行过程中就将不可避免地伴随着种种过失和违约情形。公司创造了长期关系,也创造了一种可能:无需借助法律体系,即可迫使市场主体自行承担成本。

重复交易

如果公司管理层当前的收益,超过了将来要付出的成本的折现值,按照他们看待问题的方式,虽然目前公司经营绩效低下,但管理层目前的行为仍然是理性的。而目前收益与将来成本的权衡,在很大程度上决定于重复交易的可能性。重复交易的可能性越大,经理就越有激励去赢得良好的市场表现。试想一下行商走贩,他们没有商标需要保护,也几乎不与同一个买家进行多次交易,所以他们就有着强烈的激励去误述自己的产品的质量,以获得更高的卖价。这类行为的未来成本的折现价值极可能很低。与此相反,在长期关系中,每一方都能通过与其他当事方的未来交易而获取利益,这就产生了相当好的激励。失去和对方进行重复交易的机会,其损失远远超过今天虚假陈述所能够获得的蝇头小利。

公众公司管理层在以下方面,都体现为重复交易者:首先,公司必须不断地筹集资金(即使公司不打算发行新股,仍可能必须时时举债)。这就使得公司——指的是公司管理层——必须不停地接受资本市场的检验。如果公司表现差强人意,就必须付出高昂的融资成本。同样的审查机制还发生于劳动力市场。如果今天遭到解雇,在别处他们可能就难以谋求到同样薪酬的职位。资本市场的这种"事后惩罚"机制,本身就足以创造出适当的激励。[4] 即使公司管理层无须经常性地从资本市场筹集资金,但由于他们自身的财富与公司

---

[4] Gary S. Becker and George J. Stigler, "Law Enforcement, Malfeasance, and Compensation of Enforcers," 3 *J. Legal Studies* 1 (1974); Eugene F. Fama, "Agency Problems and the Theory of the Firm," 88 *J. Pol. Econ.* 288, 295—306(1980).但这并不表明这种方法完美无缺。如果公司低效运营的事实,在后来相当长的一段时间才被发觉,考虑到金钱的时间价值,在这种情况下可能就无法创造出令人满意的"事后惩罚"机制。

股价息息相关,因而这也可以反映管理层的经营绩效。相对于(管理层)低效运营公司可获得的当前收益而言,公司运营效率低下所牺牲的未来薪酬的现值不断增长,这也使得责任规则已经不如以前那么重要了。

信息市场的效率

信息市场也会敦促人们以身处重复交易关系中的方式来行事,尽管有时他们并非处于这种关系之中。在美国,即使是从未和小贩打过交道的消费者,也能从《消费者报告》(*Consumer Report*)中获取相关的信息。这样,当一个人知道自己第一例交易的情形将影响第二例交易时,他显然会更好地处理第一例交易。而且,就反应信息的功能而言,其他市场都不如资本市场强大。例如,一位医生表现欠佳,将使他的病人另请高明,除非这位病人的运气是如此的糟糕,以至于在其他医生那边也得到了同样的坏结果。虽然病人流失的可能性给了医生一些努力工作的激励,但这种激励并不显著,因为病例繁多,诊疗方法各异,实际上两者均无法完全复制。而且失望的病人也无法在《消费者报告》中查找到这位外科医生,也无法通过抛售这位外科医生的"股票"而将信息传导给市场。

公众公司的管理层则不然,他们面对的是一个极其富有效率的信息市场。在效率方面,几乎没有一个市场能够与资本市场相媲美。公司业绩不佳,资本市场将马上作出反应,管理层将最终承担这些成本。

首先,投资者(包括知情和不知情的)只愿掏更少的钱来购买该公司的股票。因为越多的投资者相信自己的美元被那些控制公司的人以公司价值最大化之外的方式使用,他们就越不愿购买该公司的股份。为了将这种合理的恐惧控制在最小的范围内,公司的控制者就有激励去采取妥当的治理机制,以限制为谋求私利而损害投资者利益的自由裁量行为。

其次,资本市场准确的价格信号,对于提升劳动力市场的效率有着重大的作用。股价反映出来的信息,为准确评估管理层的经营绩效提供了一种相对低成本的方法。这种信息可被用来设定公司内部管理层的薪酬标准(当然,这种信息标准也并非十全十美),同样也可被用于测算管理层在外部劳动力市场上的机会工资。

最后,资本市场还促进了公司控制权市场的运作(参见第7章)。公司管理层必须保持良好的运作,以将股价维持于高位。否则,他们就面临被取而代之的威胁。总之,资本市场、劳动力市场和公司并购市场的富有效率的运作,都提高了公司运营效率低下所带来的未来成本,并因此有助于确保公司合同的履行。

人力资本的企业专用性投资

一般而言,市场各方从交易中获取利益,并不依赖于交易对方的身份。如果A从B处购买小麦,最后不管谁拒绝履行合约,A可能都能从C处毫不费力地买到同等质量的小麦。因而,由于A和B都没有进行过特定于这项交易的投入,所以他们从交易中获得的收益,并不依赖于任何一方的持续存在。

但并不是所有的交易都属于这种类型。假设A与B就建造一个核电站缔结合约。在合约缔结之时,B只是许多拥有必备智识的合同方的一员。然而,随着时间的推移,很可能B获得了某些特定于这项交易的技能和智识。其他一度可以替代B的合同方,却因为没有作出同样的特定于该项交易的投入,而毫无疑问地要稍逊一筹。

现在假设B违反了合同的一些约定,A将很难作出应对。如果A解雇B,或者通过起诉B而使其放弃这项工作,则核电厂的建造成本可能大大增加,因为其他合同方在接替B之前还需要获得B特定于该项交易的技能。这样,A可能最后判断,B虽然是违约方,但与其继续合作从而避免这些成本,才是最佳选择。确实,有些合同普遍存在着特定于该交易的投入,研究这类合同的学者,有一个惊人的发现,即当事人极少运用诉讼途径来寻求合同义务的履行。

涉及劳动力的合同中,就特定的公司或者某项交易进行大量的投入的可能性非常大。公司管理层因为在本公司中浸淫日深,获得了专用于该公司的技能和"专业知识"。此时撤换他们意味着必须付出高昂的成本,因为接任者缺乏相关的特定知识和技能。同样,它对于在任管理层而言,也成本不菲。因为他们必须另行投入,以获得其他公司所需要的技术和知识。所以,双方都试图避免产生这些成本。另外,这种情形发生的威胁,又诱导着双方一开始即善待合同的履行。甚至即便公司管理层在短期内表现不佳,但这种激励机制仍然存在。如果解聘公司管理人员(不管是自愿还是由诉讼来完成)带来了上述成本,那么这种解聘的效果无疑就要大打折扣。

违约的收益

从违法或不谨慎的行为中获取的利益越大,相应的责任机制就显得越发重要。对民事责任(加上刑事处罚)的恐惧,可能有助于阻遏一次性的严重欺诈行为。因而商业判断准则并不保护欺诈行为。然而,总体而言,公司管理层从疏忽大意的行为中获取的个人收益相当少,这样,由管理层自行承担成本(如声誉损失等)而无需寻求法律制度的支持,就足以应对这些情形。

昂贵而不准确的诉讼

虽然市场使公司管理层承担了业绩欠佳的绝大多数成本,但它的作用却远非十全十美。如果法律机制提供了更好(成本更低)的方法,则法院应当运用它们的比较优势来达此目的。然而,不幸的是,法官在董事会会议室中查明并纠正错误的能力,远远不如他们在查明并纠正产品设计缺陷方面的能力,而且对于后者,他们也并不擅长。

违约还是错失良机?

只要稍作回想,就不难忆起本章第一部分提及的信义义务存在的理由:要在公司合同中对所有情形作出细致而毫无遗漏的规定,成本过于高昂。事实上,法院断案也面临着与合同缔约方同样的成本问题。的确,法院总是事后审查案件,这使得纳入其视野的情形已大为缩减。但法官经常要判断大量的信息和估计当时想法,这是令人非常烦恼的问题,因为根据这些信息很难判断当事人事先会达成什么合意。法院怎么会知道公司某项商业决定的不良后果,是归咎于管理层才智投入不足,还是其他什么影响公司的原因?

公司的一项商业决策,如果能够产生较高的预期利润,就应当是一项好的经营决定,虽然它可能同时面临着许多变数。可能是由于受到竞争者的快速反应、法律或者银行利率的变化或者消费者喜好不定等情况的影响,事后我们可以看到公司的某项商业决定效果甚差,但这并不表明它自始即犯了错误。只有对所有结果及其可能性详加分析,法院才能就该决定是否明智作出判断。在偶然的情况下,某项商业决定的错误显而易见,查问起来也简单明了。但在通常的情况下,要推断可能的结果十分困难。商业无定数,公司管理层经常必须马上行动、事后总结。停下来作细致的研究,这也许是最坏的决定;市场自然会判断什么是最佳的商业决定,而竞争则会淘汰多余的商业决定。只有以事后的眼光来考察哪些商业决策富于成效,哪些收效甚微,我们才能断言何为最佳的商业决定。然而,由于商业失败本身并不必然表明当时的决定是不明智的,所以,法院往往也缺乏足够的信息去作出裁定。

如果作出商业决定前左右权衡成本巨大,那么,通常而言,事后由法院来定夺也往往代价高昂。所以,当面对依据信义原则——而不是明确的合同约定——提起的诉讼请求时,法院往往缺乏赖以作出裁决的重要手段。这意味着在贯彻信义原则方面,市场的"事后惩罚"机制,与法院相比具有比较优势。当然,例外的情形是,针对令人吃惊的过失、严重的一次性自利交易行为,法院的解决机制仍然更为有效。因而,我们在了解到商业判断准则将法院的作用限制于前述少数的情形时,应当不会感到吃惊。

另外,由于公司管理层都是团队作业,集体决策受到公司之外的许多因素影响。为求得裁量的正确,法院就必须细为审查管理层精力和才智的投入(而不是决策结果)。但这谈何容易?对每一管理人员工作的努力程度及其绩效予以监督,无疑成本高昂。数年之后,通过证据来反推当时的情形,不但成本极高,而且准确性也存在很大的悬疑。因而,虽然缺乏进取心是产生代理成本的最主要原因,但仍然很难想象,用责任规则来解决管理层的低效运营问题会产生很好的效果。

判断错误所带来的成本,其问题也与此相似。法院在估量公司管理层的工作绩效方面,与其他局外人一样都面临着许多困难。这种困难被法官的选择偏见复杂化了。绝大多数诉讼都因公司经营状况低下而引起,而且法官会很自然地假定公司绩效低下是公司管理层行为不当的产物。这种偏见正是引发重大的错误成本的一大原因。

对于风险的相对态度

由于信息成本高昂,公司业绩欠佳可能就意味着公司管理层经营不善。于是,那些因公司业绩欠佳或经营不善而受到惩罚的公司高管,就倾向于实施变数较小的项目。公司管理层由于无法分散化其自身的人力资本,故而尤其需要规避风险。相反,股东则可以通过资本市场方便地分散风险。他们要求公司管理层实施平均回报最高的项目,这可能同时带来极高的风险。(没有付出,就没有回报。)但承担责任的威胁,使得管理层的经营激励偏离了股东利益最大化的路径。

即使面对看似疯狂的决定,责任规则也有成本。赔偿金这一责任规则给厌恶风险的经理人带来的损害,远远大于其给风险中立的投资者带来的利益。这一差别也创造了从交易中获取收益的机会。投资者可承诺免除管理层的责任以降低其经营风险,并以此减少管理层必须支付的赔偿金和保险费支出。据此,投资者也可以议定接受较低的损害赔偿金,以换取对管理层更低的薪酬支付。他们可以通过明确的责任豁免条款,或者通过为管理层投保这一隐性的方式来达到这一目的。商业判断原则作为一项隐性的合约,也发挥着类似的功效。

法院与市场系统的自然选择

正如前述,我们强调了"激励相容型合约"(incentive-compatible contracts)的重要作用,即这种合约安排将根据公司经营绩效是否良好,对公司管理层实行奖优罚劣。所有这些对管理层激励机制的关注,都将导向另外一个同样有趣的问题:法官的激励何在?无论法官多么愿意"正确地"裁断案件,但他们却并不会因为付出了额外的工作量、或者因为更为敏锐地评估了市场状况而得到更多的报偿。相反,低能的公司经理人将在竞争进程中被"淘汰出局"。同样的,投资者也面临"淘汰出局"的问题,因而市场总是倾向于正确地评估商业决定。但法官之所以被选任,并不是因为他们具有敏锐的商业眼光,他们也并不会因为错误地估量了商业状况而被降薪或者免职。法官们还是习惯于在掌握了所有素材后再来断案,但公司管理层却常常必须匆忙地、或者在信息不充分的情况下作出商业决定,因此,法官总是迫不及待地要责备经理们。就此而言,让一些经理们诚实的商业决定免受司法审查,比让他们经受那些从未经历过市场压力的法官和陪审团的裁判,可能会妥当一些。商业判断原则的意义,庶几如此。

派生诉讼

任何对市场和法院执行信义原则的机理的比较,都必须考虑司法的运作进程。这一机理即为派生诉讼。董事会决定是否起诉经理或董事,这本身也是个商业判断问题。* 派生诉讼就是对这种"息讼"行为的妥当性的强烈质疑。但正如前述,"激励相容型措施"在很大程度上影响着最后的结果。利益份额越小,回报的激励也就越低。损失越大,惩罚也就越发强烈,如此等等。与利益份额紧密相关并据此改善激励的投票机理(参见第 3 章)亦是如此。但派生诉讼的一个显著特点却是,利益份额与回报之间缺乏任何联系,法官如此,原告也未能例外。

根据派生诉讼机理,微量持股的股东同样可能提起派生诉讼。这样,小股东在提起诉讼之时,绝少会考虑诉讼给其他股东造成的影响,而这些股东恰恰是派生诉讼假定的受益人,他们承担着诉讼的成本。如果一项诉讼只是因为能够支付律师费用而使其显得有利可图,律师将大力推进该项诉讼,而不管它对公司价值将产生什么样的影响。(它表明,律师费的核算和成本估量方法,将对派生诉讼的成本和效益分析,产生重大的影响。就我们当前目的而言——知道任何律师费用和成本核算的体系都远非完美——已经足够。不论结果表明这种诉讼是多么的无聊,律师或许会获得律师费,但公司管理层为应诉所付出的时间却无法得到补偿。)

有时这种"无利害关系"的名义上的原告与有利害关系的律师的结合,会产生令人吃惊的效果。20 世纪 70 年代盛极一时的派生诉讼,对公司诉讼的额外支付方式提出了极大的挑战,而且这些诉讼通常并不顾及是否给公司带来利益。这一现象表明,诉讼费的巨大诱惑(或者只是在心理上的)常常使诉讼偏离了股东利益的轨道。其他制度设计,虽然也存在利益冲突的情形,但却没有这么明显。例如在公司兼并中,法律要求多数、或者至少三分之二以上的股东同意,才

---

* 结果在"惺惺相惜"之中,本来责任在身的经理或其他管理人员常常能够安然无恙。——译注

能完成这些交易。但是,它并不要求所有的股东一致同意,因为如此将使股东有可能为个人私利而采取"策略性"行为。例如,即使股东明知此项收购有利于公司,而且收购条款也公平合理,仍然拒绝这一交易,并希望被别人收买。另外,股东可能会推断,如果自己否决了这项交易,将给其他股东带来巨大的成本(先前的要约溢价将流失),为避免出现这一情形,公司有可能会付出额外的代价来寻求他的同意。这种行为对于该股东个人而言是理性的,但却减损了股东的整体利益。同样地,派生诉讼可能也会导致"敲竹杠"问题。

除了前述利益激励机制缺陷之外,还存在着信息和专业智识问题。外部人并不拥有获知公司内部知识的通道(或者缺乏估量的途径)。公司经理一些看似匆忙的决定,也许正反映了他们为节省外聘专家的费用而付出了经验和努力。例如,一项旨在对股票期权加速行权的决定,看似存在着利益冲突,但它可能正是提高管理层报酬的最有效率的途径。信息的缺乏,使得无论法官还是原告,都极难判定哪些行为有利于公司价值的最大化,哪些则不然。也正因为如此,派生诉讼离人们对法律机制的理想期待,无疑相去甚远。[5]

(信义原则的)应用

越权原则(Ultra Vires Doctrine)的没落

19世纪,当公司捐赠于慈善事业、或者为公司雇员利益进行一些花费时,法院经常将这些行为认定为超出公司权力范围的行为,或称越权

---

[5] 有关派生诉讼对公司股价并无显著影响的数据,有力地支持了这一假定。See Daniel R. Fischel and Michael C. Bradley, "The Role of Liability Rules and the Derivative Suit in Corporate Law: A Theoretical and Empirical Analysis," 71 *Cornell L. Rev.* 261(1986)。而有关派生诉讼的法律制度变革所带来的影响的数据表明,这一效果喜忧参半。试比较以下两篇文章:Elliott J. Weiss and Lawrence j. White, "Of Econometrics and Indeterminacy: A Study of Investors' Reactions to 'Changes' in Corporate Law," 75 *Calif. L. Rev.* 551 (1987); Michael C. Bradley and Cindy A. Schipani, "The Relevance of the Duty of Care Standard in Corporate Governance," 75 *Iowa. L. Rev.* 1(1989)。第8章的第4个注释就其中一些研究成果展开了讨论。

行为(Ultra Virus)。但在现代公司法框架内,许多国家却支持这些行为。越权原则的衰败,正与我们前面已经讨论过的原则一脉相承。

例如,对雇员的遗孀予以安抚,将在公司中培育良好的亲善氛围,并进而提高企业生产效率。同样地,企业对社会进行捐赠将树立其良好的公众形象,并因而成为效果相当不错的广告。社会将把公司视为"好公民",因而免受一些规制,如此等等。当然,情形也许另有不同。也许公司管理层要求公司对歌剧团捐赠,以使该剧团聘用得起管理层喜爱的某位歌手。这时捐赠就成为了管理层的隐性津贴,法院也不愿深究。事实上,你也很难提前辨识某类花费总是有悖于投资者利益。故而,现在法院总是把这类问题留给市场,这也再次表明法律和市场之间是和谐一致的。

注意义务和忠实义务的区别

传统上,董事的注意义务和忠实义务存在着显著的区别。注意义务是指必须以一个谨慎的人在管理自己的财产时所具有的注意程度去管理公司财产。而忠实义务则是指,必须首先考虑投资者利益、而不是个人利益的最大化。在实践中,法院对被声称违反忠实义务的行为的审查相当严格,而对被声称违反注意义务的行为的审查则相对宽松。对于产生这种"区分对待"的情形,一种有益的解释是,关涉利益冲突的忠实义务,比不涉及利益冲突交易的注意义务,更不易得到司法的"宽宥"。一些观点甚至认为,注意义务和忠实义务的区别是如此的重要,以至于应当强化后者而放弃前者。[6]

然而,说到底,这两者之间并无明显的区别。在给定薪酬的条件下,工作努力程度与此不相称,这称为违反注意义务;而在给定工作量的情况下,得到了过高的薪酬,这称为违反忠实义务,这两者有什么区别呢?在经济学的意义上,两者在本质上都是由于存在代理成本和利益冲突因而降低了投资者的福利。因而,利益冲突的存在,并不能解释注意义务和忠实义务的差别。

---

[6] See Kenneth E. Scott, "Corporation Law and the American Law Institute Corporate Governance Project," 35 *Stan. L. Rev.* 927 (1983).

关于两种义务的区别，一个更令人满意的解释在于两者对违反义务的惩处机理和政策取向有所不同。忠实义务，通常针对那些巨大的一次性盗用行为，行为人往往抱有"捞一把就跑"的心态，而事后的市场惩罚措施却远远不够。这样，在其他机制失灵时，责任规则是最行之有效的办法。例如，临近退休的经理，不太可能因为未来工资的下降而放弃不当的（然而可能带来极大短期收益的）行为。对于这种种情形，当市场惩罚机制不足时，忠实义务就极大地弥补了其中的缺漏。而且，相对于不谨慎行为而言，法院更容易识别盗用行为，相应的质询和错误的成本也较低。

对利益冲突交易的程序性、而非实体性审查

一旦交易涉及利益冲突，公司管理层就必须首先考虑投资者利益，这是忠实义务的核心要求。通常，法院要求管理层证明利益冲突的交易对公司是"公平的"——换句话说，这种交易给公司带来的好处，至少不会比公司与陌生人发生同样的交易要少。这同样是市场检验法则，与公司合同理论再一次不谋而合。

当独立的监督者批准了利益冲突的交易时，甚至通过市场状况以求证公正性的程序也可以免除。例如，作为投资者的代理人，没有利害关系的董事在确保合同履行方面，可以较低的成本来替代责任规则发挥作用。毕竟，这些无利害关系的监督者会考虑自己的声誉，并且面临着劳动力市场和资本市场"事后惩罚"的压力。对于他们而言，违反职责批准内部人交易，极少增进了他们个人的福利，因而其他市场哪怕是一项极其微小的惩罚，都对他们构成了有效的监督。（请注意，我们这里说的是"极少"，而不是"毫无"。无利害关系的董事留恋董事职位，在乎自己在公司管理层心目中的形象，这些都不无意味。）

公司法允许这些无利害关系的董事批准原本可能因为利益冲突而无效的交易，从而认可了无利害关系董事的作用。故而，以下决定只要是由无利害关系董事作出，法院对它们的审查将宽松许多：抵制要约收购、取消派生诉讼、公司与存在利益冲突的董事发生交易，或者与关联方商定并购事宜等。在以上决定中，还允许公司通过引入其他治理机制，从而排除适用严格的司法审查标准。同样地，如果一

项交易获得了股东会批准,即使该项交易事后产生了问题,法官在审查时也会持更加尊重的态度。[7]

独立董事和股东会的批准本身,并不意味着这项交易将确切无疑地增进股东的福利。独立董事可能因信息不足而无法作出理智判断。或者友情、独立董事的聘用费用以及相信"只此一次"不会这么凑巧被市场察觉的投机心理,都使得他们的监督作用失灵。类似的,集体选择问题使得理性的股东,即使面对一项减损福利的交易,也可能投赞成票(参见第3章)。正因为如此,法院长期以来不愿全身而退,彻底站到独立董事和股东这边。当然,得到无利害方批准的交易仍然面临着一些成本和错误的风险,但并不表明这些成本或者错误的风险非常巨大;与此同时,我们知道法律运作的成本和错误率非常之高,司法的作用因而显得相对较小。

补偿和保险

公司法允许公司自行决定,是否对公司管理人员在诉讼中的费用予以补偿或者投保责任险。[8]公司通常会为管理人员就诉讼费用以及某些类型的判决所带来的损失,进行投保或者加以补偿。公司这一合同安排,尽管面临许多非议[9],但却与我们一贯的立场不谋而合。补偿和保险机制的存在,使得当市场机制的成本低于法院诉讼成本时,公司可以通过市场机制来议定责任规则。这些都是实实在

---

[7] See, for instance, Rosenblatt v. Getty Oil Co., 493 A. 2d 929, 937(Del. 1985); Weinberger v. UOP, Inc., 457 A. 2d 701, 703 (Del. 1983).

[8] See 8 Del Code § 145(f). ("本节规定的补偿,不应当被认为与任何公司章程、协议、股东或者无利害关系的董事投票决定或者通过其他方法、向要求补偿的人所赋予的权利相排斥")。即使对于禁止补偿的事项,公司也可以为董事购买保险。Ibid. at § 145(g)。其他州也采取了同样的立法范式。American Law Institute, *Principles of Corporate Governance: Analysis and Recommendations* 199—214 (Tent. Draft No. 10, 1990)(收集了法律法规、法院判决和公司的做法)。

[9] See Joseph Bishop, *The Law of Corporate Officer and Director: Indemnification and Insurance* (1981). Bishop和其他一些人认为,补偿和保险机制侵蚀了责任规则的阻遏效果。但正如Charles Goetz指出,也如我们在第2章所做的分析,保险人通常可以成为管理层不当行为的最好监督者。"A Verdict on Corporate Liability Rules and the Derivative Suit: Not Proven," 71 *Cornell L. Rev.* 344, 349(1986).

在的合同,因而几乎无一例外地得到了很好的履行。

派生诉讼的限制

前述关于小股东及其代理律师缺乏谋求公司利益最大化的讨论,暗示着法律必须对提起派生诉讼的资格有所限制。提起诉讼的条件、当前持股规则、原告为其费用提供担保的法律规则等,都属于此类限制。当然,其中最重要的,可能是董事有权对将来的诉讼进行成本与收益分析,然后在进行商业判断的基础上作出中止诉讼的决定。[10]

毫无疑问,在派生诉讼中,作为被告的董事在决定是否起诉他们自己时,很难做到公正无私。同样的,由他们指定而成立的特别诉讼委员会也无法做到毫无偏私。但与此同时,如果考虑到原告股东有着采取策略性行为的激励、法官拥有的信息有限、公司管理层为应付诉讼而增加的机会成本,我们就难以否认派生诉讼切切实实地存在着大量的成本。我们分析成本时,不能只求一端而不计其余。所以,董事会的"结构性偏见"——被认为"犯了错误"的公司管理层或者由他们指定的特别诉讼委员会,不愿"充分地"推进诉讼——并不必然表明需要更加积极地推进派生诉讼。这只是问题的一部分。事实上,法院(和市场)通常都会接受有利害关系的管理层的决定——如涉及管理层的薪酬、管理层指定的审计人员等等。从总体上说,我们应当避免犯一种被称为"纳维纳"(Nirvana)的错误,避免因为市场机制不完善,就认为应当引入在功效方面仍然存疑的司法和管制手段。的确,我们当然应该选择完美的解决方案,但这一方案事实上在现实中并不存在。

但难题在于,在以下两类都并不完美的决策者中,我们应当认为谁更可能作出增加公司价值的决策?一方面是据称犯了错误的董

---

[10] 对相关规则的引述及相关案件的深入讨论,请参见 Deborah. A. DeMott, *Shareholder Derivative Actions* (1987 & Supp. 1989)。另参见 Starrels v. First National Bank of Chicago, 870 F. 2d 1168, 1172—76 (7th Cir. 1989)(意见一致); Kamen v. Kemper Financial Services, In. , 908 F. 2d 1338 (7th Cir. 1990)复审, 111 S. Ct. (1990)。

事、经理,以及由他们指定的特别诉讼委员会;另一方面是由律师代表的拥有小份额利益的公司股东和法官。这个问题殊难回答。也正因为如此,对于被诉的董事何时可以解除派生诉讼,不同的法官见仁见智,很难取得一致意见。[11]

掌握信息的不规则义务(The Anomalous Duty To Be Informed)

在 Smith v. Van Gorkom[12] 一案中,特拉华州最高法院认为,商业判断原则只适用于在掌握充分信息的基础上作出商业决定的场合。法院进一步指出,公司管理层对于兼并本公司的提议,在没有仔细研究、也没有咨询任何外部专家的情况下,就决定予以接受,尽管并购价格显著高于陌生者之间同类交易的价格,管理层还是违反了信义原则所要求的在掌握充分信息的基础上作出决定的义务。当然,也许这是个有关要约收购法律制度的典型案例,我们将在第 7 章中对它进行细致的研究。[13] 它可能为"最后任期问题"(公司将在此项交易中被收购)建立了一项特殊的规则。如果 Van Gorkom 更像一例传统的商业判断案件,它也是个触发点。不管情形如何,它直接引发了特拉华州公司法的一项重大修改:1986 年该州的公司法典加入

---

[11] 例如,在 Auerbach v. Bennett. 一案中,法官认为,特别委员会作出的中止派生诉讼的决定,要经受商业判断原则的审查(参见 47 N. Y. 2D 619, 393 N. E. 2d 994, 419 N. Y. S. 2d 920(1979))。但在 Miller v. Register & Tribune Syndicate 一案中,法官认为,不能由被诉的董事成立特别委员会以决定是否应当中止派生诉讼(参见 336 N. W. 2d 709 Iowa 1983)。Zapata Corp. v. Maldonado, 430 A. 2d 779 (Del. 1981)(折衷标准), 和 Alford v. Shaw, 358 S. E. 2d 323 (N.C. 1987)(在该案中,法院认为,当一项行为的进一步发展将损及公司利益时,公司可以将其终止,即便是由有绝大多数有"利害关系"的董事组成的董事会作出这项决定也属合法,当然,法院必须审查这项决定。)以及 Joy v. North, 692 F. 2d 880 (2d Cir. 1982)(见解类似)。

[12] 488 A. 2d 858(Del. 1985).

[13] Jonathan Macey and Geoffrey Miller, "Trans Union Reconsidered," 98 *Yale L. J.* 127 (1988),也采信了这种见解。Daniel R. Fischel, "The Business Judgment Rule and the Trans-Union Case," 40 *Bus. Law.* 1437 (1985),则将其视为一项普通的商业判断案件。

了一条规定,授权公司作出决定以免除管理层违反注意义务的赔偿责任。[14] 在这里,我们为合同在公司法中能够发挥的显著作用,寻找到了最明显的例证。[15]

  不难判断,为什么该案会如此迅速地引发广泛反响。对一项商业判断需要掌握多少信息进行司法审查,它所面临的困难却正是创建商业判断准则本身所着力避免的。公司管理层当然必须掌握足够的信息,从而作出有利于公司价值最大化的决定。但公司管理层作出决定前应当掌握多少信息,无疑是存在边界的。例如,决定是否给予经理的秘书每周 10 美元的加薪,从而委任该秘书去完成价值达 10 万美元的全美秘书薪酬研究报告,这种决定对于公司经理而言,是毫无意义的。有价值的信息总是昂贵的,投资者需要他们的经理将钱花在刀刃上,多花哪怕只是一元钱,也能改善公司的决策。这样,要确切地知道需要掌握多少信息,这取决于以下因素:公司经理已经掌握了多少信息;获得其他信息的成本;其他信息可能会给公司带来多少收益;可能的结果的变数有多大。也许是问题太多,特拉华州最高法院的立场已经发生了微妙的转变,例如 1985 年,该法院认为"完成某项任务的决定是否已掌握充分信息,正如其他经营事项一样,本质上也是商业判断问题"。[16] 公司管理层可以将任务交由市场来完成,正如他们可以同样方便地将其交由投资银行来完成一样,而相形之下,市场机制无疑成本要低得多。

  事实上,该案最本质的问题是,究竟应当由谁来决定在作出一项商业决定之前需要掌握多少信息。如果允许股东以经理作出的决定未"掌握充分的信息"为由挑战一项商业决定,其本质是将一些股东

---

[14] 8 Del. Code § 102(b)(7). 其他州也竞相效仿。Deborah A. DeMott, "Limiting Directors' Liability," 66 *Wash. U. L. Q.* 295 (1988), 该文收集了各州相关法律修改的情况。另参见 American Law Institute, *Principles of Corporate Governance: Analysis and Recommendations* § 7.17 (Tent. Draft No. 9, 1989)(在它一些对合同的让步规则中规定,可以允许公司将管理层违反注意义务的赔偿责任的数额限定在董事或经理发生不法行为为当年从公司取得的收入内)。

[15] 当然,这并非不存在任何问题,其中合同的"后续条款"即是一大困难。我们将在第 6 章最后讨论估价救济机制时再来探讨这一问题。

[16] Rosenblatt v. Getty Oil Co., 493 A, 2nd 929, 943 (Del. 1985).

及其代理律师以及法院的商业判断,来代替公司管理层的商业判断。因为管理层拥有合理商业决策的最佳激励(特别是,正如在 Van Gorkom 一案中当管理层持有公司大额股份时),所以试图通过司法途径来判断管理层决策的合理性问题,其效果必定要大打折扣。

5 公司控制权交易

在前面几章,我们的讨论有一个隐含的前提,即公司是一个永恒不变的存在,而在现实中,公司组织真正能称得上永恒的,却是生生不息的变化。也就是说,公司是处在不断地变化、运动中的组织——他们会建立新的工厂,或在市场上买进卖出;他们也会变革其组织结构——建立新的部门、买卖分支机构、收购或被收购、增加或降低杠杆效应、公开上市或重新私有化、售出或购回(主要是从特定投资人处)股票等等。我们且将这些变化称为"公司控制权交易"。

这种控制权交易给投资者的带来的影响不一而足:一方面它有可能会给某些投资者带来巨额财富,使其一夜暴富;另一方面,它也可能会使一些人更加贫穷,变得穷困潦倒(当然,对于有一些人而言,也许会毫发无损)。例如,大权在握的控股股东可以以溢价出售股票,却不与其他股东分享收益;公司也可以"有目的"地购回股票,给予某些投资者以高于面值的报酬,而其他投资者无法得到同等机会;经理人也可以在征得董事会的同意下,为自己牟取公司机会,或把该机会分配给其关联公司家族,以从其对公司机会的利用中牟取最大化利益;看似公允的兼并行为可能会使其中一方获得绝大多数利益,即使兼并交易双方的控制人就是同一人。

只要符合信义标准,公司就可以出于自己的意愿,而选择改变或保持其内部构造和所有权结构;并且只要这些公司的经理人在履行善良管理义务和忠实义务方面已经尽职尽责,他们一般很少会因为其变革组织结构而受到额外限制。当然,这些原则以及他们所需要承担的极其有限的正义角色,也还是遭到了一些学者的激烈批评。这些学者提出要进行两个方面的变革:首先是要求经理人与小股东"共享"公司控制权交易收益;其次是禁止某些特定交易(不同的批评家要求禁止的控制权交易类型是不同的)。

这些学者的批评,几乎没有对法律产生什么显著影响,因为小股东要求共同分享控制权收益规则,有可能会妨碍利润的创造;而对于有些类型的控制权交易而言,尽管受到管理层的反击,但却能在实际运作中为公司带来丰厚的利润。因此,法院对控制权交易最终还是采取了自由放任的态度——这不仅在经济上具有合理性,同时也是符合公司法的经济学原理的又一例证。许多关于这个问题的争论,实际上都涉及对"信义义务"这个提法的理解。每个人都可以站在自身的立场上,对信义义务作出所谓的"适当解释",以寻求对自己行为的理论支持。在第4章,我们将"信义义务"定义为"合同的默示条款",即为股东利益服务的义务,也就是指在书面合同缺乏规定时,合同双方在交易费用为零的情形下,本应协商好的隐含契约条款。我们在下面有关控制权交易的分析中也将采纳这种理解。

平等待遇、信义义务、股东福利

很多学者认为(尽管法院很少如此认为)信义义务的一个重要方面,是投资者的平等待遇,该观点是用这样的逻辑来进行论证的:信义义务要求行为公平;而平等待遇就是一种公平行为;因此信义义务要求平等待遇。实际上这个结论是说不通的。这个观点的立论点,取决于平等待遇和公平待遇之间是否相同。假如认为信义义务原则要求平等待遇,这实际上是提出了这样的问题,即投资者是否会为平等甚至同等待遇而订立契约。

要对这个问题进行适当分析,需要对事前的价值最大化规则与事后的特定投资者回报最大化的行为做一下区分。举一个简单的例子就可以说明这个问题。一个公司要在两种风险中作出一个投资选择。风险1要支付100美元且收益会在公司投资者中平等分配,因此如果公司有10个投资者,那么每个人能拿到10美元;风险2要支付150美元,额外回报将全部分给10人中的任5人,5个幸运的人分别分得20美元,另外几个不那么幸运人的各得10美元,由于每个投资者都有50%的可能性被选中,每个人都认为风险2的价值是15美元。公司董事会选择风险2而非风险1,这是因为风险2会带来更高的价值,而且没有人会搞得血本无归。

现在考虑风险3,其200美元的收益将会在10人中的5人中分配,而其他人则将分文不得。如果投资者是风险中立的,那么受托人会选择风险3而不是风险2(尽管风险3会导致某些人血本无归),因为每个投资者的期待收益是20美元,而风险2中,他们的期待收益只有15美元。

如果有关董事获得公司控制权的条款,要求他们必须最大化投资者的收益,那么董事会就会选择支付高额风险的项目,并且遵守其分配规则。如果不平等分配对于更高风险投资而言是必要的,那么信义义务原则就要求进行不平等分配。而如果遵循在10人中进行"非常"平均的分配原则,则公司经理人很难在风险2和风险3之间作出抉择。从我们所举的例子可以看出,公司只有决定进行不平等分配,才能给投资者带来更大的收益。此外,如果公司许诺要给予某些投资者不平等的回报,那么经理人是很难对那些不那么幸运的投资者和较幸运的投资者同样公平的。风险2和风险3中的事后不平等分配,近似于博彩行为中的事后不平等分配(博彩中所有人的投入是相等的,但是只有少数人收获)。投资者的平等待遇,体现在风险2和风险3分配结果中,并且他们从他们各自对机遇的把握中得到了其应得的收益,这使得事后不平等显得既公平又合意。

我们对风险2和风险3的分析应该是没有争议的,如果公司控制权交易与风险2或3有足够的相似,那么,该分析就可以对有关公司经理人信义义务的分析提供指导。假如我们承认:(1)控制权变化和财务重组能为投资者创造心仪的利益回报;(2)收益的产生和数量取决于不平等分配;(3)股东更倾向于不平等分配,而非那些虽平等,但却收益甚少的替代性交易(或者说根本没有交易)。那么,我们就可以说,许多控制权交易都与风险2和风险3相似。我们下面将依次考虑这些情况。

控制权交易的潜在收益

经理们并非总是追求投资者利益的最大化。我们已经讨论过关于委托—代理关系的成本问题。由于在公司的总财富中,经理所拥有的份额十分有限,因此这些代理成本可能会相当高。这时,如果经理不能分享到他们所要求的较多收益,他们可能就不会全身心地投入工作——比如,他们可能会选择在职消费,或者为公司选择劣等项目,却又不承担其行为后果。通过公司控制权交易,可以替换经理人并降低代理成本。通过这种交易,如果有更好的经理人能取得公司资产的控制权,或者能改变一下在位经理所面临的激励结构,那也就意味着会为所有人创造更多的财富。控制权交易带来的收益可能大得惊人,比如进行诸如私有化交易、工厂所有权转让、要约收购等行为,往往可以产生双倍于公司市场价值的收益。[1] 尤其是公众公司私有化交易,其发生的数额极大,而且这种将公众公司资产转移、出售到私人手中的情况也愈发普遍。(见表一)

表 一

年份	公众公司收购 数目	平均价值（百万美元1989年）	分支机构收购 数目	平均价值（百万美元1989年）	收购总价值（百万美元1989年）
1979	16	64.9	59	5.4	1.4
1980	13	74.4	47	24.2	2.1
1981	17	137.6	83	16.1	3.7
1982	31	91.5	115	33.2	6.7
1983	36	198.5	139	49.0	14.0
1984	57	415.6	122	91.3	34.8
1985	76	317.6	132	100.1	37.4
1986	76	281.0	144	167.4	45.5
1987	47	469.3	90	138.5	34.5
1988	125	487.4	89	181.3	77.0
1989	80	231.4	91	106.6	28.2

来源:Michael C. Jenson, "Eclipse of the Public Corporations." 89 *Harv. Bus. Rev.* 61, 65 (Sept.—Oct. 1989),通过1988年及其他有关资料汇编而成;由作者做了重新估算,并将交易数据更新到1989年。

---

[1] 参见 Symposium, "The Structure and Governance of Enterprise," *J. Fin. Econ.* (forthcoming 1990)（该文包含很多对于此课题的经验性研究）; Harry De Angelo, 和 Edward M. Rice, "Going Private: Minority Freezeouts and Stockholder Wealth," 23 *J. L. & Econ.* 367(1984); Clifford G. Holderness and Dennis Sheehan, "The Role of Majority Shareholders in Publicly Held Corporations: An Exploratory Analysis," 20 *J. Fin.* 317 (1988); Gregg A. Jarrell, James A. Brickley, and Jeffrey M. Netter, "The Market for Corporate Control: The Empirical Evidence Since 1980," 2 *J. Econ. Perspectives* 49(1988年冬)（综述报告）; Steven Kaplan, "The Effects of Management Buyouts on Operating Performance and Value," 24 *J. Fin. Econ.* 217 (1989); Laurentius Marais, Katherine Schipper, and Abbie Smith, "Wealth Effects of Going Private for Senior Securities," 23 *J. Fin. Econ.* 155 (1989)。第7章将详细叙述有关公司要约收购的证据,这也是公司控制权交易的方式之一。

为什么会发生这样的情况？因为控制权交易可以带来出可观的收益。例如，通过控制权的转让，可以让买方在新公司中安插自己的管理团队，从而使之从新的治理结构中攫取利益。

这样的买方坚信，他能更有效地管理该企业的资产，同时他也更愿意以高于市场价的溢价收购方式，来获得该企业控制权。控制权转移一旦完成，溢价额就将成为预期增值额的一部分；如果不存在预期价值增值，买方是不会支付溢价的。当事人对私利追求必然使得公司控制权变更与其他自愿交易一样，把资产配置到更能发挥其效用的地方。

其他交易也可以提供类似的收益机会。如果公司并购后的整合，能实现规模经济、集中管理和公司全面规划或者信息节约，那么这种子公司小股东数目的减少将会带来可观的收益。例如，如果一定要求母公司的投资者必须为该项目融资贷款提供担保，那么母公司就会制止子公司的项目。在这种情况下，母公司的投资者承受了比子公司小股东更大的损失风险，却没有获得任何更大的相应比例回报，这时减少小股东的数量或许能为新的盈利性项目增加更大的获利空间。

其他控制权交易也可以直接影响代理成本。当企业重新将公众公司私有化时，所有权与控制权相分离现象将会大量减少甚至消除，即减少委托人与代理人之间的利益冲突。[2] 这种影响在个体投资者最终获得公司很大一块收益的杠杆收购(LBO)，特别是经理最终拥有实质性权力的管理层收购(MBO)中表现尤为明显。在其他条件相同的情况下，如果代理成本较低，往往意味着投资者能获得更多的利益回报。杠杆收购、管理层收购及其他相关交易，都有可能极大地提高资产负债比率，这将对企业的进一步发展产生深远影响。负有额外债务的公司由合同规定，它有义务给付其大部分收益；如果经理们要寻求额外资金，他们就不得不重新回到资本市场；贷款方会监控这

---

[2] Frank H. Easterbrook, "High-yield Debt as an Incentive Device," International *J. L. & Econ.* (1991), 此文更详尽地介绍了公司下市交易对代理成本影响的理论和证据。

些经理们的行为,并在出现问题时,提高利率以保护自己。由于更高的利率其实来源于股东的收益(以及经理们的收入),这也就会自然而然地提醒大家,时刻注意存在的问题,并适时地在出现问题时给经理以惩戒。负债合同的强制给付义务,也会使经理们产生破产的担忧,又加上他们实际上总是在竭力避免失败,这些都可以成为他们追求成功的巨大鞭策。[3] 但是,必须指出的是,如果交易成功的希望比较渺茫,那么同主要以股权融资的公司相比,那些与公司私有化交易相伴随的巨额债务,也将会加速公司的破产,并可导致公司境况迅速恶化。

额外债务使公司处于担保债权人的专门监控之下;专门的债权人和剩余索取权人相比,更能有效地监督那些保有特殊用途资产的特定组织结构,同时在税收方面也存在着诸多优惠(当持续十年之久的边际所得税税率下降时,和投资者层面的资本收益相比,债务更具吸引力,因为其属于企业层面税收中的可减免项目,且罚则也较轻)。最后,公司私有化交易可以减少公众公司中公众所有权的成本,诸如大量的法务和审计费用、股东关系协调费用、满足发行债券条件以及股票交易信息披露要求方面的支出等。相反,私营企业能减少与披露义务伴随的风险责任方面的支出。[4]

将"公司机会"分配给公司内部人,可以使公司机会得到更有效

---

[3] 关于支付义务可能对代理成本产生影响的方式和监督方式,参见 Frank H. Easterbrook, "Two Agency-Cost Explanations of Dividends," 74 *Am. Econ. Rev.* 650 (1984); Michael C. Jensen, "Agency Costs of Free Cash Flow, Corporate Finance, and Takeovers," 76 *Am. Econ. Rev. Papers & Proceedings* 323 (1986); Sanford J. Grossman and Oliver D. Hart, "Corporate Financial Structure and Managerial Incentives," in *The Economics of Information and Uncertainty* (J. J. McCall ed. 1982)。参见 *Leveraged Management Buyouts: Causes and Consequences* (Yakov Amihud ed. 1989)。

[4] 信息披露的成本不仅包括支付给保险公司、审计人员、律师和出版商的费用,还包括经理所花费的工作时间(他们必须向市场提供信息)的机会成本,以及向市场披露产品和公司战略的成本。参见 Flamm v. Eberstadt, 814 F. 2d 1169, 1174—78 (7th Cir. 1987)。当最高法院拒绝采纳治理行将发生的公司控制权交易披露的规则时,预期责任成本就增加了。参见 Basic, Inc. v. Levinson, 485 U. S. 224, 232—236(1988)。

率和更低成本地利用。经理们由于不能获得公司机会带来的收益,因此常常缺乏应有的激励,从而导致在公司机会的利用上,代理成本过高。而如果把公司机会分配给这些经理们,他们由于能从他们努力工作的边际收益中获得更多份额,于是就势必具有创造这种收益的更大激励。经理们也可以通过领取相对低的工资及奖金来补偿公司,这就说明这种代理成本的减少,对于经理和公司来说,都是互利互惠的。

当然,控制权交易也并非总是能产生收益,有时它虽然也以收益为目的,但结果却未必能如愿。组织变革和新企业、新产品的出现一样,都会面临诸多风险和不确定性,毕竟任何变革都有招致失败的可能性。有些公司控制权的变更可能只不过是自我吹嘘的财富增值,而不是通过对被收购公司资产的有效利用,而给投资者带来的实实在在的收益。如果一家公司为购买控制权而一掷千金地挥霍公司资金,经理们没有义务为减少这种损失而努力;拍卖人也不会因为出价人出价太高而在"适当"的价位停止拍卖。市场最终会惩罚在一次交易中出价太多的买方,同时这些损失也成为未来的潜在买方的教训。公司法不必对过高的出价作出干预,因为他们有自发的调节机制。

然而,一些没有产生收益的控制权交易就不存在自发调节机制,这些股权转让的目的是恶意占有公司财产;还有一些公司的私有化交易的目的则是为了获取内幕信息,而并非是为了减少代理成本。有时,即使本来存在一个可以被公司更有效利用的公司机会,经理也常常会侵占它。

至少对于上市公司而言,证券市场所反映出的信息,能够帮助投资者甄别,哪些是属于价值增进型的控制权交易,哪些又是存在着公司组织涣散和管理混乱隐患的控制权交易,并且这些信息就体现在公司股价之中。如果控制权转让后股价也随之升高,则投资者就不用担心公司存在着财产侵占或其他损害情况;如果一家财团获得了控股权,而其他剩余股票的价格相对于整个市场来说也升高了,那说明股东们作出的判断是,这家新的控股股东比原先的控股股东更能满足他们的利益。我们也可以用完全相同的推理方法,来分析公司经理是否在利用公司机会,从而为公司创造更多的财富;如果经理虽占用了公司机会,但并未导致股价下跌,则说明投资者认为他们并没有受到损害。

在公众公司私有化交易中,股票价格所反映的信息就少了。因为此类交易通常排斥公司股票的公开交易。然而即使是在这类交易中,也可以寻到一些信息的蛛丝马迹。如果支付给出局股东的价格高于转让前股票的市价,则收购者必然会确信,股权转让的确可以产生收益。很少有人会出 15 美元去收购 10 美元市价的股票。如果他们交易的惟一目的,仅仅就是为了排挤小股东,那么控股股东支付这样的高于市价的额外费用的做法,就显得很不理智。因为用公司资产溢价购买少数股东的股票的话,控股股东自己持有的股票也会贬值,并最终遭受经济损失。

以上所有分析都是建立在这样一个前提之下,即没有一个投资者愿意白白送钱。如果他们为购买股票而支付比交易前市价更高的价格,则他们的货币选票本身就是盈利或者亏损的信号。人们可以从股价变动趋势中获取可靠信息——虽然我们也不可迷信时下的所谓价格总能准确反映所有可得信息的说法,但这些价格数据所传达的信息毕竟还是很有价值的。在控制权交易中,为收购股票所支付的价格,如果超过了市价大约 30% 到 70% 的幅度,即使那些未被收购的股票,价格也会上涨,尽管涨幅不是太大(一般在 10% 到 20% 之间)。其他投资者如无担保债权人,尽管并未从中受益,但也没有受损(参见注释〔1〕中有关这些效应的研究)。

收益有赖于不平等分配

在很多案例中,收益的分配对交易的成功与否影响并不大。如果接管一个公司所获得的收益超过了收购所需的成本,那么收购者就不必在乎到底是谁获得了购买控制权所付出的溢价收益。但是,收益分配与收购者无关这一事实,并不能说明收益分配就是无关紧要的——其实,有时分配甚至是决定性因素。比如一个潜在的控制权收购者认为,付出 10 美元可以创造 50% 的机会以获取 30 美元的收益。如果这位潜在收购者是一个风险中立者,这笔交易也许会成交,因为预期的 15 美元收益超过了 10 美元的交易成本。如果信义原则要求他必须在实现收益后,与别人分享这20美元收益,而在收益不能实现时又要求他独自承担亏损,那么这笔交易就会变得无利可图,因为成本已超过了预期收益。

理论上,法律可以规定分享这5美元的预期收益,但法庭不可能计算出具体份额,因为他们不可能评估事前的失败风险。而且收购者所付成本的大部分是机会成本,即收购者将其才智用于其他项目上可能赚得的钱;除机会成本外,另外一个成本,即厌恶风险的收购者,为补偿其所承担的风险而支付的保险费用,也很难计算。由于在诉讼中很难计算出该机会成本和保险支出,所以也就很难或者说不可能采用一个明智的收益分享规则。即使机会成本可以估算,也有可能引发司法错误,有利可图的控制权交易将有可能被扼杀。

分享收益的规定还会使得潜在的控制权出让者对有利的交易失去兴趣。假设控股股东发现,他的控股地位所带来的优惠待遇和其他好处可以值10美元;一个潜在控制权收购者则认为,排除这些待遇和好处,可以给自己带来15美元的收益。如果收购者支付11美元的溢价给控股股东,以获得控股地位,并替换在位经理,对公司采取改进措施,那么公司的其他持股人也将受益。每股4美元的净收入,将按投资比例归属于每一个投资者,尽管收购人根据最大持股份额获得了最大比例的收益,但没有一个人会被遗漏。但如果控股股东必须把11美元的溢价与所有现有的股东分享,那么交易必然失败,因为控股股东不会以低于10美元的价格出售他的控股权。分享收益的规定使得交易对他而言无利可图,而其他投资者也会错失选任更好的经理人所带来的好处。

还有其他一些增值交易也会被分享收益的规定所阻却。首先,正如我们所指出的,有时,购买者只有在阻止小股东分享收益的情况下才能获益。控制权转让后,将小股东排挤出局,就有这种效果。其次,在场外交易或公司并购交易中,万一没有实现预期结果,控股方必须承受这一有可能产生增值效应的交易的全部成本。因此,如果要求控股方在交易成功后,必须与小股东共享收益,那么,这个交易对其而言就无利可图了。在此类交易中,分享收益规则使得股东会对原本有利可图的交易退避三舍,从而导致市场总体财富的减少。

还可以从其他方面来说明公司控制权交易的收益,有赖于不平等分配。因为公司投资者为转移控制权必须相互合作,所以分享收益的规定会诱发部分股东"搭便车"的念头。比如在收购要约中,如果出价成功,股东必须交付而不是继续持有他们的股份;在并购中(不包括母子公司间的合并),他们必须投赞成票而不是弃权票。但如果规定收益必须均享,每个股东就会发现在交易中不合作的话会更划算。假设所有从收购要约中获得的收益,都必须在目标公司的投资者之间平均分享,并且此后还有进一步的公司合并,没有交付股票的股东也必须享受到不低于要约收购价格的价格。当潜在收购者出价时,投资者们会发现,这个收购者只有在能够促使股价上涨时才会获利。根据推理,如果出价人报出每股 50 美元的价格,他只有在股价最终涨到 50 美元以上时才会获利。按照上文假设的法律规定,每一个理性的股东都会拒绝这 50 美元的出价,但又希望有足够数量的其他股东交付股票,以使交易成功;如果随后发生公司兼并的情况,则提供给未交付股票的股东的"公平"价格就决不会低于 50 美元;如果没有发生进一步的兼并,股东也可以预期股价会涨到 50 美元以上。换句话说,任一股东都企图在出价人和其他股东共同努力的基础上"搭便车"。如果"搭便车"之风盛行,那么,获利性交易发生的几率就会大大减少了。

获利性交易的收益有赖于不平等分配的最终原因是,"共同分享收益"的规定,会导致有人想独占大部分利益,这是一种昂贵的代价。利益侵占问题的产生,是由于大多数收益分享规则,都不能产生最终确定的结果——因为很难确定一个"公平"价格。如果所有投资者都有权在利润中享受一个所谓的"公平"份额,那么他们每个人都会尽可能拼争,哪怕每付出一美元,都要追逐另一美元的边际利益。所以当原告企图辩称其有权利获得更多时,可能就有相当一部分收益会因为这种无休止的争夺而白白浪费掉了。人们担心这种情况可能导致原本获利的控制权交易落空;毕竟,不管什么情况下,诉讼和其他冲突都会浪费很多资源。

投资者偏爱使其总收益最大化的规则

如果一项法律规则能够促使当事人把蛋糕做大,但不能保证每人都能分享到更多的份额,投资者会喜欢这样的规则吗?回答是肯定的,原因有二:首先,在这一信义原则下预期财富是最多的;其次,只要持有多样化的投资组合,他们就能应付各种风险。

如果控制权交易能产生收益,且收益有赖于不平等分配,则股东的预期财富总和将因为法律规则允许不平均分配而最大化。当未来的增值型交易发生的可能性最大时,所有的事前股价将会是最高的。股东可以通过出售股票,在任何时候都可以实现这一价值,或者他们也可以继续持股,以通过事后收益的不平均分配而获取更多利益。

这样的争论似乎忽略了这样一个事实:许多投资者都是不愿冒险的,他们更愿意获得确定的 10 美元,而不是获得有只有 1/10 可能获得 100 美元的不确定收益。因此,表面上看来,尽管受到了损失,但结果投资者似乎从公平和平等的利益分配中得到了收益。然而,只要市场上存在风险中性的(或行为表现中性)的投资者,这些投资者对风险的厌恶,就是无关大局的。他们可以将风险股卖给那些风险中性的投资者,而他们则去投资短期国库券或者其他债券等可以避免不平等收益分配的替代投资品。只要承认交易实现价值的可能性,市场上的每位投资者都倾向于价值最大化规则。

我们曾经在这些讨论中引入了一些假定。我们假定有足够多的风险中立的投资者——对于一个股票主要由共同基金、养老基金、保险公司、大学捐赠基金和其他金融中介机构所持有的市场而言,这是一个合理的假定;这也是经济学家假定的所谓风险中性的个人的次优选择。我们也假定存在一个竞争性资本市场,该资本市场再加上对风险漠然的足够多的投资者,会指引投资者遵循财富最大化规则。[5] 大概来讲,竞争性资本市场就是这样一种市场,即当任何一家公司的生产和财务决策,对任何给定投资品(任何风险集合和从一家或多家公司获得的回报)的价格,以及投资者可以通过持有多样化证

---

[5] 一致同意的正式情形,在下文中有具体陈述;Harry DeAngelo, "Competition and Unanimity," 71 *Am. Econ. Rev.* 18 (1981). 另参见 Louris Makowski, "Competition and Unanimity Revisited," 73 *Am. Econ. Rev.* 329 (1983); Makowski and Lynne Pepall, "Easy Proofs of Unanimity and Optimality without Spanning: A Pedagogical Note," 40 *J. Finance* 1245 (1985)。

券投资组合，而获得的风险回报集合的影响，都是微不足道的时候，资本市场就是竞争性的。当市场是竞争性时，投资者就会在"公司应该有一个财富最大化目标"问题上，达成一致意见，因为毕竟财富越多，他们就越有能力去消费和重新设计投资风险组合，以获取更多的收益——无论怎样，投资者可以对资源进行更大范围的掌控。给定世界上资本市场的深度和丰富性，同时假设不断有新的金融工具被创新出来，以弥补风险和回报之间的差异，那么在实践中，投资者对其处境就都会感到比较满意。

让我们假定市场中有过多的风险厌恶情绪，或者对财富最大化规则很难达成一致同意，那么厌恶风险的投资者会需要一个强制性收益分享规则，以避免自己被暴露吗？不需要。强制性收益分享，会减少投资者及其公司的可选择途径，甚至连厌恶风险的投资者，也会通过和其他投资者分享收益，来实现财富的最大化。公司尤其是闭锁型公司一般都会包含许多利益分享的方法和工具；投资者对目标收益享有期权的法律规则，允许投资者根据其需求，来确定收益分享水平。如果合同救济是廉价的，而且投资者很容易通过事后自我保护，就能保障自身权益，厌恶风险的投资者就会希望允许分配中有大量不平等现象。就像事实所证明的那样，现实中的确存在一种自助救济方法，那就是分散化投资。

市场中有两种风险：一种风险是，所有投资组合都会面临的系统风险（如市场利率的变化会影响股票的利息价值）；另一种风险则是，非系统的或者多样性的风险。风险在一定程度上是多样性的，投资者通过多样化的证券组合投资，就可以将风险隔离。假如有10个公司竞标，争取运营电视台的独占许可权，在联邦通讯委员会授权后，一个公司的股价是每股100美元，其他九家公司的股价就会下降。孤立地来看，任何投资都是有风险的。但是股东可以在这10家公司中，每家都购买一股，则其投资组合就意味着可以获得100美元的确定性收益。

很难找到很多家公司的财富是紧密地缠绕在一起的。既然如此，多样化投资在减少风险方面就是非常有用的，因为即使是存在一个不完美的投资，它也会被其他的投资在整体上加以弥补。一个持有在纽约证券交易所上市的多家公司投资组合的投资者,将会很少注意到 Penn Central 铁路事故——不仅仅因为 Penn Central 股票只占其投资组合的一小部分,而且还因为,这个对 Penn Central 而言的坏消息,对 Chesapeake 和 Ohio 来说则是好消息。

公司控制权交易中所涉及的风险是可以分散化的,该交易的表现形式也多种多样,包括兼并、接管、股东排挤、要约收购、公司私有化交易和其他大量相关事务,其中所包含风险也是多样化的。事实上这些风险存在很强的负相关关系。拥有合理投资组合的投资者会在某些交易上成为赢家,而在别的交易中则会失利。例如,在给定的一项兼并活动中,如果合并方公司股东只获得极少收益,则被合并公司的股东就会获得更多的收益。持有多样化投资组合的股东关心的是交易带来的总体收益,而非利益如何分配。实际上在双方公司都持股的股东,会把利润分配中的花费看作是净亏损。在一定程度上,不平等分配增加了收益分配的数量,所以拥有多样化投资组合的投资者,更愿意让这种不平等分配继续进行下去。

多样化投资要在成本相当低时才可行。实际上,持有多样化投资组合要比单一性投资的成本要低,因为多样化投资会使投资者免去调查、挑选和交易股票的费用。资产较少的个人投资者,可以通过购买包括共同基金等各种基金投资工具来实现他们多样化投资,而这些基金又持有股票组合、不动产抵押证券及其他投资工具。大多数人投资的多样化程度比自己意识到的还要高,因为他们可以通过自己的人力资本、房屋、保险和养老基金等的有效组合,来实现其财产的多样化。[6]

多样化投资的存在——而非其利用——对控制权交易所得收益的不平等分配构成支撑,即使在投资者是风险厌恶型的和市场缺乏竞争性的情况下也不例外。多样化投资的可行性,意味着规避风险的投资者可以用它来达到避险目的;而对于别的投资者来说,则可以

---

[6] 到底进行多少多样化投资才是"足够的",这是一个难题;然而收益往往在持有 10 股之后就迅速减少,大部分投资者都较那种投资更加分散。参见 Meir Statman, "How many Stocks Make a Diversified Portfolio?" 22 *J. Fin. & Quant. Anal.* 353 (1987)。

选择更大的风险,来博取更大的利润,他们甚至可以仅仅持有一种高风险股票;也许他们会一夜暴富,但是如果没有暴富,他们也不会宣称受到了不公正待遇。任何打着"保护偏好风险的投资者的幌子",试图在控制权交易中设置一个"公平价格"的企图,到头来,最终都会损害那些通过多样化投资者消除风险的投资者的利益;同时,在这个过程中,也必将减少价值增进型控制权交易的数量。

我们已经说明了风险 2 和风险 3 中的事后不平等分配,就像博彩中的不平等一样,并非是"不公平"的——只要事前所有的投资者都有相同的获胜机会,并且可以通过多样化投资来消除风险。现在我们考虑一下这个推理的潜在不同意见。可能会有人争辩说,事前平等是不存在的,因为内部人总是把他们的收益建立在外部人的损失基础之上,而小股东则不断地被排挤出局,也就被剥夺了享有控制权溢价收益的机会,因此较之内部人,他们总是处于不利地位。他们继续争辩道,有的投资者没有也不应该进行多样化投资,例如:将人力资本投资于特定公司,并和公司命运紧紧捆绑在一起的经理,和在一个公司处于控股地位的控股股东,他们所提供的是能增加他人收益的监督性服务。[7]

我们讨论的问题不是基于完美的或无成本的投资多样化。我们可以回顾一下我们得出结论的过程:首先我们假设竞争性资本市场中的风险中立的投资者,总是偏爱利润最大化原则;接着我们为这种偏好设定了限制;最后我们又用多样化投资来说明,这种限制在有可能在自我保护前提下是不严重的。当然有些投资者不会进行多样化投资,但是大体上他们不是风险厌恶型的投资者。我们的观点最重要的地方就是,市场上有"足够多"的风险厌恶的投资者,他们能通过

---

[7] 参见 Willan J. Carney, "The Theory of the Firm: Investor Coordination Costs, Control Premiums, and Capital Structure," 65 *Washington U. L. Q.* 1, 11—23(1987); Jeffrey N. Gordon and Lewis A. Kornhauser, "Efficient Markets, Costly Information, and Securities Research," 60 *N. Y. U. L. Rev.* 761, 830—833(1985).尽管这些文章采用了不同的分析方法,但都针对我们所陈述的观点提出了富于思想性的挑战性意见。Alan Schwartz, "Search Theory and the Tender Offer Auction," 2 *J. L. Econ. & Org.* 229, 244—249(1986),该文对文中提出的投资者选择利益最大化而非收益的平均分配观点给予了支持,并且说明了范围。

各种方法来保护自己的利益——比如通过多样化投资或者是持有低风险的投资工具,如国库券或者是契约收益分享条款(就像在封闭型公司一样)。

尽管对于争论无足轻重,然而就其价值而言,我们认为,再小的投资者也懂得分散投资,而不愿选择契约型分配规则。在控制权交易中个人并不需要处于"必胜地位",财富和内部人地位都不能保证在交易中获胜。假设 A 公司从 B 公司购得其对于 C 公司的控制权,小股东(或外部股东)可以通过购买三公司中任何一家公司的股票来盈利。同样,如果 D 公司兼并 E 公司(其长期控股的子公司)并且逼走 E 公司的少数股东,这些股东亦可以通过购买 D 公司股票来参与盈利。小股东还可以通过股权收购、公众公司私有化交易、分配公司机会给母公司而非子公司、以及其他在获利公司持股的控制权交易方式参与盈利分配。小股东并不需要事先对形势好坏作出判断,他们只需通过持有包括许多公司的证券投资组合,就可以保证他们在投资中稳操胜券。因此,所有股东都有通过公司控制权交易获利的机会,虽然有些出价人由于是封闭型公司而不能获得均等机会,但是仍旧有足够的机会供人们选择来分散化投资。如果这样的机会不多,则联合小股东一起投资的大股东,也一定会支付一个溢价,而那些风险厌恶型投资者们将会再次跟随大股东而赚得盆满钵满。

信义原则下作为参照系的市场价值

在我们所讨论的情境下,股东们无一例外的青睐那种能够使其利益最大化的制度,而不去考虑利益如何分配。最理想的交易就是上面所提到的风险 2,在该情况下,盈利并非均分,但至少所有的股东较投资前都没有亏本。股东也可以通过像风险 3 这样的收益分配方式,使一部分人受益而其他人受损的方式来获利,但实践中这种交易出现的较少。我们很难想象为什么投资盈利一定要以一些股东的利益受损为代价,我们也并未遇到过这种情况。在信息成本高昂的时代,投资者会认为风险 2 与风险 3 迥然不同,这为判断交易是否获益带来无法克服的困难。我们可以想象一下这样的情形(掠夺就是一个好的例证):收购控制权的人向某些投资者支付额外费用以达到目的,排除其他股东的权利要求,从而补偿其支付的额外费用而非更有效率地利用资源。要求所有的投资者至少取得其交易前地位的市价,是区分获利交易和潜在受损交易的一个有用的规则。如果交易中每个投资者都至少不亏本,而有一部分人获益,那么交易就能够创造收益。

在既定的条件下,人人不亏本这个基本要求所起的作用,就如同防盗措施所起的作用。较之于受害者,窃贼或许有可能会更好地利用所得赃物,但如果是这样的话,他就必须得付出代价。支付要求增加了价值增进型交易发生的可能性,更进一步说,对盗窃的禁止,也往往使得财产所有人削弱了处心积虑防贼的激励。例如,投资者会借助昂贵的监控设备,来减少其股本被回收的可能性。当所有的交易都是合意地达成的时候,这些预防措施就将成为多余。因此,通过禁止回收股权,信义原则在减少无谓的开销的同时,在全社会也减少了低效率的公司控制权交易。

尽管不是法律的一部分,禁止回收股权的规则,也可以通过契约而确立起来。无论是谁,只要控制了一家公司,他就会发现在公司成立的章程中加入禁止回收股权这一条款的好处。如果他没有这么做,公司就不可能指望从其所持股份中获益。新股东由于担心股权被回收,往往会采取昂贵的方式来维护其利益。由于没有一家公司可以拥有绝对的垄断权来控制投资机会,这些预防措施的预期成本,就可以因购买者愿意支付的同等价格而减少。因此该控股方的所得收益数,就可以反映回收股权所带来的风险成本(正如第1章所详细阐述的)。

实务操作中的信义原则

允许对控制权交易所得收益进行不平等分配的法律规则,受制于不得有投资者因交易而受损这个前提。这正是帕累托的福利经济学原理在并购实务中的经典应用。在法律方面,通过成文法和判例也能体现这个经济原理。

控股权转让

控制权交易是有好处的,控股权转让为此提供了一个很好的例证。这种转让可以带来新的要约、新的计划以及从新的商业关系中获益,并能够带来减少代理成本的新工作规划。从控股集团的出卖人手中获得收益的总和,就等于不平均分配所得的收益。溢价转让是于法有据的,而控股股东往往没有义务去慷慨分发额外收益。[8]鉴于我们上面已经论说过的理由,这种不平等分配将会减少控制权购买方的支出,同时基于激励低效率的控股人退出的目的,也增加了获利交易的数量。

然而许多评论家主张强制性利益分享。Adolph Berle 认为,控制权是一种"公司资产",因此额外收益必须归入公司财产当中。[9] 一个相关的观点是 Jennings 教授和 Andrews 教授所提出的"机会均等"理论。[10] 该理论认为应该授权小股东与控股股东同等的转让条件,还

---

[8] Treadway Co. v. Care Corp. , 638 F. 2d 357 (2d Cir. 1981); Zetlin v. Hanson Holdings, 48 N. Y. 2d 684, 397 N. E. 2d 387(1979); Tryon v. Smith, 191 Ore. 172, 229 P. 2d 251 (1951)。参见 Robert W. Hamilton, "Private Sale of Control Transactions: Where We Stand Today," 36 *Case W. Res. L. Rev.* 248 (1985). 为了精简脚注,我们简要概述相关原理。公司可能超过票面价值从特定投资者处购回股票,或者报出一个大体出价,但是排除某些名义上的投资者。Unocal Corp. v. Mesa Petroleum Co. , 493 A. 2d 946 (Del. 1985). 主要参见 Jonathan R. Macey and Fred S. Mcchesney, "A Theoretical Analysis of Corporate Greenmail," 95 *Yale L. J.* 13 (19895); Andrei Schleifer and Robert W. Vishny, "Greenmail, White Knights, and Shareholders' Interest," 17 *Rand J. Econ.* 293 (1986)。Getty Oil Co. v. Skelly Oil Co. , 267 A. 2d 883 (Del. 1970),就是允许公司向具有优先权的内部人分配公司机会的众多判例之一。E. I. Dupont de Nemours & Co. v. Collins, 432 O. S. 46(1977), 和 Weinberger v. UOP. Inc. , H57 A. 2d 701(Del. 1983)允许对合并的收益进行不平等分配。另参见 Fins. v. Pearlman, 424 A. 2d 305(Del. 1980)。

[9] Adolph A. Berle and Gardiner C. Mens, *The Modern Corporation and Private Property* (1932); Berle, "The Price of Power: Sale of Corporate Control," 50 *Cornell L. Q.* 628 (1965); Berle, "'Control' in Corporate Law," 58 *Colum L. Rev.* 1212 (1958).

[10] William D. Andrews, "The Stockholders' Right to Equal Opportunity in the Sale of Shares," 78 *Harv. L. Rev.* 505 (1965); Richard W. Jennings, "Trading in Corporate Control," 44 *Calif. L. Rev.* 1 (1956).

有其他类似观点也都反映了学界对法律现状的不满。

利益分享将会扼杀股权交易而不是使得小股东致富。如果溢价收入必须归入公司财产中,那些掌握控制权的股东将会拒绝出售其股权;如果小股东与控股股东享有同等的转让权,购买人将不得不购买超出其需要的股权,这将会导致交易无利可图(或者一个统一的低价,这样的话,股东又会拒绝出售股权)。总之,小股东无论在何种规则下都不可能获益,因为管理水平提高的可能性降低了。虽然那些在学术界主张利益分享规则的学术理论并没有多少影响力,但是司法界还是不时发出赞同的声音。我们来看这样一个案例,即著名的Perlman 诉 Feldmann 案。[11]

Feldmann 是 Newport 公司(钢板生产商)的总裁兼董事长,曾经在公司股票市价低于 12 美元的时候,以 20 美元的价格售出其控制权。购买者是一个叫 Wilport 的财团,他是全美钢材的终端用户,一直寻求朝鲜战争中的钢材稳定供应。而战争中的价格管制政策,限制了钢材生产商提价。而 Newport 公司以及其他钢材生产商则采用的"Feldmann"计划,从而有效地将钢材价格提高到了原料短缺时期所达到的最高市场出清水平时的价格。于是,雄心勃勃的购买方就为 Newport 公司提供了无息预付款,作为对价,他们则获得了未来生产的承诺。Newport 公司就利用那些预付款,更新了设备,以更有效地进行企业扩张和展开竞争。

第二巡回法院认为控股集团的卖方有义务与其他股东分享溢价收益。法庭认为 Feldmann 不能接受溢价,是基于这样一个信念:原材料短缺使得 Newport 公司通过该"计划"筹集扩张所需的资金,这也是 Wilport 公司通过溢价购买的方式输送公司机会的一次尝试,以确保自身获得短缺带来的利益。法庭认为,被告只有能够完全排除 Newport 公司获利的可能性,才可能胜诉。[12]

这是以从该计划中所获的利益没有反映在 Newport 公司股票价格上为假设前提的。然而,股票被广泛交易,并且该计划的存在也为

---

[11] 219 F. 2d 173 (2d Cir. 1955).
[12] 同上,at 177.

投资者所熟知，因此，交易之前的股价肯定反映了在这一计划下的预付款对 Newport 的重要性这一信息。Wilport 集团比市价多支付了三分之二，所以他不能获利，除非控制权转让导致 Newport 公司股票增值，或者 Wilport 对 Newport 的控制权剥夺了其商业优势。而这实际上就等同于商业掠夺。

考虑到我们要在下面对交易过程做简化的描述，我们假定 Wilport 集团对 Newport 公司进行了投资。Newport 公司有 100 股，Wilport 集团以每股 20 美元的价格购买了 37 股，而每股的市价是 12 美元，所以超过市场价的溢价就是 8 美元×37 = 296 美元。Wilport 集团为了获利，就必须从 Newport 公司那里得到多于 296 美元的利润。这些利润来自于其他 63 股的损失，也就是说，每股必须损失大约 4.75 到 7.25 美元。所以如果 Wilport 集团抽取一份公司资产，我们将会在市场上看到其影响。除非 Newport 公司出售股票的价格骤然下跌，否则，Wilport 集团就不能赚取足够的利润。然而，Newport 公司的股票价格在交易后，实际上在不断地上涨，在当时，这可能被钢铁企业归因于市场的繁荣。但是即使这一因素一直保持恒定，Newport 公司的股票价格也会上涨。[13] 数据反驳了法庭上 Wilport 集团盗用 Newport 公司机会的观点；它们倒支持这样一个推论：Wilport 集团任用了一个更好的管理团队，另外还为 Newport 公司提供了一个更稳定的产品市场，这些贡献肯定超过因废除"Feldmann"计划所遭受的所有损失。

掠夺性交易

毫无疑问，并非所有的投资者都像持有 Newport 公司股票的投资

---

[13] Charles Cope 运用资本资产估价模型计算了 Newport 公司股价的变化情况，结论是，公司股票的回报率是诸如：市场回报率、公司过去价格的变动性和一个不可预测事件的剩余因素等变量的函数。这种余数的增加对公司而言是好消息（我们将在第 7 章里详细介绍这个模型）。Cope 在 Newport 公司销售给 Wilport 集团的那个月份的经营中，发现了具有重要意义的正的余数，这些原始价格数据说明了这个问题。法院认定的 12 美元是控制权交易前的股票买卖最高价格。1950 年期间 Newport 公司股票的平均每月交易价格为：7 月，6.75 美元；8 月，8.5 美元；9 月，10.875 美元；10 月，12.5 美元；11 月，12.375 美元；12 月，12 美元，与 Wilport 集团的交易发生在 1950 年 8 月 31 号。这一价格模型，当然不能说明 63% 的利率不包括对 Newport 公司可察觉的损害的溢价。

者那样幸运。"掠夺性交易"就像幽灵一样,徘徊于有关控制权交易是是非非的众多争议意见之中。很多案例显示(而且偶尔也会裁定)经理人或许应该,甚至是必须要找出并且抵制公司"打劫者"。[14] 公司法中的这个随时都会出现的恐怖怪物,总是充满了争议——不管这些争议是有关经理人在寻求保持自己的控制权("对不起,投资者,我们不能接受那个超过市场价50%的出价,因为购买者可能打劫了你的公司")[15],还是有关评论家在兜售其流行教义时的批评性言论("利润应当平分,因为只有这样,打劫者就无利可图了")。我们还是暂停对公司控制权交易的漫谈,来谈论一下掠夺性交易——这个适用于所有控制权交易,却又被很多人所津津乐道的话题。

掠夺——更中性地说,转移公司资产超过公司回报的价值——在某些情况下可能的确是有利可图的,尽管有时是要付出代价的,然而,掠夺的存在同样也为现有控股股东提供激励,他们将禁止进行控制权交易作为对抗掠夺的手段。就像禁止投资普通股作为对抗破产的手段一样。

假如我们能够预先察觉到打劫者的存在——比如假定他们手中都拿着黄色的康乃馨,小指上戴着戒指,并且还带着火药味——那么,只有在这时,禁止控制权卖方将股权转让给这些无赖(甚至是诚实的笨蛋),或许才有意义。当然,相对于不参加交易的公众股东来说,控股卖方用较小的代价就能发现不正当行为。然而我们仍然很难甚至不可能早期发现打劫者。掠夺性行为实质上只不过是一锤子买卖,一旦劫掠者掠夺了一家公司,迫于他们名声(或者蹲监狱的现实)方面的压力,他们就有可能不会再次进行掠夺。但是当他们首次

---

[14] 例如,Insuranshares Corp. v. Northern Financial Corp., 35 F. Supp. 22 (E. D. Pa. 1941), and Gerdes v. Reynolds, 28 N. Y. S. 2d 622 (1941), 在这些判例中,法官认为控股股东要对未能尽职调查购买者负责。

[15] 参见 Cheff v. Mathes, 199 A. 2d 548 (1964), 在本案中控制 Holland Furnace Co. 的家族拒绝把公司出售给 Maremont 公司,该公司认为 Maremont 公司声名狼藉,Holland 公司遂以溢价从 Maremont 公司买回了股票,使许多 Holland 公司的股东感到很沮丧。在拒绝了 Maremont 公司后,Holland 公司每况愈下。在 William L. Cary 和 Melvin Aron Eisenberg 著的 *Corporations* 677—678 (5th ed. 1980) 一书中详尽地描述了该公司的这个悲惨故事。

获得控制权后,他们或许看起来又是很清白的。由于很难发现和判定是否是打劫者,因此任何提前阻止买卖的规则,就好比一个对那些从未抢劫过银行,但有贪婪性格的人实施预防性拘押规则一样。

虽然卖方可以花费一大笔金钱去调查买方和投资者,但是,这些努力往往都是徒劳无益的。如果调查阻碍了股权转让,大部分预先禁止交易的措施,将以判断错误收场,也就是说,这些禁令可能会降低从交易中获利的可能性。有时管理公司的最好办法是把它分立——变卖部分生产线,并将剩余部分重组。由资产分立产生的新公司、分立后重新建立的公司与兼并和新建工厂一样都没有什么可质疑的,它们都是经理人为获得资产最优配置所做的努力。有的经理人尤其擅长重组或清算境况不佳的公司,然而人们对其是否会掠夺的质疑,却也往往会更多地落在他们的身上,因为很难预知一个公司的彻底重组,对投资者而言是到底好事还是坏事。当公司购买者提出比较彻底的(有时是十分有利的)伤筋动骨的改革措施时,由于对这个事情很难下断言,法律规则就不可能去采取措施在促进投资价值的提升方面有所作为。

我们并不是要建议法律体系对掠夺性交易不闻不问,相反,我们认为,最好的救济应该是基于威慑而非事前监督。也就是说,当掠夺者被抓住的时候,或许他们会被罚款或投入监狱,但不管是什么惩罚,都应制定得足够重而且有效,要让他们在事前就知道交易是无利可图的;同时威慑的成本也要少于通过事前监督系统来处理掠夺性交易的成本。当然该系统也有副作用,它将有可能伤及许多比较有价值的控制权转让。

控制权结构的变化

许多实务操作将影响投资份额的集中及控制权取得的方式。投票权信托、控股公司以及其他机制都与控制权出售一样能有效地分配控制权,这些控制权交易也和其他手段一样能带来同样的潜在利润,相应的,也应该受到同等的重视。总体说来,公司法也是这样规定的。股东可以组建投票权信托和控股公司,而没有义务来分享收益;惟一的由法律明文规定的重要限制,就是除非定期地重新申请,否则投票权信托就会终止。

一个著名的案例描绘了一个不同的情形。在 Jones 诉 H. F. Ahmanson & Co. 案中[16]，持有美国储贷协会（United Savings and Loan Association）这家封闭公司85%股份的股东，组成了一家 Delaware 控股公司。在控股公司股份交易的过程中，他们将其在储贷协会的股份转让给了其他几家公司。后来，控股公司上市了，发行股票和债券。原先储贷协会的控股股东，就成了一家金融控股公司的股东，而储贷协会的小股东的处境并未受到影响。在随后的几年里，储贷协会的利润不断上涨，但控股公司的股价上涨得更快。控股公司股价上涨后，小股东要求加入该控股公司。因为，当原先转换成控股公司股份的储贷协会的股票涨到每股8800美元时，而他们每股却只得到2400美元，于是，他们就此提起了诉讼。

加利福尼亚州的最高法院引用 Perlman 案的判决，并参照 Berle 和 Jennings 关于收益分享的理论，认为控股股东不能随便利用其手中的权力，采取损害小股东利益的市场策略，通过控制公司来达到利己的目的。法院认为，小股东在利润分享上至少应当与大股东处于同一平台。法院允许小股东在交易时，可以在其所持股票的评估价格和诉讼时应该享有的控股公司股票的价格之间作出选择。

乍一看来，这起案例似乎提供了控股股东对公司机会（公司上市的能力）篡夺的经典案例，因为多数股东的利益本身就可以包括不会对交易造成危害的小股东利益，因此没有必要排挤小股东。然而，这个解释并不可信。控股股东希望将他们在储贷协会85%的股份所有权，连同其他企业一起结合成一个公司。这样的合并能通过集权化管理带来效率。而小股东对控股公司的参与，将会由于合并相关企业而导致成本升高，从而降低控股股东创造收益的激励。法院就没有认识到这个利益共享要件所带来的麻烦。

更为根本的是，法院还没有弄明白小股东延迟提起诉讼的重要意义。组建控股公司的成本和风险由控股股东来承担，他们预期的

---

[16] 1 Cal. 3d 93, 460 P. 2d 464, 81 Cal. Rptr. 592 (1969)。下一段中的引用来自于 1 Cal. 3d at 115, 118, 460 P. 2d at 476, 478, 81 Cal. Rptr. at 604, 606。

回报是股权转移后资产的增值所带来的溢价,小股东不用承担任何成本;并且允许小股东对公司利益"搭便车",往往会减少未来价值增进型交易的数量。此外,控股公司股价的升高,有很大一部分可以归因于杠杆效应。小股东在决定参股前,常常会关注美国储贷协会公司的收入是否会上涨;如果该公司收入降低,毫无疑问小股东就会抛出股票,因为公司此时会更倾向于保护债券持有人的利益,而损害股东权益。如果以上观点被普遍接受,法院就会给予小股东共享收益的权利,却不要求其承担损失。法院的这种事后公平理念,将会导致其最终走向阻碍那些有益的控制权交易的漫漫长路。但是这一观点还没有被人们所普遍认同。

出售管理职位

经理人可能通过出售职位以实现其控制权转让。出售职位在美国所有的州都是非法的,除非合同许可。[17] 信义原则的这一应用,通常被解释成是基于这样的观点,即要"在利用信义原则影响继任者选择的过程中,立足点必须是受益人利益的最大化。经验表明,无论受托人如何精明,惟一肯定的能够保证符合信义原则的方式,恐怕就是清除任何个人收益的可能性了"。[18] 无疑地,惟一能够防止挪用和侵占的最"肯定"的方式,那就是清除"任何个人收益的可能性"。这就好像说,防止酒醉驾驶的最好方式就是毁弃世界上的所有汽车一样。没有一种法律规则会要求罪恶降临在我们身上的概率为零,公司法也不会做这样的要求。个人收益不能影响控制权交易的原则,有可能会禁止任何形式的控制权转让,即使法律允许这种转让。

其实更准确地说,信义原则在允许控制权转让的同时,应禁止职位买卖行为。因为控制权交易是建立在购买方有良好愿望的保证基础之上的,而职位买卖则不然。一个购买了控制股份的人,不可能在没有损害自己利益的情况下,去损害公司。因为,他们作了大量的投

---

[17] 大体上,代理人不可以出售其授权的职位。参见 Restatement (Second) of Agency 18 (1958)(对代理人行使代理权能力的限制)。

[18] Rosenfeld v. Black, 445 F. 2d 1337, 1342 (2d Cir. 1971) (Friendly, J.)。

资,这是其诚信行为的保证;而一个购买职位的人由于可以很廉价地获取控制权,就很难保证其不做损害公司利益的事。这一观点与我们在第 3 章里面陈述的观点基本一致,即为什么投票权必须要和股票利益包含在一起进行交易;而职位却只能根据其对在任者的价值出售,包括任何在任者获取利润或额外收益的能力所带来的价值。有人可能会认为由于现任者坚持其价值的完全支付,只有能够更好利用公司资产的公司控制权购买人才可以满足现任者的要求,因此,鉴于上述原因,就没有理由限制公司职位的买卖行为。然而,这只有在经理人能够完全实现其职位价值的前提下,这种评价才是准确的。就像我们反复强调的那样,经理人不可能完全实现其价值,因为公司控制权市场和经理人服务市场约束了他们。

法律规定与禁止出售职位的基本原理是一致的。作为控制权转让行为的一部分,经理们会同意让度他们职位。在这种情况下,其中一部分转让溢价也反映了该职位的价值。经理们也可以因说服股东接受兼并而获取一些报酬——只要这种支付是公开的,并且经理自身也出售了自己的股份。[19] 只有在职位是由其自己出售的情况下,这种职位交易才违反了信义原则。

排挤、压榨、杠杆收购和管理层收购

出于各种不同的目的,在控制权交易中还会出现很多排挤公众股东或者小股东的现象(我们称为"排挤"(freezeouts),尽管还有许多其他说法)。控制权交易后,小股东遭受排挤,而竞买人则通过公司收购获取高额收益;对子公司小股东的排挤,还可以有利于经营成本的节约,消解公司中存在的利益冲突。公众公司的私有化交易则更是直接减少了代理成本和公众所有权的成本。我们早在这一章前面的部分就讨论了这些好处产生的原因。

强制股东削减投资,以往是非常困难的,因为法院将他们所持的股份看成是,非经股东一致同意,就不能随意加以剥夺的既定权利。

---

[19] Essex Universal Corp. v. Yates, 305 F. 2d 572 (2d Cir. 1962)(职位以及控制权股份); Nelson v. Gammon, 647 F. 2d 710(6th Cir. 1981)(职位以及兼并)。

这一全体一致同意原则,造成了股东往往会过度地长期持有股份的难题,阻碍了许多有效率的公司控制权交易。于是,这一规则被另一个允许大股东排挤小股东的规则所取代。[20] 从现代的观点来看,股东唯一的权利,就是要求对其股份进行估价的权利,但这一救济并没有给予那些不同意交易的股东以可归因于他们不同意的交易的任何价值基础。

然而在过去几年里,排挤型交易遭受了法院的严格审查和学者们的猛烈抨击。有人认为排挤小股东是不公平的,而且也缺乏商业目的。不过,在现实中,经理们还是一如既往地排挤小股东,他们所受到的只是注意义务和忠实义务的制约。

以 Singer 诉 Magnavox 公司一案为例。[21] 一家名为 Development 的公司向 Magnavox 公司的普通股发出收购要约,从每股 9 美元的价格向 84.1% 的投票投标。Development 公司兼并了 Magnavox 公司及其全资子公司 T. M. C. Development,并向每一已发行股份支付 9 美元。这个收购的结果是,Magnavox 公司的每一个原始股东获得 9 美元,Development 公司获得了所有的普通股。Development 公司告知未参与竞价的股东,他们有权根据特拉华州法对股票进行估价。不过小股东拒绝对股票进行估价,而是申请禁令,并声称该兼并不公正,且不是服务于有效的商业目的——因为兼并允许 Development 公司获得"高额的由兼并所带来的预期收益"。

Development 公司辩称,股东唯一的权利,仅限于其既定的投资价值,而这是由估价救济予以保障的(参见第 6 章)。法院认为股东不仅对投资的价值享有受保护的权利,而且对投资的形式也享有受保护的权利。因此,法院将此案交由陪审团来作出判断——到底该公司兼并是否是出于商业目的以及这 9 美元的要约价格是否是一个公允的价格。由于 Magnavox 公司的董事长,同时又是 Development 公司

---

[20] 参见 William J. Carney, "Fundamental Corporate Changes, Minority Shareholders, and Business Purposes," 1980 *Am. Bar Found. Res. J.* 69, 77—97; Elliott J. Weiss, "The Law of Take Out Mergers: A Historical Perspectives," 56 *N. Y. U. L. Rev.* 624 (1981)。

[21] 380 A. 2d 969 (Del. 1977)。下文的引用来自于该书第 978 页、第 982 页。

的被提名董事,因此他就对公司股东负有信义义务,而他为排挤小股东所支付的价格,就必须既要满足估价标准又要满足"绝对公平"原则。

援引信义原则并不能回答股东能否通过契约(受托人必须提供)来分享收益的问题,法院在 Singer 一案中也提出了这个问题。到底收购价是多少才算是公平的？或许股价只有超过 9 美元才是绝对公平的,不过法院并没有这么说;事实上,也并不排除 8 美元甚至 5 美元也是完全公平的可能性。看来,这个问题就只有留给首席法官来判断了。其他州法院对于是否采纳 Singer 一案中的观点也踌躇不决。而在特拉华州,这个案例则已经被废止了。特拉华州认为,当公司兼并的收益都归于同一公司时,兼并才能得到批准;而估价标准则排除了容易引发争议的交易的价值基础,管理者在组织控制权交易中可能会运用通常的商业判断。[22] Singer 一案已被人们忘却——以至于最近的主流案例书都没有把它收录进去。

特拉华州法律中蕴涵着这样一种信念,即一家公司股票的市场价格,并非必然就是其真实的内在价值。这是一个总能够不时地引起一些人恐慌的理念。有时伴随这个理念而来的还有另一种信念,即以两种不同价格进行的交易行为,必须反映出接受高价的"强制压力"(我们都是如此不幸),或者低价又低于公司"内在价值"。不过这些信念并不能显著影响公司按他们所愿意的方式进行重组的能

---

[22] 特拉华州以外的其他案例包括 Yanow v. Teal Indus., 178 Conn. 262, 422 A. 2d 311 (1979)(不接受 Singer 一案的判决);Deutsch v. Blue Chip Stamps, 116 Cal. App. 3d 97, 172 Cal. Rptr. 21 (2d Dist. 1981)(明确不接受 Singer 一案的判决);Gabhart v. Gabhart, 370 N. E. 2d 345 (Ind. 1977)(该案采用的是 Singer 案判决的修订版;认为法院必须要求收购应具有商业目的,但可以不要求具备绝对公平)。在特拉华州内部,参见 Weinberger v. UOP, Inc., 457 A. 2d 701(Del. 1983)(未考虑 Singer 一案);Tanzer v. International Gen. Indus., 379 A. 2d 1121 (Del. 1977)(一个公司可以保留所有收益);Bell v. Kirby Lumber Corp., 413 A. 2d 137 (Del. 1980)(纯粹的私有化交易是合法的,不同意这种交易的投资者没有权利获得从他们不同意的这种交易中产生的任何收益);同时参见 Coleman v. Taub, 638 F. 2d 628 (3d Cir. 1981)(采用特拉华州的法律);Dower v. Mosser Industries, 648 F. 2d 183 (3d Cir. 1981)(适用的是宾夕法尼亚州的法律,但这是在肯定特拉华州法是有用的指引的前提下决定采用的)。

力——只要他们花费几十万美元来获得投资银行家的"公平意见",并使这个意见认定,这个高于市场价的价格确实是这只股票的"内在"价值——尽管这两种信念在公司控制权竞争中起着重要作用,但就像我们在第7章讨论的有关要约收购的问题一样,它们中没有一个信念能真正影响到公司重组的能力。在此,我们把进一步探讨的范围限定在由正在重组的公司所发起的交易中来。

William Carney 曾辩称,以市价对小股东补偿是不够的,因为小股东对其股份的估价可能高于大股东或市场对其股份的估价。[23] 如果他们在市价为 10 美元时,对其所持股份估价为 30 美元,那么他们的损失就要大于大股东的收益。按照这个观点,这种交易有可能会降低价值。然而,我们认为这个观点是错误的,原因在于,如果不同股东对同样的投资,有不同的估价,那么估价高的投资者就会收购剩下的其他投资者所持有的股份,也就是说,只要那些持有公司一定股票的投资者对股票的表现有不同的预期,那么这些投资者就可以继续进行互利性交易,从这个意义上说,公司中就几乎不存在所谓的持"悲观主义态度"的投资者利用排挤型交易,去剥削"乐观主义态度"的投资者这样的风险。

Victor Brudney 和 Marvin Chirelstain 认为"公平"要求母子公司兼并获得的任何收益,都根据兼并前两个公司股权投资比例,在所有投资者之间进行计算和分享。[24] 根据我们前文提到的理由,这将会阻止价值增进型交易。而且更进一步地说,这种认为利益分享原则可以促进"公平"的主张,也是值得怀疑的。问题的关键在于,控股股东如何确定收益以便公平分享呢？如何能把兼并带来的协同收益,与控股公司为完成合并而投入的各种时间、精力资源所应获得的原始回报以及控股股东的机会成本区分开来？一旦合并造成的是损失而不是收益该怎么办？为什么为达到"公平"要求,就一定要根据权益资本的价值来分享收益,而不是根据总资产价值的比例或其他标准

---

[23] Carney,前注[20],第 112—118 页。
[24] Victor Brudney and Marvin A. Chirelstein, "A Restatement of Corporate Freezeouts," 87 *Yale L. J.* 1354 (1978). 另参见 Brudney and Chirelstein, "Fair Shares in Corporate Mergers," 88 *Harv. L. Rev.* 297 (1974).

来确定收益？没有一个可以普遍接受的公平标准，这也是信义原则和很多案件不要求采用分享收益规则的另外一个原因。

从新闻出版界(但很少从学者中)听到一种主张：当为排挤股东所支付的价格低于股票出售给公众的价格时，即使其高于市价，也是不公平的。这一主张认为内部人会设法欺骗公众，从而使他们花费过高的价格——或者可能会扰乱市场以降低现价——因此不能允许其通过欺诈行为而获利。持有这一主张的人，不仅低估了股票市场的效率，而且也误解了过去股票价格的重要性。其实，在一个有效资本市场中，先前有关股票价格的信息都已经反映并糅合进现在的价格之中；公司的价格曾经位于高位，并不表明它在明天还会继续走高，为排挤股东所定价格高于现在的市场价格，并不一定就有利于股东，因为一旦股价升高，除非交易是增值型的，否则支付高于市场价格的买方也不能获利。

另一不置可否的观点认为，那些试图排挤小股东的内部人，总是比外部人拥有更多信息，他们可能会利用其所掌握的内幕信息，在交易前打压股票价格，因此所谓的"溢价"只不过是一个泡影而已；他们也有可能排挤那些知道公司前景好于外部人预期的公众投资者，这样的话，他们就可以攫取本应属于公众股东的巨额收益。打个比方，如果一个公司找到了一个有价值的矿藏，这个消息还没有反映在该公司的股价中，那么控股股东就可能通过排挤小股东而获得相当大的收益，——尽管公司价值并未增加。这些问题已经在关于管理层收购的讨论中特别说明了。但是这种可能性不能导致私有化交易的禁止，理由如下：

首先，它的可能性已经被夸大了[25]；其次，对于那些要求补偿的

---

[25] 例如，在著名的 Zahn v. Transamerica Corp., 162 F. 2d 36 (3d Cir. 1947) 一案中，小股东诉称，控股股东在排挤型交易中并未披露作为公司主要资产的烟草价值上涨3倍的信息，这是非法的。法院认为这一有预谋的交易违背了信义原则。不过，烟草这种价格比较确定的商品价格的上涨，不可能属于公司股票价格所不能反映的内部信息。关于 Zahn 一案，只有在股东不了解公司所拥有的烟草数量和品种(对于这些信息来说，内部人本应是知道的)，并且也只有股东的这种无知，会影响到他们所选择股票的种类的判断的时候，才有意义。或许他们是无知的，不过法院并没有讨论这个问题。

投资者来说,内部人盈利的可能性是一种众所周知的风险;再次,就当前价值而耍弄市场是很困难的。排挤小股东通常要花一些时间才能完成,并且差不多每次都要通过股东投票。在收购延迟的这一段时间里,真相就有可能会暴露出来——当排除异己的内部人要拉选票的时候,通常都必须得披露这个信息——或者举行一场拍卖会。如果内部人企图以低于公司未来前景所暗示的价格,进行私有化交易,那么无论如何,公司都将成为一个更高投标的标的。[26] 管理层收购导致的拍卖是很普遍的。

内部人在市场了解到收购信息之前,会尽力去收购股票的想法并没有得到数据的支持。杠杆收购和管理层收购通常会带来超过实际价格30%到50%的溢价。一方面,如果这些溢价是建立在暂时曲解的基础上的话(或者是看好未来发展的话),我们应该会看见在这项交易被取消的时候,价格将会迅速上升;另一方面,如果溢价是由于这项交易可能造成的,那么当交易被取消的时候,溢价也会随之消失。Harry DeAngelo、Linda DeAngelo 和 Edward Rice 通过观察各种成功或不成功的杠杆收购和管理层收购案例,他们发现在交易崩溃时,价格也会猛跌。Clifford Holderness 和 Dennis Sheehan 还发现这些交易中未被收购的股票都增值了。另外最近的几个学者如 Laurentius Marais, Katherine Schipper 和 Abbie Smith 则发现债务投资者的未付利息,并未因这些杠杆收购和管理层收购活动而遭受损失。这些结论(见注解1)都共同构成了支持公司控制权交易的效率假说的强有力证据。

估价救济

成文法和判例通常要求支付给那些受到控制权交易影响的投资者以最低补偿。该最低补偿,被大部分州编撰在估价法案中,该法案规定股东可以获得相当于其所受损失的补偿,而不能分享控制权交

---

[26] 当允许仅仅接受披露和一种市场测试方法的重组时,美国法律协会在其所完成的 *Principles of Corporate Governance: Analysis and Recommendations* 5.15 (Tent. Draft No. 10, 1990)中,也得出了同样的结论,这个课题的报告者认为,该规定是对现行法的一个重述。

易的收益。在这方面,特拉华州的法律是最明确的,它规定由"法院对股份进行估价,决定其公平价格"。[27]

估价标准反映出我们曾经讨论过的经济学原理。收益不必被要求共享,并且每位投资者至少都获取了他以前所拥有的价值。如果一些投资者获得超过其股票市价的溢价收益,而其他股东也并未遭受损失,那么这就已经符合了信义原则的要求,也就是说,估价给予了所有投资者一个底价。我们将在第6章详细介绍估价程序是如何实现该目的的,以及是否还存在对实际操作进行改进的余地。

公司机会

公司机会从某种程度上来说是一种商业冒险,同时也是一种在关联公司家族内部,或者公司与其高级经理之间所进行的机会再分配,也就是我们常说的公司控制权交易的另一种形式。如果对与此有关的法律调查有所了解,我们就不会对有关公司机会的法律中,没有规定利益共享原则而感到惊讶。例如,母公司会把商业机会分配给他们自己,尽管子公司的公众股东都会感到不公平。[28] 公司也有可能把机会分配给它的一个经理人员,也就是说,"公司机会原则"并未禁止这种分配,而只是要求把机会提供给公司董事或其他经理人员。公司可以自由地选择放弃这个机会,并将这个机会让给董事或其他经理人员。当公司职员拥有一项发明或一种新产品的想法时,如果他们比公司对此更有信心的话,那么,公司放弃这个机会而让于职员就是很平常的事。传统的用来处理公司机会的原则在处理未经披露的机会变更时,这种机会变更对于公司控制权交易而言正如盗窃对于工资一样。

很多学者对当前的法律现状提出了批评,建议应该用公平的利益共享原则,或者绝对禁止把机会分配给母公司或公司管理层的原则来代替现有规则。例如,Victor Brudney 和 Robert Clark 就认为,经

---

[27] 8 Del. Code 262 (h).
[28] Getty Oil Co. v. Skelly Oil Co., 267 A. 2d 883 (Del. 1970); Myerson v. El Paso Natural Gas Co., 246 A.2d 789 (Del. Ch. 1967).

理人权力扩张的趋势如此强烈,以至于无法保护股东的权利。[29]

对这些建议的一个反应是认为,这种观点将会阻碍一些价值增进型风险投资或导致其效率的降低。更进一步地说,实际上在多数情况下并不存在引人注意的代理成本问题。当经理人决定把机会分配给母公司或子公司时,其分配决定将可以反映出他对哪个公司能够更好利用机会的最佳判断,因为这两个公司是由同一人有效控制的。在机会分配上,公司经理人与公众股东的利益是一致的——双方都想利用公司结构来获取巨额利润。这样的话,就使得投资者能获得最高的股价,而经理人则获得最高的薪水。

大部分既存文献都认为母公司将会独享公司机会,而尽量避免同子公司的小股东分享收益。例如,Brudney 和 Clark 就认为,风险是如此之大,因此应该将机会给予子公司。这种观点是有缺陷的,因为它忽略了可转移支付的可能性。假定有一个公司机会,它对于持股 70% 的子公司而言,价值 100 美元;而对母公司而言,却只值 80 美元。这就可能出现母公司将机会分配给自己的局面,这样做对母公司而言,尽管会产生较少的利润,但是获得 80 美元毕竟比把机会分配给子公司而获得的 70 美元利润(100 美元的 70%)多。但是母公司可以把机会分配给子公司并获得超过 80 美元的利润,而且还可以收取 11 美元到 30 美元的费用。这个费用可以是显性也可以是隐性的。也就是说,其他的母公司与子公司的交易可以被调节来补偿此机会让渡交易的成本,因为母子公司之间的转让定价是相当灵活的。这样,机会就会分配给那些最能有效利用它的公司,从而使得包括子公司的小股东在内的各方均能从此结果中获益。

同样的推理也适用于经理人将机会分配给自己的情形。将机会分配给经理人自身可以减少代理成本,因为这会使得经理人获得其自身努力工作所创造的边际收益。经理人会把商业机会视同诸如工资、奖金和股票期权等形式一样的奖赏(但是风险会比它们更大一些)。如果经理人能比公司更有效地利用这些机会,且赚得更多的利

---

[29] Victor Brudney and Robert Charles Clark, "A New Look at Corporate Opportunities," 94 *Harv. L. Rev.* 997 (1981).

润,他们就完全可以自行利用这些商业机会。这些机会价值的增长,有可能会在经理人和公司之间产生互利性交易,即由经理人承担风险,而公司则降低了经理人的其他损失。

这种交易与雇佣经理做兼职工作并允许其在业余时间从事其他事务的决定是等价的。兼职雇员在劳动力市场上是很普遍的。有时公司只想使用一个人1%~2%的时间,他们可以通过独立的承包商(其中包括律师事务所和建筑师)来获得这种劳动投入。有时公司想利用代理人的全部时间,但介于两者之间也是明智之举。法学院一般只占用教授50%的时间,每年给他们包括暑假在内的其他四个月时间,来从事他们自己愿意做的事情(比如咨询、旅游、讲学和著书)。随着兼职劳动的增加,个人的时间对于其他雇主或者他们自己(追求其他目标或仅仅为了享受休闲生活)而言,在边际上,要比对于公司而言更有价值,不过公司可以降低兼职雇员的薪水的办法,来补偿公司的损失。

这或许是在产生误导,因为利用了商业机会的公司总裁,并没有同时减少自己的薪水,或者明确地表示接受一份兼职工作。但是经理人的时间是可以灵活分配的,利用一个机会或许相当于每个星期减少50~60个小时的经营时间。当雇员会接受未来更低的红利或薪水时,薪水减少或许是公司结算的一部分;这种调节也可能是事前进行的,因为在允许公司经理们利用商业机会的同时,雇员也将会从公司接受更低的薪水。不管怎么说,经理应该为其所利用的机会而付出代价。

说经理拥有"讨价还价的能力"以避免上述的结算,那是无稽之谈。尽管经理人能充分利用自己的职位去为自己谋取利益,但他们还是会受到劳动力市场、产品市场和公司控制权市场的约束。无论经理人有多么强的议价能力,他们最好还是要投公众股东之所好,并把机会分配给那些能最好地利用机会的公司或个人。只有这样,他们才能从中获取更高的回报。通过这样的行为,他们实际上是创造了一个更大的馅饼,经理人自己和投资者也都能从这个馅饼中得到更多的好处。一项禁止向经理人分配机会的禁令,丝毫不会减少他们的议价能力或为监督所提供的便利。

或许对于经理人来说放弃机会是有益的,假如是这样的话,他们就可以通过向公司分配所有新机会而从中受益。尽管达成这样的合约是相对容易的,但很少有人这么做。这也说明了股东的利益与现存的法律规则是一致的。

相关背景中的信义义务

我们已经表明,只要没有出现股东的境况变得更加恶化的情况,允许对控制权交易所得收益进行不平等分配的法律规则,将会促进股东财富的最大化;这同时也说明现存的法律规则,大部分和我们的分析结果一致。我们是通过讨论和区分收益平等分配的几种常规情形而得出结论的。

关于合伙的一个著名规则是:除非另有约定,所得利润必须均享,不允许合伙人获得工资。这个规则的原理是很清楚的——由于合伙人的数目一般比较少,因此要达成一个有关特定分配的契约化协议是比较容易的。如果要想使合伙人有创造收益的激励,就必须要采取某种不平等分配规则,这种规则可以通过合伙人的私下协议而达成。况且,由于合伙人总是已经在合伙事务中投入了大量的人力资本,他们就不可能使他们的这部分投资"组合"分散化。因此,厌恶风险的合伙人往往可以从一个平等分配规则中获益。

另一个法律规则是:一个公司中,拥有平等地位的股东必须等额分配股利。在公司控制权交易中,此规则与信义原则并不发生冲突。公司可以创制具有不同名称和附着各种不同权利的股票,正如他们也可以允许有其他价值元素的不平等分配一样。公司控制权交易收益的不平等分配,可以通过创造一种产生这种收益的激励,来增进股东的福利,从而提升公司的价值。但是,关于红利的分配,就不一定能产生此种结果。股利分配只不过是将财产从公司手中转移到股东手中罢了,在此过程中并没有收益产生。因此,一个允许股利不平等分配的法律规则,可能会增加股利分配的频率,但是不会增加公司的价值;相反,一个允许不平等分配股利的法律规则,将有可能使股东的处境更加恶化。因为他们会有一种激励去监督从公司撤回财产的行为,而这又会增加一些额外开支。这样,禁止股利的不公平分配规则,就好比允许对控制权交易所产生的收益进行不公平分配的信义原则一样,是完全符合股东财富最大化目标的。

总体而言,这种收益共享规则发生的可能性,将取决于两个事情:不平等分配实现收益的可能性和参与冒险行为的人数。这二者中,只要任何一个因素有所增加,利益共享规则在最大化股东财富方面的用处就会变得更小。我们在第9章有关闭锁型公司的探讨,将会为这一观点提供更进一步的证据。

6 估价救济

本书前面一章将(股份)估价视为假定的合同条款,该条款规定了在公司的实际控制人试图攫取公司财富时公司可以被售出的最低价格。这一"底价"条款,贯彻了福利经济学的帕累托原则:通过确保任何一方都不会因为公司控制权交易而使其处境恶化,从而以此提升交易的价值。在本章中,我们将对(股份)估价展开分析。

估价的功能

关于估价权的传统见解,大多集中于它保护了少数股股东免受某些公司控制权交易的损害。然而,如果眼光仅仅局限于公司控制权交易被宣布时,主观上的保护小股东的需要,则势必会忽略在影响控制权交易发生的可能性、交易达成的条款以及不存在交易的平常时期控制管理层的代理成本等方面,估价救济所发挥的重要作用。估价的原则所带来的效应,在交易发生之前就已经显现出来,它增进了所有股东的福利,而不仅限于那些事后看来在交易发生之时恰好为小股东的福利。它为出售公司设定了底价,从而确保公司的控制权交易增进了公司的价值。估价机制确保了广大的投资者可以就其所持股份,获得发生有问题的交易之前的价值,即在对投资者所持股份进行估价时,排除了这项有问题的交易所带来的、或者破坏了的因素。[1]

---

[1] 8 Del. Code. § 262 (h)。该条规定,法院"应当评估股份,并且在排除引起价值提升的关于估价评估权的实现预期等因素后,确定该股份的公平价值"。美国律师协会(The American Bar Association)的《模范商业公司法案》(Model Business Corporation Act)(rev. 1984),为大多数州提供了范例,其中的相关规定也大同小异。该法规定,异议者应当就他们的股份接受"合理的价值",并且进一步在§13.01(3)中,将"合理的价值"界定为,"在异议股东反对的公司行为结束之前股东所持股份的价值,同时还应当排除由于预料到公司交易行为而引起的股份涨跌,除非这种排除将导致不公平的情形发生"。

换言之,估价救济摒弃了股东共同担当问题交易所带来的损害,并以此增进整体价值。

当然,相反的见解却促使着我们考虑以下假设的情况。某公司唯一的股东希望保留51%的剩余索取权,而将其余49%的股权售出。假定该州的法律规定只有分别得到买方和卖方两家公司51%的股东同意,一项兼并行为才能发生。那么,控股股东就仍然有能力以其设定的单边条款来排挤小股东。控股股东可以高价先行出售股票,然后*再提出更低的价格,这样大股东就能通过排挤小股东而谋取大量的利益。这一情形表明,正如一些批评意见所称,估价机制同样存在着剥削的空间。

然而,这种以较低的价格"排挤"股东的可能性,影响了股票发行时小股东购买股票的价格。股份被大股东购买的可能性越大,小股东愿意支付的价格就越低。所以,应当认为是大股东,而不是小股东事先承担了潜在的剥削小股东的成本。控股股东会自愿限制自己后续的行为,以便一开始便获得最好的发行价格。估价机制,因为减少了大股东以自行设定的单一价格买入小股东股份的可能性,因而小股东也就愿意支付更高的价格。这无论对于大股东还是小股东,都大有裨益。这一分析对于母子公司之间的交易以及影响优先股股东权益的公司资本额之调整,都同样适用。

对于以上分析,批评者会作出以下回应:依赖交易前的估值机制是远远不够的,因为交易价格事实上由公司控制权交易的规则来决定。批评者还认为,如果信义原则允许以低价"排挤"股东,那么股份在市场中的销售价格将很低,此时要求股东以如此低的价格行使估价权,进而售出股份,其实作用甚微。这一见解当然不无益处,但实属误导。它建构于一个错误的前提之上,即公司控制权交易的规则允许以人为的低价排挤投资者。其实不然。估价诉讼中股份价值的估算,通常参照公司资产、收益和市场价值(有关市场价值的认定,产生了许多问题,我们后面会涉及)的加权百分比。这种方法使得股东所得低于交易前他们所持投资份额的价值的可能性,大为减少,而且

---

* 在兼并发生、小股东要求股份估价并由控股股东回购的时候。——译注

并没有证据表明,股东在估价中受偿不足。另外,即使公司控制权交易规则允许以人为的低价买走股东股份,从而使该股东"出局",这种预期仍然会使购买者只愿支付更少的价格;此时,同样地,内部人必须提前付出代价,以获得后来"掘取"股份的权利。这样,购买者仍然能够获得普通的投资回报率。如果他们被以高于目前股票市价的方式"排挤出局"——即使这一市价被低估了——他们的收益仍将高于普通的投资回报率。

然而,我们假设另一种情形,即股份交易价格被压低的原因,并不在于被挤压出局的预期,而是由于那些掌握公司控制权的股东借此剥夺其他股东获得公司回报的机会。具体的方式之一,可以是控股股东通过向自己支付高昂的薪水和津贴,从而"吸干"公司的利润,对其他投资者不留分毫。以通常的眼光分析,这种"吸干"的策略备受指责,正如公司经理人员的盗窃行为遭到口诛笔伐一样。但如果这种利润的转移完成得足够微妙,从而使它免受有效的责难,控股股东也许能够永远地打压他人所持股份的价值。但这是否意味着,以交易前的市场价值来评判公司控制权交易,是用错了衡量标准?

我们认为不是。如果控股股东能够永远地抑制股价,无助的股东将因为多获得了1分钱的回报而欣喜不已。安于现状的股东将不会提出其他更多的要求,以改变公司的控制权。此外,如果一个酒囊饭袋窃取了公司控制权,股东将蒙受损失,因为利空的预期已经反映在低迷的股价上了。在目前的公司控股人巩固了其控制地位后,购入该公司股票的人将获得普通的回报。如果将来公司控制权的转移将给其股东带来溢价的回报,他们将获得一笔横财,而在此期间抛售股票的其他股东将一无所获。对于这种意外的横财,我们并不赞成,因为它的部分成本,已经体现为它压制了至少一些也许更有益的交易。

估价机制是否关乎大局

Bayless Manning 称,估价机制无法实现任何经济目的,也无法保护小股东,只是徒然浪费了公司资财。[2] Manning 在一篇强有力的文章中,指出了估价救济在 19 世纪发展中形成的许多错误观点,同时还从公司及股东的角度,列举了估价救济所面临的重重困难。虽然其中充满了有趣的观点,但 Manning 显然最终问错了问题。

Manning 分析问题的焦点,集中于与公司交易的群体所面临的损失风险。Manning 将这种风险,归结为外部事件和内部事件共同作用的结果,前者如美元对日元汇率的变化,后者则完全无法由估价机制所控制,如管理层的集体辞职、公司破产、雇员罢工要求加薪,生产线的变化、股息政策的调整、公司在纽约证券所上市或退市的决定等等。而且,损失风险的承担者,也不局限于股东,而是或多或少地同时由雇员、债权人和公司所在的社区来承担。Manning 因此认为,引发估价救济的触发性交易,与其他带来相似或者更多风险的事件之间存在区别的主张,无法获得经济学上的支持。

然而,与此相关的问题,并不在于引发估价救济的交易在事后产生了独特的损失风险,而是在什么情形下,股票价值的底因(floor)在事前最大化了公司的价值。为了消弭赤字而进行估价救济,并不足以成为增进公司价值的激励。在其他情况下,一项估价救济措施将带来反向的激励效果。试想如果存在一项规则,在该规则之下,股东可以因为特定的经营决定(如公司引入了一项新产品)损害了其所持股份的价值而要求估价救济,这无疑将激励公司管理层放弃一些虽能带来高额净值收益、但同时带来诸多变数的项目,以免因项目运作不佳而损失了公司资财。事实上,因为管理层拥有强烈的激励去最大化公司利益,股东大可放手让管理层去作出绝大多数的商业决定,这并不会带来估价救济的直接损失或者其他机会损失。

的确,只有因为协调机制或者利益冲突使得公司的增值策略无法实施时,估价救济机制相对于其成本而言,才物有所值。有关估价

---

[2] Bayless, Manning, "The Shareholder's Appraisal Remedy: An Essay for Frank Coker," 72 *Yale L. J.* 233(1962).

法律规定的范式,至少在大体上以此为基础。[3] Manning 未能很好地理解触发性交易与非触发性交易之间的区别,因为他将眼光集中于事后的损失风险,而对估价救济在创造机制以最大化公司利益、进而事先最大化投资价值方面所起到的独特作用,未予关注。

股票市场的例外

对于估价救济机制而言,最大的限制体现为涉及股票市场时法律的例外规定。包括特拉华州在内的 23 个州规定,如果股东所持股份已经在交易所上市,或者持股状况十分分散以至于事实上存在着交易市场,或者股东已经在其他公司获得了其所持股份的对价那么这些股东就不享有估价救济权。[4] 对估价权予以限制,其理论依据在于,如果事实上已经存在交易市场,那就没有必要以司法的方式,为那些异议股东创造"估价市场"。

对此,有批评意见认为,有关股票市场的例外规定,无法为异议股东提供充足的保护,因为它存在一个前提假定,即异议股东可以在市场上抛售股票从而使他们的股份获得"充分"的补偿。例如,在 1978 年修订《模范商业公司法典》(Model Business Corporation Act)并决定删除有关股票市场的例外规定时,就有评论认为,"删除这一例

---

[3] 法律的两项例外规定是,其一,公司协议收购发生而股东被疏远在外时,法律为股东提供了估价救济权;其次,法律为那些购入其他公司股权的公司的股东(相对于目标公司而言的公司股东)提供估价救济。几乎美国各州都为协议收购发生时提供股东估价救济。还应当注意的是,购入其他公司股权的公司股东有权要求估价救济,这一规定的效果受制于一项规定,即只有在需要股东表决时,股东才有权表示异议。参见 ABA, *Model Business Corporation Act* § 13.02(1)(i)。另外还存在一些避免购买其他公司股权的公司的股东行使估价权的措施。参见 Alan Schenk and Steven H. Schulman, "Shareholders' Voting and Appraisal Rights in Corporate Acquisition Transactions," 38 *Bus. Law*. 1529 (1983). 在实践当中,绝大多数估价救济的案子,都与控股股东设置了"压榨"条款有关。参见 Elmer J. Schaefer, "The Fallacy of Weighting Assset Value and Earnings Value in the Appraisal of Corporate Stock," 55 *S. Cal. L. Rev.* 1031, 1032 & n.6 (1982)(引用案例)。

[4] 3 *Model Business Corporation Act Annotated* 1372 (3d ed. 1989).

外规定,是出于尊重事实而作出的决定。自从1969年将有关股票市场的例外规定加入到法案中后,这一事实就更为清晰了。20世纪70年代的事实再次表明,堕落的市场根本无法反映股票的公平价格,许多公司公开回购自己的股票,因为市场严重低估了它们。在这种情形之下,对于异议股东而言,通过市场来寻求股票的价值,并不是合理的选择。"[5] 以上观点宣称资本市场没有效率——它并没有反映与公司证券价值密切相关的所有可以公开获得的信息。第1章、第7章和第11章已经或者将要讨论,为什么尽管市场存在缺陷,在估量股票的"价值"方面,仍比其他机构(比如说法院)更为有效。股票价值被低估,只是表明必须售出股票的股东,受到了不公平的待遇,正如股票价值被高估时股东发了一笔横财一样。在这两种情况下,市场价格都反映了有关公司价值的公开信息。

真正的问题在于,有关股票市场的例外规定,与估价机制的功能——建立一个"预约价格"格格不入。试想一例,公司所有者将其股份的49%通过公开发售的方式卖出。在这49%的股份能够公开交易,或者公司所有者*购买的股份能够公开交易的情况下,就将这部分股东的估价权收回,并不能解决大股东事后掠夺小股东的问题,这势必使小股东只愿事先支付一个相当低的价格。关于股票市场的例外规定,虽然确保了丧失估价权的股东以较低的交易成本处理股份,但它在解决掠夺问题方面却无所作为。就此而言,有关估价的法律规定,与我们第5章对它们的理想化描述大相径庭。(但我们从没有主张,各州立法在增进投资者财富方面,都设计得完美无缺,只有公司法的结构才设计得比较完善。)

当法律、譬如说特拉华州的法律规定,在股东必须售出股份(不管是否通过公开交易的方式进行)以换得现金或者清偿债务时,股东拥有估价权,(大股东对小股东的)掠夺问题就大为缓解了。[6] 如果股票市场例外规定的理论基础在于,当存在一个公开的市场,估价机

---

[5] 同上,见第1368—1369页。

　*指购买这49%股份的公司所有者。——译注

[6] 8 Del. Code § 262 (k)(1).

制就是不必要的,那么最典型的用以否决估价权的例子是,在一项控制权交易中,股东可以获得的对价是现金——流动性最高的资本。然而,消灭小股东是某些排挤兼并类型中常见的目的之一。当小股东接受了仍然存续的公司的股份,因此还继续保有股权资本时,这些兼并的目的就无法实现。(当然,小股东以"换股"的方式参与兼并,也并没有消除被掠夺的可能性。他们以价值 100 美元的老股权凭证,换得价值 50 美元的新的权益凭证,不管后者是股票还是现金,他们都被剥夺了 50 美元。我们只是认为,在 100% 现金支付的通过买入股票从而使该持股者"出局"的合并中,股东权利被侵占的可能性最大。)对价体现为现金时才能获得估价救济,这种想法代表了一种认识,即当被掠夺的危险最大时,估价救济就必须得到适用。即便如此,我们还是可以预见到,那些认可并尊重市场机制的州,也并不认为估价救济是自给自足的。换言之,这些州还会千方百计地寻求一些办法,以确保股东从市场上接受的价格反映股份的真实价值。正如我们所看到的,特拉华州就是一个很好的例子。

Kideki Kanda 和 Saul Levmore 认为,如果估价救济发挥着一种我们至今都未加注意的功能,即补偿那些认为股票还有市场之外的价值的投资者,那么,估价机制就容易理解多了。[7] 对于封闭公司而言,缺乏流动性市场意味着不同的投资者赋予其股份以不同的价值,一旦交易活跃,这些价值将荡然无存,而如果股份的流动陷于停滞,这些迥然相异的价值就立刻显现出来。甚至在股份交易广泛进行之时,这些个性化的价值差异仍挥之不去。举例而言,如果 Jones 认为苹果电脑公司的预期收益是每股 30 美元,而目前市价为 22 美元,Jones 将掏钱购买苹果股票。但是,当降低持股多样性而带来的成本,超过了苹果股票市价与 Jones 对其个人估价的差异时,Jones 将停止购买该股票。大规模的公开市场,确保了 Jones 们能够寻求其他更多的机会,而且这些投资机会的价格将终止于他们对这些机会估价的最高边际价格。相形之下,绝少交易的股票体现不了这种价格与价值

---

[7] Hideki Kanda and Saul Levmore, "The Appraisal Remedy and the Goals of Corporate Law," *32 U. C. L. A. L. Rev*, 429, 438—441, 446—451(1985).

的差异。因而,Kanda 和 Levmore 主张,涉及股票市场时估价权的例外规定,即当被购买的股票可以广泛地交易(这样个人估价和市场价值同时存在)时,股东不能享有估价救济权,也就不难理解了。

虽然 Kanda 和 Levmore 对估价救济的考察相当周到,但仍然无法令我们信服。Kanda 和 Levmore 将讨论的焦点集中于投资者将放弃什么,而股票市场的例外规定则只决定投资者将获得什么。Kanda 和 Levmore 的解释,只有在法律假定投资者获得的市场价格(以现金的形式)等同于在市场获悉拟议中的交易之前的市价(这就是我们接下来要讨论的"公平价值"标准)时,才是有效的。以此为基础,对于封闭公司启用估价救济机制,只有把它作为个体对股份评估各有差异的适应性调节,才能获得合理的解释。然而,相关的法律法规并没有作出这样的规定。美国 23 个州的相关规定表明,在兼并发生时,如果公众公司的投资者获得的支付对价是股票,那么关于股票市场的例外规定*就可以启动。其中新旧股份之间的转换率是控制权交易中的最大变数,但法律并没有对此加以限制,换言之,这一转换率并没有底线。

什么是"公平价值"

估价救济机制的功效,在很大程度上取决于法律的制定和解释,其中最重要的问题之一是异议股东能够运用的补偿手段。对此,通常的解答——异议股东应获得的"公平价值"——可以是任何事先的估值,以及事后根据大股东实现的资产价值来估值等。绝大多数的法律规定,估值是事先锁定的,与异议交易所带来的收益与亏损无关(参见本章注释[1])。这一先于交易的估值标准,对于投资者而言无疑是最好的,其原因我们将在第 5 章中详为阐述。

1983 年,特拉华州最高法院在 Weinberger 对 UOP, Inc.[8]一案中暗示,控股股东必须披露他(或者已知的其他人)向小股东购得股份的最高价格,并且按此标准支付给其他股东。后来的案件多次强

---

* 即不适用估价救济机制。——译注

[8] 457 A. 2d 701 (Del. 1983).

调了这一标准。[9] 虽然这"第三方价值"标准，即少数股股东必须获得任何其他人在"拍卖"中——将公司所有的变化因素都考虑在内——愿意支付的价格，对于一些法官和学者而言，的确具有魔幻般的吸引力（siren's attraction），（限于篇幅）我们在这里还是将进一步的讨论略去。因为本书第5章将讨论基本的方法，第7章将对估价的"拍卖"视角详为探讨。

对于 Kanda 和 Levmore 而言，以下进一步的评论无疑恰如其分。他们将估价机制主要视为一种救济方式，以使公众公司中那些高估自身股票（估价高于市场价格）的投资者获得补偿，但他们却忽略了以下两个细节：其一，对于所有的投资者而言，估价救济中认定的"公平价值"都是一致的。没有一个州试图去认定并补偿所谓特殊的价值。而单一价格评估机制却正合乎我们对估价机制功能的理解。其二，现有的资料表明，交易活跃的股份的供给节奏较为平缓，这表明大多数股东对股票市值的估计较为准确。[10] 除了在封闭公司中，并不存在超边际价值的情形。

估价存在的问题

估价救济与股票的价值评估如影随形，须臾不可分离。最常见

---

[9] Rosenblatt v. Getty Oil Co., 493 A. 2d 929, 939—940 (Del. 1985); Cede & Co. v. Technicolor, Inc., 542 A. 2D 1182, 1187 (Del. 1988); Cavalier Oil Corp. v. Harnett, 546 A. 2d 1137, 1144, 1146 (Del. 1989). 同时可参见《模范商业公司法评注》（Model Business Corporations Act Annotated）第1430—1435页（收入了许多州的案例）。

[10] 要决定个股的供求曲线和进度，相当不易，其中掺杂着实证材料的个性化的解释。参见 Lynn A. Stout, "Are Takeover Premiums Really Premium? Market Price, Fair Value, and Corporate Law," 99 Yale L. J. 1235, 1252—58 (1990). 这一专业的学生经常发现，大宗股票的销售打压了价格，而大宗股票的购买则提升了价格。参见 Myron S. Scholes, "The Market for Securities: Sbustitution versus Price Pressure and the Effects of Information on Share Prices," 45 J. Bus. 179 (1972). 但问题的关键在于，这一现象之所以发生，是因为购买行为将信息传导给了市场，还是由于存在明显的供给曲线向下的趋势。大宗销售可能表明，内部人已经获得了利空的信息；而大宗购买则往往预示着收购或者管理层变更的开始。在以上任何一个事件中，价格变动并不意味着需求曲线下移。数量变化所传导的信息的复杂效应表明，未带来新的信息的大宗销售，并没有从根本上影响股票的价格，只是表明了一个浅层次（如果不是平平的话）的股票供给进度与平和的预期。

的以特拉华州采用的大宗方法为代表。该州对股票市值、净资产和盈利能力进行加权平均,从而计算出股票的价值。[11] Weinberger 放弃了这种方法,并且认为"在金融共同体内所有被普遍接受的估价方式,都应当予以考虑"。[12] 接下来,我们将运用这种视角,考虑特拉华州加权平均法(Block Method)存在的问题,并试着提供一种替代性方案。

特拉华州加权平均法

根据特拉华州的加权平均法,估价人分别计算股票的市值、盈利能力和所对应的净资产,并赋予其相应的权重,然后予以加总。但这种方法也面临重重困难。在任何特定的时间里,证券的市值都代表着除以股数后的公司净现金流的现值。如果能够在排除异议交易影响的情况下计算股票的市场价格,则这一市价的确是异议股份价值的最佳证据。在此情况下,再逐一考虑股票的盈利能力和净资产价值,无疑是画蛇添足。只要证券市场竞争充分,股票的价值就充分体现在市场价格之中。市场流动性越强,依赖市场价格确定股票价值就越发可靠。然而,存在流动性的市场,却未必是运用市场价格机制的前提条件。基于公允条件的独立交易,同样可以毫无偏私地反映股票的公平价格,因而也可以排除考察其他因素的必要。

我们在运用估价机制时依赖市场价格的主要困难,也正是我们

---

[11] 参见 Bell v. Kirby Lumber Corp., 413 A. 2d 137 (Del. 1980); University City Studios v. Francis I. DuPont & Co., 334 A. 2d 216 (Del. 1975); In re Delaware Racing Ass'n, 213 A. 2d 203 (Del. 1965). 这一方法为其他各州广泛采用。参见 Florsheim v. Twenty Five Thirty Two Broadway Corp., 432 S. W. 2d 245 (Mo. 1968); Brown v. Hendahn's-Q-B & R, Inc., 185 N.W. 2d 249 (N.D.1971); Fogleson v. Thurston Nat. Life Ins. Co., 555 P. 2d 606 (Okla. 1976)。在纽约州的引导下,一些州也更多地依赖股票市场价格。参见 In re Marcus, 273 App. Div. 725, 29 N.Y.S. 2d 76 (1948); Application of Behrens, 61 N.Y.S. 2d 179 (Sup. Ct. 1946), affirmed, 271 App. Div. 1007, 69 N.Y.S. 3d 910 (1947)。但也有并不强调市场价格重要性判例产生。参见 Endicott Johnson Corp. v. Bade, 37 N.Y. 2d 585, 376 N.Y.S.2d 103, 338 N.E.2d 614 (1975)。

[12] Cede & Co. v. Technicolor, Inc., 542 A. 2d 1182—87 (Del. 1988), 随后可见于 Weingerger v. UOP, Inc., 457 A. 2d 701, 712—713 (Del. 1983)。同时还可见于 Cavalier Oil Corp. v. Harnett, 564 A.2d 1137, 1142—45(Del. 1989)。

试图寻求市场之外的估值方法也碰到过的,即股票的市价可能已经受到了异议交易的影响。例如,子公司中由少数股东持有的股份,由于异议交易可能性的存在,使其市场价格受到了影响。另外,少数股股东也无法以比并购预期影响下(当然要根据并购发生的可能性打一个折扣)的股票价格更高的卖价将股份转让,除非后续的估价救济机制能使持股者获得更高的价格。但如果目前流行的市场价格可以成为估价的标准,则估价的前景对于股票市价将产生不了任何影响。果真如此,则估价机制毫无意义,它在促进有效率的市场行为方面的价值,也将荡然无存。

如果市场价格无法测算或者重建,一种逻辑的替代方法是收益估值。[13] 通过分析公司未来一段时间内的净现金流,并选择一个或一些适当的资本化比例将其折现为现值,可以对收益价值予以测量。然而,这一进程的不确定性也相当明显:对未来现金流的积极和消极的预测以及直接反映这些现金流风险的资本化折算比例,都在相当范围内存在疑问。这意味着几乎任何估值方式,都可能遭受苛刻的质疑,近来特拉华州最高法院也承认了这一点。[14] 这一进程的极大不确定性也表明,可以获得的市场价格应居于主导地位。成千上万为个人私利驱动的投资者,以自己金钱为代价而作出的投票决定,比受雇于一方的所谓评估师作出的猜测,准确性更高。

特拉华州法院确定的收益估值标准,显示了评估价值时的随意性,这甚至比查看《华尔街日报》(*Wall Street Journal*)还要随意。每股收益价值是根据过去 5 年每股收益的平均值、而不是根据现在的收益或者预期收益计算得出来的。因为只有预期收益才与计算股票现值息息相关,所以,将注意力集中于过去的收益状况未免太过随意。一

---

〔13〕 重建(Reconstruction)是利用市场价格及其走势、以及第 7 章、第 11 章所讨论方法而进行的股票价格重估过程。参见 Daniel R. Fischel, "The Appraisal Remedy in Corporate Law," 1983 *Am. Bar Found. Res. J.* 875, 893—894,该文列举了一些对估价具有特殊参考价值的方法。

〔14〕 Mills Acquisition Co. v. Macmillan, Inc. , 559 A. 2d 1261 (Del. 1989)。还可参见 Lucian Arye Bebchuk and Marcel Kahan, "Fairness Options: How Fair Are They and What Can Be Done about It?" 1989 *Duke L. J.* 27; Metlyn Realty Corp. v. Esmark, Inc. , 763 F. 2d 826, 834—837 (7th Cir. 1985)。

旦收益数字确定,通过分析其他具有可比性的公司的市盈率,就可以为本公司股票价格的评估选择相应的资本化率。然而,这种方法并不可靠,因为市盈率反映的不仅仅是现金流的风险,同时还包括预期的资本收益。这样,市盈率高企,可能只是表明未来的预期收益增加,而并不同时反映市场风险低。进而言之,公司的资本金结构也影响着市盈率。公司债务越多,每股收益越高,风险也就越大。因而,如果两家公司的其他情况相同,负债更重的公司将比负债较轻的公司,以较低的市盈率出售其股票。于是,除非各公司的资本结构相同,以其他公司的市盈率为基础而确定资本化比率,将出现严重的扭曲现象。最后,确定一个合适的资本化比率也可能同样导致扭曲。现金流的风险,随着年代和项目的不同而变动不居。如果被选中的公司在过去、现在和未来的现金流、现金流的风险和资本金结构方面,具有足够的可比性,这些扭曲因素就可能相互抵消,但以这种方法计算出来的收益价值仍面临相当大的不确定性。

以资产价值为基础而进行的股票价值评估,更是问题丛生。如果市场价格可以通过观察或者重构而得出,资产价值自然也会被考虑在内。而如果运用不上市场价格,资产价值通常也无助于收益价值的计算——资产的价值表现为该资产的未来收益的现值。当公司的清算价值据称高于"目前的价值"时,法院在进行公司价值评估时,通常将资产独立于收益因素来考虑。宣称清算价值高于"目前的价值",通常发生于涉及自然资源(如石油、天然气和木材等)的场合。[15] 这一认识的前提是,市场没有充分反映这些自然资源的"内在价值",所以,依赖资产价值是必须的。然而,这一认识并没有获得实证支持。实际情况是,市场价格正像反应其他资源的价值一样,也反映着自然资源的价值。

当持有异议的投资者认为,公司的资产清算价值将高于"目前的价值",公司的市场价值标准就很难适用。对此问题的反应,特拉华

---

[15] 参见 Lynch v. Vickers Energy Corp. , 429 A. 2d 497, 505 (Del. 1981)(资产价值非常重要,是因为"石油过去是(现在仍然是)有限的必备能源,对于公司的资产起到了极大的影响作用");Bell v. Kirby Lumber Corp. , 413 A. 2d 137 (Del. 1980)。

州与其他州一样,称只能考虑公司"目前的价值"。[16] 这一结论与本书第 5 章搭建的框架不谋而合。重组公司所获得的收益——包括清算公司在内——应予以单列(而不能并入公司股票的评估之中),以奖励那些承担着成本和风险去寻求公司重组和变更的人。

WEINBERGER 之后特拉华州对股份的评估

Weinberger 案抛出了特拉华州加权平均法,但正如我们前面给出的理由,这种方法远非尽善尽美。那么,法院对此又将会采取哪些方法呢?"金融圈子里通常使用的方法"包括市场价格,还包括将项目的未来收益现值化的一篮子方案。这些方案要么复制了特拉华州的加权平均法,要么更不可靠。在 Weinberger 案之后,法院允许投资者恢复使用一些估值要素,只要这些要素可归因于寻求反对内幕人的利益诉求[17],因而,回复控制权交易发生前的价值,这从经济学的角度看,无疑是妥当的。与此同时,法院断然拒绝了为现有的投资者寻求重组所创造的估值要素的努力(参见本章注释[9])。股份评估案例本身少之又少,这方面待解决的更是凤毛麟角了。也许最好的评论是,如果法律在这方面的错误走得太远,那么我们所看到的诉讼就远比现在多得多。

估价救济的排他性

估价和其他救济措施、如禁令以及损害赔偿之间的关系,长期以来一直是诉讼和争议的焦点。多年来,除非在欺诈或者其他不法情形下,股份评估一直被视为异议股东的排他性救济措施。[18] 在 Singer 诉 Mangavox[19] 一案中,法院认为,如果小股东表明一项兼并缺乏

---

[16] 例如 Rosenblatt v. Getty Oil Co., 493 A.2d 929, 942 (Del. 1985); Tri-Continetal Corp. v. Battye, 74 A.2d 71, 72 (Del. 1950); Sporborg v. City Specialty Stores, 123 A.2d 121, 126 (Del. Ch. 1956)。

[17] Cavalier Oil Corp. v. Harnett, 564 A.2d 1137, 1142—45 (Del. 1989)。

[18] 这是包括特拉华州在内的法律的明确规定。Stauffer v. Standard Brands, 187 A. 2d 78 (Del. 1962); David J. Greene & Co. v. Schenley Industries, 281 A. 2d 30 (Del. Ch. 1971)。

[19] 380 A. 2d 969 (Del. 1977)。

"适当的商业目的"或者并不"完全公平",他(们)就有权使得该项兼并最终被禁止。在 Lynch 诉 Vickers Energy 案[20]中,法院判定,小股东可以要求收购方撤销其行为,并赔偿损失,理由是该公司在收购过程中存在误导性陈述及其他违反信义义务的行为。在 Weinberger 一案中,法官抛弃了 Singer 一案中确立的商业目的要求,并认为,除了存在欺诈或者误述,估价救济应当成为排他性的救济手段。法院也推翻了 Lynch 一案的判决,称在欺诈或者误述的情况下可以主张损害赔偿,但同时认为,只有这些情形能够被证实,才能在股份评估权诉讼过程中提起损害赔偿救济。随后在 Rabkin 诉 Philip A. Hunt Chemical Corp.[21]一案中,法院认为,为防止公司以股份评估取代相关责任人应承担的违约责任,法院可以禁止该项兼并活动,而且在 Cede & Co. 诉 Technicolor[22] 一案中,法院认为,如果在公司兼并中,投资者因受欺诈、被蒙蔽而要求估价救济(其实最合适的措施是发布禁令),法院也可以禁止该项兼并活动。由此看来,实际上估价救济远远不是"排他性"的。

禁令和损害赔偿

股份评估是否应当成为排他性的救济措施,部分取决于诉讼中的估价是否准确地反映了交易发生前股票的价值。估价越不准确,其他救济方式就越有效用。前述分析表明,在估价权诉讼中存在两方面的不足:其一是"市场例外规则",它使得投资者缺乏底线保护,尽管内幕人事实上已经极大地压低了市场价格;其二便是达成"公平价值"的方法,存在着巨大的差异和不连贯性。

这是否意味着,法院应当禁止有损害的交易发生,而不是为股份设定合适的价格?对欺诈进行规制的法律规范,将迫使内幕人就其所需而展开博弈。赋予投资者申请获得禁令的权利,将驱使人们*进行谈判,因此可能有助于改善公司控制权市场的运作。

---

[20] 429 A. 2d 497 (Del. 1981).
[21] 498 A. 2d 1099(Del. 1985).
[22] 542 F. 2d 1182 (Del. 1988).
　* 公司内幕人和广大的投资者。——译注

但这并不表明，即使估价机制并不完善，我们仍然对寻求遏制欺诈的努力会改善事物的处境充满信心。毕竟，发现欺诈行为本身成本高昂，而且可能会犯错误。禁令创造了"敲竹杠"的价值。对于公司而言，只有购买了原告寻求禁令的权利，才能推进这项交易。相反，在损害赔偿规则之下，情形则截然不同。如果交易成本为零，则在财产规则(禁令)和责任规则(损害赔偿)之间的选择，对于结果毫不相干。如果交易给被告带来的收益超过其给投资者造成的损害，被告将能够赔偿损害，或者买下投资者寻求禁令的权利。如果交易给投资者造成的损失超过了它给被告带来的利益，被告将放弃购买原告寻求禁令的权利，也不会选择赔偿损失——果如此，交易也不会进行下去。

但在投资者众多因而交易成本比较高的现实情况下，财产规则和责任规则之间的取舍，对于结果而言，通常能起到决定性的作用。如果股东人数众多，被告与其一一协商以购买其寻求禁令的权利，就极其困难。另外，每一股东都各打算盘甚至静观其变，以谋取高价从而获得尽可能多的个人私利。这种策略行为引发了禁令的威胁，尽管不论股东作为个人，还是一个整体，都受益于这一面临挑战的交易。总之，交易方人数众多、股东静观其变、原告之间的利益冲突，都使交易各方通过谈判达成最优安排的能力受到极大的挫伤。这样，只有在评价救济明显缺位或者欺诈行为非常明显(以至于在认定欺诈方面犯错误的成本很低时)时，才应当发布禁令措施。

欺诈例外

法官在 Weinberger 一案中重申了一项传统的规则，即只有在涉及欺诈行为时才能发布禁令。[23] 当然，"欺诈"是一个弹性条款，Weinberger 案中许多措辞表明，法官在被说服并且最终认为公司给予投资者的金钱补偿太低，或者公司未能帮助投资者通过"敲竹杠"而获取

---

[23] Weinberger v. UOP, Inc., 457 A.2d 701 (Del. 1983). 可参见《模范商业公司法典》(*Model Business Corporation Act*) §13.02(b)，该条规定，估价救济是排他性的，除非涉及的行为是"非法的或者构成了对股东或者公司的欺诈"; N.Y. Bus. Corp. Law §623(h)。该条规定，在公司行为被认定为非法，或者构成了对起诉股东的欺诈时，估价救济就不是排他性的。

交易创造的利益份额时,法院将会认定其中存在欺诈行为。但由于这种方法引发了巨大的"耍赖"效应,特拉华州迅速放弃了这一做法。最近的两例案件表明,适当推导出来的价格尽管偏低于投资者的预期,但并不构成"欺诈",另外,提出控制权交易的人无须披露他们认为的最优价格(或者对其他潜在出价人的报价作出估计)[24],这一方法使得禁令的适用范围被局限于由于受到欺骗而使估价救济更不准确等有限的情形。

但不要试图用 Dr. Pangloss 来迷惑我们。事实上,法院要在股份估价不足中发现欺诈行为,非常不易,这不仅由于数据匮乏使得判断困难,也因为采取策略性行动的原告,具有足够的动力,去将哪怕是带来了最大利益的公司控制权交易也说成是"欺诈"行为,因为他们将因此获得巨大的收益。这样,任何试图找寻欺诈行为的努力,都伴随着法院错误地禁止有益的交易的风险。

如果估价过程中的程序性问题能够解决,估价救济不失为富于吸引力的排他性救济手段。而根植于市场价格的更为准确的股份估价[25],加上作为恢复性赔偿要素之一的利息损失,以及向公司转移了诉讼成本(包括律师费),都将极大地改善估价诉讼的功用,并使其他救济措施默然失色。美国律师协会在对《模范商业公司法典》1984 年的修订中,在这方面迈进了一大步,要求公司发起并承担估价诉讼的成本——将所有的诉讼请求合并于一张表格,大大加速了诉讼进程。[26]

---

[24] Bershad v. Curtiss-Wright Corp. , 535 A. 2d 840 (Del. 1987); Rosenblatt v. Getty Oil Co. , 493 A. 2d 929, 944—945 (Del. 1985). 同时可参见 3《模范商业公司法案解释》(Model Business Corporation Act Annotated) 1430—34 (从其他州引用的案例)。

[25] 认为数量准确的损害赔偿救济措施,优于禁令措施,绝不意味着所有的损害赔偿措施都应成为优先选择。之所以如此,除了我们已经强调的原因之外,还因为从财富最大化角度分析,异议者偏好的损害救济措施,而不是禁令。在损害赔偿机制之下,原告因为与交易和交易中任何与欺诈行为毫不相关的股票市价上升而得以补偿。这一机制为原告提供了一项毫无成本的选择;原告可以在欺诈行为发生后的相当长时期里,等股票市场价格上扬从而坐收渔利。因而损害赔偿机制阻遏了创造价值的交易发生,因而与投资者与公司管理人员之间的、在交易成本足够低的情况下会达成的合约格格不入。

[26] 参见 § § 13.30 和 13.31。

估价救济的范围

在19世纪中期估价机制首次出现的时候,它只是被运用于少数的几个交易中,事实上有权行使估价权的,只是那些被解散的公司的投资者。[27] 但随着时间的推移,适用估价救济机制的交易越来越多。现在,只要交易的重要性足以引发"购买公司"的投资者进行投票,"购买公司"的投资者就和目标公司的投资者一样,有权对控制权交易表示异议,并进而行使估价权。更有意思的是,各公司章程中载明的投资者有权表示异议的公司变更事项也越来越多。1984年的《模范商业公司法典》规定,如果章程的变更影响了股份的优先权或者投票权、优先购买权或者累积投票权,股东就有权提起股份评估,与此同时,该法案还允许在公司章程中,把其他交易列为引发评估权的"触发事件"。[28]

一方面,如果估价救济是市场的某种替代机制,则这种救济方式的膨胀实在不可思议。如今,证券市场无论在广度和效率方面,都远非百年之前所能比拟。另一方面,如果估价机制建立了一项"预约价格",那么,通过匿名的公开市场持有财富的比例的上升,将使得估价机制越发重要。本书第1章表明,估价机制对于合同的"后续性条款",或许是一妥当的解决途径。这些"后续性条款"包括章程的预期之外的变更,以及改变了风险和预期收益的证券结构的意外变更等。可以预见,随着公司和他们的律师越来越富于创造性,他们会创造出一些方法,既不必使公司管理层面临着市场考验去筹集新的资金,又能改变投资的风险和收益特征,这样,估价机制的运用范围将越发广泛。

---

[27] 参见 William J. Garney, "Fundamental Corporate Changes, Minority Shareholders, and Business Purpose," 1980 *Am. Bar Found. Research J.* 9, 77—94; Melvin Aron Eisenberg, *The Structure of the Corporation* 69—84(1976); Elliott L. Weiss, "The Law of Take Out Mergers: A Historical Perspective," 56 *N. Y. U. L. Rev.* 624 (1981)。

[28] §13.02(a)(4)和(5)。

7　要约收购*

现金收购要约是公司控制权交易的形式之一。一家公司针对另一家公司的股票发出要约,这项要约的对象是股东、而不是公司管理层。如果投标者获取了足够多的股票,它将通过以下标准机制之一取得公司的控制权:它利用股份投票权选掉在任的董事会,并取而代之;或是将被收购的公司并入自己的版图,或者使它成为一个子公司。由于要约收购是要约收购者和目标公司投资者之间的自愿交易,它包含着一项内在的市场检验机制:投资者不愿接受要约,除非这项要约的出价高于市价(这正反映着潜在的竞争性投标价格);同样的,要约收购者也不愿出如此高的价格,除非他们确信自己能够妥当地运营目标公司的财产,从而使得这项溢价支付富有价值。这些无疑都意味着生产效率的提升。

然而,由于存在敌意收购方,要约收购与我们迄今所探讨过的交易形式都迥然不同。目标公司的在任管理层往往将收购要约视为他们管理不善的信号,因为要约收购者通常着意改变目标公司的经营风格。在收购完成后的3年内,目标公司过半数的高管人员都会丢掉职位。因而,他们可能尽力去抵制——或者是出于保住饭碗的愚蠢念头,或者是由于他们确信自己对公司的运作方案的确优于要约收购者。(令人可笑的是)经理们虽然无能,却往往固执地认为自己是为公司的最佳利益行事,其他优秀的经理人都不如自己。也许没有能力识别什么是公司的最佳利益,这才是公司管理团队走向没落的真正原因。另外,一些(保守乃至于)"怯懦"的公司经理人,正如我们

---

* 也有人译作"标购""发盘收购"等。译者遵循香港证券及期货事务监察委员会(Securities and Futures Commission)编印的《英汉证券、期货及财务用语汇编》(*An English-Chinese Glossary of Securities Futures and Financial Terms*)(1999年4月,香港)中"内地和香港共通译法"中的译法,将其译为"要约收购"。——译注

剩下的这些人,认为最有利于他们的就一定最有利于公司,在此"共识"之下,他们避免了许多认识上的不协调。因而,就立场而言,现任管理层对于要约收购自然持有非常不情愿的态度。就此而言,抵制只是利益冲突的表面现象而已。

接下来,我们将讨论的焦点集中于许多人关注的有意识的抵制问题而不是"要约收购中大幅溢价的来源是什么"这一问题。这种溢价是来源于协作效应、税负的减少、管理团队的更换,还是财务上的胡编乱造?看来都不是,这种收益(如果有的话)来自于收购发生后对公司结构和运作方式的调整。要约收购与善意的兼并或者董事会选任新的CEO的最大区别,在于它的敌意属性,即在要约收购成功后,要约收购者和股东得以凌驾于管理层之上。如果说优势互补的协作式合并能够产生效益,那么我们期望无需使用强力,管理层也能达此目标,这正如管理层决定开发新产品、开设新厂房而无需用枪指着他们的太阳穴一样。非自愿性控制权交易必然意味着要么(a)目前公司的管理团队丧失或者浪费了一次为公司增进价值的机会;或者(b)要约收购者已经寻求到了一条以目标公司买单的方式增进自身福利的途径。无论属于哪种情形,需要解释的问题,都是为什么必须使用强力。

合同范式

与其他控制权交易一样,要约收购也能够通过合同范式来完成。的确,合同主导着控制权交易的整个过程。大多数公司自其诞生之始,就决定了无法通过并购来完成所有权的转移。封闭公司的股份缺乏公开交易的市场,并且通常还受制于买卖协议或者其他机制,这种协议或者其他机制,赋予了公司管理层或者其他股东否决任一投资者对外转让股份的权利,或者赋予他们优先受让权。而且,许多公司并不存在可交易的股权证券,如合作公司、共同保险公司、大学和其他非营利性事业单位等。其他公司,即使是公众公司,也建立了一套使得要约收购困难重重的结构。例如,当福特汽车公司第一次向公众发行股票的时候,它发行的是无表决权股,而由家族保有表决权股。这样,即使通过要约收购的方式从公众获得了福特公司的股份,也无法实现控制权的变更。所有这些以及更多的合同机制,都吻合于我们的经济分析框架,并且都是合法的。然而,在公司上市后,对于投资者通过要约收购而变更公司控制权的能力,如果试图采取措施加以变更,问题就产生了。

州和联邦规则

在要约收购发生之前,特拉华州允许公司建立几乎所有可能影响要约收购发生的机制,而且它们只是受制于作为惯例的(同时对管理层高度顺从的)商业判断原则。[1] 公司可以对董事会成员实行交错任期制,这可能会阻遏要约收购者对目标公司的有效控制;公司还可以发行表决权较低的股份(或者规定当形成大宗股份时,表决权丧失),这再一次影响了要约收购者通过运作股份而控制目标公司的能力。公司还可能在章程中引入"绝对多数要求"(收购者必须获得半数以上的股份才能实施收购)或者"公平价格规则",这一规则要求要约收购者参照要约的出价确定一项价格,以购买剩余的股份。在有关"公平价格"的章程修订方面,常见的形式之一是规定在挤出合并(squeezeout merger)中支付的价格,至少不低于在要约收购中的出价,并且需要得到要约收购者所持股份之外的多数持股股东的同意。公司还可以发行"毒丸股份"(poison pill stock),在这种股份安排下,一旦任何人持股超过一个特定比例(通常是20%),一种特定的权利便被"唤醒",即除了该大宗股份持有者,任何股东都有权以折扣价购买本公司增发的股份。毒丸股份这种"允许折价购买已方公司新发股票"的特质,稀释了大宗股份持有者的利益,减损了每一股份的价值

---

[1] 在要约收购方面,特拉华州拥有迄今为止最为发达的案例法体系。这方面主要的案件有 Paramount Communications, Inc. v. Time Inc., 571 A.2d 1140 (Del. 1990); Revlon, Inc. v. MacAndrews & Forbes Holdings, Inc., 506 A.2d 173 (Del 186); Moran v. Household International. Inc., 500 A.2d 1346 (Del. 1985); Unocal Corp. v. Mesa Petroleum Co., 493 A.2d 1049 (Del. Ch. 1988); City Capital Associates v. Interco Inc., 551 A.2d 787 (Del. Ch. 1988);总体上还可参见 Ronald J. Gilson and Reinier Kraakman, "Delaware's Intermediate Standard for Defensive Tactics: Is There Substance to Proportionality Review?" 44 Bus. Law. 247 (1989)。

(同时它还要求要约收购者更多地购买股份以取得控制权)。——这一结合是致命的,尤其是当"吞下"这些股份时(所以称为"毒丸")。当然,有时要约收购者获得了绝大比例的股份(80%~90%),毒丸的特质也就自然消失了。另外,毒丸股份"折价购对方公司新发股票"的特质,对于要约收购者自身持有的股份,在兼并完成后同样具有类似的稀释效果,它诱使目标公司的股东不愿出售股份,因为如果他们保留着目标公司的股份,他们就能够坐等兼并结束后,以折扣价购买要约收购公司的股份;同时,它还诱使要约收购公司自身的股东反对这项并购交易,以避免自己的利益遭受稀释。

特拉华州的法律要求,当一项要约收购处于进行之中时,目标公司的管理层负有额外的注意义务,来证明他们的行为符合公司的最大利益。虽然这一规定给公司管理层带来了负担,但法院对于为了证明实施既存计划(例如与第三方合并)的正当性而提供的辩解事由,保持着相当的宽容,即使这些计划与进行中的要约收购格格不入,如目标公司从大宗股份持有者中回购股份("绿邮"(greenmail)计划);向大宗股份持有人之外的所有股东高价购买股份;购买要约收购者的股份;向允诺支持在任管理层的另一家公司大量发行股份;以反托拉斯法和证券法为理由提起诉讼以阻止这项要约;在"触发"机制被启动之前拒不赎回"毒丸股份"等。

只有当目标公司管理层的决定将使公司面临停滞不前的僵化境地时,特拉华州才会出手阻遏这些策略性安排。当拍卖随情势发展变化之时,公司管理层可能被要求赎回"毒丸股份"以避免出现"锁定"选择的情形(对于要约收购者而言,"锁定"选择是指以折扣价出售公司资产,或者忍受毒丸股份的存在而稀释了自己的利益)。这种拍卖机制必须给予要约收购者平等的机会,以使出价最高者最终胜出。

在论及这些案例法时,我们必须把将近40个州一体遵循的联邦《威廉姆斯法案》(Williams Act)[2]和相关控制股份的法案纳入研究的视野。任何人持有公众公司5%以上的股份时,必须提交报告,披露其持股比例和意图。而且,要约收购者必须就其财务状况和计划,

---

[2] 15 U.S.C. §§78m(d),(e),78n(d)-(f).

提交更为详尽的报告,同时必须向公众开放其收购要约一个月。要约收购者在要约期内不得向市场另行购买股票,另外必须以最高的价格按比例购买超额售出的股份。这些规则彻底消除了要约收购者通过早期投标而获得优势的可能。另外,《威廉姆斯法案》还给予目标公司时间来权衡对策(是阻遏这项要约收购,还是寻求更有竞争力的买主),也为反对或者剥夺要约收购者采取有利于推进收购行为的策略提供了法律依据。

有关控制股份的各州法律规定可分为两类。其一,在该类法律规定的框架下,要约收购者所持股份的权能被"架空",直至剩余的投资者投票给予要约收购者控制权时为止。这种"少数中的多数路径"与修订章程载入"公平价格"条款有着异曲同工之妙。在其他州的法律框架下,阻挠兼并发生的方式还可以为:除非目标公司管理层事先同意,兼并必须在要约收购发出后的一段时间内(通常是三年)才可能完成。有类似法律规定的绝大多数州,允许公司以修订章程的方式"选掉"(opt out)这条公司法规则,而代之以规定如果要约收购者获得了足够的股份(在特拉华州,这一比例确定为管理层持股之外的85%的股份),这一限制*就自然取消。同样地,如果要约收购者获得了足够多的股份,那些在章程修订时引入的、要求要约收购者以在通常情况下具有吸引力的价格购入所有股份的"公平价格"条款,也将自行失效。如果法律没有设定这一选择权,则尽管兼并作为一项公司变更事由,足以使得公司股价上扬具有正当性,但缺乏管理层的同意,这种有益的兼并仍可能胎死腹中。而管理层是否应当同意兼并,这一问题任何法院都没有触及。从总体上看,这一问题与管理层是否应当赎回"毒丸股份"以允许并购进行下去,具有相同的性质。

有关合同的论争

由于公司可能(事实上的确)建立了组织结构,并且发行了有利或者不利于并购发生的证券,它似乎佐证着我们的一项假定,即公司法在总体上只不过是合同规则。至于这种合同的边界,纯粹的合同

---

* 指兼并必须持续3年才可能完成。——译注

视角意味着任何合约事项都能通行无阻——管理层应当有权采用任何机制来应对要约收购行为,当然还必须受制于对他们权力的合同约束。法院的惟一作用,是敦促各方履行合同。[3] 毫无疑问,我们认为这是一个极富有吸引力的讨论出发点。

我们不难想见合同的广泛运用。一些公司对收购要约保持着开放的姿态,而另一些公司则对此完全"刀枪不入"(正如今天的绝大多数封闭公司)。投资者可以在不同公司推行的不同策略中作出选择,这样,那些能使公司效益最大化的规则将长盛不衰。或许,一些公司如果能够确保其"独立性"——不但独立于要约收购者,而且免受投资者的干涉,就能蒸蒸日上;或许,公司对管理层的终身雇佣,有利于促进其长远发展规划;或许,管理层拥有的使公司保持独立的权力,有利于其针对任何特定的并购行为商定最佳条款。与此形成鲜明对照的是,其他公司置身于极易被收购、或者股份易于被"消化"的境地,而不是相反(如前述提及的"公平价格"范式)。总之,公司和合约安排的多样性,使得没有任何一种范式可以绝对地最大化所有公司的价值。除了合同,任何法律或者经济机制,都无法为必须构建的公司结构提供有益的匹配;其他任何一种机制,都显得无法具备如此强大而可以自我调适的取优汰劣功效。

为吸引投资者,公司提供着令人眼花缭乱的投资工具,如债券、优先股、可转换次级债券、具有不同表决权的普通股、认股权证等等。公司竞相推销着它们的产品和内部治理结构,这样,包括管理层结构和表决机制的差异,都成为它们竞争的焦点。随着市场的变迁和投资者偏好的转移,公司治理结构和产品的差异也不断演进。其中,建立一套有利于促进或者阻遏要约收购的公司机制,只不过是公司借以展开竞争的领域之一。简单地说,正如公司现在提供着花样繁多的投资工具和治理结构一样,它也能够向投资者提供同样丰富多彩的、有关要约收购及其预防的公司治理范式。总体而言,越有利于投

---

[3] 对此的最好阐述,请参见 David D. Haddock, Jonathan R. Macey, and Fred S. McChesney, "Property Rights in Assets and Resistance to Tender Offers," 73 *Va. L. Rev.* 701 (1987)。

资者的公司治理结构,就越可能长盛不衰。

如果反收购条款对投资者不利,受该条款影响的股份将直接下挫。价格下跌后,这些股份将更具吸引力,从而成为并购的目标。就此而言,针对不受投资者欢迎的治理范式,市场发挥着自动补偿机制的功能。那些过于刻意使管理层免受(或暴露于)并购压力的公司,它们的产品将在市场中落败,股票价值下跌,最终公司将惨遭失败,被迫改弦易辙或者面临被收购的命运。因而,从长远看,有利于投资者的公司治理条款将在市场中发挥主导作用。

合同的局限性

尽管针对要约收购的纯粹的合同视角极富吸引力——这种吸引力,并不仅仅体现在它的分析与本书其余部分一脉相承——但它仍然存在缺陷,而这恰恰表明订立和执行公司合同必须面临的种种局限性。要使合约机制在最优的状态下运作,市场必须绝对自由。换言之,所有可能存在的合同都必须是合法有效的,它们必须足够稳定,并且可以通过低成本的方式执行;所有违约行为都必须是可察觉和可补偿的。最后,关涉一家公司运作的合同必须对其他公司不产生任何影响。然而,以上假设,每一步都问题重重。

立法对合同的干预

合同机制依赖于选择的多样性。投资者与自己的公司存在多重合约关系,但这只构成了类似于"方程式"的前一半。投资者还可能就什么时候、在什么价格售出股份,(与对方)进行讨价还价。投资者可能受益于卖出期权——在特定的情况下将股份回售给公司或者第三方的权利;投资者也可能得益于认购期权——给予潜在的要约收购者在将来以固定的价格购买其股份的权利。如果目标公司的股票以低于认购期权的价格进行交易,而且要约收购者认为实际价值要比这更高,他们将行使认购期权。因而,如果合约体制能够维续,潜在的购买者也会需要合约自由。而且,合约机制层出不穷,在一个不受干预的合约平衡结构中,潜在的要约收购者总是能够在市场里找寻他们"相中"的目标公司的认购期权。

这些潜在的合同中,许多是不合法而且是不现实的。证券法不允许潜在的要约收购者排列出大量的认购期权投资组合、以使它们能够在某一时刻只须发出一则通知,就完成了对某一公司的收购。恰恰相反,《威廉姆斯法案》对要约收购者通常使用的一些机制予以禁止,同时将一些反收购的"武器"配置给目标公司管理层。不管在完全自由的合约世界里最优化的体制将是什么,我们事实上都无法生存于那个世界中。

关系合同和信义原则

即便所有可能的合同都是合法的,它们也可能并不可行。享有固定求偿权的人(如债券持有人,雇员),其权利和义务可能已经由合同中不厌其烦的条款加以固定。本书第4章和第5章的研究表明,股东即公司剩余索取权人,获得了信义原则带来的利益,而不是极为详尽的合同权利,因为对股东权利进行事无巨细的合同约定,成本过于高昂。随着公司的发展变化,公司剩余风险承担者和公司管理层的关系也不断演进。所以,即便在总体上有可能针对所有的情事作出事先约定,这些约定也必须不时作出调整。

代理关系(正如公司管理层和股东之间常发生的)之所以存在,正是由于细致无遗的合约规定的成本过于高昂,以至于令人无法接受。信义原则与解聘现任管理层机制的共同作用,使得广泛的自由裁量权得以填补大量的合约空白。相应的,这同时使得试图运用合约范式来解释为什么公司管理层有权拒绝对自己的解聘,显得极为困难。[*]

最后任期和事后问题

即使事先能够议定合同的所有细节,它也无法得到履行。例如一项合同约定,在面对一项收购要约时,公司管理层应当引入拍卖机制,以最高的价格卖出公司,同时不得谋求确保自身的职位。但拍卖中的绝大多数步骤,都会潜在地阻遏并购的发生。试想拍卖中常用的底价条款:如果未达到这一价格,拍卖人将把相对应的资产从被拍卖的项目中剔除。当然,延长拍卖时间是有益的。但延长多久方为合适?莫奈油画的主人可以坐等数年,待价而沽,但我们如何辨识公

---

[*] 因为从结构性功用分析,解聘现任管理层是作为管理层拥有广泛裁量权的一项制衡机制,所以管理层不得以裁量权为由来拒绝对自己的解任。——译注

司管理层是真正在延长拍卖期,还是在延长自己的任期?一旦我们意识到要约收购中的拍卖还必须"购买"时间,就会真正明白要认清这些区别是极端困难的。公司采取措施来阻遏第一位要约收购者,这也许是事所必须,但任何足以达到这一效果的安排(例如那些搁置拍卖直到管理层赎回权利的毒丸计划),同时也会扼杀竞争。[4]

进一步的问题是,那些被采纳的最佳条款,在特定的要约收购条件下,可能并不是最优的安排。那些使自己容易被收购、并以此增大要约收购发生可能性的公司,可能会蓦然发现,其实在要约收购发生后,触发拍卖机制更加有利可图。可能它会发行大宗"亲善股票"*,或者设定锁定拍卖机制,这样就把第一位要约收购者置于十分不利的地位。于是,正如在章程中明确规定了不利于要约收购发生的条款一样,这种机制也起到了阻遏要约收购发生的效果。而要想防止这种"墙头草"般的机会主义行为,事实上几乎没有可能。

在处理"最后任期问题"时,也往往发生类似的情形。在通常情况下,公司管理层出于保护自身利益而会对投资者利益加以保护——这样做或者有利于提升管理层在经理市场的人气,或者有利于增强公司筹资的能力。但如果涉及"最后任期",情形就截然不同。当管理层意识到自己将不再需要返回经理市场、或者不再需要筹集资本时,他们的激励就彻底变味,这时他们开始纯粹为满足自己的私欲而奔忙。因此,虽然在督促长期合同的履行方面,法院远不如市场富有效率,但一旦"最后任期问题"产生,也只有令人烦恼(成本高昂而且不够精确)的诉讼手段能够对此加以解决。

一旦我们意识到争议中的许多条款属于未经市价评估的"后续条款",有关合同的论争将显得尤为困难。在本书第1章中我们曾经提及,合同范式之所以能够长盛不衰,是因为公司的管理层和发起人,必须为缺乏效率的公司合同条款付出代价,这一代价就是证券售价走低。然而,在证券售出后采纳的公司合同条款,却不必经受类似

---

[4] 参见 Michael Rosenzweig, "Target Litigation," 85 *Mich. L. Rev.* 110 (1986). See also William J. Carney, "Controlling Management Opportunism in the Market for Corporate Control: An Agency Cost Model," 1988 *Wis. L. Rev.* 385.

* 指向管理层的支持者发售的股票。——译注

的市场检验。

在公司创办之初,或者在筹集潜在的资本时,履行公司合同的问题就产生了。许多公司在上市时,章程中含有使其易于被收购的条款,如董事会任职期限较短、股东多数决议规则、不设置公平价格规则或毒丸计划等等。随后,公司可能在章程中加入使其股份难以"被消化"的条款。毒丸计划和其他一些机制,可能在不需要投资者投票的情况下被引入公司。而要求投票决定的新增条款,则往往遭遇理性的冷漠问题(我们在第3章已经做过讨论)。大宗持股者会自我保护;管理层在提出议案之前往往也会先行"试水",遭到大宗持股者的反对后,管理层会转而寻求那些不需要表决通过的机制,如毒丸计划等。我们后续提供的数据表明,没有大宗持股者的公司中,旨在反收购的章程修改极为普遍。在抵抗一项减损公司价值的议案中,聚合零散的股份并集中投出,这是投票权完成其使命的最佳方式——但它有一个前提,那就是股份可以自由转让、以使得投票机制值得信赖。通过投票采用的后续条款(或者通过投票采用了这些后续的条款,但想再次聚合这些赖以投票的股份却没有可能)却未必一定能给股东带来福利。事实上,这些后续条款,至少会使一些投资者面临福利减损的重大威胁,这使得(我们在第5章讨论过的)确保公司控制权交易有利于增进福利的市场价值机制也遭遇失败。

第三方效应

合约最大化了私人价值。但它是否同时最大化了社会福利?这取决于合约方在获取合约收益的同时,是否承担了交易的成本。通观全书,直至目前,我们都将公司合同看作不存在第三方效应的合约。所有的合约方,包括股权和债券投资者、公司经理和其他公司员工、供货商和顾客等都参与了合约过程。

而公司要约收购行为却使得第三方效应问题首次浮出水面。与反收购策略紧密相关的合约,既影响了作为收购人的投资者,也影响了既非收购人也非目标公司的旁观者。在讨论合约机制是否使得社会福利最大化之前,我们必须将第三方效应问题纳入视野。在本书的下一节,我们将把这一问题连同我们对要约收购行为的独特视角,一并作出深入的探讨。

代理成本和要约收购

"革除"管理层职务

并购是降低缔约成本——特别是降低监督和解任管理层的成本的有效方式。换言之,要约收购行为控制着公司管理层的代理成本,并使各合约方有可能将精力集中于其他事项。

公司股票的市价通常反映着现任管理层运营资产的价值。所以,如果一项要约收购的出价高于市价,则表明更换目标公司管理层或对其进行结构性重整,将带来个人利益,并且很可能会产生社会利益。但由于对要约收购的成功抵制,"如主张要约溢价还不够充分,或者公司会遭受新的所有者伤害"有可能使得这一成果流产。因而,公司管理层应对要约收购行为保持消极的姿态,而听任投资者自行决定。

通过更加广泛的生产一体化、更为有效的信息使用、公司运营(人事和公司组织结构)的合理变更以及其他资源的协同作用,这种商业上的"合纵联营"将产生巨大的利益。而这些利益,通常产生于比敌意要约收购成本低得多的企业兼并之中,并且它还能够避免被认定为应税收入。而敌意的要约收购行为,通常触发于目标公司管理层的经营失败,这些经理人可能是错失了包括有利的兼并行为在内的商业机会。当公司的代理成本过于高昂时,要约收购行为就给予了股东一项"革除"管理层职务的机会。

股东也可能因为降低了代理成本而获得相当多的利益,这一点我们在早些章节中就曾论及。然而,这一进展往往难以实现,此时外部要约收购者的作用就得以凸显。对于高度分散而且态度消极的股东而言,他们很难察觉代理成本问题。任何一位股东都无法获得监督管理层所带来的全部收益。这些收益是根据他们的出资份额,而不是根据他们的监督绩效来分配的。由于其他股东都想搭别人的便车,所以小股东发现保持冷漠的状态符合自身的最大利益。而大宗股票持有者承担着更多的监督职责。某些公众公司的大宗股票持有者持股达到了惊人的20%,甚至更多。[5] 在这类公司中,来自大宗股票持有者的监督确已足够。当公司缺乏大宗股票持有者,或者当监督产生收益的20%并不足以诱使股东专注于监督时,其他一些旨在集中这些收益以推进监督的机制,就显得至关重要了。

股东意识到公司的代理成本过高后,他们即使想对公司管理层有所动作,却往往困难重重,这使得搭便车问题日益恶化。发现公司存在重重弊病的股东,也并无权力迫使公司改变方向。他要么说服管理层,要么劝说其他股东协同作战。但这两种情形,在一个持股呈原子状态般高度分散、因而理性的冷漠和消极心态无所不在的世界里,都极不现实(参见第3章)。

更为糟糕的是,即便外部人有着良好的监督激励,他们在区分公司经营不善和公司管理层运气欠佳、在区分外因与公司经营管理本身存在问题等方面,也将面临很多困难。因为公司管理层通常是以团队运作,这就很难确定每一成员的贡献。公司经营团队的工作绩效取决于信息质量、其他团队提供的选择权等等。要准确地判定每一经营人员的边际贡献,无疑极其困难,而且成本相当高昂。更为不利的是,要想准确厘定每一成员的边际贡献、并据此确定相应的报偿,将会面临我们讨论过的搭便车问题。因为任何一位管理人员都无法获取监督同僚所带来的全部收益,因而他们也就不会为此而殚精竭虑。当铁面无私的监督只是给遥远而不相识的股东带来益处的时候,即便是最尽责的管理层,也会觉得要解雇或者处罚一位好朋友,是如此的困难。因而,当公司管理层整体受到监督的时候,公司内部的评价和监督机制才更为有效。

启动要约收购行为的人,因为审查和评估了大量的公司管理团队,他们也将因此而受益。期望发动要约收购行为的人,通过比较公司的潜在价值和在现任管理层的管理下该公司通过股价反映出来的现值,起到了监督公司管理层的实际效果。当公司股份的市场价格与其他经营条件下可能释放出来的价格差异过大时,外方队可以买

---

[5] Harold Demsetz and Kenneth Lehn, "The Structure of Corporate Ownership: Causes and Consequence," 93 *J. Pol. Econ.* 1155 (1985).

入公司并改善其管理,从而获得利润。局外人一旦购入了公司的绝大多数股份,就具有极大的边际激励,公司的所有参与方都将因这一进程而获益。目标公司的股东因为得到了高于市场的溢价收入而获益,要约收购者则获取了公司的新价值和其偿付给股东之间的差价,未出售股份的股东则获取了部分股价上扬所带来的收益。

即使公司从未成为要约收购的目标,股东同样受益良多。如果公司的经营绩效落后了,外部人的监督过程就发挥着持续的收购威胁的作用。公司管理层必须努力改善公司运营,股价提升,并以此降低并购发生的可能性。

高企的股价对于防止并购,是一有益的,但却并非最便捷的途径。公司管理层仍有其他"计谋"可以施展。他们可以批准反收购机制、如多数股股东表决,或者那些不需要股东同意的机制,如毒丸计划、锁定选择权、诉讼等。如果并购行为既有利于股东,又有利于社会,那么任何旨在预防并购发生的机制,都将减少社会福利。当然,在公司建立之初或者筹集资本之时,就应别当别论,因为这些预防并购发生的机制符合我们第 1 章所说的市场检验机制。另外,即便那些以"完全同意"为条件的机制设计,也有其成本,因为私人和社会的效益最大化之间,总是存在一定的差距。

当一家目标公司抵制要约收购或者通过拍卖机制而攫取高价时,将影响要约收购者的行为取向,相应的其他公司股东的福利都将受此影响。因为无论这种抵制行为是拉高了股价还是减少了并购发生的可能性,它都明显地减少了这种外部监督机制和竞价行为所带来的利益。价格上涨,需求则会相应降低,凡事皆如此。因而,要约收购激励的弱化将降低外部监督的效用,进而增加代理成本,最后反过来影响所有公司在要约收购之前的股价。

为厘清这些效果的本质,让我们来考虑两个极端的规则。在第一个规则下,公司面临要约收购时管理层必须保持消极无为。如果没有相竞争的收购人,则能够诱使股东以最低溢价来卖出股份的第一位收购人将会胜出。在第二个规则之下,允许管层千方百计地阻挠要约收购。此种抵制会导致拍卖情形,以至于没有收购人能够不支付公司在可行的最佳管理情况下的最高价格而收购目标公司。举例而言，X公司目前股票市价为40美元，外部人能够通过更合理的运营，将X公司的股价推向90美元。这样，一项每股为50美元的收购要约，就可能诱使股东纷纷抛售他们的股份。于是，在目标公司管理层的默许下，这项要约收购就能够确保完成。但如果目标公司管理层着手抵制这项收购，则任何要约方都不可能以低于90美元每股的价格完成收购。

这些规则中哪一条最大化了——股东的股利？如果在要约收购发出之后提出这一问题，则显然股东将偏向于第二种规则，并愿意触发竞标大战。但如果这一问题在要约收购发生之前提出，则结果迥然不同。如果目标公司的股东获得了交易的所有收益，则没有人会有激励来监督并发出收购要约，公司股价的相应下跌将反应这一状况。如果公司管理层奉行"独立"路线，将会殊途同归：外部监督者无利可图，所有公司的股价将会在要约收购发生之前就应声下跌，公司代理成本上升（股价下挫），直到进一步的变化触发了公司控制权的变更。出于第4章和第5章讨论过的原因，投资者偏好财富最大化规则，所以最理想的法律规则是，除非合同事前明确规定，应禁止对并购行为予以抵制。投资者愿意并购行为以"讨价还价"的方式进行（换言之，不要求分享利润），以提升外部监督的绩效。[6] 就一项特定的并购而言，试图通过抵制或触发拍卖机制来"吞噬"所有利益，对于目标公司或者其管理层自身而言，无疑是理性的选择，但它却使未来的公司外部监督机制日趋弱化。因而，最后的结论是：公司管理层应当听任股东和相互竞争的要约收购者对投标行为自由博弈。公司管理层的消极中立实为上策，对股东和社会皆是如此。

---

[6] 参见 Sanford J. Grossman and Oliver D. Hart, "The Allocational Role of Takeover Bids in Situations of Asymmetric Information," 36 *J. Fin.* 253 (1981); Grossman and Hart, "Disclosure Laws and Takeover Bids," 35 *J. Fin.* 323 (1980); Grossman and Hart, "Takeover Bids, the Free Rider Problems, and the Theory of the Corporation," 11 *Bell J. Econ.* 42 (1980)。这些研究，正如我们的一样，以 Henry Manne 的研究为基础。Henry Manne 的研究请参见"Mergers and the Market for Corporate Control," 73 *J. Pol. Econ.* 110 (1965)。

其他视角

我们以代理成本模式对要约收购行为展开的分析,只是众多竞争性视角中的一个。对于要约收购及其抵制,存在许多不同的理解。我们接下来开列一些,并解释它们为什么在逻辑上难以令人满意。然而,逻辑的阐析并不具有决定性的意义,在本章的后一部分,我们将以数据来说明这一问题。

市场失效模式

市场运行并非总是完美无缺。我们的研究强调了市场的一个问题——代理成本。事实上另一些问题更加重要。

资本金的浪费

一种常见的说法是,要约收购自身也是一种市场失败行为,它"消耗了信用",并且从生产性投资领域转走了大量的资源。[7] 这种观点产生于对资本市场运作的误解。投标者付出的金钱,由目标公司的股东得到,并通过他们进行再投资。它部分流到银行系统并因此得以重新放贷,还有部分转而直接投资于其他公司的股票。因而,并购事实上与其他资金交易并无差异,例如它与每一开市日通过纽约证券所购入 100 或 200 万股份,并无本质的区别,都是金钱从一个地方流向另一个地方。而且在这一过程中,并没有消耗真正的资源和信用。另外,如果控制权的变更使得公司新任管理层比前任更善于运作公司资产,这将构成经济整体福利的提升。

与此相关的一种论调是,借钱进行要约收购,将给社会带来"太多的债务"。这种说法不认为要约收购"消耗"了信用,相反认为要约收购促使了信用的滋生。当然,首先,这并不是关于要约收购所要讨论的问题。在缺乏要约收购的情况下,杠杆收购和其他交易行为的作用进一步显现,这样,即使禁止要约收购行为,杠杆收购等以债权换股权的交易形式仍能发挥一定的功用,(既然允许杠杆收购产生债务)那要约收购产生的债务又何罪之有?即便是安全性最低的垃圾债券,仍比蓝筹股更给投资者以安全感。当发行人陷于支付不能的

---

[7] 参见 Robert B. Reich, *The Next American Frontier* 140—172 (1983)。

困境时,由于以下两种原因之一,债券就转化为普通股:其一,因为债券在求偿不能的情况下可转换为股票;其二,因为未偿付的债权属于剩余索取权,因而可通过投票(当未得到及时偿付时,债券持有人具有超级的表决力)来获得对公司事务的控制权。

金融经济学中,一个众所周知的认识是,就杠杆作用的意义而言,债务与公司的价值毫无关系。而只有当债务影响了公司的其他变量时,它的作用才显现出来。这些变量如税收或公司破产的可能性(以及伴随着的重组或遏制营私舞弊行为的成本),或者当债务改变了投资者监督管理层的激励等等。[8] 债务与股票的区别,主要体现为以下三点:(1) 对于公司而言,债务利息的偿付是可扣除的;(2) 债权人得到的是合同保护,而股票持有人则受到信义原则的保护;(3) 债务意味着公司强制性的偿付义务。基于第5章就杠杆收购和管理层收购所讨论过的原因,以上任一特点都有其益处。[9] 引入债务是否属于良好的安排,这本身是一个难以回答的问题,但对于特定的公司而言,这一问题又难以回避。就本质而言,它与"这家公司是否应当建立这一工厂"或者"我们是否应当发行可累积优先股、而不发行可转换次级债券",并无区别。

负债给公司经理层带来了更急迫的束缚,他们必须筹集金钱以满足债权人的偿付要求。这使得只有那些已相当成型的公司("现金奶牛")、而不是创业伊始的风险企业(我们很少看到正在成长的公司背负着很高的债务)才常常启用债务机制。许多人认为,债务迫使公司经理层强调短期回报、强调获取现金流以偿付债权人,这样反而牺牲了公司的长远利益。为何应当如此? 如果公司经理层从众多的项目中,选择了一个虽然目前现金流较高但净收益较低的项目,从长远来看,公司的债权人将无法得到很好的偿付,这样公司经理层将面临

---

[8] 参见 Franco Modigliani and Merton H. Miller, "The Cost of Capital, Corporation Finance, and the Theory of Investment," 48 Am. Econ. Rev. 261 (1958). See also Merton H. Miller, "The Modigliani-Miller Propositions after Thirty Years," 2 J. Econ. Perspectives 99 (Fall 1988),此后引发了对这一问题的广泛探讨。

[9] 参见 also Frank H. Easterbook, "High-Yield Debt as an Incentive Device," In'l Rev. L. & Econ. (forthcoming 1991).

职业危机。如果一家公司手头有一远期回报良好,但要求在短期内付出大量现金的项目,该公司就能够从股东手中融资以满足该项目的资金需求,同时从既有的其他项目收益中偿付债权人。当然,有一种说法认为,市场是短视的,它并不真正理解长期价值,我们对此表示怀疑(下文将作更多的批驳)。如果市场确实短视,公司将不会为哪怕是100%的股权项目提供融资支持!在任何时候,公司都不会因为"债务负担"而影响其为新项目筹集资本的能力或者激励!

第三同时也是最后一个有关"资金浪费"的论调是,要约收购导致完好的公司分崩离析,因为公司必须出售部分营运以偿付债务。这一说法在推论上存在问题。如果公司出售部分营运能够获得金钱以减少债务,公司也可以保留这部分营运事业,并以其经营利润来偿付债务。在任何情况下,营运事业都不会因为被出售而消灭。通常而言,要约收购所获收益来源于资产、管理团队和公司结构的更好的匹配。公司集团化过度与集团化不足的情形同时存在。"染指"过多项目以至于无力经营好其中任何一个项目的大型公司发生并购后,常常伴随着营运的剥离。公司的"低聚合化"也许正是公司生产能力大幅提升的源泉。(你可以自问,如果不是这样,那么又是其他什么原因促使别人投入大量的金钱来购买公司的分支营运机构?)

剥削投资者

股票市场极其富有效率,但远非完美。假设在90%的时间里,市场都正确地反映了价值,在另外10%的时间里,仍有人能够通过市场"淘金"而获得利润。具体而言,他们可以寻找价值被低估的公司,购入其股票,然后等到该股票价格最终赶上其真实价值时,再将其抛售。这一进程使得财富从原来的投资者手中转移给了要约收购者。他们也可能通过将股价调整到接近于股份"真实价值"的方式,创造一部分利益。换言之,当股价未能很好地反映股票的真实价值时,我们应当欢迎要约收购行为,因为它可以大幅而迅速地调整股价,使得资本市场的信息流程更为顺畅。然而,我们假定这些都属于第二序位的效用,并进而设问,要约收购是否可能产生于缺乏效率的价格之中。

在总体上,投标是否把财富从既有投资者中转移给了投标人,这本身是个实证问题,取决于股票市场的效率和使收购价格得以反映公司真实价值的投标人之间的竞争的力量。但仍然有足够的逻辑依据认为,淘金般的讨价还价本身也问题重重。主要的原因之一是如果市价未能完全反映公司的价值,面临要约收购竞争压力的目标公司经理层,将把要约收购赖以进行的消息予以发布。股东可能会据此自行评估,只有他们并不认同目标公司经理层的乐观主义情绪时,才会出售自己的股份。当经理层说"公司股份每股值 40 美元"时,某一股东还是以 20 美元每股的价格成交,这个股东正犯着错误。在总体上,目标公司经理层是错误的一方——因为他们都存有利己之心,而专业投资者却是用他们的财产做赌注。在其他投资者觉醒之前,专业投资者仍可以通过购买"便宜货"而获得巨大的利益。因而最终几乎剩不下什么"便宜货"了。

假设投资者并不完全认同目标公司经理层关于公司股价的信息提示,而对自己的利益心知肚明。在这种情况下,股价将不会上涨至股份的真实价值。但同样的,因为投资者对自身利益的认知机制是共同的,在并购发生后,对于新任管理层的信息提示,该公司潜在的投资者可能也并不完全认同,这使得公司的股价并不会如预期般地上涨。这样,要约收购者就无法以要约收购神话所假定的范式击败市场。因而,说到底,投资者必须最终相信某一类管理层。但为什么只相信要约收购者? 目标公司的原任管理层可以通过回购股份、迫使公司付出利润(即发行债券)等方式来使自己的承诺具有可信度。在市场中淘金,意味着要约收购者通过购买股份而剥夺了原持股者的财富,而投资者可以信任原管理层、使得股价正确地反映公司价值而实现自我保护。因而,市场淘金理论(The scooping-the-market story)并非总是无懈可击。

确实,即便在当前的经营状况下,目标公司的价值低于要约收购的出价,但投资者理性的反应还是有可能挫败要约收购行为。股价上涨在一定程度上依赖于该公司被溢价收购的市场前景,而投标行为则促使投资者重新评估并购发生的可能性。如果他们预见到将来有更高的出价——即便是 6 个月或更长的时间以后——股价将上涨,直至反映股份的真实价值,股价很可能会迅速上涨,甚至超过正在进行中的投标出价。在这一时点上,要约收购行为就被投资者的理性预期宣判了死刑,而对此公司管理层并未插手其中。只有投资者认为公司在目前管理模式下的价值低于投标人的出价以及其他潜在的投标者出价将低于目前投标人的出价,要约收购才能最终取得成功。

然而,也有可能产生另一种情形,即要约收购者攫取了未向其转让股份的投资者的财富。要约收购者可能在购入足够多的股份、获得了对公司的控制权后,开始掠夺公司的财产。(类似的,要约收购者可以低于市场价的价格购入目标公司的货物,或者以极低的成本取得目标公司的生产资料)这一策略丝毫未曾增进社会财富,但要约收购者却实实在在地从目标公司小股东身上转走了大量财富,而这种财富转移,也构成了投标者在要约收购时溢价支付的源泉。

"胁迫"是财富掠夺的另一个变数。掠夺者提供一个模棱两可的双层选择:愿意卖出股份的投资者将得到高于市价的回报,而坚守城池拒不售出股份的投资者则得到较低(可能是低得多)的回报。这种"双层要约"条款也可以公开推出。假定不存在后续的窃取(公司财产)行为,第一层选择权远高于市场价格,而第二层则低得多。举例而言,如果目前股票市价为50美元,要约收购者可能以80美元的单价购买51%的股份,而以60美元的债券换取另外49%的股份,这样,混合价格为70.20美元。如果该公司的真实价值为每股75美元,那么,由于80美元的出价高于75美元,而且前期的出价远高于后期60美元的出价,所有的股东都愿意将股票卖给要约收购者。但在这种假设范式下,投资者在整体上还是被蒙骗了,因为在总体上,他们是以价值达75美元的股份换取了70美元。总之,他们还是会被迫出在第一层选择权下出售股票。[10]

必须注意的是,这一观点假定股价是"错误的",并且认为公司的真实价值超过了股票目前的市价。另外,它还构建于一则信念之上,即目标公司的股东"应当"得到公司的真实价值。对于这种利益分享

---

[10] 参见 Martin Lipton, "Corporate Governance in the Age of Finance Corporatism," 136 *U. Pa. L. Rev.* 1, 18—20 (1987). Lipton 持有反对要约收购的信念,并且提出了许多我们在本书中提及的观点。

的假定,我们在第 5 章曾经考虑过,但最终予以了否定。Victor Brudney 和 Marvin Chirelstein 认为"利益分享"是很好的激励措施,并以此为由反对双层要约行为。[11] 然而,在我们看来,双层要约行为解决了"敲竹杠问题",从而有利于全体投资者。在要约收购过程中,集体行动问题最直接的表现,不是投资者难以通过集体行动来抵抗收购*,而是他们太容易形成僵持状态了!如果投资者认为要约收购者将提升目标公司的价值——要约收购者极可能会这么认为,因为如果他们创造的价值不能高于要约收购的出价,他们就无法获得利益——投资者将倾向于坐等股票上涨,以获得更高的价值。如果足够多的投资者都这么做,要约收购行为将被迫流产。正是在这一意义上,双层要约行为劝诱投资者出售股票,以使要约行为得到积极的回应。因而,它遏制了消极的投资者利用要约收购者和试图"搭便车"的不好倾向,而这一心理倾向,如果广泛蔓延开来,将使有益的并购行为也胎死腹中。双层要约行为使得投资者积极出售股份,而不是僵持着待价而沽。

那些反对双层要约的人认为,一些股东虽然认为股票的真实价值高于要约出价,但担心如果不立刻出售,他们将在随后的"排挤"情形中面临更为不利的处境。其实,认为股东对股票价值的主观判断多有不同的见解,缺乏事实基础。更符合逻辑的情形是,那些对公司价值估计甚高、持乐观主义看法的人,向其他投资者买入股份,这种可能性远远比由悲观主义者向乐观主义者发出购买股票的投标为高。

双层要约机制不会减少公司的价值,因为无论从哪方面看,要约收购者的后期出价,都应当高于股票的市价。同样难以确信的是,除了对目标公司估值最高的公司以外,其他任何公司可以通过双层要约来完成并购行为!但一些观点却认为,除了第一位出价人之外,其他人都无法完成双重出价行为。该观点的分析范式如下:要约收购者 1 认为目标公司每股价值为 71 美元,于是发出了分别为 80 美元和

---

[11] Victor Brudney and Marvin A. Chirelstein, "A Restatement of Corporate Freezeouts," 87 *Yale L. J.* 1354, 1359—65(1978). 另见 Brudney and Chirelstein, "Fair Shares in Corporate Mergers," 88 *Harv. L. Rev.* 297 (1974).

* 以抗衡不利于股东的行为。——译注

60美元的双层要约;要约收购者2则认为目标公司每股价值为76美元,并以每股75美元发出了比较折衷的要约。虽然这一出价在总体上高于要约收购者1,但最终却难免落败,因为所有的投资者都愿意接受80美元的要约。然而,这种假设却是建立在投资者都目光短浅的基础上。实际情况却是,投资者知道如果他们都愿意把股票卖给要约收购者1,那么他们将得到每股70.20美元的出价,而不是80美元。因为在这种情况下,要约收购者将按比例购入股票,而不是全额接收,最终投资者获得的混合报价将是每股70.20美元。所以他们还是会选择在总体上给予他们每股最高期望值的要约收购者2。这样,要约收购者2也就实现自己的策略:既比要约收购者1后期60美元的出价更富吸引力,又击败了要约收购者1前期80美元的出价。

要约收购的外部竞争,并不是阻遏不利于公司的要约的唯一手段。如果要约出价过低,投资者作为一个整体,无疑将因此受害,但他们并没有放弃努力,而是想方设法的作出应对(准确地说,是公司管理层可能要应对)。公司向银行贷款、向其他认识到公司真正价值的人借得款项后,以反映股份"真实"价值的价格予以回购。这样,借贷的需求就构成了对公司价值再认识的一次市场检验。因为根据假定,如果公司的价值超过了要约收购者的要约出价,投资者将会把股份回售给公司,这样,贬损公司价值的要约最终无法得逞。[12] 如果目标公司无所动作,套利者就能够聚合大宗股票,并克服集体行动问题而从中谋利。很难设想,任何双层要约行为能够击败出价更高的要约——包括那些如果股票价值超过出价,则其要约出价隐含于这一价值之中的要约。原来冀望于以高价吓退要约收购者,但如果要约收购者执意不退,则只能倚赖评估救济机制了。

正如要约收购者可能冀望于通过牺牲小股东利益、掠夺公司资财而获取利益一样,要约收购者也可能以牺牲债券投资者利益为代价,而给所有的股权投资者带来利益(可能支付高额的股息)。公司的新任管理层可以承担一些项目,这些项目对于股权投资者而言,回

---

[12] 参见 Michael Bradley and Michael Rosenzweig, "Defensive Stock Repurchases," 99 Harv. L. Rev. 1377, 1393—99, 1412—17 (1986)。

报丰厚但也极具风险,但对于公司债券持有人而言,他们面临着过高的风险却不能获得项目的额外收益,因而他们可以将这些项目的开展本身,视为一种重大损失。

然而,通过巨额的公司支出和承担风险过高的项目来盘剥债权人,这本身并不是新闻。债权人可以与公司博弈以求自我保护。但这远非完美(因为最保险的方法是根本不做投资,而且过于细致的合同规则可能会使公司管理层缩手缩脚,不敢从事任何有利可图的项目,这反而使债权的偿付更不现实)。今天,公司管理层可以债券持有人承担成本的方式,自行安排公司支出和采取高风险的经营策略;有种说法认为,杠杆收购即是这一情形的代表。但无论如何,存在损害债权人利益的可能性,并不意味着它事实上已经发生,剥削债权人与剥削劳动力一样有着一些共同的成本(下文马上就会提及)。我们还有一个实证问题需要解决。

剥削劳动力(和其他"利益相关人")

就像公司"雇佣"了资本一样,许多公司同时通过条款或明确或不明确的合同,来雇佣劳动力。虽然劳动者都属必须听命于公司的雇员,公司也承诺对他们公平相待,而且,如果考虑到许多劳动者投入了大量的不可带走也无法向别处转移的人力资本,这将是一项重要的承诺。为诱使公司的雇员进行人力资本投资,公司必须保持诚实守信的声誉(包括随着技能的增加,员工的薪酬也应逐年递增)。从理论上说,这类合同条款可以写得准确明白,但由于合意很难达成,因而也很难在合同中写入相关条款。而且,试图通过法院来执行这些合同条款,甚至比根本没有合同还要糟糕。在这里,隐含的承诺带来了巨大的吸引力,同时也带来了盘剥的机会。公司管理层可以决定压榨其他雇员,如削减工资(因为管理层知道员工的特定人力资本,在其他公司中一无是处)、解雇那些已经不配领取目前薪酬的员工(即使公司有隐含的承诺要善待年老的员工,以换取其年富力强时高效的劳动)。公司管理层还可以赖账,拒不支付解约金(解约金是指,对于累积了公司特定的人力资本的员工,在解除雇佣关系时给予的返还)和削减退休金(退休金是公司对员工另一种形式的延期付款)。当然,新的投资者也可以对公司高管耍同样的花招。

虽然这在逻辑上颇为可行,但同时它还面临一个逻辑障碍。因为在任管理层不会将这种伎俩用于其他员工。公司的成功,依赖于它诚实可靠的交易行为所累积起来的声名。除非公司正在收缩、裁减人员,公司只可以欺瞒员工一次,因为欺瞒使得在同等情况下,与其他竞争者相比,公司部分丧失了进入劳动力市场的能力。这样,只有在公司走向"生命的晚期"时,剥削人力资本的提供者才是合算的。任何公司都难免走向这一生命的晚期。果如此,针对员工的机会主义行为,可能就为期不远了。而且,对于着手实施收购行为的公司而言,使出这种剥削伎俩也毫无意义。即使它能够找寻到一家处于生命晚期的目标公司,投标人还是会考虑自己的声名。为了构建自己的人才高地,它无法既压榨目标公司的员工,又无需为此付出惨重的代价。换句话说,机会主义的、最后期限的剥削员工行为,对于要约收购者而言,其意义比在任管理层要少得多,因为要约收购者必须为此付出高昂的代价。因而,期望从压榨员工中获取利益,这显然不是对要约收购行为的合理解释。

与此相关的另一种压榨形式,其实更为可能。也许是法律禁止劳动力市场的充分竞争,一些员工的所得远远高于他们的市场化薪酬。于是,公司就试图降低他们的薪酬标准,航空公司就是一常见的例子。一项研究表明,收购 Trans World 航空公司时,要约收购方所付出的溢价支付,大大低于降低劳动力成本所获得的节余。然而,这并不能成为敌意并购行为的合乎逻辑的解释。为什么管理层忽视了这项收入来源呢?它又不会(不像我们前面讨论过的"最后任期"机会主义行为)给公司带来任何成本。事实上,许多新公司,如 People Express 和 Midway 和一些久负盛名的老企业,如美国航空(American Airlines),尽管并没有面临严重的并购威胁,但在降低劳动力成本方面仍不遗余力。只有那些不思进取,认识不到节约开支重要性的公司,才会面临并购的压力——正如他们现在所面临的情形一样。[13]

---

[13] 如果确实存在可以节约的开支(而他们不节约,才会真正面临并购压力)。就此问题,一位给人以偶像破坏者印象的学生下结论说,从 1978 年至 1988 年,航空公司雇员的真实收入只是小幅下降。David Card, "Deregulation and Labor Earnings in the Airlines Industry," Princeton University working paper (Oct. 1989).

透支明天(市场短视)

只有目标公司的当前市价低于它在要约收购者运营之下的价值时,要约收购者才能获得利益。因此,防御并购最有效的办法,就是维护高企的股票价格。但如果股价走高意味着生产能力的攀升,那么我们都可以弹冠相庆了。然而,假设股票市场是短视的,投资者对眼前的景象过于看重,那么公司管理层完全能够牺牲公司的长远利益来"做"大短期利润,从而抬高股价。(为此,公司可以放弃研发部门和其他花费不菲的新工厂和新产品项目。)果如此,要约收购行为及其带来的压力,无疑将演化为一场又一场的灾难。

市场是否都是短视的?它们为什么要存在?股票是通过它数年的回报来确定其价格的。如果一个特定的投资者过于看重眼前利益,而对将来的回报毫不在乎,其他人就可以与该投资者讨价还价(利用其贪图眼前利益的心理),买走该股份,并以此获取利益。这一进程将持续下去(因为其中总是持续地存在利益),直到股票的价格充分反映了它的长期价值。我们都知道市价准确地反映了债券的长期偿付价格;但为什么同样的投资者在投资股票时,却一定会变得短视了呢?各公司的市盈率千差万别;有些公司的股票以 100 倍市盈率售出,另一些公司的市盈率则只有 10 倍甚至只有 2 倍。投资者必须根据公司未来的盈利能力,自行辨别良莠。

也许谁是真正的短视者,旁观者一看便知。公司管理层通常认为他们的公司价值被低估了,因为自己对公司的前景非常乐观;怀疑心理比较重的投资者则会认为,如果公司的管理层不是目光短浅的话,股票将更为值钱。最会抱怨股票价值被"低估"的经理人,通常是那些在理解"公司的前途就在他们手上"方面显得最为愚钝的人——因而也最可能成为并购的对象。但市场是否低估了公司的前景,这本身是个实证问题,我们必须回到这一问题予以讨论。

剥削消费者(垄断和税收)

要约收购虽然能够改善所有投资者的境况,但却减损了社会福利。假设要约收购行为导致了垄断,那么消费者面临的商品价格将直线上涨。或者我们假定要约收购通过创造了额外的可扣减债务、折旧扣减等方式掠夺了公司资财。在回应这些假设时,虽然我们经常面临的诱惑是,"去修改税法和反托拉斯法吧",然而,事实上进一步的问题却是,正如我们已经提到的对要约收购行为的其他"解释"站不住脚一样,修改法律同样与要约收购毫不相干。也许,垄断解释了企业兼并的动因,但它显然解释不了为什么公司管理层不用更为省事的办法从消费者口袋中攫取财富。要把敌意要约收购行为从友好的公司控制权行为中区分开来,必须寻求新的解释。

剥削要约收购公司的投资者(狂妄自大)

目标公司的股份溢价机制表明,要约收购带来的社会效益在于,要约收购者能够更好地运营目标公司的财产,否则要约收购者无法支付股份的溢价。但如果要约收购公司错误地选任了经理人——如果他们,而不是目标公司的经理人,在监督成本过于高昂以至于监控不利的庇护下营私舞弊,结果又当如何?Richard 针对并购行为提出了这一狂妄的假说。[14] 这一假设还有着经济学理论的支撑。公司的许多并购竞争事实上都是拍卖行为。拍卖的参与方试图对待拍卖的资产进行估价,他们的投标出价,通常反映着扣除不确定性后的资产价值、成本和收益。也许,有人之所以在拍卖中获胜,是因为只有他自己错误地估计了资产的价值。但如果估值错误引发了投标价格的高企,则拍卖中的胜者无疑只是亏钱赚吆喝而已——这是盘在获胜者头上的一道紧箍咒。

要约收购者深知这一"胜者的紧箍咒",并进而作出相应的调整。然而,也许是由于并购行为并非频繁发生,要约收购者无法准确地计算拍卖资产的折扣率,也未能很好地从错误中吸取教训。也许,我们以后应当探讨具有启发意义的数据,但现在我们坦率地承认对此没有兴趣。如果要约收购者付出了太多,这也只不过是偿付的转移问

---

[14] Richard Roll, "The Hubris Hypothesis of Corporate Takeovers," 59 *J. Business* 197 (1986); 另见 Bernard S. Bernard S. Black, "Bidder Overpayment in Takeovers," 41 *Stan. L. Rev.* 597 (1989). 对错误的要约收购行为的经济学分析,请参见 R. Preston McAfee and John McMillian, "Auctions and Bidding," 25 *J. Econ. Lit.* 699 (1987); Paul Milgrom, "Auctions and Bidding: A primer," 3 *J. Econ. Perspectives* 3 (Summer 1989); Jean Jacques and Jean Tirole, "Repeated Auctions of Incentive Contacts, Investment, and Bidding Parity with an Application to Takeovers," 19 *Rand J. Econ.* 516 (1988)。

题,因为实际上是由目标公司的投资者获得了要约收购公司的投资者浪费掉的资财。社会总体福利既没有提升,也没有减损。而且,市场会自动地惩罚失败者,这正如由于错误地建设新工厂和开发新产品而使决策者自食其果一样。我们并不会因为一些产品没有效益(事实上绝大多数都是这样)就认为创新的进程一定存在问题。要约收购的情形也大抵如此。如果要约收购公司的管理层犯了错误,它持有的股票价格将下跌。然而,糟糕的收购人也可能会碰到好的目标公司。而错误地购入的资产,也会被再一次转手。如此循环往复。

单一所有者标准

我们勾勒出的市场标准表明,投资者只要以高于市价的价格卖出股份即可获利。而以一种竞争的、单一所有者的视角分析,投资者应当静观其变,以获得最高的价格(第二高位的出价增加了不确定性)。但这种单一所有者的视角面临的第一个问题是:理性的人将会怎样卖出他收藏的伦勃朗油画? 很显然,他不会按油画的通常价格将其售出,而是把它藏于市场之外,待价而沽,直到它的价格捧上最高位,这位收藏者才会"出货"。为什么这种"单一所有者"标准不适用于并购行为? 公司其实也是艺术品,也是独一无二的财产,股东只有以卖艺术孤品同样的方式,才能卖得最好的价钱。然而,由于投资者分散,协同行动困难重重,他们就无法像单一的所有者一样决策,而且争相卖出股份的压力(以防自己所持股份未被购买,从而丧失了获得溢价收入的机会)使得他们低价抛售股份。于是,法律的任务就在于帮助他们团结起来,就像一个股东持有全部股份那样一体行动。[15] 它意味着,除了推迟交易(以促进拍卖机制的形成)以外,其他机制也可以为所有者特定的财产赢得良好的对价。

让我们继续这一类比。为什么油画的主人会为了找一个买家而

---

[15] Lucian Aryc Bebchuk's "Toward Undistorted Choice and Equal Treatment in Corporate Takeovers," 98 *Harv. L. Rev.* 1695 (1985), and "The Sole Owner Standard for Takeover Policy," 17 *J. Legal Studies* 197 (1988)。他们是这一观点的代表人物。对本文中所提观点的有效回应,可参见 Alan Schwartz, "The Fairness of Tender Offer Prices in Utilitarian Theory," 17 *J. Legal Studies* 165 (1988), and "The Sole Owner Standard Revisited,"同上, at 231。

费尽心思？原因在于缺乏可赖以估值的流动性市场。而卖小麦的人的表现则完全不同。艺术品收藏者的价值观往往非常个性化，个人偏好可能远远超出常人的想象。但是，股东对其所持股份，并没有个人感情，最大化其价值是他们的惟一追求。股票市场正提供了艺术品市场不具备（或者必须以极高的成本才能缔造的）的评估机制。高于市场价格的出价，正昭示着股份资产蕴藏着更大的生产力潜能。Alan Schwartz 对此作出了精当的分析：

> 实际上资产的单一所有人，总是试图将它们卖到最高的价格，但出于社会总体效率的考虑，资产应当流动到认为其更有价值的人手中。社会允许资产的单一所有者来决定什么时候出售资产——换言之，要求其自行负担"交通负载量"所带来的问题——这是基于局外人很难判断"何种转让将创造价值"而作出的谨慎反应。但其中"很难判断"，在这里却不成问题，因为股票是金融资产，它们的绝大部分价值都反映在市场价格中。所以，任何以高于市场价格转让公司资产的行为，只要转让价格并不是微不足道的，在事前都应当被认为是富有效率的。这与任何自愿性的合同，在事前都应当被认为是富有效率一样。[16]

正如第4章和第5章所解释的，投资者总想最大化他们的期望值，而不是他们股份的"公平价格"，所以即便是创造了价值的股份转让，对于投资者而言，也是食之无味、弃不不舍的鸡肋。

也许，你会说股票市场反映了股份的边际价值，而不是公司作为一个"整体"的价值。的确，让我们继续这一类比。伦勃朗油画的所有者通常在设定了卖出底价后，才委托拍卖中介代为办理其他事宜。这样，受托拍卖该油画的拍卖行的激励在于按拍卖价提取的佣金，而不是工资，这与公司的管理模式已经是两重天。（不难想象，如果以支付工资的形式委托拍卖人，那简直是发疯了。）倘若这位名画的所有者发现拍卖行运作有误，他可以即刻将其解雇并另觅高明。拍卖

---

[16] Schwartz, "Fairness of Tender Offer Prices,"前注[15]，at 170。

始终置于名画所有者的监督之下,而贯穿始终的拍卖人之间的竞争也发挥了相当的监督作用。而对于公司而言,持有小额股份的投资者却不可能拥有同样的监督激励。然而,如果这些投资者有监督激励,而且察觉到公司管理层为自己设定了过高的底价,或者更为恶劣的是,投资者察觉到公司管理层事后改变了薪酬方式时(例如,公司当初以 50 万美元的年薪聘用管理人员,但任期并无保障。然而,管理层在受聘后却称自己享有终身任期),投资者惟一能够做的,就是促成公司被收购并赶走在任管理层(与更换艺术品的拍卖者异曲同工),但这要求公司控制权市场运作有效。然而,正是这一假定存在着问题。如果拍卖行可以改变自己的聘用期、进而避免遭受解聘,最后达成的交易将面目全非。

当市场偏离了原子竞争状态下的个体决策模式时,我们也观察到了市场的调适。由于投资者无法以监督和解聘名画拍卖人一样的方式监督和解聘公司管理层,因而,虽然同属销售行为,但两者面临的制度环境已经大相径庭。其中,艺术品买卖和公司控制权市场交易的一个主要区别是,投资的分散使得任何单一股东对公司管理层实行监督,无疑极不现实。要想解聘管理层,则更为困难。为此,解决方案之一是建立一套机制,以使得监督和解聘管理层的种种努力物有所值,那正是要约收购机制,因为要约收购所生收益正可归功于监督行为。与此相反,单一所有权标准却对市场差异及其要求的适应性完全忽略不计。要约收购行为衍生于公司管理的代理成本,如果不考虑这些成本以及对其加以控制的种种制度设计,我们将无法正确地理解要约收购行为。

作为替代机制的拍卖

单一所有者的标准意味着,对购买行为进行抵制是正当的(这一想法的基础是,最好的价格是最后的价格),而且,管理层通过拍卖机制提升价格的种种行动,也是适宜的。但如果因为公司管理层采取的并购抵制策略,减少了外部监督者可获得的利益、进而减少了要约收购行为,反而会有损投资者利益。因而,接下来我们把拍卖机制作为一个提高价格的手段,予以集中探讨。拍卖,无论是由公司管理层的行为引发,还是诱发于法律关于延迟股份转让的规定,外部监督者可获得的利润都会因此而减少。第一位要约收购者花费了大量的时间和精力,掌握了许多潜在的目标公司的基本情况,然后锁定了一个目标公司,并进一步披露了该公司的大量信息。这样,后来的要约收购者就可以较低的成本加入这场竞争,从而将第一位要约收购者推入到沉淀的成本不可回复的境地。当要约收购者排在第二位序比排在第一位序更为有利时,外部监督的力量就显著地减弱了。

Lucian Bebchuk 和 Ronald Gilson 认为,拍卖并不会像抵制要约收购的行为那样产生害处,因而他们鼓励拍卖行为,同时主张对抵制要约收购的行为予以禁止。[17] Bebchuk 和 Gilson 还指出了以下三个重

---

[17] Lucian Arye Bebchuk, "The Case for Facilitating Competing Tender Offers," 95 *Harv. L. Rev.* 1028 (1982); Bebchuk, "The Case for Facilitating Competing Tender Offers: A Reply and Extension," 35 *Stan. L. Rev.* 23 (1982); Bebchuk, "The Case for Facilitating Competing Tender Offers: A Last (?) Reply," 2 *J. L. Econ. & Org.* 253 (1986); Ronald J. Gilson, "A Structural Approach to Corporations: The Case against Defensive Tactics in Tender Offers," 33 *Stan. L. Rev.* 819, 868—875 (1981); Gilson, "Seeking Competitive Bids versus Pure Passivity in Tender Offer Defense," 35 *Stan. L. Rev.* 51 (1982). 另见 John Coffee, "Regulating the Market for Corporate Control: A Critical Assessment of the Tender Offer's Role in Corporate Governance," 84 *Colum. L. Rev.* 1145 (1984)(该文得出的结论是,拍卖机制值得赞赏,而管理层抵制要约收购的行为不应提倡);Elazar Berkovitch, Michael Bradley, and Naveen Khanna, "Tender Offer Auctions, Resistance Strategies, and Social Welfare," 5 *J. L. Econ. & Org.* 395 (1989)(认为如果要约收购者可以从运营目标公司中获得补偿的话,就应支持引入拍卖机制);但是 Alan Schwartz, "Search Theory and the Tender Offer Auction," 2. *J. L. Econ. & Org.* 229 (1986), "Bebchuk on Minimum Offer Periods," 同上,at 271, and "Defensive Tactics and Optimal Search," 5 *J. L. Econ. & Org.* 413 (1989). Schwartz, like Moshe Burnovski, "Reverse Price Tender Offers," 56 *Geo. Wash. L. Rev.* 295 (1988), and Yakov Amihud, "A Priority Rule in Tender Offers" Israel Institute of Business Research, Tel Aviv University, working paper (1986) (with Burnovski). 这篇工作论文认为,要约收购减少了来自投标者的监督,却没有带来足以抵消此一损害的利益。同时,这篇文章还提供了 Schwartz 的一些观点,以及我们于 1982 年和 Bebchuk、Gilson 交流时提及的看法。参见 Easterbrook and Fichel, "Auctions and Sunk Costs in Tender Offers," 35 *Stan. L. Rev.* 1 (1982),在该文中,我们深入分析了拍卖的相关问题。另见 David P. Barron, "Tender Offers and Management Resistance," 38 *J. Finance* 331 (1983),认为着意于挫败要约收购行为的努力,将伤害到投资者利益。

要的方面：第一，他们坚持认为，要约收购者的沉淀成本并不会那么大（或者要约收购者能够回复该成本，而不会因为大宗持股者在拍卖中高估股价而导致要约收购者的成本无法回复）。第二，他们相信，拍卖会将资产引导至对其估值最高的人手中，这比将公司资产交给任何第一次竞价的人，无疑是资产使用效率的一次提升。第三，与此紧密相关的是，目标公司搜寻要约收购者，就像要约收购者搜寻目标公司一样，将因为竞争而使其效率得以提升。拍卖排除规则假定只有要约收购者沉淀的成本关乎大局，而事实上，允许目标公司将它们获得的信息拍卖掉，可能会在总体上促进外部监督机制，尽管这种拍卖行为会降低投标者出价的兴趣。（他们的第四个观点是，因为要约收购者事先已经预测到了无助于目标公司效率提升的价格波动，因而在搜索目标公司方面耗费财力纯属浪费。这一点与我们已经讨论过的"挖掘市场"观点，完全一致。）

拍卖机制的导入，减少了要约收购者在市场中期望的获利空间。但从目标公司的角度看，由于获利空间的减少而影响了要约收购的积极性，与通过拍卖机制提升了要约收购的实现价格，到底孰轻孰重？对于这一问题，在理论层面上很难给出答案，我们将在后面提供一些数据来予以说明。但无论数据显示拍卖的前景是有利还是不利于目标公司，认识到以下这点都是十分重要的：关于拍卖价格效应的争论，在本质上都是关于收益分享的争执。拍卖机制的支持者，总是从单一所有者的价值标准展开论证，而这一标准，却由于我们已经揭示过的原因，存在着逻辑上的缺陷。投资者不愿以牺牲整体收益为代价而共享收益，而外部监督效能的任何降低、要约收购者数量的任何减少，恰恰都构成了社会福利的减损。目标公司的投资者（要约收购公司的投资者同样）希望实现股份整体价值的最大化。然而，把现金从投资者的右衣袋（那里存放着要约收购公司的股份）转到他们的左衣袋（那里存放着目标公司的股份）中，只是一种浪费的"重新洗牌"行为；如果其中花去了2分钱的成本，或者因为降低了监督的力度而稍许减损了旁观者所持股份的价值，那就不仅是浪费，更是一种损害了。

只有使资产更快地转移到能更好地运营它们的使用者手中，拍卖机制才是有益于社会的。如果一项对目标公司股东的更高的溢价支付,将会使得目标公司投入更多的时间来搜寻要约收购者(换言之,它使得目标公司增强了外部监督和协同效应),拍卖机制就发挥着这种效果。对要约收购出价采取消极策略,虽然不会在事先从根本上阻遏搜寻要约收购者的努力,但会降低目标公司的回报(虽然只是略微降低),因为如果潜在收购者保证不发起敌意收购,目标公司可能会向潜在的收购者披露信息。这是"选择交易"常用的一种条件,就像掌握了丰富的矿藏地点信息的人,只会在对方承诺不会借此信息而偷偷与他人交易以后,才肯与其商谈一样。因而,虽然我们并不否认以下命题的逻辑力量,即"反拍卖规则"将打击目标公司搜寻要约收购者的积极性,但对这一问题的合同解决方案,就的确足以使得这一成本极为微小。

不论拍卖是否从目标公司中"榨出"了更多的信息,它们都加速了资产向更有效率的使用者手中流转的进程。考虑到控制权变更后,目标公司价值本身的不确定性,也许很难将资产配置给最富于效率的要约收购者。这样,最初的要约收购者在运营资产的效率方面,也许不如其他公司。如果面对一项收购要约,目标公司的管理层必须保持消极无为的状态,那么要约收购公司之间将产生一系列交易,直到目标公司的资产流转到运营效率最高的公司手中;也许在这一过程中,目标公司不同的资产和运营部门,将会被出售给不同的公司。然而,恰恰相反的是,Bebchuk 和 Gilson 对于第一个买方转售资产的愿意,抱以怀疑的态度;他们担心管理层将不愿缩小他们的"经营帝国",或者是高昂的交易成本阻碍了后续的资产转让。然而,这些重规模甚于利润(因而不愿将资产转售给其他公司,尽管这些公司能够更好地利用它们)的管理层在面对一项拍卖时也可能报出较高的出价。但如果他们对公司规模(胜过利润)的偏好,还不足以强烈到使他们报出较高的出价时,由他们持有目标公司的资产从而牺牲了转售资产可获得的(同等*)利益,就无法获得足够的正当性。事实

---

* 指如果要约收购者出于对公司规模的偏好,使他们报出较高的出价,这一溢价额等同于目标公司资产随后转售可获得的利润。——译注

上,任何足以使得"购买—然后转售"模式流产的原因,同样会导致拍卖机制流于失败。

如果将不同部分的资产"分别打包出售"给不同的公司,目标公司将实现价值的最大化,那么旷日持久的拍卖也将无法回避随后转售这些资产的需要。公司在经营过程中,也常将部分机构出售给其他公司,这些转让增加了买卖双方就该项投资的价值。几乎没有证据表明,通过卖出工厂、车间和分支机构来获取利润,公司管理层会拒绝这样的好机会。如果要约收购者全部或者成批地转售其购入的资产,拍卖所带来的可分配利益,将变得十分微薄。如果拍卖增加了要约收购者捕捉信息的回报(正如 Gilson 所坚信的)或者降低了资产有效率地配置给管理层的成本,那么要约收购者本身也会欢迎拍卖。一些并购专家正是这么做的;他们购入了大宗的股份,然后将公司置于"被竞逐"的状态之中。这时,由目标公司奏响拍卖之乐章(或者由法律强行推进),都显得毫无必要。当然,许多要约收购者,都试图通过未公开的信息来获取利润。他们作出这种决定,表明了拍卖还是存在着成本。要约收购者要努力打消目标公司搜寻更多要约收购者的想法、驱使作为拍卖人的目标公司管理层彻底放弃防御和抵制,都意味着相当高昂的成本。

对并购理论的检验

资本市场产生着大量的信息,借此,我们可以对有关要约收购的许多相互竞争的主张,进行检验。的确,股票价格的变动,有助于我们去推断法律规则的结果和公司治理结构之优劣。

资本资产定价模型

推论的链条始于一项命题,即股票价格能够真实地测度投资者关于未来现金分红预期(包括公司清算、并购等事项)的贴现价值。这样,股价的波动就反映了公司价值的变化,这种反映关系,虽然远非完美,但却相当准确。[18] 价格追踪着公司的价值,但却未必意味着必须丝毫不差地将它复制下来。因而许多因素如对信息理解不透或者纯属猜测和臆想,就影响着特定公司未来的利润,以至于股价只是种可能性(正像天气预报一样),而不是必然性。话说回来,虽然市场价格与公司的真实价值并不完全匹配,但没有比这更为接近的指标体系了,而且,就我们的研究目的而言,这就已经足够了。因而,不论专业投资者是如何地缺乏信息,也不管他们是如何受到交错的股价走势和泡沫的干扰,听从其他任何信息和受制于其他任何激励,只会变得更为糟糕。

如果在任一特定的时间,与如果投资者都聪明起来(或者公司被清算,然后派发其真实的价值)时的股价相比,目前的股价并不"正确"时,投机套利之人和其他专业炒手就可以通过购买价值被低估的股票,卖出价值被高估的股票,散布消息并在价格到达合适的位置时填补仓位等手段,来获取利益。这些投资者越敏感,他们就越能够更快地在特定的仓位中倒腾资金,这种(低买高卖)情况就越发频繁地发生着。这种进程最终使得即使是那些专业炒手也很难赚钱,即使他们第一个获取信息、并最早就此作出反应,也同样很难有很大的收获。许多数据,包括绝大多数专业炒手都无法击败市场的证据,支撑着这一命题,即价格迅速而且准确地反映了有关公司的公共信息——至少价格经常在压力之下向着准确估量公司价值的方向迈进。

对价格机制予以运作的一种简单方法,是假定价格的每一次变动都反映着公司特定的信息:销售额或者利润增长,开发了新产品或者建造了新工厂,一项兼并完成或者正在逼近,选任产生了新的CEO,搭建了新的公司治理结构等等。然而,不幸的是,宏观经济(利率的变动,国际贸易协定的签署等)或者公司所处行业的事件(竞争

---

[18] 参见 Richard A. Brealey, *An Introduction to Risk and Return from Common Stocks* 67—96 (2d ed. 1983); E. Elton and Martin J. Gruber, *Modern Portfolio Theory and Investment Analysis ch.* 15 (1984)(作者在该文中,收集了 167 份研究报告来支撑这一命题); Stephen F. LeRoy, "Efficient Capital Markets and Martingales," 27 *J. Econ. Lit.* 1583 (1989)(该文完成了文献检索,并着重指出了价格作为公司价值预测工具的局限性)。

对手推出新产品等),也会对任何特定公司的股价产生深远的影响。这使得我们有必要"滤除市场因素",将股价的变化因子分成两部分予以考察。而且,如果我们了解公司股价和市场(或者一个行业)之间变化的趋同性,这种认识的转化是完全有可能的。

在技术层面上,将公司的特定变化和市场(或行业)的影响区分开来的方法,已经发展得相当完备。[19] 把一家公司和一揽子公司的股票(不论是否把整个市场、一个产业或者某个加权混合值)价格变化进行比较,分析它们历史上的联系,这在技术上是可行的。这种联系可以用以下公式来表达:

$$r_i = \alpha_i + \beta R_m + \gamma R_x + \varepsilon$$

其中 r_i 是一企业股票价格的变动,α_i 是各个企业的固定常量,βR_m 是市场——企业间的相关系数(β)乘以该期间内市场的变动(R_m),γR_x 是企业与所处行业之间的相关系数(γ)乘以该期间内该行业的变动情况(R_x),ε 是"剩余变量",表示在价格变化中所无法解释的特殊因素,我们把它归结为企业专有信息。

在了解市场和其他参考变量在特定时段是如何发展变化之后,如果公司没有发生特殊的情况,我们就能够比较准确地把握该公司股价在未来的变化。如果股价走势与预期不符,我们就观察并记录下特定于该公司的信息之间的微小差别。计算跨越的时段越短,就越可能将特定的信息与可归因于该消息的效果之间进行匹配研究。我们研究发生类似事件的公司越多,以上结论就越发正确。(随机地,如果研究涉及多家公司,则那些可能影响对某一特定公司进行判

---

[19] 参见 John J. Binder, "Measuring the EFFECTS OF Regulation with Stock Price Data," 16 *Rand J. Econ.* 167 (1985); Stephen J. Brown and Jerold B. Warner, "Measuring Security Price Performance," 8 *J. Fin. Econ.* 205 (1980); Brown and Warner, "Using Daily Stock Returns: The Case of Event Studies," 14 *J. Fin. Econ.* 1 (1985); G. William Schwert, "Using Financial Data to Measure Effects of Regulation," 24 *J. L. & Econ.* 121 (1981). 另见 Douglas K. Pearce and V. Vance Roley, "Stock Prices and Economic News," 58 *J. Bus.* 49 (1985)(价格效应发生于公司新闻披露的当日——这是重要的,因为(股价的)迅速调整是区分方法的要素之一,这种方法着力于将公司自身变化因素(对股价的影响)区别于其他外部的因素。

断的"噪音"事件,就会相互抵消。*)

显然,这种方法也并非十全十美。要将大量错综复杂的事件,条分缕析地理出头绪,可能相当困难。有时"事件窗"(信息披露的期间)非常宽,令人无所适从。该方法运用于交易活跃的证券,其效果远远比运用于交易清淡的证券要好得多;而且,它根本不适用于分析封闭公司的股票。另外,该方法假定市场和个股之间存在着某种特定的关系,而这无疑是过于简单了。它对其他一些影响因子未予考虑,而且如果在研究时段内,公司与市场间的关系(β)、公司与其所处行业间的关系(γ)(这些都是股票之间关联度的系数)发生了突变,这一方法的效果将变得异常糟糕。然而,尽管如此,当研究的样本足够大时,数据所蕴含的信息功能仍可能极为强大。

人们有时会听到一种反对意见,认为以上方法假定市场"富于效率",股价经常准确地反映出股票的真实价值,但该持反对意见的人认为,股价未必总是正确。然而,以上异议却在关键点上失之偏颇,因为以上方法并不以"股价总是正确"的信条为基础,而是构建于以下三个适度的假设之上:(1)作为对新的信息的反应,股价将迅速调整变化;(2)股价的这种迅速变化"不存偏见"(换言之,股价的变化既不会系统地高估也不会低估公司的变更,而且,如果有更多的时间从容地考虑公司的变化,也会认为股价的这种变化是有益的;(3)在短期内,股价对作为其基础的经济现实的反应程度不会发生重大变化。例如,如果股价经常能够反映特定的公司的50%的真实价值,这一方法就是行之有效的;而且,只要这种关系保持恒定,股价的任何变化都将准确地反映公司边际价值的变更。

数据

正是因为要约收购行为在市场中留下了可以寻觅的踪影,它作为一种经济现象,在20世纪被广泛地研究。经济学家们,正如我们,试图将注意的焦点集中于什么是可知的(而不是什么是有趣的),但

---

* 指因为每一公司都存在"噪音问题",故对多个公司进行比较研究时,可以对此忽略不计。——译注

就要约收购而言,可以获知的事项和有趣的事项交错杂陈。相关的研究,以令人炫目的速度递增着,本章的附录列举了其中的许多成果——包括可以赖以收集更多成果的检索条目。当然,我们并不想让这一冗长的成果目录使你麻木不仁,而是想表明,有关要约收购行为的主要创见,并不能归功于某些特定的学者。研究不同交易的学者,通常只就整体结果的一小部分观点的差异作出了报告,而这些在当时可能都是微不足道的。

目标公司的收益

平均收益 发出要约后,目标公司所有的股份都获得了30%左右的溢价。这一溢价产生于要约收购发生之前的"预热"阶段,可归因于已聚集了大宗股份的消息和(在一定程度上)内幕信息。

目标公司的收益取决于要约出价高于市场价格的溢价幅度:溢价幅度越大,收益也就越高。但在要约发出的这一时刻,目标公司的收益却不如溢价要约所反映出的那么乐观,因为(a)要约收购者可能并不想购买所有的股份,并且(b)交易各方对要约收购不成功的风险有所预期,因而他们不会将股票市价哄抬至要约的价格。

当要约收购成功后,要约收购者就他们买入的股份,平均支付了(原股票市价的)50%的溢价。没有被买入的股价,其价格也不会回复到要约前的水平,而是大约以30%的溢价继续进行交易。这一溢价的情形,反映了投资者相信或者(a)收购公司将以溢价的方式完成兼并,或者(b)不论何种原因,在控制权移转后,被收购的公司的价值得到了提升。

拍卖和抵制 要约收购者竞争程度不同,要约出价的溢价幅度也各有差异。单一要约收购者的溢价要约,其幅度就不如存在多个要约收购者(拍卖)竞争的情形。拍卖机制总体上给目标公司的股东带来了大约4%~6%的额外收入。如果目标公司通过拍卖机制成功地将公司售出,那么公司将多获得17%的收入,然而,如果所有的要约收购者知难而退,拍卖最终流产,则公司必然蒙受损失。

必须注意的是,这并不是在对拍卖前景的效应进行测度。潜在的要约收购者作出何种决定,这取决于他们的利益考虑。拍卖可能会因为缩小了要约收购者的利益空间而使其气馁而退,也可能降低了最初的要约出价(以维持要约收购后的盈利),或者两者兼具。

面对敌意要约收购行为时,目标公司提起诉讼但最终仍然被收购,几乎所有多个投标者参与的要约收购竞争,都上演了这一幕。诉讼显然为暂缓适用《威廉姆斯法案》增加了时间和谈判的筹码,并因此创造了拍卖机制。然而,拍卖策略同时也可能产生迥然相异的结果。在企业收购过程中,当拍卖戛然而止时,相对于初始要约收购者而言,提起诉讼的目标公司就获得了更多的利益。但如果目标公司击退了所有的要约(约四分之一提起诉讼的目标公司遭遇这一情形),则其丧失了所有可能的溢价收入。

不成功的要约收购　当一项要约收购流于失败,原来与要约通告相伴相随的大额收益也就烟消云散了。然而,要约收购的交易各方可能将这种最初的要约收购失败视为不过是长期拍卖进程中一个小小的驿站。那些在两年内收到其他投标出价的目标公司,仍能保留一些(但不是全部)初始要约收购本来能够带来的利益。而没有收到这种投标出价(这些出价要表明保持独立的意愿和能力)的公司,就彻底地丧失了这些收益。这两类目标公司(随后被收购或者从未被收购的公司),比因为接受了初始要约(一个要约或者存在拍卖情形)而被收购的公司,其股东处境更为不利。

要约收购者的收益

平均收益　目标公司的投资者经常可以从要约中获得利益;而投标公司的投资者只是有时获益。20世纪60年代,投标公司平均获利5%;20世纪70年代,这一数字为2.2%;而20世纪80年代,投标公司的收益急起直落,惨跌至零的水平;一些研究表明,这一收益为$-0.5\% \sim -1.0\%$;另有些研究表明,投标公司的收益虽然为正值,但相当微薄。因而在统计数据上,20世纪80年代投标公司的收益离零值相当迫近。

由于投标者和目标公司都是重要的利益主体,收益差距如此之大,可能会令人费解。对于这一现象,存在几种解释:其一为竞争。如果许多不同的公司都能从相类似的并购中获取利益,它们将在搜寻目标公司、学习如何应对反收购策略、报出较高而妥当的要约价格等方面展开竞争,直到并购的回报逐渐趋于零。这样,原来分享收益的期望,却往往最终以成为目标公司的股东而黯然收尾。对于投标公司与目标公司收益的分化如此之大,另一个解释则为投标公司的规模大于目标公司。由于许多投标公司的经营呈现多样化态势,一项特定的并购并不构成投标公司整体运营的重大组成部分。我们会看到,这种效果比当投标影响了公司的整体营运时要小得多(正如它对目标公司的影响一样)。人们必须运用统计放大镜,将投标者和收购者都转化为"同等规模"的公司。运用这种方法所完成的研究表明,至少在20世纪70年代,投标者获得了1/3的并购总收益。

收购项目 当经营多元化的公司宣布、或者市场推断它们将着手实施并购项目时,这些公司将获得利益。而且不论某个特定的投标结果如何,它都似乎能够实现收购公司总价值10%的收益。这一情形表明市场看好并购,认为它有利于投标者,它同时使得在特定的投标发生之前,股价即已消化了这一价值。这也许可以解释为什么在特定的投标启动时,投资者获得的收益却很少(或者甚至为负值),也可以解释为什么拟议中的并购并不高于人们的期望,或者比它还要糟糕。

合并收益

作为整体而言,并购带来的投资(把投标人和目标公司的证券合并计算)收益约为7%~8%。而且,即使投标者的股价下跌,整体投资的净收益仍能维续。例如,当杜邦公司(DuPont)收购了Conoco公司后,杜邦公司股价的市值整体下跌了8亿美元,而Conoco公司则上涨了32亿美元,所以这项并购的总体盈利为24亿美元。显然,如果要约收购者的股价同时上涨,则投资者可获得净收益,并购因而实现了双赢。

规制和抵制的效用

毒丸和其他机制 采用反收购机制的公司(采用一种更为中立的说法,这些机制是指赋予目标公司管理层接受或者拒绝投标的权力),其股价即刻下跌。作为反收购机制之一的公平价格规则(fair-price rules)压低了约0.75%股价,这一数值也许并不显著。但"修订章程并载入绝对多数同意"条款,却使股价大幅下跌了3个百分点。

（研究还表明，引入"公平价格规则"和"绝对多数同意规则"的公司，管理层的持股比例较高而机构持股比例偏低。）总体而言，管理层高度控股的公司中，修订章程引入各种反收购条款，将使其股价面临3%的下跌空间。

毒丸证券是一项未经投资者同意即可启用的反收购机制，它造成了平均0.34%的股价损失。如果我们将注意力集中于那些面临并购压力的公司，将会发现这一损失为1.51%；如果要约收购投机近日才发生（或者并购的竞争正在进行之中），这一损失为2.3%。而如果我们将注意力集中于在特拉华州注册的公司（在理论上，特拉华州的法院已经认可了毒丸证券的效力，而其他一些州的法律对此态度并不明确），该损失则跃升为2.6%。特拉华州133家采用毒丸计划的公司，从1985年9月（开始采用毒丸机制）到1986年底，股本价值总计减损了约20亿美元。采用毒丸计划的公司，其管理层持股比例极低（平均为3%），大大低于那些未采用毒丸计划的公司。（这也许可以解释为什么会引入不需要投资者投票同意的机制。）另有信息表明，公司发行毒丸计划当年的盈利能力低于行业平均水平。

公司通过发行双重股票（其中的一种股票自始至终拥有次级表决权，或者在集中持股时享有这一特权）进行再融资时，公司市值下跌了0.64%。同样的，由各州法律补充或者认可的各公司创造的反收购机制，也会打压股票市价。当特拉华州最高法院在Unocal（参见本章注〔1〕）中认定，公司可以回购它们自己持有的股份，而将投标者持有的股份排除在外时，特拉华州所有卷入竞标的公司，股价都下跌了3%。然而，这并不意味着目标公司从投标者（以达到投标者利润点的方式）回购股票（绿票讹诈），都是有害的。因为虽然股价在公司回购之时应声下跌，但回购溢价的前景，还是使得在市场中"探宝"和投标显得有利可图，而且回购给投标者造成的损失，仍然低于投标发生时可获得的收益。

公司赖以抵制要约收购行为的部分反收购措施，必须得到股东的批准。而一些投资者则试着动员同伴加以反对，并在当时挫败了大约25%的反收购议案，使得相关的股价平均上涨了4%；相反，那些未能成功地反对管理层抵制要约收购的公司，股价则平均下跌了

6%，其中跌幅最高为30%，最低为3%。在我们第3章所讨论过的股东理性冷漠的背景下，这一现象表明，只有最严重的减损价值的议案，才会使有组织的抵制物有所值。它同时还表明，面对减损价值的种种反收购措施，投票作为防范机制，其作用是多么的微不足道。

州和联邦法律 迟滞收购、或者赋予目标公司管理层否决它们（或者随后的兼并）的权力的法律，在收购最后取得成功时，固然可以提升股票的溢价，但同时也窒息了许多原本可能发生的并购行为。这两项效应，正负相抵，其结果是，适用于该法律的所有公司的价值下跌了0.5%。（章程中本已有反收购条款——例如毒丸计划——的公司，股价不受影响；而那些原本没有这些条款的公司，股价将下跌。）一些州的法律甚至还使公司蒙受了更严重的损失。当俄亥俄州的法律——堪称当时最为严厉的法律之一——颁布时，在该州成立的公司都遭受了约3%的损失。

目标公司涉入诉讼的频率，随着对公司控制权需求的增加而不断加快。而要约收购中引发拍卖的频率，随着要约收购被阻滞而急剧放大。法律调整的事项越多（投标者的等待期间越长，要约收购面临的障碍越多），溢价投标的幅度也就越大。《威廉姆斯法案》颁布后，要约收购给目标公司带来的收益已经大为增加，增长幅度从30%到50%不等，在法律规定更加严格的美国各州，这一比例更高。与此恰成鲜明对照的是，法律调整的事项越多，投标者获得的平均收益也就越低。法律调整的事项越多，对目标公司的投标就越少；法律调整的事项越多，潜在的投标者出价也就越低。《威廉姆斯法案》颁布时，发起收购的公司的收益为-6%，随着新法条的不断增加，收益更趋低迷。

解说数据

市场失败？

浪费资金

如果要约收购浪费了资金，它们也就损害了投资者的利益。然而，实际情况却是股价上升了30%，甚至更多。目标公司的投资者在

1977年—1986年这10年间，实现了3460亿美元的收入，并且投标公司的投资者也获得了数十亿美元的收入。因为股价反映预期收益，这才是实实在在的社会效应。另外，由于要约收购产生了监督作用，或者促进了其他公司的控制权交易，因而，其他没有被收购的公司的投资者也获得了利益。另外，要约收购虽然只占所有的公司控制权交易中的一小部分（每年约有40至50例，而公司兼并事件则为数千例），但它们能够派生出其他功能。

公司收购的对象，是那些盈利水平低于行业平均水准的公司以及那些盈利能力低于全国平均水准的行业（更明确地说，是行业效益）。这表明，当行业整体陷入困境比当公司经营绩效低于行业平均水准时（对此，公司董事会可以发挥督导作用），外部的干预显得更为重要。

剥削投资者

如果在市场反映公司的真实价值之前，投标者仍在为"淘便宜货"而讨价还价，这意味着当目标公司挫败收购要约之后，股票将马上以高于要约出价的价格进行交易（换言之，公司的真实价值被反映出来了）。但实际情况却并非如此；如果公司没有被其他投标者收购，则所有的收益在两年内都将烟消云散。关于投标者从目标公司投资者中骗取利润的假定，意味着投标者获得了大量"不应得到的利润"。但他们却没有、而且后来他们似乎也没能获得任何收益。

关于投标者是"袭击者"和"劫掠者"，剥削了目标公司未售出股份的投资者的假定，意味着这些股份的价格将回落，以至于低于投标发生之前的价格。但实际情况也并非如此。这些未被购买的股份，不但不跌，反而上涨了30%。

如果双层要约迫使投资者抛售股份，以获得被优先购买的可能，则这种要约收购中要约的溢价混合平均水准，比其他情形要低得多。但情况也并非如此。从1981年至1984年间，"对所有或者任何股东发出"的要约，其溢价水平为56.6%，而双层要约的混合溢价为55.9%，在数字上并无明显差别。在总体价值方面，任何双层要约都并不优于"对所有或者任何股东发出"的要约。关于"双层要约"带有"强迫性"这一错误的假定，将得出结论，认为它有利于克服搭便车问题、促进有益的并购和外部监督行为。

如果数据曾经显示,公司要约收购中存在"强迫"的问题,则这种"强迫"体现为要约收购者以一个价格向部分股份发出"部分要约",因为(a)这些要约给目标公司投资者带来的利益,低于"对所有或者任何股东发出"的要约,也低于双层要约(部分要约的溢价幅度约为23%);并且(b)当部分要约最后胜出,那些未被购买的股份,只能以低于已经被购买的股份的价格进行交易。因而,任何部分要约实际上都是隐性的双层要约,而且它无须承诺以现金或者其他流动性较强的证券来换取未被购入的股份。

当目标公司实施了排他性的自我要约收购行为时,正如 Unocal 公司所做的,真正的"强迫"才成为可能。Unocal 公司的股票市价为 46 美元,这时 T. Boone Pickens 发出收购要约,以 54 美元的现金购买 Unocal 公司 50.4% 的股份和剩余股份以 54 美元的票据支付。为应对这一并购威胁,Unocal 公司以价值 72 美元的票据为对价,向 Pickens 未购入的股份发出"自我收购要约",以此阻遏 Pickens 的收购步伐。作为对 Pickens 单一价格要约的应对措施,Unocal 公司发出的是双重要约:对前端(指先期向 Unocal 卖出的)股份,要约出价为 72 美元,而对余额股份的要约出价则为市场价格。由于对要约收购股份的投资者承诺过高而不切实际,这一市场价格将会遭受抑制。果然,最后的市价为 34 美元。因而,对前端股份的要约出价两倍于对后端股份的要约出价,后者甚至还低于要约收购发生前 46 美元的市场价格。我们在第 5 章中提及,为使公司控制权交易有利于增进价值,必须确保没有一个投资者因为要约收购而使自己股份的价格低于要约收购前的市价。而在这个事件中,结果是 Unocal 公司的要约减损了价值。因为 Unocal 公司的票据和股票的总市值为 83 亿美元,而 Pickens 的要约总值为 94 亿美元。[20] 根据记载,Unocal 公司最终获胜,是历史上"双层要约"击败价值更高的"单一价格要约"的惟一案例。它

---

[20] Michael C. Jensen, "When Unocal Won over Pickens, Shareholders and Society Lost," *Finanicer* 50 (Nov. 1985); Bradley and Rosenzweig, 前注第[12],[99] *Harv. L. Rev.* at 1422—29.

获胜的原因有三:其一,作为证券的发行人,它可以在其资产中注入股息,并且降低其竞争对手所持票据的优先性;其二,根据其所处的州的法律规定,它可以拒不回购投标者持有的股份,从而稀释它的股息;其三,根据《威廉姆斯法案》和美国证券委(SEC)的相关规则,它可以在投标者之前结束要约。而这些便利条件,投标者在发出双层要约时,无一享有。而且,就发行人自身发出要约收购而言,Unocal公司能够获胜,也确属罕见,因为美国证监会随后迅速地修正了规定,禁止作出对要约收购成功与否影响巨大的"排除"性规定*。[21] 如今,双层要约就无法击败价值更高的单一价格要约。

要约收购并没有把财富从债券持有人手中转给了股东。在要约收购成功之后,目标公司的债券仍然保持着其原来的价值。[22]

剥削劳动力(和其他"其他利益相关人")

股票市场的数据并没有揭示,要约收购是否通过剥夺公司经理和其他劳动力来为股东谋取重大利益。然而,有关劳动力市场的研究表明,被收购的公司在减薪和关闭工厂方面的速度或频率,与其他

---

* 如在本案中,Unocal要约的对象即排除了投标者所持有的股份。——译注

[21] 15 C. F. R. § 13e-4(f)(8)(i).

[22] Laurentius Marais, Katherine Schipper, and Abbie Smith, "Wealth Effects of Going Private for Senior Securities," 23 *J. Fin. Econ.* 155 (1989); Debra K. Denis and John J. McConnell, "Corporate Mergers and Securities Returns" 16 *J. Fin. Econ.* 143 (1986); Paul R. Asquith and E. Han Kim, "The Impact of Merger Bids on the Participating Firms' Security Holders," 37 *J. Finance* 1209 (1982). 然而,参见 Asquith and Thierry A. Wizman, "Event Risk, Wealth Redistribution, and the Return to Existing Bondholders in Corporate Buyouts," 26 *J. Fin. Econ.* (1991),发现持有缺乏转换权利的债券的债权人,在杠杠收购中损失约3%。Asquith 和 Wizman 还发现,65家公司中有17家的债权人有所收益,其他公司中债权人的损失只有其他投资者总收益的7%。所以,虽然被锁定的(locked-in,指不可转换为股票——译注)债权人可能在他们所持的投资工具风险放大时遭受风险,人们将无法理解要约收购时从债权人转走的股份溢价。参见 Easterbrook,前注[9],at § §2.2.2, 3.2.3。

情况类似但没有被收购的公司,没有任何区别。[23]

公司控制权转移后,"新主人"无疑会对被收购的公司作出许多调整,其中一些措施势必会影响到劳工利益。例如,如果一家航空公司的飞行员薪水高于市场价格,而该公司的管理层对此没有作出任何调整,那么,并购发生后,相应的调整就可能发生。事实上,这种情形已经发生于航空业中,该行业在收购完成后所扣减的员工薪酬总价值,已经超过了在收购中的溢价支付。然而,友好收购和通过敌意要约收购所达成的结果,区别还是相当明显。另外,改变薪酬是放松管制的结果,而且不论是否面临竞争威胁,航空业都已经削减了劳动力成本。(美国的双层薪酬制,就是一个很好的例子。)所以,要约收购并不是导致劳动力遭受剥削的原因。而且,在薪酬安排中引入竞争机制,意味着消费者的福音(更低的旅行价格)和更低的转型成本。例如,正是由于在薪酬中引入了竞争机制,美国环球航空公司(TWA)就避免了承担迫使美国东方航空公司转型的破产成本。降低薪酬以达到一个富于竞争力的水平,它给投资者带来的支付转移,虽然并不直接反映为效率(这种转移又一次超越了分配效率),但它们也并不一定意味着效率的损失。

透支明天(市场短视)

如果市场是短视的,看重当前利益而不是长期项目在当前的净值,这在交易记录中应当有踪迹可循。例如,公司宣布建造新厂房后股价将下挫,因为开工建厂意味着支出增多、收入锐减甚至没有收入(利润,如果有的话,也会延后很久)。类似的,当公司增加它们的研发预算时,股价也会相应下跌。此外,关于市场短视的第三个预测是,被收购公司的研发力量将高于行业的整体水平,因为被收购的这些研发项目,其价值并没有反映为当前的股票价格,股份被低估,这

---

[23] Charles Brown and James L. Medoff, "The Impact of Firm Acquisitions on Labor," in *Corporate Takeovers*: *Causes and Consequences* 9 (A. Auerbach ed. 1988); 另见 Roberta Romano, "The Future of Hostile Takeovers: Legislation and Public Opinion," 57 *U. Cin. L. Rev.* 457 (1988); C. Steven Bradford, "Protecting Shareholders from Themselves? A Policy and Constitutional Review of a State Takeover Statue," 67 *Neb. L. Rev.* 459, 529—534(1988).

使得投标者可以将其廉价购入。

然而,这些预测无一成为现实。[24] 那些宣布扩建新厂房的公司,价值不降反升。更多的研发投入,虽然减少了目前的盈利,但仍然提升了公司的股票价格。被收购公司的研发实力低于(而不是高于)行业平均水平。公司在引入驱鲨剂条款后,降低了它们的研发投入。[25] 因而股票市场并没有错误地反映公司的"短期价值",并且要约收购的威胁也没有驱使目标公司削减研发投入。相反,为提升股价以防范要约收购,目标公司的管理层应当会授权在研发方面投入更多、建造更多的工厂和引入更多的新产品。

剥削消费者(垄断和税收)

应缴税收的减少,的确是投标者作出溢价支付的部分源泉*,但没有研究表明,投标者的溢价支付中,超过三分之一源于应缴税收的减少。进而言之,减少应缴税收,还可以通过杠杆收购、管理层收购和其他相关的机制来实现,而无需启动敌意要约收购机制。如果因为要减少应缴税收而启用敌意要约收购机制,这将表明,管理层忽视了许多原本可以减少税收的机会,这将使其面临资本市场的强大压力。事实上,相对于一般的兼并而言,要约收购在税收方面更为不

---

[24] 除了本章附录所列举的文章外,还可参见 George F. Baker and Karen H. Wruck, "Organizational Changes and Value Creation in Leveraged Buyouts: "The Case of O. M. Stott & Sons Company," 25 *J. Fin. Econ.* 163 (1989); John J. McConnell and Chris J. Muscarella, "Capital Expenditure Decisions and Market Value of the Firm," 14 *J. Fin. Econ.* 523 (1985); Office of the Chief Economist, Securities and Exchange Commission, Institutional Ownership Structure and Performance: The Case of Management Buyouts," 26 *J. Fin. Econ.* (1991). 另见 Larry H. p. Lang, Rene M. Stulz and Ralph. A. Walkling, "Managerial Performance, Tobin's q, and the Gains from Successful Tender Offers," 24 *J. Fin. Econ.* 137 (1989)(表明当目标公司每股收益低下时,公司从合并中获得的收益最大——换言之,相对于资产价值而言,公司经营绩效并不理想)。

[25] Lisa K. Meulbroek, Mark L. Mitchell, J. Harold Muhlerin, Jeffrey N. Netter, and Annette B. Poulson, "Shark Repellents and Managerial Myopia," 98 *J. Pol. Econ.* 1108(1990)。

* 指的是,由于要约收购成功后两公司合而为一,相对于原来两公司分别缴税的状态,合并后的公司应缴税收减少了。这使得投标者可以将减少的部分应缴税收,转化为向目标公司投资者的溢价支付。——译注

利。对于目标公司的投资者而言,要约收购的现金支付是已实现的收益,他们必须就此缴税。而兼并则可以安排成免税的交易形式,投资者可以借此带着他们的股份转入新的公司。总之,因为现金要约不可避免地要面临"税收惩罚",无论税收方面的考虑对于解释兼并和杠杠收购的收益是如何重要,它都不能成为解释要约收购的动因。

另外,即使企业兼并之后会形成垄断,敌意的要约收购行为也不能从谋求垄断方面获得解释。几乎没有一例现金要约收购发生于行业内部,而且这种控制权交易在总体上并没有提升公司的集中度。资本市场在促进企业兼并的同时,也促进着企业的资产剥离。1986年发生了价值总额为600亿美元的企业资产剥离,这一数字超过了要约收购活动的价值总额。股票价格还表明,在反托拉斯法许可范围内的企业兼并行为并没有产生垄断。如果一方面企业兼并允许存在垄断利润,那么同一行业的公司的股票价格将上涨——当股价上涨时,所有的公司都将因此而受益。如果另一方面,企业并购促进了生产效率,竞争对手的股价将下跌(因为对于它而言,运营更富于效率的公司,是一个强有力的竞争者)。但从实际情况看,总体而言,一旦发生了企业兼并,竞争对手的股价就应声下跌。[26]

剥削要约收购公司的投资者(自大)

如果要约的溢价支付只是反映了投标者的盲目自大或者经营不善,那么投标公司和目标公司的价值总和应当保持不变(投标公司的投资者之所失,正是目标公司投资者之所得),或者甚至还会降低(目标公司的资产可能会落入低能的经理人手中)。然而,事实上,投标公司和目标公司的证券价值总计还是获得了8%的收益。Bernard Black 假定(参见本章注[14])这些净收益能够反映投资者的悲观情绪已经消退——投标公司的投资者把经理人想象得比他们的实际表

---

[26] B. Espen Eckbo, "Mergers and the Market Concentration Doctrine: Evidence from the Capital Market," 58 *J. Business* 325 (1985); Robert Stillman, "Examining Antitrust Policy towards Horizontal Mergers," 11 *J. Fin. Econ.* 225 (1983); Peggy Wier, "The Costs of Antimerger Lawsuits: Evidence from the Stock Market," 11 *J. Fin. Econ.* 207 (1983).

现愚蠢得多,但投资者最后却惊喜地发现,被浪费的资财却只是如此微小的部分——但这却不能彻底消退市场的悲观情绪。为什么市场会高估代理成本?为什么一项要约收购会引发正确的股份估价?无论如何,如果要约收购出价过高,这是不是好消息?毕竟,要约收购公司可能已经向自己的投资者派发了现金,并且已经取得了较好的效果(如果要约收购公司确实派发了过多的现金)。我们断定,要约收购公司和目标公司股票价格合并后的净增长,是要约收购取得社会效应的不可辩驳的明证。

当然,以上论说并没有否认一些要约收购出价确实过高。但同时还存在一种范式:这些出价过高的公司,其营运相当分散,横跨数个彼此互不关联的不同行业。这种类型的并购在20世纪70年代、而不是在20世纪80年代获得了报偿。但在今天的商业环境中,却是资产剥离或者功能重组带来了回报。历史上那些多元化运作过多、过滥的公司,在今天却成为了被收购的对象,然后还面临着资产的剥离。这又是资本市场自身惩罚和矫正不当行为的又一明证。

单一所有者标准和拍卖

遵循单一所有者衡量价值的方法,必须会引出以下推论:对拍卖的偏好,有利于形成一套促成价格走高的机制,它既有利于目标公司的投资者,也有利于作为整体的社会价值。以下这种现象正迎合着前述见解:要约发生时,着意于促成拍卖的法律规则和私人机制,都使得要约的溢价幅度有所提升。此外,当一项要约浮出水面时,那些拉长投标过程的机制(例如诉讼),总体上抬升了要约价格。

然而,这些机制同时也降低了要约收购者的预期(和实际上的)收益,因而也相应减少了公司要约收购行为,于是这一问题就转化为,公司收购行为减少这一"频率效应",是否抵消了目标公司投资者财富增加这一"财富效应"?答案是肯定的。联邦和州拉长竞标拍卖期间的法律规定,使得潜在的目标公司的价格为之下跌。而驱鲨剂机制,无论是要求股东批准(如在章程中载入公平价格条款和董事交错任期制)、或是仅要求管理层单方面同意即可建立(如发行毒丸证券),都毫不例外地打压了价格。这些机制并不是有好有坏,而是每一赋予管理层迟滞或者防止并购发生的权力的机制,都恶化了股东的处境。并且,虽然这一效应看起来比较少(从1%~3%不等),但却不停地累积着。在这里,一个机制使股东处境恶化了1%,在那里,又一个机制使得股东处境恶化了1%——当基数为数十亿美元时,这些百分比例虽少,仍会造成大量的金钱损失!

如果投资者认为在要约发生时引入拍卖富有价值,则那些有利于促成拍卖的机制,都应当载入公司章程或者在公司上市时载入招股说明书。如果投资者果然看重这些机制,则它们将使企业创始人为企业经营筹得更多的资本。然而,事实上这些机制并没有被引入。相反,公司通常都以易于被收购的姿态上市:没有毒丸证券,没有绝对多数规则,也没有董事交错任期制。抵制收购的措施是随后被加入的。这一次序,无疑意味深远。

当然,单一所有者标准和拍卖机制的拥护者也可以认为,这些数据并不能真正颠覆他们的立场。他们拥护促成拍卖机制的法律规则(如冗长的要约期限,对要约者课以强制性的披露义务),同时主张禁止管理层对要约收购采取抵制性措施。根据他们的见解,应当通过竞争,只在要约收购方中展开拍卖,而不是由目标公司管理层来主导这一进程,因为后者可能以出售公司需要更充分的时间准备为名,而行拒绝任何公司控制权转移之实。但这种见解却得不到实证支持:今天所运用的所有机制,在要约收购者中强化竞争的同时,也使管理层抵制要约收购更加得心应手。

虽然在我们反对单一所有者标准和拍卖视角时,不像反对其他机制那样富于自信,但有利于增进目标公司市场价值的既存机制的缺乏——以及所有的既存机制都减损了要约收购者的收益这一明证——仍然使我们怀疑拍卖对于社会整体是有益的。在章程中写入有利于形成拍卖,并且可以束缚管理层之手的条款(或毒丸证券条款),本身并不困难。例如,不将毒丸证券条款设计为,如果并且只有管理层才可以选择启用该条款,相反,公司可以在章程中载明,"向所有任何股东发出的要约"持续生效90天后,该毒丸证券即自行失效。如果公司章程中载入这一条款,根据单一所有者标准和拍卖视角,这种证券应当是富有价值的。但没有一家公司予以采用——在上市时没有采用,后来也没有。虽然代理成本高企,但许多公司的管理团队还是小心翼翼地为投资者的利益服务。但为什么公司的管理层都不采用这些机制？要知道，提升了公司的价值，他们也能因此而获益（大多数公司管理层的薪酬与公司的股票价格的表现息息相关，而且管理层本身也持股）。据称有利于投资者的证券事实上并不存在，这本身即说明了问题。

特拉华州的中间标准

作为美国公司的主要注册地的特拉华州，在处理要约收购和引入拍卖机制这一问题上，既没有遵从我们的消极见解*，也没有遵从单一所有者标准和采用拍卖的视角，更没有认为要约收购缺乏效率而应予打压。该州公司的管理层可以通过一些机制（如毒丸计划），在很大程度上控制着溢价要约收购是否成功——它不但减少了目标公司面临要约收购的可能性，并且在要约收购启动时，可以阻止其最终获得成功。然而，在一项要约出现后，特拉华州目标公司的管理层并非一味固执地对它说"不"，只有认为拥有合理的理由，他们才会阻遏这项要约收购，同时必须承担陈述这些理由的责任（参见本章注释〔1〕所列举的案例）。如果公司在待价而沽，那么它们的管理层必须尽最大努力，为股权投资者谋取最高的价格——但卖与不卖，管理层可以自由裁量。

通过这种模式形成的"混沌状态"，其优势在于节省了判断者的信息成本。同时，它还为管理层创造出一套不对称的激励机制。如果他们采用了驱鲨剂条款，并吓退了要约收购者，他们无须承担任何责任风险。然而，如果他们将公司卖出，则可能因为只获得了高于市价50%的溢价、而不是法院认为本可以获得的更高价格而遭到罚金处罚。[27] 如果公司管理层在维护自我利益方面坚定不移（而使公司计划没有商讨余地），对于要求改变公司计划的要约收购行为，他们就可能予以阻遏；但如果他们灵活求变，试图为投资者寻求妥当的机

---

* 认为拍卖机制在整体上对于社会并无助益。——译注

[27] Smith v. Van Gorkom, 488 A.2d 858 (1985).

会,他们就可能被认为使公司陷入了僵局,而被迫从中抽身而退。[28] 面对此情此景,即使是最敬业的公司经理人,也可能会采取那些虽有损投资者利益但却能保全自身的机制。

特拉华州的这种折中方案依赖于两个明确的前提:(a) 公司的"短期价值"反应为股价时,与其"内在价值"(intrinsic value)存在着明显的区别。由于目标公司管理层必须实现公司"内在价值"的最大化,所以"要约出价的不足"[29]正当化了(而且强迫了)目标公司管理层的抵制行为;并且(b) 公司的董事有义务击退投资者和公司本身所面临的"威胁"。但以上两点无一说得通。以下试作分析。

内在价值

公司的市场价格和其"内在价值"存在区别,这是特拉华州公司法案例中蕴含的古老的主题。以"特拉华州大宗股份"的估价救济方法(参见第6章)来考察公司股票的真实价值时,目前的市价只是部分参考因素。正如我们在"挖掘市场"和"市场短视"的标题下所阐述的原因,无论是逻辑还是数据,都不支持股票市价和其内在价值存在区别这一结论。如果一家公司具有特定的价值,市场会作出反应;要约收购者可以看到的任何事项,专业投资者也可以获知。由公司"内在价值"视角而衍化的许多预测——击败了要约收购的目标公司的真实价值高于要约出价、减少公司短期利润但增加其长期价值的消息会打压股价等——其实都是错误的。没有任何哪怕是支鳞片爪的数据,支持着特拉华州法院在相关案件中采取的立场。但我们看到,美国首屈一指的公司法法院竟然得出"地球是扁平的"这一结论,的确令人沮丧。

公司的"内在价值"只是一个预测,一个希望,即如果公司利润以这样的比例增长,并且如果存款利率是那样,则股票将达到一个特定的价格。这类资本化分析,对于他们自己的假设极其敏感,预测结果也很依赖于这些假设。但事实上,任何有能力的投资银行家,都能通

---

[28] Paramount Communications, Inc. v. Time Inc., 571 A. 2d 1140 (Del. 1990).
[29] Unocal Corp. v. Mesa Petroleum Co., 493 A. 2d 946, 955 (Del. 1985).

过重量级的指令,使一些赖以进行预测的数值发生变化,特拉华州最高法院也已经认识到了这一点。[30] 公司管理层对他们事业的成功,很自然地保持着乐观的态度,因而确信股票的"真实价值"要高于市场价格。然而,同样保持着乐观态度的投资者,却很快地发现,在现实主义者面前,他们会一败涂地。其实,股价反映的是将自己的美元投入其中并且讲求实际的市场参与者的多数意见。

只说不做是廉价的。任何人都能自行判断股票的"内在价值";而只有以金钱为基础,准确的判断才能脱颖而出。这其中的区别不在于股票的当前市价和内在价值之间的差别,而在于体现为价格的对价值的市场计量方法和股市投机之间的差异。公司收购通常发生于管理层对股票内在价值的判断最不现实的公司,这也解释了为什么要约收购必须是敌意的,为什么要约收购者相信能够通过改变目标公司的经营风格来获取利润。即使目标公司的管理层出于最大的内心确信,来解释为什么他们公司的价值超过目前的市场价格,也没有人应当听信他们,除非他们能够披露出新的事实。

威胁

针对投资者 如果要约收购对于目标公司的投资者构成了威胁,管理层必须介入以保护投资者。虽然特拉华州最高法院经常提及来自要约收购的"威胁",但它也仅认定两项情形,即由"强迫性的"的双层要约和潜在劫掠者引发的威胁。由于在第 5 章及本章的前些部分已经探讨过了"劫掠行为",我们在这里强调指出,双层要约并不会危及投资者的财富,而且也没有实证材料表明,要约收购者通过掠夺目标公司而获取了利润。对于子虚乌有的"威胁"采取抵制措施,只会使所有参与者的处境变得更糟。

针对公司计划 法官有时会说,对于威胁公司发展计划的行为,公司管理层可以回击。当然,如果公司发展计划给投资者带来的预

---

[30] Mills Acquisition Co. v. Macmillan, Inc., 559 A. 2d 1261 (Del. 1989). 另见 Lucian Arye Bebchuk and Marcel Kahan, "Fairness Opinions: How Fair Are They and What Can Be Done about It," 1989 *Duke L. J.* 27; Metlyn Realty Corp. v. Esmark, Inc., 763 F. 2d 826, 834—837 (7th Cir. 1985).

期价值超过了要约收购的要约出价,这一说法无疑非常正确。然而,事实上,现有的公司计划所创造的价值要素都体现为股票价格;因而,要约的溢价支付表明,用一套新的计划,将目标公司管理层所偏爱的公司计划取而代之,将创造出新的价值。(对此,反对者可能作出回应,称股票市价未能反映公司计划的"真实价值",但又回到了我们前面讨论过的"内在价值"或者"市场短视"的重复命题之中了。)

如果相反,要约收购者没有推出"好的"计划,相反却出笼了"坏的"计划,结果又当如何?目标公司既存的投资者将售空其所持股份,损失又将落到要约收购者头上(假定所有的既存投资者都受到市场价格的担保)。要约收购者不会以破坏目标公司价值的方式来挣钱,因为这是搬起石头砸自己的脚。当然,如果这确实发生,那么我们也可以非常轻松地说,这是要约收购者在为自己的错误付出代价。

针对其他利益相关人 虽然一些评论者认为,公司应当保护"其他相关主体"的利益,即使牺牲股权投资者的利益也应当在所不惜。但特拉华州对此并不认同。该州的法院认为,公司管理层必须表现出对"公平利益的通常标准的极大顺从。这一标准要求公司管理层必须为股东可以合理获得的最大价值而努力行事"。[31] 毫无疑问,公司必须考虑雇员、供应商、他们所在社区以及其他相关人的利益。但这一过程无法回避的是合同和信义义务各自的作用及其分野问题。正如我们在第1章、第3章和第5章所阐释过的,只有公司剩余索取权人才有权要求管理层履行诚信义务,其他公司参与主体的权利保障,则全赖于合同约定。

面临威胁的世界里的社会财富

"把你的钱放入你的嘴巴",这应当可以成为公司控制权交易的关键性谚语,对于一般意义上的商业运作,它也同样适用。价格反映了人们辛苦获得的,并且认为它足以信赖因而将财富冒险一搏的市

---

[31] Mills Acquisition Co. v. Macmillan, Inc., 559 A. 2d 1261, 1264 (Del. 1989). 另见同上,at 1285, 1288。

场信息。高于市场价格的要约出价,无论对于目标公司还是要约收购公司,都意味着私人财富的增加,因而,它对于社会也构成了整体福利的提升。而且,尽管溢价要约并不必然意味着公司资产的最佳运用,但它至少表明资产获得了相对更为优化的使用。只有厌恶风险的人,才会对把资产移转给效率更高的使用者手中这一持续不断的进程,表示反对,但正如我们在第 1 章中所阐述的原因,厌恶风险本身并不是严重的障碍。

目前有关并购的法律,着实反映了一种糊涂和昏聩的状态,它试图以牺牲社会财富为代价而求取利益分享,以牺牲要约收购公司股东的财富为代价而谋取目标公司股东的利益。这些法律制度设计,还反映着对公司"内在价值"的孜孜以求,但公司"内在价值"却如同"飓风产生于女巫的魔法"的传说一样,缺乏实证支持。退而言之,即使公司真的存在所谓"内在价值",法院也无从识别,换言之,法院无法将那些正确地判断了公司价值被市场低估的公司管理层,从只是主观上相信公司股票太低的公司管理层中区分出来。而司法无力识别良莠,无法确认什么是使投资者财富最大化的"最佳"策略,正构成了"商业判断原则"的根本前提。

对要约收购行为的司法态度,最终反映着法律规范的二元视角。如果要约收购者采取的一项策略曾经是有害的(如双层要约收购),则它就会被认为是滥权行为而遭到扼杀;如果目标公司所采取的一项策略曾经是有益的(如用于挑起要约出价的毒丸计划),则它始终被尊崇为良好的机制,即使对它进行司法审查,也显得极为恭顺。这种考虑问题的视角,只有在只需要考虑目标公司投资者利益的时候,才能获得正当性。但为什么应当如此?法院促成了公司合同,并且受法律规则影响的投资者,可能持有要约收购公司的股票,也可能持有目标公司、其他第三方的股票,或者(最可能的是)持有前述三类股票。从 Peter 处劫得财物给 Paul,这是对公司法规则的不当运用,特别是当 Peter 只不过是 Paul 的笔名而已的时候。

附录

近年来，金融经济学家们对于要约收购所投入的时间和精力，远远比其他问题为多。其中对本章中的经验假设提供支持的，除了本章所出现的脚注所指引的文章外，还应当包括：

Bradley, Michael, Anand Desai, and E. Han Kim, "Synergistic Gains from Corporate Acquisitions and Their Division between the Stockholders of Target and Acquiring Firms," 21 *J. Fin. Econ.* 3 (1988).

Choi, Dosoung, Sreenivas Kamma, and Joseph Weintrop, "The Delaware Courts, Poison Pills, and Shareholder Wealth," 5 *J. L. Econ. & Org.* 375 (1989).

Comment, Robert, and Gregg A. Jarrell, "Two-Tier and Negotiated Tender Offers: The Imprisonment of the Free-riding Shareholder," 19 *J. Fin. Econ.* 283 (1987).

Hackl, Jo Watson, and Rosa Anna Testani, "Second Generation State Takeover Statutes and Shareholder Wealth: An Empirical Study," 97 *Yale L. J.* 1193 (1988).

Jarell, Gregg A., and Annette B. Poulson, "Shark Repellents and Stock Prices: The Effects of Antitakeover Amendments Since 1980," 19 *J. Fin. Econ.* 127 (1987).

Jarrell, Gregg A., James A. Brickley, and Jeffrey M. Netter, "The Market for Corporate Control: The Empirical Evidence Since 1980," 2 *J. Econ. Perspectives* 49 (Winter 1988)（他人研究综述）.

Jensen, Michael C. "Takeovers: Their Causes and Consequences," 2 *J. Econ. Perspectives* 21 (Winter 1988).

Jensen. Michael C., and Richard S. Ruback, "The Market for Corporate Control: The Scientific Evidence," 11 *J. Fin. Econ.* 5 (1983)（专册综述了其他论文所提出的观点）.

Jensen, Michael C., and Jerold B. Warner, "The Distribution of Power among Corporate Managers, Shareholders, and Directors," 20 *J.*

Fin. Econ. 3 (1988) (专册综述了其他论文的成果).

Karpoff, Jonathan M., and Paul H. Malatesta, "The Wealth Effects of Second Generation State Takeover Legislation," 25 *J. Fin. Econ.* 291 (1989).

Mikkelson, Wayne H., and Richard S. Ruback, "An Analysis of the Interfirm Equity Investment Process," 14 *J. Fin. Econ.* 523 (1985).

Mitchell, Mark L., and Kenneth Lehn, "Do Bad Bidders Become Good Targets," 98 *J. Pol. Econ.* 72 (1990).

Office of the Chief Economist, Securities and Exchange Commission, *The Economics of Any-or-All, Partial, and Two-Tier Tender Offers* (1985).

——*The Effects of Poison Pills on the Wealth of Target Shareholders* (1986).

——*Shareholders Wealth Effects of Ohio Legislation Affecting Takeovers* (1987).

Pound, John, "The Effects of Antitakeover Amendments on Takeover Activity: Some Direct Evidence," 30 *J. L. & Econ.* 353 (1987).

——"Shareholder Activism and Share Values: The Causes and Consequences of Countersolicitations against Management Antitakeover Proposals," 32 *J. L. & Econ.* 357 (1989).

Ryngaert, Michael and Jeffrey M. Netter, "Shareholder Effects and the Ohio Anti-Takeover Law," 4 *J. L. Econ. & Org.* 373 (1988).

Schumann, Laurence, "State Regulation of Takeovers and Shareholder Wealth: The Case of New York's 1985 Takeover Statutes," 19 *Rand J. Econ.* 557 (1988).

前述所有的研究成果,都运用了来自于股票市场的数据。少数运用了会计数据进行研究的学者,得出结论称企业收购并没有获得看得见的生产效益。参见 Richard E. Caves, "Effects of Mergers and Acquisitions on the Economy: An Industrial Organization Perspective," in *The Merger Boom* 149 (Lynne E. Browne and Eric S. Rosengren eds.

1987); F. M. Scherer, "Corporate Takeovers: The Efficiency Arguments," 2 *J. Econ. Perspectives* 69 (Winter 1988). 然而,会计数据并不总是支持这一结论。以"企业的结构和治理"为主题的研讨会收集了大量的论文,发表于《金融经济学》1991 年总第 26 期(26 *J. Fin. Econ.* 1991)。这些文章运用了市场模型以外的许多研究方法,得出结论称公司控制权交易能够提升企业效率。还可参见 Frank R. Lichtenberg and Donald Siegel, "Productivity and Changes in Ownership of Manufacturing Plants," *Brookings Papers on Economic Activity* 643—673 (1987); Lichtenberg and Siegel, "The Effects of Ownership Changes on the Employment and Wages of Central-Office and Other Personnel," 33 *J. L. & Econ.* 383 (1990); John D. Paulus and Robert S. Gay, *Is America Helping Herself?. Corporate Restructuring and Global Competitiveness* (Morgan Stanley & Co. 1987). 还可参见 John Pound, "The Information Effects of Takeover Bids and Resistance," 22 *J. Fin. Econ.* 207 (1988)。这些研究成果表明,那些挫败了要约收购的公司,利润下降了 10%。

8 公司注册地选择的争议和州反接管条例

在增进投资者的财富这一点上,我们在本章要讨论的两个主题是相互渗透的。我们也反复强调过,在这方面,公司法的运作就类似于一个标准合同;而在第7章,我们又推断有关公司接管的相关规则会带来负面效应。究竟哪一个观点更符合实际呢?公司法是有效率的还是缺乏效率的?关于这个问题,有关争议更是扑朔迷离;在立法实践中,公司法的效率命题,似乎也正在因遭到越来越多的质疑和挑战而愈发显得前景暗淡——仅仅就在过去的20年里,就有40个州制定了各种各样的反接管条例。

如果这些州的法律损害了投资者的利益,其他州的法律又如何呢?是什么因素阻碍了经理人不能选择能最大限度使用其投资的州来组建?简而言之,在州法之中,对接管问题,各州之间是不是存在一个"竞相放宽反接管标准的竞赛"?本章主要讨论州法和有关公司注册地点选择的影响;然后我们再把反接管条例作为一个特殊(但很重要)的例子来加以考察。

是否存在"竞相放宽反接管标准的竞赛"(race for the bottom)?

无论公司的资产、雇员和投资者在哪里,经理人都可以选择在任何一个州组建公司。因此州与州之间必须互相竞争,才能吸引公司到它们州进行注册。在竞争中胜出的有管辖权的州,将会获得收取特许费和税收的权利,而且这也会为当地的法律业务创造新的需求。

到目前为止,特拉华州在这方面做得是最成功的。这个州虽然不大,但集中了大约一半的世界500强公司。只要是有公司变更注册地点,它们中大约有 80% 要转移到特拉华州。[1] 它的成功来自授权制定的条例、大量的判例和先进的公司法以及它们善于接纳与满足公司需求的可信承诺,而该州的大部分岁入就是来自于这些特许费和税收等收入。

市场的作用

关于市场的作用问题,似乎没有什么可争议的。有争议的倒是特拉华州的成功到底产生了什么样的影响。由 Cary 支持的传统观点认为,由公司组建所产生的特许费和其他相关收入的竞争,会导致州与州之间"竞相降低监管标准"。[2] 既然公司组建地点的选择是由经理人决定的,Cary 认为州政府就会有激励去选择允许经理人剥夺投资者的法律规则。按照他的观点,特拉华州拥有最宽松的授权法案,这些法律允许经理人从投资者那里获取最多的收益,因此该州政府就可以成功地从公司组建中增加其财政收入,其他的州也就只有学习的份儿了。

Ralph Winter 则认为,所谓的"竞相放松管制命题"简直是无稽之谈。[3] 为取悦于经理人们而开展的州际竞争,怎么可能会形成运作良好的市场呢?企业家必须为了争夺资本而展开竞争,这种竞争的一个重要方面,就体现在公司治理规则上,而这些规则就是依据州法而制定的。因此,为了吸引投资,企业家在选择在哪一个州组建公司时,会寻求能给投资者带来最大利益法律规则的那个州。只有吸引到投资者,才能使经理人剥削他们成为可能。所以,对于州而言,要想在这方面获得更多的财政收入,就必须得颁布能够吸引投资者的

---

[1] 关于特拉华州成功的数据来自 Peter Dodd 和 Richard Leftwich, "The Market for Corporate Charters: Unhealthy Competition versus Federal Regulation," 53 *J. Bus.* 59(1980); Roberta Romano, "Law as a Product: Some Pieces of the Incorporation Puzzle," 1 *J. L. Econ. & Org.* 225, 273(1985); Romano, "The State Competition Debate in Corporate Law," 8 *Cardozo L. Rev.* 709(1987)。

[2] William L. Cary, "Federalism and Corporate Law: Reflections upon Delaware," 83 *Yale L. J.* 663(1974)。

[3] Ralph K. Winter, Jr., State Law, "Shareholder Protection, and the Theory of the Corporation," 6 *J. Legal Studies* 251(1977)。

法律;另一方面,那些拥有大量投资选项的投资者——从土地到国库券再到日本公司——他们也没有激励把钱投向拥有不利于自己的法律环境的那些州。关于这一点,我们在开头第 1 章就已经讨论过了。

Winter 认为,特拉华州的成功之处就在于,它为投资者提供了一揽子有利于经理人和投资者的法律规则。例如,Winter 认为,Cary 所批评的特拉华州授权法案及一些法院判决所授予的公司经理的自由裁量权,不过是表明其对公众公司内部管理职能专业化的承认罢了,这同时也是我们前面所已经强调过的命题;而且 Winter 认为,股东从一个宽松的很少干预公司经营活动,而主要是保障合同履行及阻止盗窃的法律制度中能够获益良多,这一主张实际上是推翻了 Cary 的论点。Winter 教授的这个公司理论在公司法理论界可以说是振聋发聩的。

从理论上说,"竞相放宽管制标准的竞赛"是不存在的,经验实证分析也证实了州际竞争的作用。在特拉华州重组的公司在重组之前,甚至在作出此决定之后,公司股价的确上升了。[4] 这些发现完

---

[4] 参见 Dodd 和 Leftwich, 前注[1]; Romano, 前注[1], 1 *J. L. Econ. & Org.* at 273(1985)。另参见 Barry Baysinger 和 Henry N. Butler, "Race for the Bottom v. Climb to the top: The ALI Project and Uniformity in Corporate Law, "10 *J. Corp. L.* 431(1985)。美国法律协会的"公司治理项目"首席报告人 Eisenberg 教授曾写道,经验数据是支持 Cary 的,因为数据显示,在价格波动之前价格上升了,并且随后就稳定下来。参见: Melvin Aron Eisenberg, " The Structure of Corporate Law, " 89 *Colum. L. Rev.* 1461, 1509(1989)。Eisenberg 教授误解了在市场研究中余数的重要意义,它实际上表示的是股价变动中无法预料的那部分因素,属于市场净变动。所以如果公司采取某些行动(如,迁到一个州,该州的法律能够帮助提高投资者10%的财富),在该行动之前,所有的价值增加值都会体现在这个余数当中,就像此信息在市场上传播开来,并且最终确定下来一样。(净市场)价格接下来的变动就将反映此后的更进一步的信息。当出现的是利好信息时,余数就会在价格波动之前(而不是之后)上升;当出现的是利空信息时,余数就在价格波动之前(而不是之后)而降低。Eisenberg 教授提到了由 Elliott J. Weiss 和 Lawrence J. White 撰写的一篇论文"Of Econometrics and Indeterminacy: A Study of Investors' Reactions to 'Change' in Corporate Law, "75 *Calif. L. Rev.* 551(1987), 他认为该文通过过研究发现股票价格并没有随着法律的变迁而发生波动,这就推翻了 Winter 的观点。Michael C. Bradley and Cindy A. Schipani, "The Economic Importance of the Business Judgment Rule: An Empirical Analysis of

全否定了 Cary 的有关公司迁入特拉华州后,股东是经理人的牺牲品的观点。这并不是说特拉华州公司法在各个方面均完美无缺——事实上,我们曾对该州的一部分条例及最高法院的判决作出过批评。尽管任何一个复杂如法律般的制度都不可避免地存在着这样那样的缺陷,但有证据证明:当公司在特拉华州组建时,投资者均会受益。可见,竞争压力的导向作用是很明显的。

Winter 教授还强调:各州间因财政收入而展开的竞争与经理人因争夺资金而展开的竞争,并不能完全解释各州之间竞争的动态状况。我们可以考虑三个令人困惑不解的地方:第一,虽然特拉华州与其他州相比,有大量的关于公司组建和重组活动发生在该州,但也仍有许多公司选择在其他州组建,并且从未迁到特拉华州。尽管特拉华州拥有大名鼎鼎的全国最大公司,但是在其他州,如选择在加州组建的公司在数量方面就远比特拉华州为多;第二,为什么各州的立法者们要以 Winter 教授所建议的方法去争夺更多的税收?他们这样做的目的究竟是为了什么?市场那只"看不见的手"又在哪里?第三,不管是因为公司已达鼎盛期,还是因为公司经理人自己准备退休,对于那些不准备再回到资本市场的经理人来说,他们还有什么机会?

为什么选择在特拉华州组建的公司数这么少?

尽管 Cary 和 Winter 把特拉华州曾描述成一块公司组建的乐土,

---

the Trans Union Decision and Subsequent Delaware Legislation,"在 *Corporate Governance, Restructuring, and the Market for Corporate Control* 一书中(A. Sametz and J. Bicksler eds. 1990),也得到一个相类似的结论,即股价对法律的变化没有反应。Weiss-White 和 Bradley-Schipani 都因为将该"事件"看做法律颁布的日期而误入迷途。见 Ronald J. Gilson, "the Law and Finance of the Business Judgment Rule,"在 *Corporate Governance, Restructuring, and the Market for Corporate Control* 一书中的分析。法律在制定出来之前一般要经过广泛的讨论,无论其通过的可能性是增大还是减小,追踪一下其中的原委也都还是有必要的。其实,价格对于结构性变化还是很敏感的,这也是我们集结在第 7 章中的许多研究所要证明的一个观点。没有人能在读了《金融经济学杂志》(*Journal of Financial Economics*)杂志后留下这样的印象,即对于公司结构和法律规则中哪怕是最微小的变动,投资者也没有作出相应的价格调整。然而,对于为什么我们会预期在影响派生诉讼法律的改革方面会有轻微的效果,可能会存在充分理由。我们在第 4 章讨论了许多这方面的问题。

但仍有很多企业对在特拉华州组建公司不感兴趣。那么,导致这种情况发生的原因是什么呢?Richard Posner 和 Kenneth Scott 认为,特拉华州的授权法案只能吸引那些因公司内部职能高度专业化而获利的大公司。[5] Barry Baysinger 和 Henry Butler 也作出过类似的解释,并认为对那些规模更小一些的公司(那些因为资本市场具有相对更弱的效率)而言,施加更多的法律控制会更好一些,投资者也宁愿选择这些小公司;而这些小公司也往往会选择那些对公司投资控制较严的州进行投资。[6] 由此可见,对于特定的企业来说,公司法到底是赋权型的对投资者更有利,还是规则更严厉一些对其更有利,对这个问题的判断,将取决于该企业的资本结构。[7] 最后,Robert Romano (见本章注[1])在绝大多数有关公司重组的研究中发现,那些迁入特拉华州的公司,大多是期望参与一些大型的公司项目,如公开上市、公司兼并、收购或反收购等项目。对于这些公司来说,特拉华州的庞大的法律程序机制,及经验老到的公司律师,都会大大降低交易成本——这就是他们值得迁入该州组建公司的明证。

以上三种解释均和竞争的作用这一主题相一致,并没有偏离这一主题。不过,我们应该认识到,不同的法律机制可能对不同的公司最为有利(或不同时间下的相同的企业),这就意味着应对竞争过程施加某些限制。由于只有50个州,也许这还太少,还不够为这数以千计的不同的公司事业,提供符合他们要求的一个完整的公司法律条款选择菜单。公司法有几百条不同的条款,每一个条款都可能采用很多种形式;在只有50个州司法管辖权的情况下,如果我们只是简单地将这些条款集结在一起,可以想见,这样的法律规则难免会有漏洞,因此,最终出台的法律也并不总是十全十美的。

---

[5] Richard A. Posner and Kenneth E. Scott, *Economics of Corporate Law and Securities Regulation* 111(1980)。
[6] Baysinger and Butler,前注[4]。
[7] 原因在于 Baysinger 和 Butler 对方案分类和合并决策中的资本结构的作用的批评意见。见 Romano,前注[1],8 *Cardozo L. Rev.* 第714—717页。

立法者的动机是什么?

Winter(就像 Cary 一样)把公司组建作为财政收入的一个来源,这种说法实际上是对立法程序的过于简单化解释。从各州立法者的角度来看,公司组建特许费和税收收入是一个公共物品,立法者不可能直接从增加的税收中获利(指以维持相对低的税率,同时保持相对快速的经济增长,因为毕竟是老百姓使用了公共产品的大部分),因而,即使在来自公司的特许费收入占其政府预算 19% 的特拉华州,增加税收也不是其立法者在决策时所要考虑的决定性因素。实际上,立法者可以从更多的直接支付(如活动捐助)和间接诱导(如政治支持)中获得好处。[8] 这些直接性的支付,即使在本州长期经济活动能力下降的情况下,也可以给各州的立法者以足够的激励去采取积极行动。强势利益集团往往会以牺牲公共福利为代价,而游说帮助制订一些保护他私人利益的立法——而这种情况的确已成为家常便饭(或悲惨故事)了;如果经理人的行为没有受到资本市场相应的限制,那么,他们就有可能成为如上所称的强势利益集团(我们将在后面谈论)。

对法官来说,在州政府的层面上增加税收,似乎更符加合公共利益,他们不大可能受政治捐助活动的影响(特拉华州采用的是委任司法系统)。但是,"法官们又在最大化什么呢?",这是一个永恒的话题。我们当然可以满足于把事情做好,但对于一个法官来说,什么才叫做"好"呢?有一些因素,例如增加声望、获得晋升或改行当更有吸引力的律师,都可以为法官的行为提供激励,但这些并不一定就会促使他们创造出更有效的法律。关于普通法是否有效率,或者是否可

---

[8] Jonathan Macey 和 Geoffrey Miller 认为,特拉华州的有组织的律师界已经大大影响了特拉华州的公司法发展。见:"Toward an Interest-Group Theory of Delaware Corporation Law," 65 *Tex. L. Rev.* 469(1987)。我们怀疑律师业收取了大量的租金。——毕竟,不管公司的驻扎地在哪里,律师们都可以代表特拉华州公司去开展业务,并且州外的律师也可以到特拉华州开展法律业务或干脆就可以搬到该州去。进入法律这一行当往往需要一个缓慢的过程;而从一个州迁到另一个州则会更快一些,律师界已经被证明是众多立法活动中一个极有影响力的利益集团。

以通过"看不见的手"的机制使之趋于有效率的争议,在这里我们接下不表了。[9]

机会主义

一旦他们被安置好,而且已经筹集到了公司所需的资本,经理人们就有可能会干出机会主义的勾当了——为保住他们的位子或提高奖励而损害投资者的利益。当然,这也可能带来一种机会成本——投资资金没有增加,或者当市场利率提高时,投资者所投入的资金被内部化使用,公司产出就会减少。最终该成本是存在的,并且当经理人所持股份价格下跌的时候,即使他们没有立即支付该成本,这些代价也将会在劳动力市场上支付(见第4章)。但是对于任何企业和任何经理人来说,这最后一刻最终会到来。此时公司也许会陷入困境,且生死难卜;也许前任公司经理人临近退休,认为短期所得(现在,对于他们来讲是短期)超过长期所失。

如果一家新企业决定在拥有较差公司法的州,完成公司组建,那么这个想为新企业筹集资金的企业家,就要承担这种损失,因为投资者将为其股份所支付的资金会变少;然而,如果企业进入一个拥有较好公司法的州去公开上市,并且在其(或者经理人)最后任期内迫使该州采用较差的公司法条款,或者转换其注册地到别的州,企业家就能够避免这种损失。

考虑到这些,Winter 最终调和了他最初的关于州与州之间存在一种"竞相提高管制标准"(race for the top)的想法。[10] 竞争是一种好的机制,但也并不是完美无瑕的。特拉华州能够在税收的竞争中胜出,原因在于,它要想成为的是"最令人满意的"州而不是"最优的"州——即使存在最优的可能性,"满意"也比"最优"更具现实可能性。州与州之间的竞争并不是为了比试到底哪一个州更能放任公司经理人剥夺投资者;从长期来看,这种竞争压力对投资人将会比对经理人

---

[9] 参见 Robert D. Cooter 和 Daniel L.Rubinfeld 写的综述:"Economic Analysis of Legal Disputes and Their Resolution,"27 *J. Econ. Lit.* 1067, 1091—94(1989)。

[10] Raiph K. Winter, Jr., "The Race for the Top" Revisited," 89 *Colum. L. Rev.* 1526, 1528(1989)。

更有利；但这种向长期均衡点的漂移有可能是不确定的。各州，正如经理人一样，也在寻求成功的合并，它们也不知道市场真正需要什么；能幸存下来的也就必定是最成功的了。正如我们在接下来的一章中看到的，州立法者对政治捐助活动和隐含的支付(如政治支持)的接受，最终将与机会主义紧紧纠结在一起，为大量州反接管条例的出台提供最为似是而非的解释。

反接管条例与注册地选择之争

有主张认为州与州之间有关公司章程的竞争会给投资者带来好处但这种观点已经受到了反接管条例的严峻挑战。反接管法规在其发展过程中呈现出多样化形式。第一代法规施加了等待义务，给予州官员对出价的否决权。这些法规也经常对在其他州注册成立的公司的要约行为进行治理。在 Edgar 诉 MITE 公司一案中[11]，最高法院认为这种法规由于其"跨地区效应"，因此是违反宪法的。

紧接着，一个新的立法浪潮出现了。第二代法规也表现出多样化形态，范围涉及从"控股条例"(就是在出价完成之前要求一个"公正无私的"股东投票权)，到"公平价格条例"(就是防止一家收购企业去进行"两阶段收购")等。最为典型的是，这些法规并没有给予政府官员以否决权，也不适用于在其他州注册成立的公司。在 CTS 诉 Dynamics 公司一案中[12]，最高法院支持第二代控股条例对抗宪法的挑战，并且也指出该条例比联邦法还要领先一步。

于是，接着出现第三代接管条例，这就是众所周知的"企业联合条例"。在投标人获得控制权之后，该条例允许股权转让可以无阻碍地进行，但要对诸如兼并这样的交易进行规制，除非该公司的前任经理人在其股权易手之前表示了同意。特拉华州就已经颁布了这种类型的法律。[13] 第三代条例在严厉性方面有所区别，如威斯康星州法

---

[11]　457 U.S. 624(1982).
[12]　481 U.S. 69 (1987).
[13]　8 Del. Code 203.

就规定在3年内,任何兼并或资产出售行为都应该毫无例外地加以禁止,但是这个为改变公司结构而设计的法律虽然有效地排除了交易,却最终遭到了经理人的反对。[14] 而特拉华州的法律则处于另一极端,它允许公司按它们章程中条款的有关规定而作出选择,且如果投标人获得非经理人及其同盟者的股份的85%,投标人就可以任意作为。这种法律提高了出价人的成本,但只有在收购大额股份时才是必要的。

为什么各州都要阻碍要约收购?

大约有40个州制定了这样或那样的反接管条例。[15] 要理解这种针对公司合并的争议而出现的大量反接管条例的不断增多现象,就需要对这个条例的原理和它们的影响作出解释,因此我们现在就来考察学界对这种现象所作的四种解释。

第一种解释是,条例可以使股东免遭"强制性"要约收购——出价人强迫这些弱势的投资者们出让股份,即使这些投资者预期(长期来看)股票会升值,而且升值的结果还有可能比他们的出价要高。这种解释给出的建议是应该制止这类收购。第二种解释是,条例会给目标公司的经理人以更多的议价权,个人股东会出任何比市价高的价格,使投标人有钱可赚。条例给予经理人阻止交易的权利,使得投资者随时调整他们的对策,以从交易中争取到更多的利益。这种说法认为,收购行为应该继续进行,但要有比投标者最初的出价更好的价格。第三种解释是,这些条例可以为经理人掘壕自保提供方便,这也是Cary假说的另一版本。第四种解释是,条例会阻止公司离开这个州,因此,频繁的控制权转移往往导致管理层的动荡,新的管理团队的进入很可能会导致公司搬迁、工厂关闭、解雇工人等现象,对此而言,阻止接管就是在防止局势动荡。

---

[14] Wis. Stat. 180.726.

[15] Gilbert Manning Warren III, "Development in State Takeover Regulation: MITE and Its Aftermath," 40 *Bus. Law.* 671 nn.2&3(1985),他列出了一个先于MITE的颁布反接管条例的37个州的清单,自从那以后,别的州,包括特拉华州,都已经颁布了接管条例。

政治取决于人们相信什么，而非事实真相是什么。Roberta Romano 在研究了州反接管条例背后的政治因素之后认为，这些法律实际上是在州内某些大公司的游说之下被通过的，而这些大公司可能正要准备接管某目标公司[16]；而其他团体，如工会、社区组织和律师组织（特拉华州除外）则对此影响甚微。其实，Romano 教授的研究并不全面——他只考虑了很少几个州的反接管法通过的情况，甚至过分集中在康涅狄格州。然而，法律的政治支持的根源，是与以上第四种解释是矛盾的，但与另外三种解释相一致。

如果我们认为"是非曲直本身"比政治更重要，就应该很容易把第一种解释排除掉，即防止强迫性的价值缩水型收购。对于这个问题，我们在第 7 章对其中的原因已经作出过详细解释，在此我们不再做过多的评论。而第四种解释，虽然不太容易，但也有可能被排除掉。虽然已有的对此问题的研究不多，但是从所有已获得的资料来看，有收购行为的公司并不比其他公司更容易发生关闭工厂、停发奖金的行为。至于第二、三种解释（协调与掘濠自保），比较难以把它们分割开来，因为至少在有些时候，经理人只是用说"不"的方式来进行调整。在拍卖会上如果出价过低，出售人就会退出此项交易；不过，即使是决心坚守阵地的经理人们，也有可能会被彻底击败。因此，第二、三种解释意味着当要约成功时，州法律将导致更少的投标但更高的溢价——而这正是此项研究的重要发现。

从理论层面来说，第二种解释（协调说）也存在问题。这是在第 7 章我们曾详细讨论过的拍卖方法的另一种解释版本。虽然在那里我们认为拍卖在事后对目标公司的投资者有好处，但是从事前的角度来看，对投资者则是不利的；而对于其他出价人和持观望态度的投资者来说，则无论在事前还是事后都是有害的。对这个问题审慎地作过考虑的学者，可能并不同意我们的观点。即使是一个律师，一个不完全的事前分析，也会促使他们去注重事实——这时，一个不可忽视的事实是，股价在以下情形将会下跌：当州反接管条例实施的时候；

---

[16] Roberta Romano, "The Political Economy of Takeover Statutes," 73 *Va. L. Rev.* 111, 145—180(1987).

或者当经理人根据自己的选择而采取反收购策略(例如毒丸),同时又对投标人予以反击的时候;或者当有经理人随意调整拍卖程序的时候。在现实面前,第二种解释不能成立。至于剩下的第三种解释,它虽然支持本书的基本命题,但却是一个令人难堪的解释。

也许我们可以通过略微的调整一下来重拾阵地。说不定还会存在第五种解释,即反收购条例可以帮助目标公司所在的州剥削收购者所在的州。如果一个州缺乏收购者的话,就会成为决定是否采用反收购条例的决定因素。[17] 然而,这个说法并没有充分的证据,因为公司可以指派投资者联合起来(甚至包括那些分散在全国各地的投资者),毕竟特拉华州并没有在真正意义上"拥有""它"所辖企业的所有投资者,他们也没有在此地生活。但不管怎样,按照剥削假说的观点,当一个州采用这些反收购条例时,当地企业的股价会上升;但实际上,价格下跌了,而非上升。

那么,我们了解到,竞争并没有消除由公司经理人实施的机会主义行为,这部代表性法律几乎没有经过什么争议就匆匆地被制定出来了。经理人们害怕失去利益,而且他们的人数又比较少,这反而促使他们更加容易地团结起来,结成一股势力去游说立法者,从而赢得法律的支持。而至于法律强加的(更大的)损失,则由那些分散的股东和那些想在该州筹资进行组建公司的未来企业家所承担了。假如各州足够聪明,它们就应当许可这些企业家们自己决定不适用该条例,通过让他们将自己的剥夺行为曝光,从而让其作出忠诚服务于投资者的可靠承诺,甚至即使到将来筹集资金不再受阻碍的时候,也能使现有的经理人们获得保护。

当然,看了整个过程之后,投资者对于重复投资也会相当慎重。假如由于法律规定导致一州内的公司合并减少,那么来自合并的税收也会减少。但是这种损失将会被该州市民所察觉到,也会被该州以外的居民所察觉到。投资者逐渐认识到,当公司成为可能的兼并

---

[17] Romanno,前注[16],142—145页。然而,这个结果是令人惊奇的,因为在任何一个特定的州(或许除特拉华州以外)来说,投标人都对收购那些在其他州合并的公司表现出浓厚的兴趣。

对象的时候,任何一州都可以通过这样一部法律。哪里都没有天堂;因此任何投资都会面临风险,并且在竞争中,所有已经颁布反接管法的州,如今也都还没有遭遇到什么特别的困难。从立法者个人的角度而言,只要法律能够制定出来,他们立即就能获得一种成就感;并且一般还可以得到其他各方面的支持,所以他们支持法律通过是顺理成章的。

竞争与州法律的重新修订

在各州采纳了反接管条例以后,"力争上游"的州际竞争还有生存空间吗? 答案将取决于对这个命题是如何描述和刻画的。如果认为各州间公司的竞争总是能产生最优的结果,那么它将会被驳倒;如果认为竞争可以创造一种促使各州竞相制定最有利于投资者的法律(与 Cary 的观点相反)的强劲趋势,那么这个命题就会有生命力,并将最终得到认可。各州之间的竞争并没有消除机会主义行为的可能性,但毕竟施加了某种限制。

特拉华州曾经是最不愿意制定反接管法的州之一,我们认为这个事件具有某种象征性指示意义。在第一部反接管法制定后的 20 年里,特拉华州不曾制定过一部反接管法。特拉华州采用的是相对无害的第三代法律。特拉华州法规定,收购目标公司 15% 以上有表决权股份的人,在 3 年内不得从事诸如压榨合并者的行为。但法律并不禁止(甚至管制)股份的原始取得;而且这也不适用于公司的清算、解散、资产出售以及和独立第三方的企业联合的情形。最后,只有当收购公司取得少于目标公司在以上同一交易(该交易最低有 15% 的交叉)中独立持有股份的 85% 时,法律才对进一步的交易进行治理。如果经理人们仅拥有 20% 的股份,则不能使该法律发生效力;他们的股份被剔除了。所以该法律在某种意义上说是一种障碍,但也不完全如此。对于未来来说,它根本就不是障碍;因为新的公司可以通过具体化的章程约定来为自己免责。

特拉华州反接管条例比以前的法律要温和得多,以前的法律要求在一个要约进行之前,需要较长的等待期,或者给予州官员对一个有关要约是否能完成的否决权。然而,我们认为特拉华州反接管条例对于股东的福利有些不利影响,尽管它不算是最不利的。因此特拉华州在决定采用反接管条例时,就会给其他州创造机会。这就不难解释为什么加利福尼亚州这样一个拥有最大数量的公司,和在数量方面遥遥领先地拥有最多公开上市的新公司数的大州,却从来也没有颁布一部反接管法法律。

最后,要记住,各州反接管法是近期才出现的一个现象,当1968年《威廉姆斯法案》制定时,仅有弗吉尼亚州有这样的法律,而且也只是实施了1年。现在还无法知道这样的法律在未来的发展趋势——也许它们会消失;也许这项经验主义的工作,会被证实做得很糟糕——它们不得不为自己辩护,从而寻找其存在的正当性基础。没有人敢确信联邦法律就一定会优于现有的法律模式。竞争不一定能促使法律一下子变成最好,但可以促使法律慢慢变好。联邦法律几乎不会面临竞争;因为毕竟搬迁到内华达州去组建公司比搬迁到法国去组建公司还是要更容易一些。由于现在的形势是易变的,否定各州执行权力的后果,仍然难以确定,所以试图用竞争的力量来替换如今看来仍具有优势地位的联邦立法,仍将是不明智之举。不过,我们还是考虑到了这种情况发生的可能性。

反接管条例与《威廉姆斯法案》

联邦最高法院曾经两次表达过联邦法应当涵盖接管管制领域这样的观点。在Edgar诉MITE公司一案中,多数人认为第一代伊利诺斯州法律抢先做了规定——不仅因为它打破了国会在投标人和目标公司之间创建的平衡,而且还因为它损害了投资者的利益(多数人认为这是违宪的)。在CTS公司诉Dynamics公司案中,多数人发现第二代的印第安纳州法律已经和《威廉姆斯法案》相融合,认为它既没有破坏投标人和目标公司之间的平衡,也没有损害投资者的利益。

寻求这种平衡和效果的行为,是不符合1934年《证券交易法》的,该法包含了《威廉姆斯法案》的一些内容。1934年法案有一节还对州管制予以保留[18],这种管制既有可能意味着是"坏"的管制,也

---

[18] 15 U.S.C. §78bb(a).

有可能意味着是"好"的管制。对州法实施限制的惟一途径,就是依靠立法史中对《威廉姆斯法案》在投标人和目标公司之间所保持中立性的强调,但州法律破坏了这种中立性。不过,几乎所有州法律都会破坏一些联邦法律所创建的平衡。假如国会多做(少做)一点的话,州法律也会相应的多做(少做)一点,否则就没有效果。我们不能把破坏这种平衡作为将州踢出立法舞台的理由。

无论如何,立法机构所言的"中立"都是无稽之谈。威廉姆斯法案就是针对敌意投标要约日渐增多的情况而制定出来的。该法案要求投标人承担公开信息的义务,并且设立等待期;该法案还要求在等待期内,投标要约要保持公开;另外也要求投标人按比例接受投标(而不是按照先来者先占的顺序),并且允许目标公司股东有退出的权利。在这些领域内都还没有建立相应的联邦管制;在所有这些领域,州法律所管制的都是投标人而不是目标公司。因此,不管有多少言论否认了这一事实,它实际上都打破了投标人与目标公司之间的平衡。它消除了草率的接管,极大地增强了目标公司经理人的权力。1968年前,接管防御是不可想象的,因为防御根本就是不可能做到的;而如今这已经司空见惯了。《威廉姆斯法案》像州反接管条例一样,将承担公开信息和等待的义务,施加于投标人身上。它和州法律或任何法律一样都不再是中立的。法律绝不是中立的,它绝不是仅仅改变浓度而不改变颜色的过滤器,而更像是使两极分化的过滤器。法律是会咬人的,难道它们的存在还有别的什么原因吗?因此,州反接管法非中立性特征不能成为其无效性的理论基础。

可以想见的是,国会需要一种存在于各竞争流派间,而又不会被各州所打破的特殊平衡,——尽管国会并没有这样说,而且1934年法案也持相反意见。各州证券法经常会制造某种有别于联邦法的平衡,例如,联邦《证券法》(我们将在第11章加以讨论)实际上是信息公开之法;很多州的"蓝天"法则都是"重资质审查"的管制条例;既然是一部"重资质审查"的管制条例,那么仅仅有充分的信息披露就是不够的,出价方还必须满足州证券委员会对那些待出售证券在资质方面的要求。州法律只有在国会不仅达成自己的平衡而还使各州之间也达不成平衡时,才可以抢占先机。国会可能会这样做,或许它也应当这样做(尽管我们不这样认为)。实际上国会也没有这样做,因为法院没必要通过唱州法律的颂歌来表明州是有立法权的。[19]

反接管条例与商务条款

长期以来,公司法一直建立在这样一个原则之上:即公司的内部事务由公司所在州的公司法加以治理。不管多大规模的公司都拥有遍布全国的投资者,在这种情况下,一般的惯例是,由公司组建地所在的州法律来治理其与其他州的投资者之间的交易。这就为各州之间竞相制定更好的法律奠定了基础。

然而,在用一州法律来规制其他州个人之间的交易时,这种公司治理体系也有可能遭到质疑。《宪法》第1章第8节第3款的商务条款,赋予国会以规制跨州商务活动的权力。在过去的一百年间,该条款被各州普遍用来阻止跨州商务歧视的企图。这实际上是一种"潜商务条款"(dormant Commerce Clause)。那么,各州反接管法是否会因对跨州商务活动的歧视,就构成对该"潜商务条款"的违反呢?

假设A州想吸引位于B州的某个特定企业,但B州却通过了一项法律试图阻止这种迁移。从短期来看,B州也许向A州施加了成本;但从长期来看,对A州的这种损害将会随着替代品的进入和发展而消失。当退出的障碍使得公司不愿再呆在原地时,法律的影响范围将会转移到B州。退出的障碍在未来的某个时间会构成一种成本。这种成本有一个贴现值,该现值的大小将取决于最终受处罚的一方和该事实发生在多远的将来。这个现值与进入该州的税入是相等的。

然而,在影响资本市场的法律和影响产品、劳动力等其他市场的法律之间也有一些不一样的地方。由于资本具有很强的流动性,长期的调整可能会发生得非常迅速。相对于搬迁工厂和转移劳动力而言,转移资本无疑要简单得多。正是因为这个原因,为了保护居无定所的投资者而进行法律干预,就没有太大的必要了。这也许解释了

---

[19] Scalia 法官指出了这一点,481 U. S. at 96(对此表示赞同)。另参见:Amanda Acquisiton Corp. v. Universal Foods Corp., 877 F.2d 496(7th Cir. 1989)。

为什么州公司法很少与"潜商务条款"发生冲突,因为没有哪个州能把成本转嫁到居无定所的投资者身上。[20]

那么,州与州之间的反接管法会有什么不同吗?一个州的反接管法应用于在其他州组建的公司,使该州更容易把成本转嫁出去,因为投资者不可能仅仅是简单地把资本带到其他地方。所以,在商务条款下删除跨地区条款就很有意义了——即使只剩下规制域内公司的那部分法律。已经发生的事实确实也是如此。在 MITE 中被废弃的法律适用于在其他州组建的公司,而 CTS 中得到支持的法律却只适用于州内的公司,

当然,也许有人会说,所有的接管法都只是特例,因为他们破坏了公司控制权的全国性市场。不过,它们毕竟还是为制定专门的全国性的联邦公司法铺平了道路。假设一个州适用了一项法律,该法律规定投资者一人一票,而不是一股一票;或者规定只有持有一年以上的股份才有表决权;或者规定要想合并就得到投资者的一致同意;或者规定只有在董事会工作 20 年并且不是重新召回的成员才有表决权;那么,这其中的每一项法律与现存的反接管法相比,都将会对公司控制权市场产生更为深远的影响。其实,每一项法律也都仅仅是对全国性公司控制权市场的一个干预,虽然每一项都是不明智的,但它们中没有一项是违宪的。

是州与州之间的竞争,而非宪法阻止了这种愚蠢的法规生效。就像宪法并没有把斯宾塞(Herbert Spencer)先生的《社会静力学》(*Social Statics*)写进去一样,它也没有把"有效资本市场假说"或者把最新的《金融经济学杂志》的议题变成国家法律。就像商业判断规则把惩罚犯错经理人的权力留给资本市场一样,宪法把调教犯了错的州的权力也留给了市场。[21]

---

[20] 参见 Frank H. Easterbrook, "Antitrust and the Economics of Federalism," 26 *J. L. & Econ.* 23(1983)。

[21] Lochner v. New York, 198 U. S. 45, 75(1905) (Holmes, J. 持反对意见)。

9 封闭公司

迄今为止,我们的讨论都集中于公众公司,而对目前更为普遍的公司形态——封闭公司却几乎没有提及,但这并非因为同样的分析完全适用于两类不同的公司。公众公司的管理权和风险负担完全分离,而封闭公司则不然。这种管理权和风险负担分离程度的差异,决定了两类公司的治理机制和法律规则也应有所差别。

本章将讨论封闭公司的经济结构,其中包括旨在使封闭公司的代理成本问题最小化的合约监督机制以及这些合约安排的可执行性问题。另外,我们还将对旨在保护封闭公司少数股股东利益的法律规则,进行成本和效益的分析,最后将阐析一种认为封闭公司与合伙组织的法律规则应当类同的观点。

当然,虽然我们认为公众公司与封闭公司属于不同的公司形态,但与此同时,我们也认为其实这种界限远远不够清晰。因为在相当多的公众公司中,管理层本身通常也持有本公司相当数量的股份,因而也承担了一些经营风险。与此同时,许多封闭公司也运作了债券和风险资本等手段来融资,这使得公司管理与风险负担也产生了一定的分离。虽然我们对公众公司和封闭公司的激励和运作结构,采取了两分法,但这并不意味着,所有的公司要么属于封闭公司,要么属于公众公司。

封闭公司的经济结构

封闭公司具有许多共同的特点,其中最重要的是公司经理人员较少,他们本身是公司最大的剩余索取权人。因为公司的主要投资者同时也是管理人员,通常就必须限制投资者转让其投资份额,以使公司管理人员相处得更加融洽。当公司起步于家族企业时,这一限制也确保了家族内部保有企业的控制权,从而有助于减少机会主义行为。特别是当公司决定以薪酬的方式派发利润时(这一情形经常发生),对股份转让和公司职位的分配予以限制的规则,就显得更加重要了。公司通常可以从总收入中扣减薪酬,以减少公司必须支付的税收。这样,一旦利润分配与正式的持股份额相分离,运用合同机制以确保人们仍然能够获得投资回报就显得至关重要。

当人们既管理公司又承担着投资风险时,公司就丧失了专业化运作的优势。因为既拥有专业经营智识又必须在公司中投入资金并承担风险的人,要相对少得多。而且,对于封闭公司的投资者而言,由于他们的个人财富在很大程度上与该公司的命运共相沉浮,而且他们缺乏通过资本市场的退出通道,因而不可能像公众公司的股东那样有效地分散投资。因而,相对于公众公司的投资者而言,他们是效率较低的风险承担者。然而,如果项目非常小,以至于公司并不需要许多专业管理人员,也不需要大量的资金时,封闭公司可能就具有相对的优势。

专业化运作的缺乏,既是封闭公司的一大缺点,也是其主要优点。因为公司为数极少的经理人同时承担着自己运营公司的成本,故而每一位都更可能本着既有利于公司、又有利于自己(同时有利于其他参与方)的方式行事。在其他条件相同的情况下,公司管理层持股越多,工作就越努力,也就越少从事自我交易行为。另外,封闭公司中的剩余索取权人相对较少,这有利于促成合意、提升监督效果,进而减少代理成本。

封闭公司的参与方,除了商业往来外,彼此间通常还有家族联系或者私人交往。这种持续而非金钱的关系,也进一步降低了代理成本。例如,父母和子女之间的血缘纽带关系,也抑制了潜在的利益冲突。因而,许多涉及封闭公司的著名案件,都涉及因年长的公司创办人死亡、离异、退休等而引发了非正式纽带关系的破裂等问题,这绝不是偶然的。[1]

---

[1] 例如,Galler v. Galler, 32. 2d 16, 203 N. E. 2d 577 (1964); In re Radom & Neiforff, Inc., 307 N. Y. 1, 119 N. E. 2d 563 (1954)。另见 Mortell 诉 Mortell Corp., 887 F. 2d 1322 (7th Cir. 1989)。

但是,封闭公司的投资者所拥有的权利,缺乏股权交易的公开市场(我们通常将投资者的权利称为股权,但值得注意的是,封闭公司的债权人也享有剩余索取权,特别是在杆杠收购和管理层收购中)。缺乏流动性的市场的影响是深远的。许多人认为,它将产生一种特有的剥削风险。因为少数股股东无法转让股权,多数股股东就能够将超过其自身持股比例的公司收入据为己有,压迫小股东,进而迫使少数股股东贱价出售其股份。然而,事实上这一见解却与缺乏流动性的市场无关。试想在极端的情况下,如果多数股股东侵占了公司100%的收入,此时即使少数股股东在转让股份方面毫无限制,也将无人问津。因而,股权缺乏流动性并不是问题的症结。

然而,缺乏活跃的股权市场,的确会损害封闭公司投资者的利益,这具体体现为以下四个方面:

第一,二级市场的缺乏,使得股权估值存在极大的不确定性。由于不存在股票的市场价格,同时买主的范围又受到合同的限制,即使允许股权转让,但高昂的交易成本又使得达成交易十分困难。封闭公司中虽有愿意转让股份的投资者,但由于还要面临令人心烦而且代价高昂的讨价还价,这项交易仍可能最终胎死腹中。引入"理论价格"也许是一种替代机制,但当这种"理论价格"衍生出背离股票价值的价格时(这是不可避免的),所有的交易都可能因此而被扼杀。

第二,缺乏活跃的股权市场,也将使投资者在股利和其他分配政策方面产生冲突。例如封闭公司中的投资者在某一时刻急需大量现金,公司虽留存了大量收益但却拒不分配,投资者将因此受到损害。(投资者只好向银行借贷。)如果银行不接受股权质押,股东就只好被迫向公司(其他股东)折价抛售股票。相反,公众公司的股东即使有同样的现金需求,但却大可不必如此在乎公司的股利政策。投资者可以通过出售股票而把未来的收益转化为今天的现金,这是一种"自制股利"的措施。

第三,缺乏活跃的股权市场,使公司丧失了公众监督机制。我们在第 7 章中提到,由潜在要约收购者(不论要约收购是否发生)引发的并购和监督机制,不但约束了目标公司管理层的行为,而且使公司的资产利用更加富有效率。由投资者之外的外部人进行的监督,有助于促使公众公司中的管理层与投资者利益保持一致。而在封闭公司中,外部人获取股份的能力受到制约,公司控制权市场对于封闭公司而言,重要性并不明显。(外部人的要约出价十分慷慨,以至于难以拒绝,但这描述的是并购市场,而非企业接管市场。)另外,公众公司还可以、事实上也确实通过将管理层的收入与股价挂钩的方式,来自动地奖优罚劣。而这些在封闭公司中都无法轻易实现。

第四,缺乏活跃的股权市场,剥夺了信息并不充分的投资者以市场价格购买股票的权利。公众公司大量的买方和卖方竞相获取公众公司的信息;这种竞争和后续的交易,使得股价相当合理地反映了有关股票价值的所有可获得的信息。但封闭公司则不然,因为股票并不存在市场价格。

但尽管如此,我们并不能认为,封闭公司的股东面临着特有的被压榨风险,正如我们不能认为公众公司中所有权与控制权的分离,使股东面临着被盘剥的危险一样。不同的公司组织形式都有它自身的问题,也正因为如此,人们才会设计出互不相同的公司控制权机理。在同一层面上,公众公司和封闭公司面临的问题同样严重,又都同样富于效率,否则投资者会把金钱从一种公司组织转出,转而投入另一种公司组织,直至边际平等条件得到完全满足。因为市场存在着许多不同的投资工具,当人们可以方便地选择并在不同的投资工具中自由迁徙时,没有一种投资工具能够提供绝对的更好的投资回报。

绝大多数人既适合就职于公众公司,又适合就职于封闭公司,而且,公众公司支付薪酬的方式是现金或可流通的股份,这样,如果封闭公司坚持要求持股和管理合一,则必须提供更好的安排来吸引资本。即使封闭公司拥有公众公司无法通过市场机制获得的一些特殊安排,但数以万计的封闭公司之间必定会在吸引人才和投资方面展开竞争。这种激烈的竞争,要求封闭公司作出可信的(可以执行的)承诺,言明该公司将取得与其他公司同等或者更高的预期回报,以吸引投资。封闭公司的确可能会产生特殊的回报;如果家族掌控企业降低了公司运营的代理成本,那将会产生所有公司参与方都可以分享的收益。任何封闭公司的控制方,在营私利己方面的极致,就是不让外部投资者分享这些额外收益,对此,经济学家称为"租金"。拥有这些稀缺资源和具有创造这些额外收益的令人捉摸不透的能力的人，将获得这部分"租金"。然而，公司无论如何都必须向外部人承诺，他们将至少取得从其他投资工具中也可以获得的经风险加权调整过的平均回报率。学者们大可研究两类公司不同的代理成本问题，以及它们衍生的控制这一问题的不同机制。但如果得出结论，称一种公司形态优于或者劣于另外一种，则无疑并无助益。

封闭公司的治理结构

任何投资者，不管其所处的公司形态如何，对于其他人的行为将在多大程度上影响自己的投资回报，无疑十分关注。这样，那些试图吸引别人投资的人，就具有足够的激励去建立良好的治理机制，以回应潜在投资者的关切，这一点我们在第 1 章已经有详细的阐述。总体而言，由于经济结构不同，封闭公司与公众公司的治理机制也迥然相异。

管理与风险承担的关系

公众公司采取了许多机制，以使管理层与投资者的利益趋于一致，如独立董事制度、外部审计制度、投资银行发起的并购以及市场分析师等都监督着公司管理层。剩余索取权附着了投票权，并可自由交易。这些都提升了风险承担的效率、促进了股份的累积和公司控制权的转移，从而确保管理层具有激励去最大化公司的价值。另外，将管理层薪酬与公司业绩相挂钩的薪酬协议，也缓解（虽然没有消灭）了由于公司管理与风险承担相分离而带来的利益分野问题。

而在封闭公司中，因不存在公司管理与风险承担相分离的情形，或者分离的程度很低，监督的成本就显得相对较低，并无必要引入外部人去监督管理层。（封闭公司相对较小的规模，也使其不值得花费额外的费用，去引入独立的监督者。）然而，公司管理和风险承担相合一的模式，也使封闭公司必须另外寻求其他的治理范式。我们已经提及，公司限制股份的转让，其目的在于确保投资者和经理人身份的和谐统一。同时，这一限制还使得议定利润分配成为可能。另外，公司的管理人员退休或死亡后,就不再领取作为其投资回报一部分的薪酬。无论在什么时候,当一位管理人员以非死亡原因离任时,都必须转让其所持有的本公司股份。买断协议要求,如果公司手头有钱,就必须支付股利或者将股票购入,这种安排也许正承担着相同的职能。

封闭公司中少数股股东普遍担心的另一个问题是,公司的控制人在分配利润时偏向于自己。任何利润分配机制,只要其中有一部分是通过薪酬支付的方式进行,就存在偏颇的风险。而且并不存在以下假定:只要投入了相同数额的金钱,而且同为公司管理人员,他们就应当取得相同的薪酬。于是,那些不受外部人监督的公司控制者,就极可能向自己支付过高的薪酬。认识到这一可能性后,潜在的投资者将不愿加入公司而成为剩余索取权人。此时,市场发展衍生的合同机制又一次有效地缓解了这一问题。这一机制包括对重要事项,如对人事任免及薪酬事项进行表决的最低表决权数规则,使得管理层在缺乏少数股股东同意的情况下很难独断专行。另外,人们还可以通过合约保住公司职位,这使得即使他们没有控制公司,仍然可以获取一些投资回报。

在一个公司中,小股东拥有的权力越多,公司运作就越容易陷入僵局。同样地,当股东人数较少时,如果公司股权分散,表决权平均化,僵局也容易出现。当僵局成为公司发展的障碍时,公司参与方将千方百计地创造解决之道:仲裁、投票权信托、赋予第三方只为打破僵局而投票的权利等。但没有一种机制是免费的,这不仅因为任何争端解决机制都存在错误的成本,而且还因为僵局越容易逃遁,将会有越多的僵局产生。僵局通常产生于寻租行为(每一人都希望分得馅饼中的更大一块)。而那些使脱逃公司僵局面临高昂成本的机制,就成为寻租成本的理性反应了。我们将在讨论公司解散时再来研究这一问题。

法律规则与治理机制之间的关系

法官曾经对封闭公司非同寻常的合同机制深表怀疑,但现在这一立场已经彻底改变,他们愿意执行公司参与方创造的任何合约。

公司法已经从指示性规则转变为赋权性规则,这使得在设计公司的运作机制方面,封闭公司和公众公司的参与各方享有充分的自由。一些州还颁布了专门适用于封闭公司的法律,以及为特定需要而设计的标准化合同。总体而言,与适用于公众公司的赋权性立法相比,适用于封闭公司的法令呈现出更为明显的合同属性,它授权公司参与方缔结不损害第三方利益的任何合约。[2]

但这种情形并不是一开始就形成的。从历史上看,普通法法院对于是否顺从尊重合约安排的立法精神,曾有过犹疑。许多早期的公司法案例都表现出了法院对私人合约安排的强烈敌意,如对于限制股权转让和投票信托、限制董事自由裁量权的合意等,法官都表现出了不信任的态度。[3] 法官们不了解、事实上也不关心公司参与方各自的内心想法和利益诉求,他们总是机械地将一套规范样式运用于不同类型的私人公司中。例如,在著名的 McQuade 诉 Stoneham 一案[4]中,一名叫做 McQuade 的小股东在购买股份时,与一个大股东达成了一项协议,后来这个大股东与包括 McQuade 在内的两个小股东酿成纷争,法院最后拒绝判令要求履行这项合同。该案案情简述如下:小股东 McQuade 向大股东 Stoneham 支付了 50338.10 美元,从

---

[2] 参见 8 Del. Code §§341—356; Ⅲ. Rev. Stat. Ch. 32 ¶¶ 1201—16; 15Pa. Stat. §§ 1371—1386。通过特定立法以赋予封闭公司中的参与各方最大灵活性的例子,是美国律师协会(ABA)颁布的《封闭公司规范补充法案》(ABA's Model Statutory Close Corporation Supplement),该法案 1982 年通过,1984 年修订。法案及其注释见4《模范商业公司法案解释 1803—1880》(*Model Business Copporation Act Annotated*)(3d ed. 1989)。即使是 Eisenberg 教授,一位强烈反对对公众公司采取合同治理范式的学者,都认为在封闭公司中,应任由参与方创造他们满意的治理结构。参见 Melvin Aron Eisenberg, *The Structure of the Corporation* 9 (1976)。

[3] 在早期的案例中,法官有时将股权视为反对限制股权转让的法律规范下的财产,并且忽视了公司参与各方都可以受益于股权转让的合意这一事实。参见 William H. Painter, "Stock Transfer Restrictions: Continuing Uncertainties and a Legislative Proposal," 6 *Vill. L. Rev.* 48 (1960)。关于投票权合意方面的研究,请参见 Bostwick v. Chapman (Sepaug Voting Trust Cases), 60 Conn. 553, 24 A. 32 (1890); Warren v. Pim, 66 N. J. Eq. 353, 59 A. 773 (1904)。关于限制董事自由裁量权方面的研究,请参见 McQuade v. Stoneham, 263 N. Y. 323, 189 N. E. 234 (1934); manson v. Curtis, 223 N. Y. 313, 119 N. E. 559 (1918)。

[4] 263 N. Y. 323, 189 N. E. 234(1934)。

而取得了该公司的部分股份。与此同时,双方还达成一项协议。根据该协议,公司任命 McQuade 为公司财务经理,月薪为 7500 美元,双方必须尽最大的努力来维持他们之间董事和经理的关系。另据该协议,如果没有股东的一致同意,小股东的薪酬不应发生变化,而且不应发生任何足以"危及或者干预小股东权利的事情"。结果事与愿违,一段时间之后,McQuade 被解雇,由于感到遭受了不公平待遇,他诉至法院要求大股东履行合约。但法院却予以拒绝,理由是:"如果一项合约规定,董事会任免经理、决定其薪酬、变更公司政策或者延聘人员时,必须得到全体股东的一致同意,否则董事会必须承担相应的责任,那么这项合约就是非法、无效的,因为它使得董事会在承担法律责任的危险之下,无法行使上述职权。"[5]

在此案中,法院从未考虑当初各方为何会达成此项协议。McQuade 愿意投入 5 万多美元,但与此同时,他需要把控股股东阻遏其投资回报的可能性降低到最低的程度。为吸引 McQuade 前来投资,Stoneham 保证向其提供最低回报(月薪 7500 美元),并承诺对于原合约的任何重大变更,McQuade 都享有否决权。否则,McQuade 极可能会拒绝投资,或者至少会支付更低的股价,抑或要求得到解雇赔偿费。然而,最后法院却裁定合约无效,这无疑使 Stoneham 可以像撕一张废纸一样,撕毁当初引诱 McQuade 投资的书面保证。很难发现,法院的这例判决,是在维护什么"公共政策"。[6]

McQuade 案件已经作古。现在法院无一例外地执行封闭公司所有自愿达成的协议。例如,审理过 Mcquade 案的同一家法院在 Clark 诉 Dodge 案[7]中作出判决,要求公司履行一项合约,这项合约赋予小股东继续留任参与公司管理、并以公司净收入的 1/4 作为其薪酬或者

---

[5] 263 N. Y. at 330, 189 N. E. at 237.
[6] 参见 Kaplan v. Block, 183 Va. 327, 31 S. E. 2d 893(1944)(要求决议一致同意,这有违公共政策,因为它制造了产生僵局的可能性)。Kaplan 忽略了封闭公司投资者会自行达成交易。公司参与方可能已经完全衡量清楚了,"一致同意"规则对于他们利益的保护,已经超过了因此而带来的成本。
[7] 269 N. Y. 410, 199 N. E. 641(1936).

股利的权利。[8] 另外,在 Galler 诉 Galler 一案[9]中,伊利诺州最高法院认为,一项要求公司向股东本人及其直系亲属支付股息、即使签字的股东已经去世的合约有效。其他法院也纷纷调整立场,允许公司参与方通过合意来引入仲裁员或其他第三方以打破僵局和对股权转让的限制。[10] 许多制定法将尊重公司参与方的意愿法典化,乐于执行任何适合于封闭公司投资者的合约。[11]

在缺乏股东协议时公司法的作用

法律规则是否无足轻重

我们一贯认为,公司法——无论是制定法意义上的,还是司法判例上的——作为一项标准合同,降低了交易成本。由于封闭公司和公众公司差异明显,对于它们最好采用不同的标准合同条款。因而,

---

[8] 参见 also Zion v. Kurtz, 50 N.Y, 2d 92, 405 N.E. 2d 681, 428 N.Y.S. 199 (1980)(在该案中,法院认为,要求商业活动必须得到一致同意的协议,在当事人之间是有效的,尽管它未能遵守相关法律的规定); Jones v. Williams, 139 No. 1, 39 S.W. 486 (1897)(作出了一项令人吃惊的大胆判决,要求公司留任一名投资者作管理人员);但参见 Long Park, Inc. v. Trenton-New Brunswick Theatres Co., 297 N.Y. 174 N.E. 2d 633 (1948)(认为要求股东一致同意的协议是无效的,因为它剥夺了董事会选任经理和运营公司的权力)。

[9] 32 Ill. 2d 16, 203 N.E. 2d 577 (1964).

[10] 关于公司僵局的案例,例如可参见 Lehrman v. Cohen, 43 Del. Ch 222, 222 A. 2d 800 (1966); In re Vogel, 25 A.D. 2d 212, 268 N.Y.S. 2d 237 (1966),判决确认, 19 N.Y. 2d 589, 224 N.E. 2d 738, 278 N.Y.S. 2d 236 (1967)。关于限制转让的案例,请参见 Colbert v. Hennessey, 351 Mass. 131, 217 N.E. 2d 914 (1966); Allen v. Biltmore Tissue Corp., 2 N.Y. 2d 534, 141 N.E. 2d 812, 161 N.Y.S. 2d 418 (1957)。但也有反对意见,如 Rafe v. Hindin, 29 A.D. 2d 481, 288 N.Y.S. 2d 662 (1968)(在该案中,法院认为限制股份转让的合同约定无效,因为股权凭证是"财产权",因而不受制于任何不合理的转让限制)。

[11] 如《封闭公司模范补充法案》(Model Statute Close Corporation Supplement) §20(a) 规定,封闭公司的股东可以书面签署合意,以决定公司运作范式、股东之间的关系以及股东和公司之间的关系。同样,在该法案第 §20(b) 和 §21 中也规定,取消董事会或者限制其权力的约定是有效的。8 Del. Code §350(封闭公司中股东的协议,并不能因为以下原因而无效:"这一协议与公司业务紧密相关,以至于它限制或者干预了董事会的自由裁量权或者其他权力")。

美国许多州为封闭公司的非自愿解散提供了自动适用的规则,而对公众公司则没有相关规定。有关封闭公司的特殊法律规则的发展变化表明,建立一套适用于封闭公司的"推定性规则",其效用非常明显。然而,我们也不应过分夸大这些法律规则的重要性。制定法规则在很大程度上只不过是追寻着人们经年累月的谈判所形成的合同术语而已。只要公司参与方在合同中选择采用或者不采用法律规则,专门适用于封闭公司的法律规则的主要作用(可能只是微小的作用),就是减少了公司参与方议定首选方案的交易成本。

有时法律的作用得以凸显,最明显的情形体现在涉及第三方、而自愿性的合约往往对此顾及不周的场合。侵权行为中债务人只对债权人承担有限责任,这就是法律发挥作用的一个例子。另外,在强制性规则不允许当事方以合同加以变更的时候,法律规定本身也举足轻重。从总体上看,尽管不允许当事人加以变更的法律规则并不多见,但的确也有一些。[12] 然而,法律规则最经常发挥作用的情形是,公司参与方不了解这些规则,直至争端产生,这时不论这些标准合同如何规定,他们都只能受它们的拘束。许多评论认为,一方面投资者忽视法律规则的情形普遍存在,另一方面,封闭公司的法律规则本身也存在缺陷,因为它对于那些忽视了自我保护的投资者,未能提供很好的保护。当然,少数股股东在多大程度上必须面对由于忽视了法律规则而产生的问题,这无法辨识。但封闭公司经常就法律规则进行协商(如通过放弃它们的有限责任而改变这些规则),这表明缔结真正的合约是可能的。

封闭公司比合伙和公众公司的参与方更了解自身的权利和义务。在通常的情况下,封闭公司投资者投入大量的个人财富参与公司的冒险运营,另外,与公众公司投资者相比,他们缺乏分散风险的途径,这使得他们行事更趋谨慎。即使没有合伙人的明确协议,合伙组织仍能直接根据法律规定而产生并运作;而封闭公司则须经正式的文件和(通常地)在律师的协助下才能成立。律师提供了专家信息

---

[12] 参见 Md. Corps. & Ass'ns Code §§4-504, 4-601(禁止在缺乏一致同意的情况下,封闭公司进行兼并或者资产转让)。

服务;公司参与方还未曾碰到的问题,在很久以前已经被其他人所遇见并得到了解决,律师传递着这类累积的知识。这种从其他人的错误中(通过顾问)学习的进程,在保证封闭公司获得专业合同条款方面,运作良好。关于投资者"无知"的理论曾经预测,封闭公司的投资者将无法对他们的股权转让设以限制,但事实上他们做到了。

当公司的组织文本(公司章程)没有规定股东可以解散公司,而是对转让出资进行了限制时,这意味着公司参与方偏好后一范式,而不是前者。我们知道他们克服了谈判的障碍,并最终达成了这一协议。但同时,仍有许多并不清楚的地方。合同中没有出现某一条款,可能意味着合同方无此需要,也可能意味着合同方并没有意识到这一问题,或者是由于议定这一条款的成本过于高昂,以至于合同方放弃了这一努力。然而,不幸的是,某一机制被使用的频率,并不能解决所有的疑问。例如,如果90%的封闭公司的章程规定公司不能解散,这可能意味着另外10%的公司忘记了规定这一条款的益处,或者由于它们的组织结构不同,以至于这一规定并不明智。

封闭公司组织文件的起草人,无法回避利益平衡(trade-off)问题。一方面,他们必须为少数股股东提供保护,以确保公司经营成功时,少数股股东能够获得足够的投资回报。另一方面,他们又不能给予少数股股东太多权利,因为后者可能会借此实施机会主义行为而谋取不当利益。而且,起草者还必须对法官解读少数股股东权利发生错误的机率,保持警醒。任意解散公司和苛刻的信义义务条款,就经常被法官错误解读,以至于产生了一些问题。我们总是习惯性地将这两项条款的缺位,归因于公司参与方的无知。然而,根据对议定这些条款的成本分析,尽管还不能肯定,但却不难想象,所有的公司参与方倾向于认为,没有这些条款他们反而会受益。因而,将任意解散公司和苛刻的信义义务条款推定为一项规则,并不恰当。另外,因为议定保护少数股股东利益的合同条款面临着高昂的成本,所以即便所有或者部分公司参与方在当初投入资本时,对于这些条款一无所知,我们仍然远远不能确定,必须由法律来推定适用这些条款。

无条件的买断权

公司永远存续。在此过程中,小股东可能被"锁定"于公司之中,同时获得的投资回报甚少或者颗粒无收,因而,长期以来,如果公司发生包括陷入僵局等在内的少数情形,公司法允许小股东获得以解散公司为方式的救济。非自愿解散公司要求对公司经营进行评估(通过法院或者将公司整体出售给第三方的方式进行),并对异议股东派发收益。另外,作为经营评估的替代机制,一个或者更多的投资者可以买断其他人的股权。

法院很少许可非自愿解散公司。法律通常要求非自愿解散必须满足严格的条件,如公司运营陷入僵局,或者内部控制人作出了严重的不当行为时。如《封闭公司模范补充法案》规定,如果僵局将造成"不可挽回的损害",或者公司的控制人"已经,或者正在,或者将要以一种非法、压迫、欺诈等极不公平的方式对待有异议的股东时,法院可以授权非自愿性地解散公司"。[13] 大多数州的法律都包含了类似的规定。[14]

但令人颇感意外的是,即使有证据表明法律规定的相关标准得到了满足,法院对于授予非自愿解散公司的权力,还是非常犹疑不决。In re Radom 诉 Neidorff, Inc. 一案[15]即是一著名的例子。公司有两名持股比例相同的股东,一股东对公司运营无所贡献,而且拒绝签发薪酬支票,另一股东要求解散此时还有盈利的公司,但法院却予以拒绝。另一些法院也表现了相似地踯躅不前,即使控制人已经错误

---

[13] 参见《封闭公司模范补充法案》§40(a)(2),(1),该条与§43(将解散公司当成一救济措施)一起为司法行为提供了法律依据。

[14] Ill. Rev. Stat. Ch. 32 ¶ 157.86; N. Y. Bus. Corp. Law §§ 1104-a, 1118. Robert B. Thompson, "Corporate Dissolution and Shareholders' Reasonable Expectations," 66 Wash. U. L. Q. 193 (1988).该文收集了许多对解散公司进行解释的法律和法院判决。虽然 Thompson 教授是 F. Hodge O'Neal and Robert B. Thompson, O'Neal's Oppression of Minority Shareholders(2d ed. 1985)的编者之一,但对于 O'Neal 和 Thompson 认为封闭公司将少数股股东置于十分不堪的境地的描述,这篇文章却是言过其实。

[15] 307 N. Y. 1,119 N. E. 2d 563 (1964).

行事,法院仍不愿将公司解散。[16] 初看之下,这些判决结果十分令人惊讶。为什么投资者要永远陷于注定要失败的抗争,同时又延宕了公司的事业?

对这一问题的正确解答,与公司参与方不在合约中写入相应解散条款的原因息息相关。不难想见,如果解散公司如此方便,那么公司运营将被迫面对更多的僵局、更多的主张受压迫要求赔偿的情形。别有用心的投资者将以创造公司僵局(或者主张受压迫要求赔偿)为威胁,迫使公司其他参与方向其转移更多的公司利润。这种机会主义存在的可能性,将使公司整体营运的吸引力大为减损。当投资者可以方便地主张公司解散时,试图在公司僵局的威胁来临时再来平息争端,就显得极为棘手。在通常情况下,如果合约方人数足够地少,而且产权界定清楚,那么不论法律如何规定,他们都能够通过讨价还价而寻找到最优化的解决方案。(又是科斯定理。)而且,一旦行使诉诸法院的权利,就可能会削弱产权的特性,因为合同方必须预测法官会如何判决。预测的标准越开放,预测面临的困难就越多;预测的困难越多,他们就越不可能在诉讼外自行解决争端,即便只有两个合约方。简而言之,合约方可能会让解决僵局的成本变得十分高昂(以使僵局更少),同时在僵局产生之时,将法院排除在外(以使他们能够自行解决纠纷)。

对非自愿解散公司进行严格限制的法律规则,也使合约方拥有更多的激励去建立成本更低的争端解决机制。例如,在公司成立伊始,他们就可以将"买断"条款、包括消除公司僵局的程序在内的投票协议写入公司章程。另外,在缺乏事先协议的情况下,因为双边垄断问题,就解决争端进行协商可能会有些困难,但合同方无疑仍然具有强烈的激励通过种种方法来消除分歧,从而获得企业营运的收益。[17]

毫无疑问,那些尚未通过讨价还价来获得保护的小股东,在面临被压迫的威胁时,处于弱势的谈判地位。私下解决问题的结果,很可

---

[16] Polikoff v. Dole & Clark Bldg. Corp., 37 Ill. App. 2d 29, 184 N. E. 2d 792 (1962);另见 Baker v. Commercial Body Builders, Inc., 264 Or. 614, 507 P. 2d 387 (1973)。

[17] 参见 Richard A. Posner, *Economic Analysis of Law* 14.13 (3d ed. 1986)。

能是少数股股东以不利于己的价格,将股份出售给公司或者其他股东。对于事后孤立无助的投资者的困境抱以同情态度的人,主张应当放宽非自愿性解散公司的条件,并且允许一旦小股东的"合理预期"受挫,他们就可以要求解散公司。有一位法官即持这种观点。[18] John Hetherington 和 Michael Dooley 则走得更远,他们主张,在封闭公司中,股东有权要求公司或者其他股东以各方议定的价格、或者在达不成合意的情况下以法院确定的价格,购买其股份。[19] 他们认为,要彻底解决封闭公司少数股股东面临的股权不流动及受大股东剥削这一"特有"问题,就必须赋予他们"不可放弃的"、要求公司回购其股权的权利。

这些建议,特别是赋予投资者要求公司以现金将其赎出的选择权,建立于以下暗含的假设之上:现行的法律并未充分约束公司的控制人,以使其放弃采取有损少数股股东利益的行动。另外,允许股东强迫解散公司,不存在成本。然而,以上两者都不正确。对非自愿解散公司的条件予以严格限制,并要求其以公司控制人的错误行径为基础,这并没有堵死小股东寻求救济的通道,而是将非自愿解散公司的适用范围限制于少数极端的情形。其他救济方式,如就违反信义义务的行为要求赔偿(下文将作讨论)、为公司指定财产监管人、指定临时董事等等,也可以扮演重要的角色。如果在特定的情况下,这些救济措施仍嫌不够充分,投资者仍然有权进行讨价还价,以求得更多的保护。但事实上投资者没有要求随时解散公司的权利,对于我们而言,这一结果无疑意味深长。

解散公司的选择权以及要求公司回赎其股份的权利,这对于权利人而言,当然有所价值,但它同时带来了许多成本。而且,它带来

---

[18] 在 Topper v. Park Sheraton Pharmacy, Inc 一案中,主审法官认为,解除股东的雇员职位,将构成纽约公司法所称的"压迫行为",不论这种解职出于什么原因。这样,Topper 就把以过错为基础的法律转变为严格责任的法律。参见 107 Misc. 2d 25, 433 N.Y.S.2d 359 (Sup. Ct. 1980)。

[19] 参见 John A. C. Hetherington and Michael PLDooley, "Illiquidity and Exploitation: A Proposed Statutory Solution to the Remaining Close Corporation Problem," 63 *Va. L. Rev.* 1 (1977); 另见 F. Hodge o'Neal, "Close Corporations: Existing Legislation and Proposed Reform," 33 *Bus. Law.* 873, 883 (1977)。

的收益似乎并不足以弥补其成本。除了开放式共同基金外,几乎没有公司会持有允许投资者随时撤回投资的流动性金融资产。当公司持有的是非流动性资产时,允许撤回资本可能同时意味着必须另行借贷,这对于封闭公司而言极其困难,因为出借方也是外部人。如果公司可以引入新的资本或者从银行借得款项,它可能愿意以现金回赎投资者的股份。但如果公司的其他投资者又能制造同样的麻烦,则公司用于对外筹资的合同条款,无疑缺乏吸引力。当投资者兼具经理人身份时,向第三方筹集资金,即便容易获得,也将改变公司的本质(即公司的闭锁本质),这使得公司参与方不太可能要求公司以现金回赎其投资份额。

  从缺乏流动性资产和活跃的二级股票市场的公司中撤回投资,还产生了困难重重的(而且昂贵的)估价问题。任何估价方法都是有缺陷的(试回想我们在第6章中,曾就股份评估中确定"公平价值"的困难而进行的讨论)。对于公司的价值以及特定的投资者在公司中的利益份额,不同的评估者得出的结论可能大相径庭。要求以现金回赎股份这一进程可能面临的错误,比其他任何情形都有过之而无不及:当投资者猜想评估者会错误地高估其股份的价值时,他就要求股份回赎,否则他宁可将它们留着。股东的这种投机心理,(降低了公司的吸引力)使得公司要吸引新的投资者,必须付出更加高昂的成本,也使公司极难筹集到新的资金。这些不确定性,都使协商问题更趋复杂。

  投资者每一次行使股份回赎权所造成的影响——增加了公司被迫以低价出售不具流动性的资产(或者以高风险利率借贷)的可能性,以及增加了估价的不确定性——都激励着少数股股东采取机会主义行为。换言之,自动买断权,使得在公司中只占有极少利益份额的少数股股东,可以将自己行动的成本,强加给其他所有的投资者,而这一情形,在采取以过错为标准的非自愿性解散公司的情况下,本来可以避免。少数股股东可以借此从其他投资者中榨取其应得比例之外的利益份额。当然,多数股股东也许能够通过将公司整体出售给第三方、并从中清偿少数股股东的方式,来避免这一问题。然而,封闭公司的许多价值直接源于企业家—管理人的专业化服务,管理团队和公司所有权结构的变更,可能会极大地降低公司的价值。整体出售公司更是将彻底摧毁这一价值,除非原来的管理层又将公司买入。所以,从总体上看,公司无疑希望能够回避这些复杂的交易所带来的成本。

投资者享有无条件撤回出资份额的权利,这同样有损债权人利益。在有限责任规则之下,债权人只能就公司资财求偿。如果任何投资者都能够以任何理由从公司中撤回投资,某些特定的债权无法得到清偿的可能性就大为增加。债权人将要求就新增加的风险予以补偿。作为一种回应,控股股东可能作出调整,如向潜在的异议投资者出售债券而不是股票,或者以更高的价格卖出股份。考虑到资本市场竞争激烈,这虽然可能不会伤及大小股东利益,但它将降低封闭公司作为一种金融工具的吸引力,同时浪费了它在控制代理成本方面的比较优势。

因而,事先看来,即使是从少数股股东的角度分析,赋予股东无条件从公司中撤回资本的权利,其实也并不可取。虽然从公司中"逃生"的权力,将阻遏多数股股东实施"压迫性"行为,但它同时也使得多数股股东轻易不敢实施营利性项目,否则将诱发少数股股东以行使(或者威胁行使)撤回投资份额的权利为手段,以谋求敲诈性利益。因而,它虽然事后在保护少数股股东免受机会主义行为方面,提供了更好的保护,但却以更大的交易成本为代价,因为公司运营的僵局将增多,股权和债券的价格将上升,投资者甚至丧失了所有的投资机会。正是在这一意义上说,我们认为,考察一番人们在议定"买断权"时的真实想法,无疑会大有裨益。通常,作为一种合意的结果,股东并不拥有从公司中撤回资本的广泛权利,而只有在一些特定的事件发生(如雇佣关系终止、退休或者死亡)时,股东才可以行使这一权利。

总之,公司参与方自身没有约定股东享有随意撤回资本的权利,这具有重要的意味。它意味着将这一条款加之于封闭公司的股东头上并且不允许他们选择放弃,将是一种非效率的做法。同时它还意味着,法院不应代表少数股股东随意地推断出其具有将资本撤出公司的权利。另外,它也维护了目前的法律规定,(我们在这里再次强调)不管所谓"不公平"的呼号和抱怨有多么强烈,它总是遵循了财富最大化的合同路径。

信义义务的严格标准

法院绝少干预公众公司经理们的决定(参见第 4 章)。然而,有观点认为,由于缺乏资本市场和其他市场机理的约束作用,法官应当以一种怀疑的眼光来看待封闭公司的经理们。商业判断原则的机理在于,犯错误(以及甚至那些从事自我交易行为)的公司经理,将受到市场机制的处罚;而因失察而裁判有误的法官,却不会受到市场的处罚。所以,公司经理比法官具有更大的动力去做好商业决定。当然,如果公司经理和法官都不受市场机制的约束,这种辩解将缺乏力量。但必须指出的是,封闭公司的参与方数量较少,这确保了经理们就其各自的行为承担了更多的成本,这同时也有利于公司参与方达成合约安排,降低了发生自我交易行为的可能性。换言之,公众公司和封闭公司存在差异,这并不必然表明对这两类公司的审查程度应当有所不同,或者如果确实应当有所不同,这种审查程度的差异应体现为哪个方面。

现在,法院在审查两类公司的行为时,遵循的是同一个标准,但具体运用时根据两类公司组织结构的不同而互有差异。Michaels 诉 Michaels 一案[20]是最好的例子。Michaels 案中争议的问题是,封闭公司的两大股东是否有义务向第三个股东披露整体出售公司的可能性,此时第三个股东在与其他股东闹翻后,已经同意售出,但还没有售出其股份。虽然公众公司可能不会就谈判中的事项制造重要的谎言,但同时对此也不负有披露义务。[21] 第七巡回法院认为,封闭公司也应受到同样的正式规则的辖制,但在两种不同的情境下,结果却完全不同。法院认为封闭公司的管理层*应当就谈判予以披露,理由有两点:其一,封闭公司的少数股股东,在与其他股东闹翻后,面临的选

---

[20] 767 F. 2d 1185 (7th Cir. 1985). 另见 Jordan v. Duff & Phelps, Inc. , 815 F. 2d 429, 434—439 (7th Cir. 1987).

[21] Basic, Inc. v. Levinson, 485 U. S. 224, 239—240 & n. 17 (1988); Flamm v. Eberstadt, 814 F. 2d 1169, 1174—79 (7th Cir. 1987).

* 封闭公司的管理层与大股东往往是重合的,故这里称的"管理层"与本案前文所称"两大股东"指同一主体。——译注

择是，要么以一给定的价格售出股份，要么在没有投资回报前景的情况下继续保持少数股股东的地位。在这种情况下，少数股股东无疑会把公司整体出售的可能性，看作是一重大的信息；其二，对封闭公司兼并初期的谈判内容予以披露，并不会导致它将给公众公司带来的同样的问题。

法院分析问题的这一视角，其揭示的意义已经超越了信息披露本身。例如，公众公司的经理人不能从事自利交易，除非他们能够使法院或者公司内部无利害关系的决策者相信，这项交易有利于公司。封闭公司也适用同样的信义义务规则，但由于两类公司结构不同，具体的运用情形也存在区别。例如，公众公司作出解雇员工的决定，这是管理层进行商业判断的典型事件，法院不会做事后评判。但恰恰相反，在封闭公司中，解雇员工可以成为谋取公司不当收益份额的方式之一，因而，对于封闭公司解除管理型（或者投资型）员工的决定，给予更多的司法审查，比自诩吻合商业判断原则而不闻不问，就显得更有意义。这一视角也可用于封闭公司中的薪酬、股利发放和雇员的选任决定等存在较大利益冲突风险的场合。[22]

然而，许多法院在审查封闭公司中的薪酬、股利发放和雇员的选任决定时，还是采取了与公众公司同样的商业判断原则。[23] 对此的辩解之一又是，坚定的司法态度将激励着公司参与方通过合同或者其他机制（例如，通过仲裁）来保护自己。[24] 虽然对商业判断原则区

---

[22] 参见 O'Donnell v. Maring Repair Serv., 530 F. Supp. 1199 (S.D.N.Y. 1982); Exadaktilos v. Cinnaminson Realty Co., 167 N.J. Super. 141, 400 A.2d 554 (Law Div. 1979)，判决确认，173 N.J. Super. 559, 414 A. 2d 994 (App. Div. 1980); Meiselman v. Meiselman, 309 N.C. 279, 307 S.E.2d 551 (1983)。

[23] 参见 Gay v. Gay's Supermarkets, 343 A.2d 577 (Me. 1975); Gottfried v. Gottfried, 73 N.Y.S.2d 692 (Sup. Ct. 1947); Ziddell v. Diddell, Inc., 277 Or. 413, 560 P. 2d 1086 (1977)。一些法院似乎在同一案件中同时使用了严格的标准和商业判断规则。例如 Alaska Plastics, Inc. v. Coppock, 621 P. 2d 270 (Alaska 1980); Romanik v. Lurie Home Supply Center, Inc., 105 Ill. App. 3d 1118, 435 N.E.2d 712 (1982); Miller v. Magline, Inc., 76 Mich. App. 284, 256 N.W. 2d 761 (1977); Masinter v. WEBCO Co., 262 S.E.2d 433 (W. Va. 1980)(Posner 持不同意见)，在该案中，法院强烈主张这一立场。

[24] 参见 Jordan v. Duff & Phelps, Inc., 815 F. 2d 429, 445—450 (7th Cir. 1987)。

别运用,在一些案件中确实显得有些莽撞,但它把司法的作用限制于执行、而不是代为拟定当事人之间的合同,这方面的确具有优势。法院要求信息披露,这正如在 Michaels 案中法院所做的,是一件事情;而创造合同的实体条款,如判定一项特定的股利、薪酬或者雇员选任决定是否合适,这是另外一件事情。

如果法院不可避免地陷入一项纷争,它通常会考虑,如果公司参与各方对诉争问题事先做过协商,他们将会作出什么约定。反之,如果法院未能这样做,将会出现许多困难,这些困难在 Donahue 诉 Rodd Electrotype Co.[25] 这一被广为称道的案件中体现得淋漓尽致。Rodd Electrotype 公司的一名创立者与公司生死与共 35 年,现已是 75 岁高龄,身体状况令人堪忧,而且他也不再拥有公司的控股地位。公司控股股东(公司创立者的儿子),要求他退休并授权公司回购其部分股份。其余的一位投资者 Donahue(惟一与控股家族没有关联的股东)要求公司以同样的条件购买她持有的股份。公司以资金不足为由以拒绝。这位股东就以控股股东违反了信义义务为由诉至法院,理由是控股股东控制着公司,向部分股东购买股份同时拒绝向其他投资者提供同样的待遇。

主审法院经审理认为,该回购价格低于公司清算价格和账面价值,而且,本项公司购买计划并没有改变公司的控制权,同时也没有损害原告和第三方利益,另外,公司董事在批准该项购买计划时本着善意行事,因而裁定有效。原告不服,提起上诉。马萨诸塞州最高法院在审理后裁定这项回购非法。法官认为,封闭公司的股东比公众公司的股东负有更高的互为诚信和忠实的义务。这一义务要求,如果封闭公司的控股股东利用优势谋取个人利益,就应当同时让其他股东也获得同样的机会。但控股股东没有做到这一点,因而违背了信义义务。作为一种救济措施,法院判定,要么公司撤销该回购交易,要么给予原告以同等条件向公司出售其股份的权利。

对封闭公司少数股股东面临的困境所进行的深刻反思以及对信义义务的极度张扬,在这项判决意见书中体现得淋漓尽致。但就在

---

[25] 367 Mass. 578, 328 N.E. 2d 505(1975).

这极其悦耳的声音中,一个最基本的问题却被彻底忘却:如果公司参与方事先就种种情形进行协商,他们将会选择何种结果?也许没有一个人能够作出完全确定的回答(正是因为公司参与方没有就此进行过协商),但他们绝不可能选择一项规则,以使每一方都获得完全平等的机会。对于因年龄或健康原因而不胜任工作的经理,公司买断其股份,能够促使其早日退休。对于死亡或退休的股东,公司回购其股份,这在封闭公司中极为常见,在许多州甚至成为强制性的规则。这种制度安排,在一定程度上增加了股权的流动性,同时也使股东和管理层重合的状况得到了维持,从而有效地降低了代理成本。与此同时,将公司回购投资者股份的义务限定于有限的范围内,也有利于降低公司的现金支付压力和满足其营利项目的资金需求。迄今为止,没有一个相对使用较为广泛的公司合约,要求一旦公司回购了部分股份,就必须买入全部股份。公司只是经常购买退休股东的股份,法院已经认可的可能也就是这几种情形。在上述案件中,原告是公司一名长期雇员的遗孀,在该雇员去世时,其所持股份没有被公司购回。在对股份回购有明确的书面合同的公司中,有些公司只是选择性地从去世的雇员中回购其股份,有些则将股份回购设定为公司的强制性义务。在此情况下,判断像 Rodd Electrotype 这样的公司究竟属于哪种类型,就显得有些困难。然而,法院却没有遵循这种分析路径,事实上法院并没有认定,目前持股者受雇佣的历史发生过任何变更。

毫不奇怪的是,所有的法院都已经发现,不可能在公司中实行 Donahue 案中法官所主张的完全的平等待遇规则。例如,很难想象,如果不管贡献大小,股东都拥有增加薪酬和职位进阶的"平等机会",封闭公司的运作将会陷入什么状态。然而,股东完全的"平等待遇"却是 Donahue 一案的逻辑启示,该案认为,为"不平等待遇"的正当性进行辩护的商业理由,与本案无关。但在这种"公平待遇"规则之下,封闭公司的正常营运必将面临重大的威胁,据此情形分析,可以预见的是,法院要么放弃遵循 Donahue 案中的判案标准,要么对其使用范围予以限制。[26] 例如,在 Wilkes 诉 Springside Nursing Homes, In. 案[27]中,曾审理过 Donahue 案的法官认为,在不对少数股股东构成不利就无法推进有着合法商业目的的公司项目的情况下,封闭公司可以对雇员和股东采取拒绝加薪、解聘等措施。在 Wilkes 案中,法官开始探究诉争行为的商业目的,而这却正是 Donahue 一案中法官曾经鄙弃的问题。Wilkes 一案之后,法院有效地批判了机会平等原则,而代之以与公众公司利益冲突交易相类似的审查标准。这一标准为少数股股东提供了部分但非绝对保护,它近似于在交易成本为零的情况下公司参与方通过博弈而达成的合约安排。

将信义义务理解为合同的默认条款,还使以下问题浮出水面:少数股股东是否对多数股股东负有信义义务?许多封闭公司中存在的"一致同意"规则,使公司面临陷入僵局的危险。某一少数股股东可能会拒绝同意公司事务,从而使公司陷入瘫痪状态。因而,虽然"一致同意"规则有助于少数股股东保护自己免受多数股股东机会主义行为的侵害,但它同时也诱发了少数股股东对多数股股东的机会主义行为,以谋求不当利益。

在此情况下,引入少数股股东对多数股股东的信义义务,是否足以消除因为少数股股东享有否决权而引发的代理成本问题?一些法院认为,引入这一信义义务的确可以产生净收益。[28] 然而,事实上回答这一问题绝非易事,因为对少数股股东表决权的任何限制,都将增

---

[26] 参见 Commolli v. Commolli, 241 Ga. 471, 246 S. E. 2d 278 (1978); Toner v. Baltimore Envelope Co., 304 Md. 256, 498 A. 2d 642 (1985); Wilkes v. Springside Nursing Home, Inc., 370 Mass. 842, 353 N. E. 2d 657 (1976); Ziddell, 277 Or. at 423, 560 P. 2d at 1091; Masinter v. WEBCO, Inc., 262 S. E. 2d 433 (W. Va. 1980).

[27] 370 Mass. 842, 353 N. E. 2d 657 (1976).

[28] 参见 Smith v. Atlantic Properties, Inc., 12 Mass. App. 201, 422 N. E. 2d 798 (1981)(该案中,法官认为少数股股东运用否决权时并不理性)。但在 cf. Neuman v. Pike, 591 F. 2d 191 (2d Cir. 1979)(该案中,法官认为,并没有默认的契约认为,少数股股东应当理性地投票)。考虑到多数股股东有能力去解散公司或者采取其他行动以"消灭"少数股股东,制定法律规则以保护多数股股东免受少数股股东侵害的必要性,值得怀疑。参见 Matteson v. Ziebarth, 40 Wash. 2d 286, 242 P. 2d 1025 (1952)。

加其被多数股股东剥削的可能性,尽管事先少数股股东通过与多数股股东的相互博弈获得了一些保护。我们认为,判断少数股股东是否违反信义义务,一项指导原则是看有争议的公司决定是否对小股东产生了不适当的影响。举例而言,一家封闭公司规定,必须有绝对多数的股东同意、或者有法定人数的股东参加,才能通过公司的决议。在此情况下,如果一项决议的内容是选任出可能侵害少数股股东利益的新董事,则少数股股东缺席会议并以此阻挠选举进行的行为,就是正当的;但如果决议的内容是从陌生的交易方购买机器,则少数股股东以缺席会议的方式阻挠决议通过,就缺乏正当性基础。在前一场合中行使否决权,符合表决权的保护功能,而在后一情形中再次实施同一行为,则极可能难以逃脱机会主义的责难。[29]

与合伙的类比

封闭公司实际上是"由合伙组建而成",这一说法被屡屡提及。[30] 封闭公司的参与方互相视同合伙人,因而有观点认为,他们应当受到合伙法的辖制。由于利益均享、买断权自动获得以及严格的信义义务都是合伙法的基本原则,所以这种将封闭公司与合伙组织类同的观点主张,以上原则也应当成为封闭公司的基本规则。

---

[29] 如何区分合同权利的合法使用和机会主义行为,这是合同法中普遍的问题。参见 Varouj Aivazian, Michael J. Trebilcock, and Michael & Penny, "The Law of Contract Modifications: The Uncertain Quest for a Benchmark of Enforceability," 22 *Osgoode Hall L. J.* 173 (1984); Benjamin Klein, Robert G. Crawford and Armen A. Alchian, "Vertical Integration, Appropriable Rents, and the Competitive Contracting Process," 21 *J. L. & Econ.* 297 (1978); Timothy J. Muris, "Opportunistic Behavior and the Law of Contracts," 65 *Minn. L. Rev.* 521 (1981); Oliver E. Williamson, "Credible Commitments: Using Hostages to Support Exchange," 73 *Am. Econ. Rev.* 519 (1983).

[30] 参见 Hetherington and Dooley, supra note 19, at 2 (封闭公司在功能上等同于合伙); Carlos D. Israels, "The Close Corporation and the Law," 33 *Cornell L. Q.* 488 (1948) (封闭公司的参与者都自认为是"合伙人",或多或少地都以合伙人的方式去开展公司事务); F. Hodge O'Neal, Preventive Law: Tailoring the Corporate Form of Business to Ensure Fair Treatment of All, 49 *Miss. L. J.* 529, 533 (1978) ("成立封闭公司的商人,经常以合伙人自处;他们成立封闭公司的目的只是为了获得有限责任或者其他公司形态带给他们的好处")。

但这种类比存在一些问题。如果一家公司规模较小,则其参与方因为无法通过分散投资来降低风险,因而的确更可能通过合约来议定利益均享规则,并选用其他限制管理层自由裁量权的规则。尽管如此,如果将封闭公司和合伙组织的类比推得太远,却无疑存在问题。

首先,至少在买断权自动获得的类比方面,就是一项关于合伙法的错误陈述。[31] 虽然合伙法允许任何合伙人(除非各合伙人事先另有约定)在任何时候撤回合伙份额并解散公司[32],但该合伙人可能必须就"错误地"解散了合伙而引发的损害承担赔偿责任[33],并且只有在接受对自身不利条款的情况下才能退伙。[34] 退伙人只能获得合伙组织当前价值的相应份额,而不能就合伙未来的现金流主张权利。相反,股权证券却代表着公司未来收益的当前价值。以上两点均表明,Hetherington 和 Dooley 关于在封闭公司中引入自动买断权的建议,的确与目前原理不合。

其次,关于封闭公司的参与方希望受到合伙法辖制的假设,也是问题重重。参与方组建公司总是有所图谋。他们可能是希望获得有限责任或者是优惠的税收待遇,也可能是希望获得像合伙人一样的待遇。但这并不是惟一的可能。公司法在许多方面,都与合伙法迥然相异,公司的参与方也许正是希望保持这些差异。例如,合伙人都有权均享合伙收益,都能参与合伙管理[35],都互为代理人,都有权否决大多数合伙人就公司日常营运之外的事项所作出的任何决定[36],

---

[31] 认为封闭公司的参与方和合伙组织的合伙人都能自动获得买断权,Robert M. Hillman 强烈主张这一观点。参见 Robert M. Hillman, "The Dissatisfied Participant in the Solvent Business Venture: A Consideration of the Relative Permanence of Partnerships and Close Corporations," 67 *Minn. L. Rev.* 1 (1982)。

[32] 参见 *Uniform Partnership Act* §31(1)(b),(2)(1914)(合伙组织可因合伙人的明确意思表示而解散)。

[33] 同上,at §38(2)(错误地解散了合伙组织的合伙人,必须就其损害承担赔偿责任)。

[34] 同上,at §38(2)(c)(如果其他合伙人仍在运营合伙,退伙的合伙人将不能分得合伙后期盈利的份额)。

[35] 同上,at §18(a),(c)。

[36] 同上,at §18(g),(h)。

而且，如果他们愿意承担后果，也可以随时解散合伙。很显然，公司法在这些方面的规定都与合伙法不同。赞同将合伙类同于封闭公司的人，假定封闭公司的参与方有足够的认知来组建公司，从而获得优惠的税收待遇，但他们却忽视了公司法和合伙法在其他方面存在着巨大的差异。一旦意识到人们可以通过偶然的机会而毫不费力地成为合伙人，而组建公司却必须接受许多正式规则的辖制（公司法委员会也帮助提供这些规则），我们就会清楚地认识到，以上将封闭公司与合伙类同的观点是站不住脚的。

也许需要考虑清楚的并不是封闭公司到底更像合伙还是更像公众公司，而是在交易成本为零的情况下，参与各方将达成怎样的合约安排。如果未能认识到比较推理的局限性，将带来许多问题。在前述 Donahue 一案中，法官对于确立封闭公司和合伙组织的相似性，是如此的重视，以至于从未考虑到自己提出的"公平机会规则"，竟可能既有悖于封闭公司的投资者利益，又与合伙人的利益背道而驰。这两类企业都必须提供一些制度安排，以处理雇员退休或者死亡而企业仍然存续时所面临的问题。如果公司一旦购买了退休员工的利益份额（在封闭公司中，它称为股份；而在合伙企业中，它则被称为合伙份额），其他人也有权要求以同样的价格将其份额转让给企业，则绝大多数公司都无法存续下去。然而，由于法院从不过问各参与方原本希望通过企业这一共同体获得什么利益，所以，它一开始就错失了正确裁断案件的最好时机。

企业参与方可以在书面合同中自由表达各自的意愿，合伙法和公司法都尊重并且愿意执行这些私人决定。当他们没有或者不能作出明确的约定时，通常很难查清如果交易成本为零，他们将达成怎样的合约安排。而且，这一微妙的问题，并不会因为解答了"封闭公司是不是真的合伙"这一疑问而变得简单一些。对后一问题的关注，只会让人避重就轻；它的确非常不合时宜，因为它转移了人们对以下问题的关注：为什么人们要成立公司？在成立公司之后，他们为什么没有通过合约来议定类似于合伙的规则？即便承认人们不是故意回避选用合伙规则，但所有的这些假设只能导向一个结论，那就是他们当时都睡着了。如果他们当时都非常清醒，那无疑将会选用合伙规则。

对于这种推理,我们能够用什么理由来加以解释呢?

　　人们选用封闭公司组织形式,可能的原因之一为了获取税收优惠。的确,有时人们是纯粹出于税收方面的考虑。这并非无稽之谈。无论投资者是出于税收原因或者出于其他什么考虑而选择了公司形式,他们都需要在有利于其预期回报最大化的规则之下展开营运。因为投资者通常都征询过专家意见,他们如果知道自己所选择的企业形式在税收方面的后果,那么同样也极可能了解了其他方面的影响。认为人们只对税收敏感,而对其他方面的效应漠然不知,这很难令人信服。在这种情况下,当人们没有通过合约来选择合伙规则时,对它们适用公司法规则,无疑将是适当的。

　　人们选用封闭公司组织形式,第二个可能的原因是他们预料到议定规则过于繁琐。在法律提供的标准条款之外,另行议定规则,成本非常高昂。市场各方(或者他们的专家顾问)必须认清所有的问题,并且充分细致地议定解决方案。而现有的法律标准条款,蕴藏着经年累月的案件所反映的问题和解决方案,通过私下协商达成如此细致的解决方案,成本极为高昂。正如我们在第 1 章的末尾所提及,一些适用于并不经常发生的问题的"合同"条款,可能就成为了公共产品。

　　如果私下协商以议定规则的做法,只是给人们带来了微薄的收益——可能是因为法律规则只是稍稍劣后于其他替代方案,可能是因为促使议定规则发挥作用的事件发生的可能性微乎其微,也可能是因为合约各方不能获得议定一项新的、更好的解决方案所带来的全部收益——人们将不愿启动谈判,从而也不会诱发成本。但如果认为私下协商的成本过于高昂,我们可能将百思不得其解。虽然我们并不能证明,但我们认为这并不是一个经常发生的问题。一旦律师发现了问题,他就必须提供解决方案,这样,后来的律师就能够沿用前面的律师所使用的方法。不同的律师解决各自面临的并不常见的问题。

　　封闭公司的规模各有不同,较大的封闭公司会发现,承担另行协商以议定规则的成本,这是值得的(1% 发生问题的概率,对于资本金达 1000 万美元的公司,就远比资本金只有 10 万美元的公司重要)。

尽管较小的公司可能忽略了如何处理公司僵局或者买断退休员工股份这些问题，但规模较大的公司通常对此都有详细的规定。法院应当关注这些规模较大的公司是如何处理特定的问题的。因而这些公司一旦作出决定，就极可能克服任何交易成本障碍，并花费大量的时间去解决这些问题。它们提供的解决方案，可以复制并使用于其他封闭公司，除非有理由表明，这些方案之所以对规模较大的公司适用，是因为其规模本身发挥着作用。这样，如果规模较大的公司决定不通过合约来解决某个问题，则最好认为，推定性的规则并不需要进一步的修改完善。

10 内幕信息交易

在这一章中,我们的重点是讨论内幕交易与信义义务这两者之间的关系。投资者是否愿意让经理人对特定的信息进行交易,取决于该交易对股东财富的影响;而后者又反过来取决于公司经理人或投资者是否更为珍视该信息中所包含的财产权利。我们会对上述问题,以及企业能否通过合同来合理分配有价值信息中的财产权利这一相关问题进行讨论;继而我们会考察规范内幕交易的各州法律和联邦法律。许多相关论著的作者分别对这个主题进行了论述,所带来的有影响的结论也各有侧重。[1] 本书在此只作评论而不试图彻底解决问题。在讨论实质性问题之前,我们先来看看"内幕交易"的定义。

内幕信息的含义

关于内幕交易,曾经有过这样一个定义——就是那些比其他交易对手获得更多信息的交易方之间所进行的交易。如果按照这样一个涵盖面很宽的定义,将势必导致对内幕交易的全面禁止,而这样的话,市场将不复存在;但如果每个交易者都能获取和其他人同样的信息,市场又失去了进一步交易的动力。更重要的是,这种获取第一手

---

[1] Dennis W. Carlton and Daniel R. Fischel, "The Regulation of Insider Trading," 35 *Stan. L. Rev.* 857 (1983); Fischel, "Insider Trading and Investment Analysts: An Economic Analysis of Dirks v. Securities and Exchange Commission," 13 *Hofstra L. Rev.* 127 (1984); Frank H. Easterbrook, "Insider Trading as an Agency Problem," in *Principals and Agents: The Structure of Business* 81 (J. Pratt and R. Zeckhauser eds. 1985); Easterbook, "Insider Trading, Secret Agents, EvidentiaryPrivileges, and the Production of Information," 1981 *Sup. Ct. Rev.* 309, 314—339. 本章比以上四篇文章短得多,如果读者感兴趣可以参见这四篇论文。

254 信息的激励,也将会随着通过优先信息获利的机会的减少而减弱。而如果没有获取信息的动力,市场将会失去其以价格信号来分散化配置经济活动参与者的功能。

内幕交易的另一个定义是指通过不平等途径获取信息的交易者之间的交易。通常认为经理人拥有这种"不平等途径"去获得信息,所以当信息极具"重大性"时,他们应该戒绝交易。这个定义的问题在于,在时间界限上很难界定什么时候才算是"不平等的"——是在信息已完全形成之前还是之后呢?如果一个分析师拥有有价值的信息,是否就意味着每个人对这些有价值的信息都拥有了"平等获取权"呢?因为任何一个人都可以雇用这个分析师为其提供信息,甚或自己也成为这样的分析师。对于公司经理人来说也一样,他们也拥有这样的机会去接触到市场中极有价值的信息。如果现在某个公司的"外部人"通过努力,投入与"内部人"相当的时间和技术,最终也成为了一名经理人,他们获得信息的机会是平等还是不平等呢?很显然,诸如此类的问题,是没有一个标准答案的。

那么,我们最好还是先识别、确认一下信息中的财产权。如果内部人拥有信息,那么掌握有价值信息的经理人(或者其他人)进行交易就是正当的。他们可能是通过辛苦劳作来获得这种交易的权利(就像股票分析师根据纷乱复杂的线索,评估公司业绩)的;或者自己制造信息(就像要约收购的投标者发布自己即将采取行动的消息);或者从公司购买这种信息(经理人可以公开购买也可以秘密购买);交易者甚至还从其他制造或拥有信息的人手中盗取信息。以这样的方式,我们就可以利用合同中清晰易懂的条款,来规避"什么是内部信息"这个难以回答的问题了。我们不禁要问,是否某些人确实或者应该拥有使用信息的权利。不过,难题依然大量存在。也许最难以解决的问题是:在合同缺乏明确条款约定的情况下,经理人对其在任期内获得的宝贵信息是否享有财产权利?

在讨论这个问题之前我想先做一下说明,传统学说大都把内幕交易看成是单一的现象,比如某公司经理人得知公司发掘到主矿脉的信息之后,在信息披露之前买进该公司股票,由于他没有采取任何行动使大家共同受益,因此他就被认为是违背了其他投资公众对他的信任,并且剥夺了他们的利益。[2] 这种把内幕交易称为是"不公平交易"的观点的特点在于,它往往把重点放在一些鸡毛蒜皮的小事上,然后用修辞的手法去定义它,并在不同场合使用这个带有贬义的名称,从而对内幕交易进行谴责。但最高法院所受理的内幕交易案件中,还没有一例是针对在信息公之于众前进行交易的公司经理人而进行处罚的。Vincent Chiarella,一个印刷工,破译了要约收购对象的名称,并且在要约收购投标公布之前买进了该公司的股票;Ray Dirks,一个股票分析师,发觉了一家公司的欺诈行为,而这家公司的股票已被投资者广泛持有,于是他就提醒他的客户抛出该公司的股票;R. Foster Winans,一位《华尔街日报》记者,告诉他的朋友购买下期专栏将要宣传的那个公司的股票;Charles Lazzaro,一位经纪人,让客户误以为收到的是公司秘密情报,骗他们购买公司股票。[3]

这些案例中存在着各种不同的问题,Chiarella 违背了他老板对客户的承诺,成功地窃取了信息——但这个信息本应属于该客户的,他完全有权利为其自身利益而使用它,而不需要告知投资者;Dirks 察觉了一桩阴谋,他向客户揭露了该骗局,这使他的努力得到了回报,并且他的这一发现还会引导其他的分析师继续对之进行深入剖析;Winans 的违约行为使该报进行诚实报道的声誉大打折扣;Lazzaro 所设下的更是一个经典骗局,最终还是坑了他的客户。所有这些案例,都没有必要参照内幕交易的传统分析范式来解释或作出判决。实际上,只需用我们刚才讲的财产权分析路径,就可以解决问题。

其他一些现在看似是"内幕交易"的案件,其实也不是,它们实际上是其他类型的案件。"Warehousers"在要约收购公布出价以前,就

---

[2] 这种情况的典型案例是 SEC v. Texas Gulf Sulphur Co., 401 F. 2d 833 (2d Cir. 1968) 一案。

[3] 参见 Chiarella v. United States 一案, 445 U. S. 222 (1980)(印刷工一案);Dirks v. SEC, 463 U. S. 646(1983)(股票分析师一案);Carpenter v. United States, 484 U. S. 19 (1987)(华尔街日报记者一案,法院判决其利用邮件欺诈报社,并就证券法的问题以 4-4 分组表决);Bateman Eichler, Hill Richards, Inc. v. Berner, 472 U. S. 299(1985) (伪造内幕信息一案, 最后根据他的客户应该知道有关他们被禁止利用重大内幕信息进行交易的理论,判定经纪人不能使用(pari delicto)的辩护逃脱责任。)

列出他们的股票,并在共用他们所使用的信息方面达成了共识。他们这一行为的合法性,实际上取决于他们的股票属不属于威廉姆斯法案中,对发标前进行限制的一组股票里的一部分。这是一种不同于其他更传统的内幕交易手段的交易方式。那些利用从客户处得来的信息,从而破坏他们客户计划的投资银行家——他们或者把信息透露给竞争对手;或者在交易中采取对立的立场,如此种种行径——不仅违反了合同,而且还由于他们的无赖行为,而降低了市场的效率。对于他们的行径,或许根本就不需要对他们所进行的交易是否是内幕交易作出详细论证,就会立刻遭到公众的谴责。我们现在先把这些问题放在一边,来重点关注我们所提出的所谓内幕交易的"产权分析范式"。

为什么公司应当把信息产权分配给管理层

公司"内部人"(包括经理人以及从经理人那里得到信息的人)进行交易,可以为公司提供一种有效的与市场参与者进行信息交流的机制;允许内幕人员进行交易,还可以激励他们想方设法使公司利益最大化,这对于公司内部人员与公司之外持有公司股票的人的利益来说应该说是一致的。

交易与信息传递

我们在第7章讨论了资本市场效率的问题,在接下来的一章里又讨论了强制性信息披露规则的效果,至此,我们可以作一个简要的概括——也是下面我们所将要谈到的:股票价格越是能够很好地反映信息,就越是能够有效地引导资本投资。然而,不管从哪一家公司的角度来看,有效资本市场都是一种公共物品。那么,为什么公司要公开披露它自己的信息呢?

其中一个原因是,信息披露能够减少投资者在搜寻信息方面的资源浪费,并且减少投资者对公司的猜疑;另一个原因就是,公司公开披露信息可以使其现有的投资者,以更高的价格把股票出售给外部人员。如果公司不披露信息,外部人会往最坏处想,并由于内心的不确定或疑感,而降低该股票在投资者心目中的价位。最后,准确定价的股票也能告诉公司,他们的经理人是否称职,这样的话,经理人市场和公司控制权市场,就可以凭这些股票价格透露的信息而更有效地运转,并发挥其功能了。优秀的经理人更愿意把股票行情和自己的工作业绩挂钩,并以此来展示自身的价值,所以明确的股价,能让这些经理人因其优秀的业绩和表现而获得回报。

当然,对公司信息进行完全披露也是没有多少意义的。毕竟信息披露是要花费成本的,在某种程度上这种花费甚至超过了收益;而且,信息披露还可能破坏该信息的价值。况且,信息披露也并不一定就代表的是投资者的利益。例如,一个秘密调查最终发现了公司一直在苦苦寻求购买的珍贵矿石,那么如果这个关于未来的产品计划或回报的信息被泄露,该信息的价值也就会受到损害。[4]

投资者希望通过股票价格反映信息价值,但不希望信息直接被披露出来。以上两方面很难同时实现,但内幕人员利用信息进行交易,则可对此有所帮助。如果经理人对内幕信息进行交易,一旦信息公开,股票价格将接近于信息公开时它应该处的价位。如果在商业活动中,部分的或含糊的信息被公开(比如说,"有一个好消息,但目前尚不能透露"),这种功效将会是很强大的。对于外部人员来说,他们看到内部人士也根据其公司披露出的信息去投资赚钱的话,就很容易相信该公司公布的这些信息;而如果内部人士的交易,当内幕交易隐含更具体的信息时,也会产生同样的效果。[5]

信息不披露情形下的交易,能否使价格接近信息完全披露时的交易价格,将取决于围绕交易的信息"噪音"(noise)的多少。市场参与者识别内幕交易和推断其原因的能力越强,信息传达就越全面。[6]在极端的情形下,内幕交易所产生的信息与信息披露所透露出的信

---

[4] 参见 Flamm v. Eberstadt, 814 F. 2d 1169, 1176—78 (7th Cir. 1987)。

[5] Mark Hirschey and Janis K. Zaima, "Insider Trading, Ownership Structure, and the Market Assessment of Corporate Sell-Offs," 44 *J. Fin.* 971 (1989)。

[6] 参见 Charles R. Plott and Shyam Sunder, "Efficiency of Experimental Security Markets with Insider Information: AnApplication of Rational-Expectations Models," 90 *J. Pol. Econ.* 663 (1982) (该文说明使用模拟技巧,市场对内幕信息的调整非常迅速)。

息没什么两样。但由于内幕人员身份上的限制,出于对风险的厌恶,他们在相当程度上仍会掩饰信息,因此他们在交易中传达的信息比信息披露还是要少得多。

作为补偿机制的内幕交易

公司总是尽力通过订立合同,来把经理人的利益和投资者的利益一致化,以此来达到减少代理成本的目的。如果雇主观察职员工作的产出,比观察他们工作努力程度,更容易进行的话,那么,给他们一定比例的提成,就比单单发给他们工资,更能激励他们为公司创收。同样,如果经理人把公司经营得很成功,那么给他们提成,就比发给他们奖金福利,更易于激励他们。但是这样的做法不会自动奏效。公司领导很难观察职员的工作绩效,特别是难以观察经理人的经营成果。即使工作绩效可以被观察,也主要依靠观察个人表现以外的一些因素——如其他经理人的努力程度和整个行业或整体经济发展状况等随机事件的发生。

基于(不完全)观察到的努力程度和工作绩效,而作出阶段性调整的合同,要明显优于不论努力与否和效果如何,一律给付固定薪酬的合同。通过重新谈判作出调整是很困难的,这是因为存在监控和衡量单个经理人努力与产出的困难。为了降低签约成本,公司通过选择与"激励相容"的制度安排,来寻求一种使重新协商次数最小化的途径,此制度安排将经理人与投资者的命运自动地联系在一起。

内幕交易使经理人能够根据新的知识改变他的利益补偿结构,以避免老是不停地进行协商和谈判。经理人每次交易都要重新"谈判"一次。这反过来更加刺激了经理人去获取和发掘第一手有价值信息(以及投资于公司的专有人力资本)的激励。当一个经理人专注于公司的某个投资项目时,比如潜在增值的公司合并,一项新技术等,如果有成功的回报,他们必将竭力抓住这种机会。市场利润就是这样一种形式的回报。也就是说,告诉他人有这样的机会,告诉他们通过额外的努力,就可获得这种机会,并且以某种事后结算的形式受偿获利。内部人员的交易降低了重复谈判的不确定性和成本,刺激经理人创造有价值的信息。而且,由于经理们可以决定交易的频率,他们就可以依其对风险的态度,来建立他们自己的补偿与回报计划。

内幕交易还可以向公司提供有关某个可能成为未来经理人的有前途的经理人的有价值信息。由于公司很难辩明那些有前途的经理人能否努力工作以及该经理人在为公司选择项目时会不会过于规避风险,这时,基于交易的补偿就是鉴别经理管理能力优劣的一种方法。因为那些能够创造有价值信息而且乐于冒险的经理人总是能从内幕交易中获得回报,所以那些喜欢这种补偿方案的经理人可能就是最不厌恶风险的最能干的人。这种自我筛选机制降低了辨别有潜力的经理的成本、对厌恶风险的经理人的监督成本以及为不理想的投资决策所付出的机会成本。

为什么公司应该限制内幕信息交易

我们有许多理由来说明,如果允许拥有有价值信息的经理人进行内幕交易,将有利于股东财富的增进。但是这并不意味着,任何知晓有价值信息的人进行交易,都能使投资者获利。我们在这里列举几个公司之所以严格限制其信息使用的几个原因。

防止盗窃行为

信息交易可能是一种盗窃的形式。公司一般都有禁止律师、会计、印刷工以及其他一些人员,利用公司的信息进行交易的条款。有的人尽管承诺遵守这些条款,但还是禁不住进行信息交易。他们实际上就是在偷窃公司的资产,就如同他们到钱柜里取走超过他们薪水的现金。协议中签订的禁止交易的条款,是在联邦法律形成之前早就有的惯例。对此负责的人,不论是信息的制造者,还是为公司提供专业服务的人(主要包括:律师、投资银行家或其他人)都需承诺不利用这些信息。这些合同是财产权利有效分配的最好证明。即使那些制造信息的雇员,如发明人和汇编客户名册的销售人员,也常常要和公司签定类似协议。

在 Vincent Chiarella 一案中,一个印刷工得到了即将进行的公司收购信息。潜在的收购公司有足够的理由在公布他们的报价前保密，而报价者也是把信息译成密码后，再提供给他们的印刷工的。Vincent Chiarella 破译了密码并购买了目标公司股票，报价公开后，股票价格攀升，他随即又把该股票抛出获利。虽然最高法院认为 Chiarella 没有违反 10b-5 规则，因为他并不是对目标公司股东负有信义义务的人（原告惟一的说法），但是 Chiarella 还是盗用了投标人的有价值信息。而且他对投标人危害的程度取决于 Chiarella 的交易，到底增加了多少公司收购的成本，或者因警惕目标公司而到底降低多少成功的几率。从别人那里盗用信息，由于减少了信息创造的动力，从而间接降低了资本市场的效率。这是有害的（并且是应该禁止的），就和盗窃行为是有害的同一个道理。

不正当的激励

内幕交易可能会产生道德风险。它不是去协调经理人和投资者之间利益，反而有可能促使两者之间的分离。举个例子来说，交易获利的机会，将诱使经理人违背公司股票价格行事，并以此获取更多机会来进行有利可图的交易。他们可以通过选择冒险性的投资项目，来达到这一目的，尽管该项目比其他方案的平均回报低，但毕竟对股价的背离越多，他们进行交易获利的机会就越大。

未来的交易也会诱使内幕人士编造坏消息，因为高层的信息不管是好消息还是坏消息，都将使交易有利可图，而且坏消息更容易编造。极端地说，只要坏消息能给他们带来个人利益，经理们才不管自己的所作所为是使公司兴盛，还是使公司倒闭。一个变通的做法是，以内幕交易去促使内部人士有激励去传播关于公司的错误信息，以至于他们可以再通过错误定价的有价证券买卖来从中渔利。

对待风险的态度

那些有能力从事分散化组合投资的股票持有者，往往是高风险承担者。相反，经理人的大多财富却基本上都集中在人力资本上，他们这些人力资本和金融资本一起，都归属于某一公司统一调配。所以，经理人一般不大愿意冒着风险，违背公司的补偿机制。他们中的大多数人更愿意拿 10 万美元的稳定薪水，而不愿意拿 5 万美元薪水加上有10%的概率才能获得的50万美元的分红——尽管这两者总数是相等的。于是,内幕交易也有可能成为无效的补偿方案,因为它实际上只不过是相当于付给了经理人一些彩票奖券而已。尽管股东们是精打细算后,才决定给经理人发放多少奖金的,但是厌恶风险的经理人宁愿少拿一些此类的奖偿。因此,经理人得到的价值要少于公司放弃的价值。这是一个重要的现象,股东和经理人都可以从内幕交易中攫取利益。

不公平

公众舆论和很多法律文献都忽视了我们所区分的所谓内幕交易问题,在这些文献里,我们总是能找到"公平"这样的字眼。人们认为,经理人所进行的内幕交易是"不公平"的,因为经理取代了"真正应当获得利润"的股东而获得了收益。信息应当"服务于公司的目的"而非归私人使用。[7] 是否经理人支付给别人较少的工资,而自己却事先得到获取了收益的机会呢?大众对这一争议的答复是:"不,他们既拿到薪水,又拿到了利益回报。"

这种类型的主张回避了是否信息应归公司使用这样一个问题。其实,信息并不会自己谋划,只有人才会谋划事情,而且人们总是谋划着尽量使财富最大化。如果信息比公司更有价值,那么经理人会被禁止利用它来进行交易;如果经理人手中的权力更有价值,那么他们就可以尝试利用它进行交易。在每件实际案例中,投资者总是寻找最大的预期回报,而不是最大化支付,如果内幕交易这种不平等分配能给他们带来更高的预期回报,那么,他们更喜欢这种不平等分配形式就不足为怪了(见第5章)。因此,如果现在存在两种情况,即收获不到回报的风险(因为内幕人士买入了股票),和可以获得高于公司平均回报的机会(因为这些有用的交易机会的存在可以诱导经理们去创造更多利益)这两种情况同时存在,那么,投资者就会更愿意

---

[7] 该句话来自 In re Cady, Roberts & Co., 40 S. E. C. 907 (1961),证券交易委员会(SEC)说这个话主要是为了公开抨击管理层所进行的交易,最高法院在 *Dirks*, 463 U.S. 一案的第 653 至 654 页摘录了这句话。

冒这个风险去获得高额回报。投资者使用一种策略去获得更多财富并非是"不公平"的!

大多数认为内幕交易不公平的人都假设,投资者希望经理人和自己拥有同等待遇。为什么一个头脑精明的投资者会希望这样呢?经理人可以凭借自身的努力获取报酬,而股东却不可以像经理人那样获取工资、红利或优先认股权。这是不公平还是另一种形式的欺诈?给付经理人报酬,比让他们出于"爱心"而努力工作,更能使公司获得更多的财富。有一种观点认为,内幕交易与信托责任是冲突的,因此,便有了经理人可以拿高薪——高级经理甚至允许自己为自己设定薪水——但不允许其凭借他们所掌握的有用信息而进行交易的说法。虽然存在以上这些观点(我们只列举了其中三个),但是它们和"公平"与否却是无丝毫关联的。

如果我们认为经理人能利用他们的职位而取得不劳而获的收入,那么我们必然会担心内幕交易就是其用来取得这种收入的一种方式——我们也一定会同样担心薪水、奖金和其他方式的奖赏也是这种收入的方式(包括各种特殊待遇)。经理有权支付给自己报酬,但是他们只能一次性地获取这种利益,他们不能第一次从薪水中获得利益;第二次则利用选择权来获得;而第三次则从交易利润中获取;第四次再从额外补贴中拿到这些利益。设想一下,如果经理可以从投资者身上,榨取如此之多的利益的话,他们当然会那样做,而且交易所得和各种利益的分红,也就只能以一种补偿的形式,作为一种现实财产来分配。这就引出了我们的一个基本问题:为投资者的财富而进行交易的后果是什么?这和公平与否以及经理人所心仪职位的想法都没有关系。

"公平"论认为,经理人抢先取得了本应是长期投资者的利益,从这个层面上说,投资者将面临两个深层次问题。首先,只有那些已经决定抛出股票的投资者,才会输给内幕人士。经理人在作出买入决定的同时,并没有强迫任何人卖出;其次,如果经理人在市场上被淘汰出局,投资者也不一定就是赢家。《华尔街日报》的读者不管每天早上多早叫醒他们的经纪人,都已为时太晚了。站在经理人身后的是那些市场专业人士——分析师、套利掮客、投资顾问,这些专业人士会赶在普通的投资者之前,运用信息获利。剥夺经理们的资格,不让他们进行交易,实际上就是把信息优势转移给经纪人、投资银行和华尔街的其他人士,这也说明了为什么专业投资团体,在约束经理人之间的交易方面,竞相提供政治支持了。[8]

内幕交易与科斯定理

内幕人士进行交易或其他拥有非公开信息的人所进行的交易,既不是纯粹的有利也不是纯粹的有害。这种交易是否有利,会随公司与公司之间和行业与行业之间的不同而发生变化。即使在公司内部,内幕交易的效果,也要根据当时具体情况和参与交易的员工的职位而定。公司允许高层经理人员进行交易,可能是想要防止那些参与并购活动的咨询人员在收购报价公开之前进行交易;或者是为了防止那些工程师们在获得专利之前进行交易。

既然不存在最优的令所有人都满意的普适性规则,那就意味着,最好还是把内幕交易这件事,留给内幕人士(或其他人)去和公司去协商而定。法院只是负责去实施这些现实中的合同,就如他们一贯处理的有关薪水和商业机密的合同一样。科斯定理表明,公司和内幕人士都有足够的激励,去把有用的信息财产权分配给那些对该信息评价最高的使用者。正如许多人所说的那样,如果内幕人士利用未披露信息进行交易时,导致股东的财富骤然缩水,那么内幕人士和股东都会要求禁止这种行为。此类合同通常是和投资银行、律师、科学家和销售人员进行协商的结果;如果股东的财富在某些情况下经过交易后能得到增进;而在有些情况下却不能得到改进,那么,这也还是可以通过合同和谈判来加以解决的。

也许执行此类合同的困难在于,它使得公司不能达成权利分配的最优化。因为内幕交易者可以使用假名来掩盖其真实身份,所以

---

[8] 这种见解是与 David D. Haddock 和 Jonathan R. Macey 的观点一致的,参见"Regulation on Demand: A Private Interest Model, with an Application to Insider Trading Regulation," 30 *J. L. & Econ.* 311(1987)。

内幕人士的交易很难被发现。如果试图用合同来限制内幕交易的公司，不能将其规定付诸实施，那么他们的利益也将会流失。那些从合同限制中获利的公司，不可能使他们自己与其他公司区分开来（在投资者看来），因为其他公司也会狡猾地宣称，他们也同样地采取了限制性措施。公司也可能要求内幕人士报告其交易情况，和通过审计他们的税单来克服这一点。然而，这种策略也是有缺陷的，因为内幕人士可以把有价值的信息提供给家庭成员或其他人，从而避开这种审查。尽管公司试图和证券交易所达成协议，利用计算机将交易模式置于其监控之下，以为这样的话，公司就可以发现内幕交易者了，然而，追索信息源所存在的难度，也往往意味着这种执行方式的效力不会太好。

如果发现不正当交易的概率较低，公力的强制实施可能就是最好的了。当发现这种不正当交易很困难时，就应该加大惩罚力度，以对该不正当行为产生威慑作用。当这种发现的几率几乎为零时，那么，最优的罚金就应该超过触犯法律者的净资产。由于这种公权力的强制实施，有可能导致违法者受到监禁和其他惩罚，而这些惩罚单凭公司的力量是无法执行的，所以这时公力的强制实施或许是最有效的。

不过我们在这里要作两点说明。第一，和不完善的私力执行成本相比，公力的强制实施本身，也要花费一定的成本（包括过度威慑的可能性）；第二，尽管公力实施的确具有某种优势，但也不能就认为，这种禁止内幕交易的公力实施本身就具有正当性，除非在这样一个交易与禁止交易并存的市场中，这种执行力是如此之弱，以至于连想要执行无内幕交易规则的公司，也执行不起来。至于是否应该有一种私力禁止的公力实施，这与是否应该首先对内幕交易发布禁令并一律予以取缔，是两码事。我们承认公力的强制实施具有某种优越性，并不意味着就应当明令禁止一切内幕交易，因为这毕竟牵涉到对该内幕交易对股东财富影响的判定这个复杂问题。反盗窃法的公力实施并不就意味着就要禁止所有财产的合意转让，而对内幕交易规则来说也是如此。

限制内幕交易的法律规则

让我们再来看一看治理内幕交易的规则。由于关于内幕交易的经济效应问题,在理论上还没有一个定论,所以有关规制内幕交易的规则的结论,目前也尚不确定。不过,对此问题的经济分析,还是可以提供一些洞察力。

普通法

在普通法中,经理人和其他内幕人士,可以利用内幕信息对公众公司的股票进行交易,除非他们有义务遵守合同不这样做。[9] 内幕人士无须披露他们所知道的信息。这样的话,在联邦证券法不能适用的情况下(例如,当交易并非发生在州与州之间时),就可以适用普通法。

这个规则也有例外。在最高法院根据联邦普通法判决的某个案件的指引下,如果原告能证明一些"特殊事实"的存在——如他的交易是基于某种明示或隐含的有关证券价值或购买者身份的虚假陈述而进行的[10],那么一些有管辖权的法院,就可以宣告这种交易无效。根据有关公司机会的学说,公司也可以要求那些利用其信息进行交易,并损害公司利益的内幕人士予以赔偿。例如,一个知道公司将要

---

[9] Goodwin v. Agassiz 案, 283 Mass. 358, 186 N. E. 659(1933), 就是一个例子。见 Pobert Charles Clark, *Corprate Law* 311—312 (1986);评论:"Insider Trading at Common Law,"51 *U. Chi. L. Rev.* 838 (1984)。在一个著名案件中,法官判定公司有权利反对内幕人士利用非公开信息进行交易。Diamond v. Oreamuno 案, 24 N. Y. 2d 494, 248 N. E. 2d 910, 301 N. Y. S. 2d 78(1969)。*Diamond* 一案违背了普通法规则,并且这个判例并没有被其他法院所遵循。见 Freman v. Decio 案, 584 F. 2d 186(7th Cir. 1978);Schein v. Chasen 案, 519 F. 2d 453 (2d Cir. 1975)。而且 *Diamond* 一案已经涉及不能被契约性合意所包含的交易——内幕人士在亏损宣告之前所进行的交易。

[10] Strong v. Repide 一案, 213 U. S. 419(1909), 就是具有指导性的案件。也可以参考 Jordan v. DuffPhelps 一案, Inc., 815 F. 2d 429, 434—439(7th Cir. 1987)。这些案件典型的地方在于,它们不涉及公开交易的公司,故不受普通法规则限制而允许在匿名的交易所进行交易。

购买土地或者知道公司将要进行股权回购计划的员工,迅速购买这块土地或股份,然后又以高价转售给公司,他的行为就可以被认定为是篡夺了公司的机会。[11] 这与我们在第5章中的处理原则是一致的。

了解了这个规则,公司极少会试图去禁止拥有内幕信息的经理人进行交易。然而,推理并不是如此简单明了的。也许公司根本就无法根据普通法规则来订约,因为想要发现内幕交易实在是太困难了(在计算机股票监督程序发明之前),以至于去制定和执行有效的法律法规几乎是得不偿失。

"特殊事实"规则并不难理解。如果内幕人士(或代表自己利益而采取行动的某个人)在说服不知情的外部人士抛售股票时,对公司价值或者他自己的身份进行了虚假陈述,那么,任何有关交易的信息利益,就都烟消云散了。事实上,就像其他形式的欺诈一样,这种交易使价格远离而不是接近"真实"价值,特别是当交易是面对面的,而且不是一种非人格化的交易时更是如此。并且只要允许这种交易发生,就只能会激发人们去更多地歪曲事实,而不是创造新的信息。因此,这个"特殊事实"规则,实际上是承认了内幕人士的交易并不总是有效的。允许公众公司里进行的交易和禁止封闭公司里的交易,显示了普通法和经济分析理论之间惊人的一致性。

对内幕交易适用公司机会学说的推理是很清晰的。利用内幕信息损害公司利益的行为,是要坚决禁止的——通过合同明文禁止或通过书面暗示。在地产一案中,那个公司一定要和其职工进行协商谈判,而不能只顾在竞争市场竞价购买,那样只能导致交易成本和价格的上涨。同理,发标收购前提前购买目标公司股票,极有可能使其他股东丧失平等交易的机会。这种行为可能引发目标公司股票的价格大幅上扬,或使股东摊牌最终降低收购成功的可能性。[12]

---

[11] Guth v. Loft, Inc. 案, 23 Del. ch. 255, 5 A. 2d 503(1939)。

[12] 类似的问题在公司接管场所之外也时有发生。在 Brophy v. Cities Serv. Co. 31Del. Ch. 241,70A. 2d 5(1949)一案中,公司员工因在公司回购股票程序启动前夕,购买了股票,就被认为是一种对信义义务的违反。内部人员购买本公司的股票,可能引发公司在采取进一步的行动时,成本更加高昂。

《证券交易法》10(b)规则和证券交易委员会 10b-5 规则

法院已经对 1934 年《证券交易法》10(b)及证券交易委员会的 10b-5 规则作出了解释,要求公司内部人和其他从他们那里得到信息的人,要么披露"重大"信息,要么戒绝交易。[13] 我们将从以下几个方面来研究这个"披露或戒绝"的交易规则。

披露或戒绝交易

《证券交易法》的 10(b) 和证券交易委员会的 10b-5 规则,并没有禁止内幕交易,而是禁止欺诈性交易。这两项规则的适用,依赖于"欺诈"和疏于陈述"重大"事实之间的微妙平衡——信息披露后的交易当然不属于"欺诈"。因此内幕人士要么就披露信息后再进行交易;要么就干脆保持沉默并戒绝交易。尽管这是一种有选择的程式化规则,但无论如何,这个规则还是有效地禁止了内幕交易(假设其他因素,例如有"重大"信息和主观故意的存在)。在许多情况下,内部人不能随便披露信息,例如,当信息可能为其竞争对手带来利益时就是如此。也只有在这种情况下,内幕交易才成为一种不需透漏详情,就能提供利用价格信号向市场传递信息的有效方法。信息的强制性披露,则有可能使公司在必要情况下,由于不能利用内幕交易,而丧失唾手可得的利益。这一规则导致的结果就是:既无法交易,也无法披露信息。

当披露信息具有可行性,并且不危及公司利益的时候,信息公开并流入高效的资本市场,就有可能会削减公司利润。公司经理人总

---

[13] Wills W. Hagen II "Insider Trading under Rule 10b-5: The Theoretical Base for Liability," 44 *Bus. Law.* 13 (1988) 对这一法规作了一个很好的概括,同时也揭示了当前有关规则存在的模棱两可现象。最近颁布的两个法令:1984 年《内幕交易制裁法》(Insider Trading Sanctions Act) 和 1988 年《禁止内幕交易和证券欺诈执行法案》(Insider Trading and Securities Exchange Act) 作为 1934 年《证券交易法》§21A 款,15 U.S.C. §78uA 的补充,并进行整理编纂使之成文法化。这些法案规定了违反《证券交易法》§10(b)和证券交易委员会 10b-5 规则的交易者,必须返还既得利益并支付 3 倍的赔偿金(第 12 章将对赔偿的计算进行讨论)。1988 年法案还规定,监控不得力的雇主将被处以最高 100 万美元的罚金。新法案规定,应在普通法程序下,按照 10b-5 规则对违法行为进行处罚。

是在利益诱惑下,设法使企业实现价值最大化,而以上情形并不是他们愿意看到的。而披露或戒绝交易的规则,则更是削弱了这一利益驱动,而且受这一规则影响的,远远不止公司经理人——投资分析师也一样。当他们坚信当内幕人士已经获取内幕信息以后,他们就不再有激励去主动搜寻信息了;而对于那些未来的要约收购投标者来说,如果他们不能利用与自己计划有关的信息,去增加交易成功的几率话,也会减少他们对信息的搜寻量。[14] 如果法院和监管者可以明确区分,双方是否是在合意地使用信息,那么出现的问题将会少很多。Ray Dirks 以告知其客户酝酿中的事情为代价,惊爆出近年来最大的一起证券欺诈案。证券交易委员会在谴责内幕交易损害投资者利益的同时,真是也应该给他颁发一个奖章。

"重大"内幕信息

证券交易委员会制定的 10b-5 规则的效果不应该被夸大。披露或戒绝交易的规则,只有在被告基于"重大"内幕信息进行交易时,才可适用。也就是说,信息必须是"重大"的,那么,什么才算是"重大的"信息呢?比如发现一处油田、即将进行的公司并购,或收入方面的重大变化等等,这些都是。由重大惊人的事件所驱动的交易,构成了法律诉讼的实体,它在实践中也属越轨行为。由于大部分信息并不会对股市产生重大影响,因此内幕人士就可以自由地利用其所知晓的信息进行交易。他们这么做所获取的报酬,从整体上来看,也会

---

[14] 收购者可以在他们披露自己的有关信息之前购买大量的目标公司股票。1934 年的《证券交易法》(15 U.S.C. §78m(d))第 13 节(d)项要求,潜在的收购者在收购 5% 的目标公司股票的 10 天内,应该进行披露。10 天的宽限期使得一个潜在的收购者,可以在公布自身的状况之前买进 5% 以上的股票。这也使得股票可以在较低的价位买进,便于价值增进型的收购活动的进行。证券交易委员会已经禁止了可能成为竞价者的人与套利者分享信息,因为他们自己无须公开披露信息,就可以合法地购买股票(见 Rule 14e-3)。这一规定有效地防止了投标人与其代理人之间有益的信息转移,其结果是既增加了收购活动的成本,也损害了其他投资者的利益。

略高于市场平均水平。[15] 从经济意义上讲,这些交易虽然是建立在"内部"信息上(就是说,信息还没有带来股价的变化),但因其并不满足"重大性"信息这个要件,所以不具有可诉性。举一个例子来说,有一条信息显示,某公司高级管理人员因家庭问题而心情沮丧,虽然该信息很有价值,但却并不构成法律意义上的"重大性"信息要件。因此,只要内部人士持有并买卖股票,10b-5 规则对内部人士超越或击败市场能力的影响,可能就是微乎其微的。

进一步讲,由于他们在获得内幕信息方面所具有的优先地位,内部人员即使不通过市场交易,也一样做的比市场好。比如,他们可以通过他们得天独厚的原始购买权地位,对股票精挑细选,就可以获得优先回报;他们所拥有的信息和知识也可以告诉他们,在不知情者抛出股票时不要抛售,他们的这些有关行业的知识,可能是他们做其他公司间股票交易的基础——不过,可以确定地说,如果他们交易是基于这些所谓的"重大信息",那就不能说这些信息属于"内幕信息"。另外,不仅如此,他们也可以通过精心选择投资时机,而优先获利。

"重大性"要件,往往有可能会限制 10b-5 规则在无效内幕交易中的运用。信息一经产生,律师、会计师、经纪人、印刷工、足球教练和公务员等人士,就有可能接收到这些有价值信息,且他们不必对他们

---

[15] 在完成所有适当的风险调整后,在进行本公司股票的交易时,通过经理人的交易,往往做得比通过市场而进行的交易要好。参考 J. B. Baesel 和 B. R. Stein 的 " The Value of Information: Inferences from the Profitability of Insider Trading," 14 *J. Fin. & Quantitative Analysis* 553 (1979); J. E. Finnerty 的" Insiders and Market Efficiency," 31 *J. Fin.* 1141 (1976); Jeffrey F. Jaffee 的"The effect of Regulation Changes on Insider Trading," 5 *Bell J. Econ. & Management Sci.* 93 (1974); Jaffee 的"Special Information and Insider Trading," 47 *J. Bus.* 410 (1974); Arthur J. Keown 和 John M. Pinkerton 的"Merger Announcements and Insider Trading Activity: An Empirical Investigation," 36 *J. Fin.* 855 (1981); James H. Lorie 和 Victor Neiderhoffer 的"Predictive and Statistical Properties of Insider Trading," 11 *J. L. & Econ.* 35 (1968); Stephen H. Penman, "Insider Trading and the Dissemination of Firms' Forecast Information," 55 *J. Bus.* 479 (1982); H. Nejat Seyhun 的"Insiders' Profits, Costs of Trading, and Market Efficiency," 16 *J. Fin. Econ.* 189 (1986)。这些研究都表明,信息往往贬值得很快,外部人士模仿内幕人交易是赚不到钱的。盲目模仿他人的行动的时候,价格实际上已经做好了调整,已经把该信息吸收而成为公开信息的一部分了。

所作出风险决策而引发的后果承担责任(亦不需为此风险决策承担任何成本)。由于即使允许他们进行内幕交易,公司所得到的好处仍是微不足道的,因此,公司有可能会禁止这种交易。在公司与这些外部人士签订合同时,在原则上都会明确要求,要严守秘密和禁止内幕交易;如果说这些合同是软性合同,那么10b-5规则就等于给这些软性合同装上了牙齿,从而使这些承诺具备了法律拘束力。近10年出现的内幕交易案件和大多数涉及于此的违法行为,也都直接被合同所禁止。在少数重大情况下,内幕交易的回报,往往是巨大的,但也往往是不确定的。与这种不确定的交易利润相比,确定地获得预期利润,对那些有风险规避倾向的经理人(或其他人)而言,将会有更大的吸引力。在这里,内幕交易将再一次可能成为一种无效的奖赏补偿机制;在这两种情形中,公司可能倾向于禁止内幕交易。但由于突发性事件发生的概率极小(也许因为实施的成本太高),一般公司会觉得不值得在合同中强行性地规定,禁止内幕交易。如果"重大性信息"要件能成为一个过滤器,从而把以上两类情况从其他更为典型、但更少戏剧性的情况中过滤出来(在这种情况下,内幕人士往往会获得异乎寻常的高额回报),那么,10b-5规则就可以最终被印证为是一个有益的,但却不是简单地被看作是一种有关损害赔偿的一般性禁令规则了。

信义义务

联邦最高法院已经对公司经理人员进行"重大性"内幕信息交易的能力,和其他如印刷工、政府官员等的内幕交易能力进行了界定。联邦最高法院认定,经理人受雇于公司,就要对投资人负有信义义务,所以他们不能利用内幕信息进行交易。外部人士则不负有这项义务,因此其交易就不会违反《证券交易法》10(b)和证券交易委员会的10b-5规则。

以信义义务来区分内部人士和外部人士,其理论基础是值得商榷的。对公司"内部人士"范畴的界定,其主要难点在于,公司内部的合同往往是长期合同,该长期合同通常是一个横向或纵向一体化的替代品。公司外部的供应商或顾问等所谓外部人,完全有可能像公司职员等内部人一样获取内幕信息,并且也像公司职员一样有能力影响公司财富。打个比方说,在现有的规则下,如果公司的供应商从事了卖空公司股票的行为,他就可能不会承担责任;但是,如果供应商被公司纵向一体化地合并在一起,那么他这样做就要负责任了。所以,以信义义务作为分界线,来界定内部人和外部人,就很难具有可操作性。

正像我们已经在第4章中解释过的,信义义务是治理代理关系的标准格式合同条款。当事人为了避免签约时协议过长或过细,同时也为了降低签约的成本,就在合同中把信义义务隐含其中。但是在谈判没有成本的情况下,如果有明显的证据能证明多数当事人,愿意以合同方式确立对合同的约束力,那么这种默示的信义义务就对当事人的行为具有约束力。在零交易成本世界中,对内部人士和外部人士的区分,并非总能与合同所禁止的交易种类相对应和吻合。然而,我们在实际合同履行时会发现,生效合同实际上禁止的是印刷工和信使等外部人士的交易,而不是内部人士交易,这个结果竟与强调"信义义务"想要得出的结果是截然相反的。

然而,对义务的强调,其最直接的后果就是导致了关于内幕交易的盗用理论的发展。一般而言,人们可以接受由协议规定的义务——如果一个人在合同中承诺不进行内幕交易,他就有"义务"不进行内幕交易;而这时信息盗用方的身份倒变得无关紧要了。一贯适用这种方法将逐渐使内幕交易法与经济学分析之间趋于协调统一起来,也使适用于谈判过程中的法律规则更具可预测性。(当然,认识到盗用理论的推论也很重要,即当合同明确地规定允许当事人使用信息时就不应该有此种限制。)

适格的原告

联邦法律创设了公力执行和私力执行两种法律实施机制。10b-5规则赋予那些与内部人士交易同时进行买卖的股票持有者,以提起侵权损害赔偿诉讼的权利。司法部也可以代表美国提出禁止令或提起刑事诉讼。最后,证券交易委员会也可以提起诉讼,并要求归还本金,或处以相当于非法所得3倍的赔偿。

在内幕交易中,我们要讨论的主题还涉及关于管理合同或其他合同,如何配置有效信息财产权的争议。如果将这种财产权赋予经理人,那么股票持有者和政府都无权主张——至少主张的权利要求不能大于经理人薪金。在非自愿交易条件下,公司有权提出类似违约赔偿或恢复被窃取财产价值的主张;股票持有者还可以公司的名义提起派生诉讼;如果这样的话,满腹怨言的股票持有者,究竟是在知情者交易时进行的交易,还是自始至终一直在从事交易,就会变得无关紧要。

由于发现非自愿交易情况的概率小于1,而且又由于存在潜在的巨大交易收益,由公力强制执行来增加惩戒力度就是合适的(如有必要,可以将那些财富不足以支付适用最优货币罚金的人送进监狱)。在这个意义上说,内部交易法的强制执行,与公权诉讼中对其他如限制商业秘密、商标、版权等知识产权法律的执行并无二致。

接管和交易

在所有的公司控制权交易中,拟收购公司都会通过许多有门路的代理人来获取内幕信息。在 Chiarella 一案中,我们已经强调了内幕人士对信息的盗用,是对案件追究责任的关键。除了将违规者戴上脚镣,法律体系还能作出何种反应呢?假设投标方律师依靠窃取来的信息,去购买目标公司股份并获得了利益;毫无疑问,投标方可以追回内幕交易者的交易所得。但如果投标方坚持认为,律师的内幕交易行为同时导致他为目标公司的股份付出过多的代价,从而向律师主张他这个已经支付的增加额,那该怎么办呢?

价格上涨是这种交易的结果,并可能给个人同时也会给社会带来损失。(这是第5章和第7章中所述内容的暗含意义。这里,和律师、目标公司股票持有者一起共享所得,会减少增值型交易的数量。)这时,违规者必须支付他们对社会所带来的损失和他们所截获的利益,这一点我们将在第12章中具体阐述。不过,为了证明他们已经遭受了损失,投标方将要面临一场艰苦卓绝的斗争,从而取得有利证据。除非律师的交易导致卖方的股票价格在出价前上涨,并且上涨的价格迫使买方不得不增加筹码,否则,买方在诉讼中的不利处境将不会改变。

匿名交易不会影响价格。很明显,内幕人士之外的交易者,不能从他们从未听说过的陌生人的随意买卖中,推断出交易信息。除非职业投资者能通过推断而辨认出律师的身份,进而得知有情况正在发生,否则目标公司的股价就不会发生变动。如果价格出现波动,那是怎么回事?其实,价格突升在控制权交易发生前是十分常见的,这主要是由于投标人自己的购买行为以及买方故意使知晓秘密的那些人的买进行为所造成的[16],而且收购方在筹划他们的投标价时也会将这些行为付诸实施。投资者是否会以一个给定价格进行投标,将取决于他们的次优选择,即看看是否会有其他人的出价、回购或持股观望以待市场价格有所调整。正是这种次优选择,而不是出价日的市场价格,决定了出价人必须支付的对价。任何由内部人士的购买行为所导致的价格飙升,都不会对这种次优选择产生影响,因此,也就不会影响投标者的出价。

有时内幕人士的交易与资本额的变更有关,如 FMC 公司诉 Boesky 一案就是如此。[17] FMC 对资本额进行调整以后,给予了经理人以更多份额的公司股份,而这导致了公司其他投资者股东地位的削弱,相应的,他们则得到了现金收入。FMC 坚持认为 Boesky 和其他人盗用了这宗未决交易的信息,并购买了股份,从而导致价格攀升。FMC 认为,其结果是,它不得不付出更多代价来补偿那些放弃权益资本的投资者。

类似案件提出了一个尖锐的问题:究竟什么是公司?公司会因为给投资者分配了更多的现金而使其自身利益受损吗?资本额的变更改变了经理人和外部投资者的相对地位,其中经理得到更多份额的公司普通股,而投资者则得到更多的现金。至于是不是由于 Boesky 的内幕交易,而导致了公司给投资者分配了更多的现金回报,那就不在讨论之列了。但是,有一点必须要强调一下,公司——作为合同利益的结合体——并未改变。

---

[16] 参见 Gregg A. Jarrell 和 Annette B. Poulson,"Stock Trading before the Announcement of Tender Offers: Insider Trading or Market Anticipation?" 5 *J. L. Econ. & Org.* 225(1989)。

[17] 673 F. Supp. 242(N. D. Ill. 1987),部分驳回,852 F. 2d 981(7th Cir. 1988),发回重审,1989 U. S. Dist. Lexis 13353(N. D. Ill.)。

第 16 节

1934 年的《证券交易法》第 16 节要求董事、管理层、大股东(持有公司 10% 以上的股份)每月报告他们公司的证券交易情况,使公司有权利从 6 个月期限之内的证券买卖中获利,并禁止短线抛售。第 16 节在以下几个方面与第 10 节(b)及 10b-5 规则不同:(1) 第 16 节并不局限于内幕信息基础上的交易;(2) 它只适用于 6 个月期限内的买卖;(3) 它只包括那些明确列出的内幕人士;(4) 它只允许公司求偿。

报告要求

内幕人士交易报告制度,使投资者有机会更精确地了解有关内幕人士补偿的信息。而且,未来的经理人也可以通过报告,来得知未来他们可能得到的奖赏;另外还有一个好处就是,如果交易是可观察的,那么内幕交易的信息效应就将会增强。但是鉴于证券投资决策常常会被多种因素所左右,单单从交易所得中去推断内幕交易的信息效应,就可能存在诸多困难。又加上由于那些违反合同及实体规范而进行交易的人,一般也不会报告他们的不良行为,因此上面所提到这些好处也可能是微乎其微的。不过,毕竟报告的成本并不大,就算是仅有一点好处,也值得我们去做。

关于短线交易所得的禁令

1934 年的《证券交易法》第 16 节 b 项,授权公司取得其内部知情者短线交易的收益,这对补偿公司利益具有指向性作用。而 6 个月期限的规定是否有用尚不能确认。如果交易是非自愿的,相应的买卖行为是否发生在 6 个月之内就无关紧要;如果交易是双方自愿的,那么即使是虚假交易又会如何呢?

答案之一就是,短线交易的禁止减少了内部知情人操纵股票价格的激励(就是让股票的价格偏离它们的均衡价值)。[18] 假设内幕人士知道他们的买入行为将会引起股票价格的上涨,而且在他们买入股份后,在市场察觉到人为操纵,进而价格回落到以前的水平之

---

[18] 参见 Henry J. Manne, *Insider Trading and the Stock Market* 30 (1966)(他就持这种观点)。

前,又迅速将股票抛出,从而获利。禁止短期内相应的投机性买卖行为,就会减少知情人玩这类把戏的可能性。

不过这些禁令也可能会带来巨额成本。当有相当数量的交易被禁止时,内幕交易的激励机制和信息效应就都会弱化。短线交易的禁止也有这样一种影响,它迫使那些持有公司股票的经理人,不得不在较长时间内集中持有某些股票,从而难以进行分散化投资组合。这使得购买股票不再那么有吸引力,从而也大大削减了公司为刺激投资者持有股份而在使经理人和投资者的利益一致性方面所做的努力。为此公司必须提高经理人在其他方面的报酬作为补偿。当然,内部人士操纵股票价格的能力也不应该被过分夸大,要是他们买入股票后,股价随之就上涨,那或许是因为投资者认为他们是基于有关公司前景的利好信息才买进的;只有当公司收入增加的消息公开后,投资者才会确认他们的上述看法。操纵股价只能是一种短期的行为,或者说仅仅是一种"一锤子买卖"。那些误导投资者的内部人士最终将会发现,如果他们再这么做,就有可能会受到市场因素的抵制。经理们将会用短期收益来平衡由于不能交流(真实)信息而造成的长期损失,更概括地讲,就是来平衡他们人力资本减少的价值。

禁止卖空行为

如果内部人士从事的是卖空行为,这样的交易所导致的恶性激励机制后果是很严重的。许多合同都明确禁止这种行为,如果没有证据证明公司许可这一行为的话,就应当认定合同是在协议中隐含地禁止该行为的。任何一家公司的经理如果被发现有进行这样大量的卖空行为,他都将招致被解雇的命运。《证券交易法》第16节禁止短期抛售的规定,使这种公司解雇现象频频发生。

然而,实际上,卖空既不是全部都要被禁止的,而且也并不总是有害的。它也不过就是在股市低迷前卖出,在股价反映不利信息而下跌后,再次买进的行为,只不过动作幅度大了点儿。这是超出第16节所禁止范围的一个投资策略(并且大部分也超出了10b-5条规则所规范的范围)。卖空能有效传达有关公司前景的信息,卖空的能力也可以激励经理人作出更好的投资决策。内部人士很关心他们的人力资本价值,当一个项目成功的时候,作为经理人,其自身的市值也会升高；如果项目失败，即使这次投资事前是最佳方案，经理人自身的人力资本也会遭受损失，因为失败总是要受到指责的，况且局外人又何从知道其失败的真正原因呢？这样的话，经理人就会变得很谨慎，常常只会投资一些风险较小的项目，以降低失败的成本，即便这些项目事前带给投资者的收益很小，他们也会这样做。但是如果有内幕交易的存在，由于内幕交易可以适当地将失败缓解一下，这就会诱使经理人敢于冒一下险，去投资一些高风险、高回报的项目了。

因此，第16节对股东财富的影响是很难讲清楚的。报告要求禁止短线交易和卖空行为，这些都是看似合理、但却都在实际上增加了成本的行为。从第16节或其他任何有关内幕交易的法律条款中，没有人能准确地知道其真正的成本与收益的相对大小。

我们可以对下一年的天气状况作出预测，但却很难预知内幕交易这种常见的商业交易行为所产生的效应。不过，这倒是反而可以让大家更轻松地放手去投机(谁也无法反对你)，而不必顾及那些有关内幕交易的闲言碎语。当然，同样重要的是，我们也必须要密切注意规范信息征询的渠道，摒弃那些有关内幕交易的陈词滥调和简单地对内幕交易所作的义愤与声讨，并开始密切配合，采取一致行动，为搜寻更有效的信息数据而努力。

11 强制性信息披露

现在,我们开始对公司法在联邦层面的主要组成部分——发行证券以及向投资者征集委托书时信息披露的必要性——进行探讨。要将这些强制性规则纳入本书的合同框架,的确是一次不小的挑战。为什么证券法是强制性(mandatory)而不是赋权性的(enabling)?为什么它强调披露而对证券的价格及其内容不置一词?为什么它由联邦统一立法而不是任由各州自行规定?在规范意义上,证券法律法规是否给投资者带来了利益?对于这些一般性的问题,本章先行展开探讨,接着从违反证券法律法规的救济方式中,选择更具体的问题展开分析。

自从美国的《证券法》(1933年)和《证券交易法》(1934年)颁布之后,禁止欺诈和强制性的信息披露要求,就成为证券发行后两个永恒的主题。而且,披露内容方面的极其细节化的要求以及确定哪些交易必须受信息披露要求的辖制,使得证券法的复杂性越发声名远播。在美国,对于证券投资虽然几乎没有什么实体性方面的规定,但事实上美国证券交易委员会偶尔也会利用信息披露的强制性要求,来影响证券投资的实体内容,如SEC要求内部人在没有披露足以导致交易毫无意义的信息的情况下不得进行此项交易;又如,SEC要求进行之中的私下交易"披露"了该交易价格是"公平的";再如,SEC坚持认为,加速发布招股说明书的注册进程,本身即"披露"了公司董事将无法就其中的一些错误行为免予承担责任。当然,这些以及其他核心部分的规定非常重要——在前面几章关于内幕交易和要约收购的法律法规(这些法律在1934年后都上升为联邦层面)中我们曾经讨论过这些问题——但证券法律法规的主导原则仍然是,任何愿意披露真实信息的人,都能够以市场认可的任何价格买卖证券。[1]

当许多制度安排中的监管倾向日益弱化或者彻底消亡之时,为什么带有强制意味的证券法规却能长盛不衰?立法者声称,为了消灭市场欺诈并确保投资者获得预期回报,保持证券法规制是必要的;否则,人们将从证券市场撤回资金,经济也将因此止步不前。这一解释对于1933年而言,倒也似乎颇为急迫,因为在经济大萧条到来之前,证券市场欺诈盛行,投资者纷纷抛售股份。[2] 而且,就法律服务于公共利益而论,目前与过去的立法并无差异,因而法律的利益结构应当是一脉相承的。

然而,没有人会满足于这一简单的解说。1933年,欺诈在各州均为违法,并且除了内华达州之外,各州对于调查和预防证券欺诈,都备有一套管理方面的制度安排。对于绝大多数中产阶级(被假定的证券行为的受益者)而言,出售房屋和提供教育方面的欺诈行为,带给他们的损害远比证券欺诈为深。因为他们在不动产和人力资本方面的投资,远远多于证券投资。然而,对于涉及证券之外的欺诈行为,却没有联邦层面的法律予以规制。1933年前后,证券市场存在着大量的欺诈行为。发生于投资者海外服务中心(The Investors Overseas Services)、全国学生营销机构(National Students Marketing)、衡平基金(Equity Funding)和采购器材局(OPM Leasing)方面的欺诈行为,无不与20世纪20年的市场诈欺行为一样蔚为"壮观"。

事实上,许多立法都是各种利益集团相互斗争、相互妥协的产物,而且,只有在偶然的情况下,这种"利益集团"的法律才会符合更为广泛

---

[1] 这一主导原则效力如此强大,以至于美国曾有上诉法院认为,SEC颁布Rule 19c-4, 17 C.F.R. §240.19c-4,属于超越了自身的法定职权。该规则对证券交易所允许表决权各异的类别普通股在其交易的能力,进行了限制。Business Roundtable v. SEC, 905 F.2d 406 (D.C.Cir.1990).法院认为,Rule 19c-4违背了一项原则,即公司只要向投资者作出了充分的披露,就可以采用任何公司结构或者发行任何融资工具。

[2] 关于游说并制定证券法规的人的公开言论,以及他们引用的作为立法必要性的重大事件,请参见Joel F. Seligman, *The Transformation of Wall Street* (1982)。

的社会利益,这一见解支持着另一假定。[3] 这一假定是,证券法律法规可能是以牺牲投资者利益为代价来保护利益集团的特殊利益,它们已经被烙上了许多利益集团立法的印记。譬如,在现行的信息披露规则之下,规模较大的发行人就获得了相对优势,因为不管公司规模和发行额度的大小,信息披露的成本绝大多数都是一样的。这样,那些规模较大或者成立较早的公司就比规模较小的发行人,每筹资1美元所耗费的上市成本要低一些。[4] 这些规则还有助于现有的投资银行和审计公司获取竞争优势,因为它们已经获取了相关的智识和经验,而新生的竞争对手却不能通过提供差别产品来与他们竞争。[5] 总之,证券法"一体化""程式化"的披露要求,使得市场的进入路径大为减少,另外,它坚持要求所有的公司都提供"最好的"产品,更使得低成本、高风险的替代产品几乎没有立足之地。

此外,部分证券法律法规的制度显然有着利益集团的支持。最早的是有关证券交易的法规,直到1975年,这些法规还允许SEC支持证券经纪商之间旨在固定价格的卡特尔协议。不难想见,SEC认可并执行这一卡特尔协议,是其获取监管投行业务权力的政治价格。[6] 正是在这一意义上,证券业务的相关规范与投行业务的规范息息相

---

[3] 有关利益集团的立法视角的一般性论述,可参见 Gary S. Becker, "A Theory of Competition among Pressure Group for Political Influence," 98 *Q. J. Econ.* 371 (1983); Sam Peltzman, "Toward a More General Theory of Regulation", 19 *J. L. & Econ.* 211 (1976); Richard Posner, "Taxation by Regulation," 2 *Bell J. Econ. & Mgt. Sci.* 22 (1971); and George J. Stigler, "The Theory of Economic Regulation," 2 *Bell J. Econ. & Mgt. Sci.* 3 (1971),该文修改并再收录于1975年他出版的 *The Citizen and the State* 一书中。
[4] 参见 Jay R. Ritter, "The Costs of Going Public," 19 *J. Fin. Econ.* 269 (1987)。
[5] Henry Manne 从经济学的角度,从以上两个方面对证券法提出了全面而深刻的批判。参见 Henry G. Manne, "Economic Aspects of Required Disclosure under Federal Securities Laws," in *Wall Street in Transition* 23, 31—40. (Manne and Solomon eds. 1974); 另见 H. Kripke, *The SEC and Corporate Disclosure*: *Regulation in Search of a Purpose* (1979); Nicholas Wolfson, "A Critique of the Securities and Exchange Commission," 30 *Emory L. J.* 119 (1981)。
[6] 参见 Gregg A. Jarrell, "Change at the Exchange: The Causes and Effects of Deregulation," 27 *J. L. & Econ.* (1984)。在这篇文章中,作者对法律影响交易价格的方法,作了细致的探讨。

关,但在此,我们并不想讨论这一问题。然而,试图在证券法规主要的表象背后发现私人利益的驱动,确实更为不易。公司和证券专业律师以及其他市场专业人士,正是倚赖法律的复杂性来获取高额的收入。但这些利益集团(大规模的发行人、投资银行、证券律师)的从业人员众多,激烈的竞争不允许存在垄断价格。[7] 特拉华州的律师界有数千名公司法律师,同时还有其他州的律师在该州公司法之下开展业务;而证券律师就更多了。在这些情形之下展开竞争,都有效地防止了垄断回报的产生。但是,这些律师、投资银行家和其他市场专业人士,在市场中投入了大量的人力资本,他们会强烈反对废弃这套证券市场的法律制度。而且,由于现行法律制度带来的损害,已经分摊到许许多多的个人头上(个人投资者),即使废弃这套制度,每一个人也只是获益甚微,因而,虽然这套制度减损了社会福利,但仍能存续下去。

然而,不幸的是,没有谁能够确切地解释,为什么有些法律制度能够颁布并且得到顺利推行,而有些却胎死腹中或者中途夭折。关于利益集团的解说,如果能够适用于证券立法,也应当适用于航空和货物运输业方面的立法。然而,显然它对后者并不适用,因为后者的相关*规范几乎被删除殆尽。证券法规的存续,也许可以归因于"更加强大的利益集团的支持",但这却难免有同义反复的意味。法律之所以能够长盛不衰,可能恰恰由于它们主要并不是利益集团的产物。因而我们认为,以"公共利益"的视角为证券法律法规找寻正当化的理由,这是合适的。

---

[7] 因而,对于近期以特定规则有利于市场从业人员为基础,来解释公司法和证券法的努力,我们持怀疑态度。参见 Jonathan R. Macey and Geoffrey P. Miller, "Toward an Interest-Group Theory of Delaware Corporate Law," 65 *Tex. L. Rev.* 469 (1987). Roberta Romano 认为那些已经成立的公司,无法轻易将资产从一个州转移到另一个州,通过强调这些公司的利益来求得对一些规则的理解,更加令人信服。参见其文章:"The Future of Hostile Takeovers: Legislation and Public Opinion," 57 *U. Cin. L. Rev.* 457 (1988); "The Political Economy of Takeover Statutes," 73 *Va. L. Rev.* 111 (1987); and "The State Competition Debate in Corporate Law," 8 *Cardozo L. Rev.* 709 (1987). 然而,她所强调的这些机制,并未触及联邦层面立法。

* 指限制竞争以谋求垄断价格。——译注

联邦法律禁止欺诈的规定

证券承载着就公司未来收益所享有的权利。因而,发行证券的问题之一是,公司收益面临着许多风险,没有一家公司可以就在各种可能的情形下能够产生多少收益作出有约束力的承诺。然而,企业家或者企业的管理团队,远远比潜在的投资者拥有更多的信息来判断企业可能面临的事件的性质以及受该事件影响企业将会面临何种问题。有些项目的前景预期回报较高;而有些公司经理人不管面对何种商业前景,都能比别人创造出更多的价值。除非市场对项目、管理人员和资金的配比,使得不同的项目取得了相同或者相近似的边际回报,否则市场将是缺乏效率的。"项目前景—管理团队"的更优组合,将会吸引更多的投资,直到这一均衡条件得到满足。

没有法律干预的市场

投资者如何识别什么是"项目前景—管理团队"的组合?除了那些提供"更好的证券"(代表着对更优化组合的权利)的人能够将该证券从其他证券中识别出来外,其他投资者将以均等的眼光来看待所有的证券。这使得优质证券将以低于在信息免费的情况下它们本可以获得的价格而出售,这样,对绩优企业的投资将少之又少。与此相反,劣质证券却将吸引过多的投资。发行劣质证券的代价低廉,而且还能得到过高的回报。在这种情形之下,随着证券发行的质量越来越差,"垃圾股"将充斥证券市场,这反过来使得没有一家公司能够收回发行优质证券的成本。这样,投资者和社会公众将两败俱伤。这大体上就是许多证券法的支持者所描绘的图景。

然而,我们不能仅仅从市场信息不对称带来了重重困难就直接得出需要法律规范的结论,甚至只是禁止欺诈这一温和的规制。不管法律如何规定,优质证券的销售者都能使证券的优质性被投资者识别。当发行人就证券质量进行信息披露时,购买方能够验证其中一部分,也使得其他信息更为可信。但验证机制却远非完美无缺。有时公司为了避免将有价值的商业信息泄露给竞争对手,将拒绝披露一些信息。这样,让投资者确信公司的一些秘密生产进程或者一些新开发但尚未予以公开披露的产品的价值,就成为公司一项非常急迫的任务。其他的问题是,劣质证券的发行者可以一方面模仿优质公司的做法来披露可验证的信息,另一方面对投资者无法验证的情形进行虚假披露,以达到鱼目混珠、以假乱真的目的。这样,劣质公司就侵蚀了其他公司信息披露的真实含量,投资者将再次无法识别何为优质的投资。[8]

的确,在证券市场中,能够被验证的信息毕竟非常有限。投资者无法以一种能够使其准确地推断风险和收益的方法来"审视"商业企业,投资者甚至也不愿去审视;他们只想成为公司收益的消极接受者,而不想亲自调查或者过问公司。事实上,当投资者费时费力地去调查研究时,每个人的努力可能只是别人的重复劳动。这样一来,由投资者构建的监察体系所面临的种种漏洞,就把公司"所有与经营相分离"而带来的许多价值都消耗殆尽。

即使公司的商业运作已有一段时间,要判定公司运营的优劣应归功或归咎于市场环境的变化或者只是运气之好坏,而不是由于对项目前景的描述有失准确,仍然十分困难。的确,公司所处行业的整体发展状况,已经向公众提供了一个比较公司优劣的基础,这使得行业内部一些公司披露的信息可以被查证。而且,一些公司的管理层和保荐人是重复交易者,出于声誉考虑,他们会发布真实的信息。然

---

[8] 验证存在困难,对于购买证券的投资者而言,这一问题远比购买有形物品的投资者严重。卖房子的人会认为,许多买主对于他关于房子的面积、蠹以及结构缺陷方面的陈述,都能够予以验证。木炭的卖主虽然不会认为,买者会当场试验木炭在未经点火的情况下是否会燃烧,但任何虚假陈述都将影响买主成为回头客的可能,所以他们几乎没有激励去做虚假陈述。此外,许多销售商都必须面对大量的急于揭露同行虚假陈述的竞争对手。所以,不管法律如何规定,这些机制都有效地制约着虚假的信息披露行为。参见 Richard A. Posner, *The Regulation of Advertising by the FTC* (1973); Philip Nelson, "Advertising as Information, " 82 *J. Pol. Econ.* 729 (1974); Michael R. Darby and Edi Karni, "Free Competition and the Optimal Amount of Fraud, "16 *J. L. & Econ.* 67 (1973)。但对于证券销售而言,这一情形却根本不同。由于每一证券只是代表特定项目的未来收益,这使得竞争者的陈述和投资者重复购买的前景都不足以构成制约,而且在证券销售之前,购买者验证信息显得极其困难。

而，即便如此，保荐人可能仍会察觉，欺诈所带来的收益，可能会远远超过自己的声誉损失，特别是当市场中那些无力评估信息进而无法辨别项目良莠的投资者足够地多时，这种可能性就极大地存在着。我们甚至可以将这些投资者称为傻瓜。当傻瓜足够多时，券商只需和他们打交道就可谋得生存，而再无需向知情的投资者兜售项目前景。这样做的结果是，一些公司极尽欺诈造假之能事，纷纷将一些项目伪装成具有最高净现值的项目。

由于良莠莫辨，优质公司就必须采取额外的措施来使投资者确信其证券的品质。一项传统的做法是聘请外部人士来审查其账簿和其他记录，并请其就公司披露信息的准确性进行验证。对许多公司的财务账簿进行验证的会计人员拥有声誉利益——因而，也可能面临声誉损失——而且这种利益比他们对某个特定公司进行审计时疏忽懈怠或者错误验证所带来的好处要大得多。类似的，发行人还可以通过投资银行来发售证券。投资银行对发行公司予以审查，进而预测其盈利前景，最后通过买入股票而将自己的金钱投身其中，向投资者作出陈述而以自己的声誉投身其中。会计师事务所、投资银行相对于发行人的规模越大，对发行人的验证和信誉加强效果就越发明显。（这解释了为什么投资银行会组建辛迪加银团来分销证券，尽管其中任何一家投资银行都可以单独处理这一业务。辛迪加增强了证券发行背后的声誉资本。）

另外，公司还可以采取其他措施或者通过作出承诺来加强披露信息的可信度。其一是要求公司的管理层必须持有公司相当数量的股票。通过在公司上市时推行股票期权计划或发售"便宜股票"，或者诱使管理层从市场中购买股票等种种方法，即可达到上述目的。如果公司运营绩效低下，管理层与投资者双双受损。股票质量越好，管理层就越愿意集中持有该股份，而不是进行分散投资；管理层持股越多，投资者就越愿意相信公司所作的陈述。公司可采用的第二项措施是对外借债。这一方面迫使公司管理层支付利润，另一方面，如果没有利润可供支付，它将迫使公司走向破产。强迫性的支付使得公司管理层必须重回资本市场寻求资金，这时投资者就可以在再次投资之前评估管理层的经营业绩。而破产（另一种选择）则更会对管理层的职业生涯构成巨大打击,而且如果他们持股数量较多,则还必须承受巨额的亏损。所以,负债模式能够使对公司前景有着最好预期的管理层与投资者共进退。当然,管理层还可以通过以下传统的方式来保证其陈述是正确的:作出一项有法律约束力的承诺(可能由保险公司提供支持),称如果公司运营状况低于承诺的水平(比如说,可能通过与市场指数相比较),管理层就必须对投资者作出一定的给付。承担了给付义务的人对于公司运营将格外谨慎。这样,只有优质公司才能免于破产,投资者也因此受到保护。

即使市场缺乏禁止欺诈的法律规则,以上机制还是能够对投资者提供相当的保护,并使得优质公司有可能募得资金。而且,投资者也并非一定要将钱"贡献"给新的公司。他们可以投资于政府债券,或者将钱存入银行,而且无需承担风险;他们也可以投资于受到严格管制因而风险极低的公用事业;他们还可以购置土地或者其他生产性资产。这使得刚刚成立或者不那么知名的公司,只有提供比已经成型的公司更富于吸引力的投资产品,才能顺利筹得资本。

禁止欺诈规则的效果

根据上述理由,我们似乎可以得出结论,禁止欺诈的法律规则,其实并不是证券市场的关键,甚至也并非一定是重要的因素。然而,一旦我们考虑到成本因素,问题就绝没有这么简单。每一项验证机制,都是成本高昂的。审计师事务所、投资银行、承销商的设立和运作都需要相当的成本。向债务人支付利息和向股东支付股利,也都会产生交易和税收成本。而且,只有得到额外的报酬,公司的管理层才愿意放弃分散投资的想法而集中持有本公司的股权与公司共进退。而持有本公司的股权使其必须面对风险,并有可能因此作出并不理想的商业决定。与此同时,由成千上万的投资者来验证公司发布的信息之真假,其成本之高,更是无可比拟。

此时,颁布禁止欺诈的法律规则却能有效地降低这些成本,特别是对新成立的公司而言,这种效果更是立竿见影。对欺诈的惩罚使得劣质公司试图通过虚假信息披露来模仿优质公司必须面临高昂的成本。而反欺诈规则给诚实的优质公司带来的成本极低、甚至没有成本。这使得优质公司可以低成本地向投资者提供保证。这种信息保证机制,如果得到有效推行的话,将使得买者无须验证信息,卖者也无须采取昂贵的验证措施。[9] 这样,发行优质证券的成本下降,而发行劣质证券的成本上升。

然而,禁止欺诈的规则,也并不能使绩优公司的信息披露成本降低为零。原因很简单:法律执行不力的情形时有发生。因而有些公司还同时利用其他验证机制。另外,当公司保持沉默时,禁止欺诈的规则就没有多大效果了。对于股票正在二级市场交易的公司而言,沉默可以意味着"无消息""好消息"或者"坏消息",公司只是默不作声,因为披露这些信息反而有利于竞争对手。对于投资者而言,他们可能会有激励去并调查并探明沉默的真正含义,而公司将耗费一定的成本,要么用于保守秘密,要么在点明消息的要旨后不再多言。总体而言,反欺诈规则和其他验证手段在某些方面互为补充,在其他方面则互相替代。

反欺诈规则本身也会产生许多成本。调查、起诉、判决等都会耗去大量的人力和物力。执法过严和执法疏漏所带来的成本,尽管很难察觉,但这种种情形却实实在在地存在着。我们不妨对执法不准确的情形做一极端的设想:对于一项特定的陈述,如果被证明是虚假的,受到起诉的可能性是55%,反之,如果陈述正确,受到起诉的可能性则为45%。这种情况在法官采取"严格责任"理论、并惩罚所有盈利预期良好但最终黯然收场的公司时,时有发生。然而,由于市场风云变幻莫测,许多公司的计划尽管是精心设计并予以诚实描述,仍然难免最终落败;而许多虚假陈述的公司却最终经营成功。这样,许多坑蒙拐骗者逍遥法外,而许多诚实守信者却落得一身冤狱。

法律威慑力的高低,在于它如何区别对待守法者与违法者。如果这种差别微乎其微,则威慑力丧失殆尽。举例来说,根据交通规

---

[9] 参见 Sanford J. Grossman, "The Informational Rule of Warranties and Private Disclosure About Product Quality," 24 *J. L. & Econ.* 461 (1981). 当法律执行机制十分昂贵,或者证券市场不辨信息的傻瓜非常多时,这种方法也会失灵。Paul Milgrom and John Roberts, "Relying on the Information of Interested Parties," 17 *Rand J. Econ.* 18 (1986).

则，与以 85 里时速驾车的人相比，一个人以 55 里的时速驾车只是稍稍不易受到超速处罚，那么交通规则就几乎没有威慑力。如果违反规则能够获取收益，人们可能会宁愿悖法而为。执法不准确与无法可依，其后果并无二致。在这种情况下，除非公司采用了前面所描述的昂贵的信息鉴证办法，它们所披露的信息将再无可信度可言，甚至一向讲真话的公司也尽量三缄其口，以免因为被认定披露失实而受到处罚。的确，对于欺诈的惩处越严，就要求对不同的欺诈行为，执法力度的区分要越加明晰，以免阻遏了正当行为，鼓励了非法投机。

同样地，执法过于严苛与执法力度未予妥当区分一样，也会带来许多弊端。对于任何违法行为的惩处，都存在一个最佳的平衡状态，即每增加一美元的执法成本投入，正好等于防止该种违法行为发生所带来的收益。故而，理想的执法状态是允许一些违法行为发生，因为彻底根除这些违法行为所耗费的成本，超过了它们可能造成的损害。由此分析，对于欺诈行为的过度惩罚——特别是当这些惩罚措施可以通过私人诉讼而发起时——不但将使执法过于严苛，而且还会阻遏公司真实的陈述行为。

所以，禁止欺诈的规则，如果实施成本低，而且能够把不实陈述与虽然真实但却不能提供正确前景预测的陈述区分开来，则至为有益。如果我们在执法的时候，将注意力集中于可验证的历史事实，而不是前景预测的陈述，则执法成本与错案率都将大为降低。正是基于这种理解，SEC 关于执行证券法的具体规则，强调公司必须正确披露的是历史事实而不是前景预测。绝大多数前景预测和其他"软性"评估评估事项，都由外部人去完成，并不纳入监管视野；而且，公司选择作出的前景预测，都受到"安全港" 175 规则的庇护而免受起诉。[10] 这一做法与以下观点一脉相承：只有将产生最大净收益，反欺诈规则才会走上前台。

为什么反欺诈规则是全国性的？

1933 年，各州都拥有反欺诈规则。既是如此，为什么在 1933 年

---

[10] 参见 Wielgos v. Commonwealth Edison Co., 892 F.2D 509 (7th Cir. 1989)。

《证券法》和1934年《证券交易法》中还要引入新的反欺诈规则？支持者通常会说，引入全国性的规则是必要的，因为各州的反欺诈规则运作"没有效果"（在揭露、查证欺诈方面），但这并非理想的解释。即使报告称存在欺诈行为、甚至这种行为与日俱增，但以此证明各州立欺诈规则"没有效果"，以各州存在谋杀行为为由，来证明各州刑事法"没有效果"、因而需要以由联邦谋杀检控委员会（Federal Homicide commission）为执行机构的全国性反谋杀法律取而代之一样，证明力很好。

与前述解释不同的是，对反欺诈进行联邦立法的正当性在于，对于同一项交易引发的多个诉请由同一个案件进行合并审理，将会带来效率。许多新股发行的认购者遍布数州；即使证券最初的发行和购买均在一州之内完成，但只要证券持有人迁徙他州，就产生了州外持有人。这样，几乎所有公司的证券都跨州发售。如果一家跨州发售证券的公司，因证券纷争而在各个投资者所在的州被分别起诉，则每一证券都可能引发数场裁判标准各异、审理结果也互不相同的官司。因欺诈而引发的求偿请求，通常都有书面文本，没有合理的理由可以解释为什么同种诉求必须在多个法庭分别解决。

证券法创造了全国一体化的纠纷解决模式，它关于裁决地点的灵活规定，还允许将所有的被告与原告集中在一个法庭进行合并审理。集团诉讼使得合并所有的原告显得简单易行。我们将在下文中讨论，为什么由单一的规则来规定什么应当披露、什么不应当披露是有益的。目前，认识到对反欺诈进行联邦立法将是有益的，这就已经足够了，尽管许多联邦规则的执行，实际上是以各州立法为基础。

强制性信息披露

如果只有反欺诈规则而无强制性信息披露要求，则公司大可保持沉默而无责任之忧。公司只要不撒谎，在其他方面大可为所欲为。许多公司会试图在一些花哨的杂志封面、有着性感模特或牛仔的电视屏幕上做广告，以此来推销证券，这种做法正如其他产品销售商（包括经纪服务商）经常用各种促销噱头来推销他们的产品一样。

强制性信息披露规则极大地限制了发行公司保持沉默的自由。另一方面，同样重要的是，它对信息披露的时间、地点和方式都作了强制性规定。发行公司只有在注册声明提交后，才能够发表任何可能被解释为"招徕顾客"（"走火"规则）的言论。然后，它们还必须等到注册声明生效并提交了招股说明书后，才能将任何事项形诸文字。它们还必须在指定的时间邮寄招股说明书和代理委托书，但这些事项都不能在电视上做广告。

披露与信息的公共产品属性

在禁止欺诈规则之外另行建立强制性信息披露体系，其意义何在？披露规则隐含的保护公共利益的理由是，如果只有禁止欺诈的规则，市场能够提供的证券信息将"少之又少"。另外，将信息称为"公共产品"的观点，我们也常有耳闻，这种观点的大意是指信息用之不竭，而且信息的提供者无法避免别人"共享"信息披露带收益。如果信息的提供者无法获得信息的全部价值，他们愿意提供的信息将非常之少。于是似乎就可以得出以下结论：如果对于即将到来的事实，信息的拥有人能够获得披露该信息的全部收益，那么就应当披露。因而，建立这一法律规则是有益的。

然而，这一结论却使我们走得太远。一方面，它证明过了头。尽管没有人能够获得有关牙膏的信息所带来的全部利益，但在披露牙膏具有防止蛀牙的功效方面，尽管没有联邦规则，但却并不影响牙膏生产商作出类似的披露。为什么证券与众不同？我们把其他产品推向竞争性的市场，是因为我们相信产品的制造商或者使用者（或者检验者，如消费者协会）将从信息的披露中获取足够的收益，并最终使市场赢得合理效率。

类似的，那些关注证券的人，也将受益于他们获取的信息。然而，他们并不能获得全部收益，因为市场中的其他人将"推测"各种信息并据此作出投资决策，这使得证券的价格一日数变。新的证券价格会"消化"该项信息，这样，即使是最早获得这些信息的人，也无法获取进一步的收益。同时，它还意味着在证券市场中，信息的价值损耗极其迅速；信息被"用尽"，然后其他人就有着寻求更多信息的激励。而且,即使信息是免费派送,但使用信息却绝非毫无成本。收到信息的投资者必须花费一定的时间加以消化,至少这段时间无法派上其他用场,这里就存在机会成本问题。投资者的时间是宝贵的,认为证券信息是经久耐用的,可信息廉价地使用和散播的,就显然有失偏颇了。

关于证券信息是公共产品的观点,另一更复杂的解说是,虽然投资者能够自己获取信息,但他们获取的信息既太多又太少。投资者获取的信息太少,是因为努力去获取信息的人无法获得信息带来的全部收益。举例而言,如果信息对于投资者整体的价值为100美元,但没有一位投资者可以获得超过10美元的收益,这样,任何一位投资者都不会去努力获取价值超过10美元的信息。然而,当数个投资者都分别获得了价值10美元的相同的信息(多余的信息获取)时,投资者获取的信息又嫌太多。这一观点最后下结论说,强制性信息披露规则将会有效地防止重复获取信息所带来的浪费行为。

信息过量的另一原因,是人们可以从前景预测中获取收益。一些信息,例如关于公司季度收益的信息就提供着从交易中获取收益的机会。那些掌握了第一手信息的人,可借此获得大笔利益。然而,在另一重要的意义上,这种信息并无价值。因为根据注定会发布的信息进行交易,既不会改变公司未来的发展状况,也无助于对新证券进行更好的投资。证券的价格将最终发生变化,以反映公司的真实盈利状况。这种一天甚至更短时间里的价格变化,无法为实现分配效率留下足够的时间。而短期交易的利润,将诱使人们投入大量的人力和其他资源以"击败市场"。因为从捕捉交易机会而获得的利润,远远大于加速价格转化而带来的效率方面的收益,(所以人们愿意费时费力地去捕捉这种交易机会)但这种情形实在是过于浪费。故而,该观点认为,如果受到关注的公司能够及时披露其信息,交易机会将不复存在。因为一旦所有的人都知道事实的真相,那就没有人能够投机。公司的投资者作为一个整体,将支付成本以消灭这些交易收益(以及高昂的信息搜寻成本)。除了让心知肚明的公司自行披露信息之外,难道还有什么更好的方法?

然而,以上论断都存在一个共同的问题,因为它们将信息披露的好处,错误地归结为强制性信息披露的好处。如果信息披露有益于投资者,公司也将因此而受益。公司与投资者之间存在默契,他们应当能够达成互利协议。这样,公司作出的一项决定,可以有效地"引导"许多不能参与协商的投资者的行动。正如我们一开始所强调的,那些没有投入妥当的成本来保护投资者的公司,其发行证券所筹得的金钱要少得多。所以,最终是企业家和公司经理、而不是投资者付出了代价。

以一家准备发行新股的公司为例。它有一项目(比如说,生产新电脑)具有盈利前景。如果公司只是想从证券市场募得资金而不愿披露项目和管理人员的相关情况,很可能一分钱也筹集不到。道理很简单:投资者总是往最坏处想,他们会认为,如果公司有好事相告,就不会保持沉默。所以,沉默就意味着坏消息。拥有好的盈利项目、并且试图使自身从仅仅拥有一般盈利项目(或者根本就不盈利项目)的竞争对手中脱颖而出的公司,将使尽浑身解数披露该信息,只要信息披露成本(包括信息的传播成本和将信息泄露给竞争对手所带来的间接成本)对于投资者而言物有所值。从社会的角度考虑,它甚至可能披露了过多的信息,因为它会想,投资者花费时间来研究它披露的信息后,就没有多余的时间来阅读其他公司的信息了。[11] 自己诱导的信息披露也发生于二级市场。公司的投资者需要以最高的价格在二级市场卖出股票。这一想法的实现,有赖于公司提供值得信赖的信息流(否则潜在的购买者将会降低其出价)。而对于公司而言,如果希望获得最理想的发行价格,就必须提供这些信息流量。

在公司披露坏消息时,这种情形同样适用。一旦公司着手信息披露,就不能只披露不利消息,因为投资者凡事只往最坏处估计。公司必须将好消息与坏消息一道披露,否则投资者会认为,公司的不利情况比坏消息所称的还要糟糕。而且,公司自卖自夸还远远不够。如果反欺诈的法令执行得完美无缺,单纯的信息披露便已足够。但

---

[11] 这种计谋的可能性,最初由 Michael J. Fishman 和 Kathleen M. Hagerty 提出。参见其论文"Disclosure Decisions by Firms and the Competition for Price Efficiency," Department of Finance, Kellogg Graduate School of Management, Northwestern University, working paper no. 50 (Apr. 1988)。

情况却并非如此。所以,公司还运用了我们前面描述的诸多检验和验证机制。考虑到这些机制的存在,那些强制性要求披露信息的规则,似乎就多余了。如果欺诈惩罚机制以及对所披露信息予以验证的机制的运作并不理想,强制性信息披露的规则也可能得不到很好的执行。

只要公司存续,它们就持续披露自身的重大事项,并且会通过第三方对这些事项予以验证。因而,启用审计人员,就可能被追溯至公司诞生之时。1934年,当美国国会首次要求一些公司必须披露年报时,所有股票在全国市场交易的公司都公开披露了大量由独立审计师验证的报告。[12] 1934年至1964年,只有股票在全国市场中交易的公司被要求披露年报。(1964年法律修改,要求拥有超过一定数量投资者的公司发布年报。)公司也可选择退市或者一开始即不上市来避免承担披露义务。然而,现实情况是,公司急切地寻求上市并披露相关信息;那些非上市公司也按照法规要求的模式,披露了大量的数据资料。此外,虽然目前各州和当地政府发行的证券被豁免履行强制性信息披露的义务,这些发行者照例还是向认购人提供了大量的信息。

为平息投资者疑问而进行的信息披露,同时也降低了投资者为获得交易机会而过度搜寻信息的激励。正如我们前面所论述的,提前获取信息的确创造了获利机会,但却没有改善投资者的整体福利。因为搜寻这种信息的成本极其高昂,如果公司披露了信息,使得凭借该信息获利的可能性趋于最小、因而搜寻该信息的激励也趋于最小化,那么作为整体的投资者将从中获益。众所周知,证券的净收益等于它的总回报(股利加上公司清算时可分配的资产)减去持有该证券的信息和交易成本。公司可以通过提高经营利润,也可以通过降低持股成本来增加净收益,两种方法难易程度并无差别。那些承诺为了降低投资者持股成本而披露信息的公司,将获得相对于其他公司

---

[12] 参见 Ross L. Watts and Jerold L. Zimmerman, "Agency Problems, Auditing, and the Theory of the Firm: Some Evidence," 26 *J. L. & Econ.* 613 (1983). George Benston, "Required Disclosure and the Stock Market: An Evaluation of the Securities Exchange Act of 1934," 63 *Am. Econ. Rev.* 132 (1973).

的竞争优势,因为它们的投资者只需支付较低的持股成本,并且无需费时费力地去搜寻信息,而仍然可以保持安全感。总体而言,公司的承诺越可信,投资者愿意支付的股价就越高。

自利驱动的披露模式的局限性

虽然公司管理层的自利动机,促使他们提供了大体上满足投资者整体需要的信息。在这里,"大体上"是一个相当重要的限定词。证明和验证机制带来的成本问题凸显其中。如果信息披露规则和反欺诈规则一样,可以有效地降低这些成本,则公司的信息披露效果将得到改善。除了成本之外,另一决定公司自愿披露信息可能并非最优安排的原因在于第三方效应。

一家公司披露的有利于该公司投资者的信息,可能同时有利于其他公司的投资者。举例来说,A 公司披露的信息中可能包含了其所属行业的资讯——哪怕只是 A 公司的预期产出的规模——同行业的竞争公司也可借此安排他们的生产、经营计划,该公司的投资者也因此间接地获得了利益。然而,A 公司却无法要求他们就获得的收益部分付费,即使这些投资者事实上愿意支付。这使得 A 公司披露信息的积极性大为受挫,它提供的相关信息也将大为减少。

总之,尽管投资者和公司整体上都希望公司披露自身及行业的相关信息,但单个的公司,却瞻前顾后不愿披露,它一方面是担心被其他公司搭上便车,另一方面又惟恐公司一些信息(如与新产品有关的信息)为竞争对手获取后,反而增加了它们的竞争优势。因此,只有行业内其他所有的公司都愿意这样做时,每一个公司才愿意披露信息。这样,披露成本和由于披露本公司信息而带来的商业风险,就分配得更加均匀。否则,缺乏披露的相关要求和强烈的激励,任何公司都会选择静观其变,引而不发。

另外,在披露信息以利公司之间横向比较方面,同样存在着搭便车问题。举例来说,C 公司了解到自己在某些方面的优势,使它比同行业的 D 公司更富有吸引力。但如果 C 公司不将 D 公司的经营计划及其前景预期披露出来,它还是无法向投资者有效传达这一信号。但即使 C 公司披露了 D 公司的相关信息,"无心插柳柳成荫",它将有助于 D 公司当前或者潜在的投资者获得利益。当然，C 公司可以通过购买或者出售 D 公司的股份而获取部分收益，但它的交易成本很高，而且同行业的远远不只 D 公司，还有 E、F、G……C 只有持有所有这些公司的股份，才能全部获得自己披露了有利于公司间横向比较的信息而给这些公司的投资者带来的收益。另外，公司规模的扩大，的确可能实现信息更大程度的内化，但同时也会带来其他成本，如垄断、投资者分散持股的能力降低等等。

C 公司披露了有关其"风险—收益"特征的信息后，将面临着获取该信息所带来的全部收益的困难。总体而言，各公司的差异度越低，任一公司披露信息所带来的好处，就越容易"外溢"，这使得公司越发不愿披露相关信息。另外，许多公司的"风险—收益"特征极其近似。某种形式的集体行动行为（不管是否通过政府来完成），对于行为人而言，总体上都是有利的。所以，采取什么措施低成本地消除集体行动的弊病，就成为一个实证问题。

我们或者假定存在一种最优化模式，可以借此将信息传达给投资者。从现实情况来看，有些公司披露的信息简明易懂，而另有些公司则犹抱琵琶半遮面，欲说还休，与其说是在披露，还不如说是在有意隐藏。当然，如果社会中所有投资者能够在没有交易成本的情况下订立书面协议，那么他们或许能够要求所有的公司以最优化的程式披露信息。但因为各公司各行其是，投资者在这方面可能存在过高的协商成本。信息披露要达到最优化状态，就可能要求使用一些专业化的语言范式（我们可以想象一下会计准则所使用的定义，极其详尽而细致，设计专业化的披露语言时即可以此为标准），但任何一家公司都不愿耗费成本去研发并使用这套语言系统，因为其他公司可以免费使用，而研发的公司却无法获得由此带来的大额收益。而且，有时使用特定的范式是否便利，还取决于其他公司是否愿意采用同样的语言范式。只有信息披露的范式相同，才有利于比较。但有些公司可能并不急于就此展开合作，它们可能想把成本加到那些意欲将钱投给竞争对手的投资者头上。

这些问题在其他新产品进入市场时同样存在。如果不是彩电和收音机的制造商就信号传输的标准达成协议，至今都不会有彩电；如果不是得到拥有一项重要专利的菲利普(Philips)公司发布的产品标准的大力支持,CD机厂商就很难与磁带和录音机厂商展开竞争。有时,标准可由行业协会来设计,电子行业绝大多数产品是这样,会计行业部分标准的设计也是如此。另外,由政府机构发布强制性信息披露规则,也能产生标准化的效果。

创造最优化披露模式的私人或者竞争性方法

到目前为止,我们一直假定公司独立地创造、并向投资者提供信息。有时公司不愿披露,因为自助式的披露成本,超过了信息本身的价值;有时公司不愿披露,是因为虽然投资者因此而受益,但披露信息却降低了、而不是增加了公司的价值,如关于公司一项新产品或者新技术的信息披露可能即属此类。由于存在这些"极好"的不披露的理由,投资者并不能确切无疑地推测,公司保持沉默就是坏消息。在此情况下,自利模式披露的功效锐减,而且优质公司会发现,要把自己和劣质公司发售的股份区分开来,将十分困难。

信息的中介机构

信息的中介机构可以解决部分问题。试想以下情形:某公司想筹集资金以开发一项突破性的技术,但该技术的细节却不能向投资者披露。于是,这家公司就可以先向承销商披露信息,后者再对该公司的将要发行的证券予以妥当的定价。投资者意识到承销商可能获得了发行人未向公众披露的信息,而且承销商在不欺骗客户方面拥有声誉利益。这样,相对于那些基本面类似、但没有取得技术突破的公司,投资者愿意支付更高的价格以购买该公司的证券。[13] 公司也可以向投资银行分析师或者投资银行的其他中介人士披露部分信息,再由他们向公众推介证券、而不是详述该信息,这样,公司就达到

---

[13] 以"投资银行和资本并购"(Investment Banking and the Capital Acquisition)为主题的学术研讨会的系列文章,载于1986年《金融经济学杂志》第15期,第1—281页(15 *J. Fin. Econ.* 1-281,1986)。它们对于投资银行和承销商在证券销售方面的作用和影响,提供了实证支持,文章还涉及了所有相关的经济理论。其中,James R. Booth 和 Richard L. Smith II,"Capital Raising, Underwriting, and the Certification Hypothesis," 15 *J. Fin. Econ.* 261(1986),最适合于当前解说的目的。

了间接披露信息的目的。但如果中介机构在这方面的声誉利益太小,这种做法的效果可能并不理想。

同样地,会计人员也是在以自己信誉为公司披露信息的准确性提供担保。而且,会计师们都同意使用一套共通的语言,将公司的信息披露程式标准化,从而降低了成本。另外,会计师同时还将创造和维持这套共通语言的成本,分摊给了各个公司。当然,会计师还可能会面临个别公司误用这套语言所带来的风险,或者会计师们可能无法就共通语言达成协议,此时,政府的干预就有可能减少这些协商和执行的成本。

信息的中介机构显然无法保证信息的准确或者完整。他们的雇员可能力所不能或者遭受了蒙骗;他们只是周期性而不是持续不断地评估公司发生的事情。所以,在他们作出评估报告和投资者据此作出反应的间隙,情况可能会发生变化。但其他任何披露机制都存在同样的问题。因而,最重要的是,信息的中介机构大大增加了能够传递给投资者的信息的准确性。

知情的交易者

在证券市场上,一些交易者比其他人了解的信息多一些。内部人和从内部人处获取信息的人、经纪商、搜罗秘闻并四处求证的人以及那些从更知情的人(例如分析师和理财专家)处购买信息的人是知情的交易者。人们这样做是为了"击败市场",赚取超高的回报。然而,由于其他投资者也采取了同样的策略,并且根据他们所获得的信息进行交易,所以这些"知情人"获取回报的能力相当有限。其他交易者也渐渐地了解市场行情,而且交易行为——将股价推到知情的交易者认为"正确"为止——也使股价耗散了这些交易者所掌握的信息的价值。当股票抵达某一个价位而此时知情的交易者对于买卖该股票漠不关心时,股价在传递公司的信息方面,就比直接的信息披露更为有效,成本也更低。总体而言,交易绝不会彻底地显露,不知情的交易者也可能无法识别一项特定的交易是触发于新消息,或者只是投资组合的调整。尽管如此,知情的交易者买与不买的决定,还是会给其他投资者提供大量的信息。

股票交易所

组织良好的交易所降低了交易的成本。在这里,对前景判断各不相同的市场各方,可以更方便地进行交易。组织良好的交易所还增加了市场的流动性、降低了不必要的投资风险。证券二级市场的流动性越好,交易所就越成功。因为交易所的成功取决于交易量,所以它就有激励去发布有利于投资者的交易规则。这些规则为交易所吸引了更多的交易,降低了其开办成本,增加了收益。

例如,交易所通过制定使上市公司欺诈行为最小化的规则来获取收益,否则,投资者"一朝被蛇咬,三年怕井绳",被误导之后极不可能成为重复交易者。基于同样的原因,交易所有激励去发布规则,要求上市公司按投资者要求的数量和类型来发布信息。交易所之间在争取上市公司和投资者方面展开的竞争,以及交易所和其他投资方式之间展开的竞争,使得交易所采纳有益于投资者的规则的激励越发强烈。

同样地,公司也有激励将它们的证券放在遵循投资者利益最大化规则的交易所里挂牌交易。为证明这一问题,目前假定公司可以完全自主决定是否披露信息,那么它们披露的信息将少于(或者不同于)投资者的要求,而且披露不当带来的社会利益的减损,远小于这些公司为确定妥当的信息量而付出的协商成本。这种情形完全可能发生,例如在前述存在第三方效应的场合,就是如此。而组织良好的交易所为各公司提供了一个解决集体行动问题的办法。各公司同意接受交易所发布的规则的拘束,而且由于这些规则将许多"第三方效应"内部化了,它们就近乎于要求公司进行最优化的披露。接受交易所规则拘束的公司,将在吸引资金方面赢得竞争优势。在各交易所与纽约证券交易所(New York Stock Exchange)的竞争进程中,我们看到了这类机制所发挥的作用。纽约证券交易所就信息披露和上市公司发行新股制定的规则,从其他交易方式中抢走了许多交易量。其实早在联邦就信息披露进行统一立法之前,纽约证券交易所就颁布了详细的规则,要求公司发行股票时必须详细披露信息,并且无论公司是否发行新股,都必须每年披露信息。[14]

美国各州

正如各交易所就吸引交易量而展开的竞争一样,各州为吸引公司前来注册而展开的竞争,也有效地缓解了集体行动问题。而且后者之功效远非其他市场竞争所能比拟。因为投资者几乎可以随心所欲地在注册于不同的州的公司之间转移投资,公司也可以低成本地选择并变更公司的注册地。这样,那些选用了有利于投资者的规则的州,将吸引并留住最多的资本。因而,在各州竞争中胜出并长期保持优势的公司法规则,最有可能有利于投资者。它意味着那些已经吸引了大量投资的州,最可能选用富有效率的规则。如果强制性的披露一些事项是最理想的安排,我们将有理由期待,各州法律也会有此要求,因为它使得该州对于投资者(进而是公司)更有吸引力。

关于强制性信息披露缺乏支持的论断

公司出于自利目的而披露信息,以及公司之外的各种获取、散播和要求披露信息的竞争性机制,都使投资者直接或间接地获得了许多知识。这种知识是否"足够"? 一个市场可能遭受"市场失败",但目前至少有五个市场都传递着公司的信息。如果要论证强制性信息披露规则的合理性,就必须首先证明为什么其他机制都难逃失效的命运。根据这一标准,以下几种支持强制性信息披露的观点,都存在着明显的不足。

增强公众对证券市场的信心

赞成强制性信息披露的一种最常见的理由是,这些规则对于维持公众对资本市场的信心是必要的。如果投资者、特别是那些缺乏经验的小投资者,由于担心遭受公司以及更知情人士的剥削而从证券市场抽身而退,将损害市场信心,进而影响经济的整体发展。而强制性信息披露规则,既阻遏了欺诈行为,又使投资者获得了接收信息

---

[14] 参见 Adolf A. Berle and Gardiner C. Means, *The Modern Corporation and Private Property* 64 (1932); Benston, 前注[12]。

的公平"途径",从而恢复了必要的市场信心。

这一论调并不令人吃惊。1929—1934年间,美国的证券市场曾遭受资金大量出逃、股市严重受挫的困境,在众多原因中,"缺乏信心"或许是一个重要的方面。在其后50年间,投资者看起来显得很有"信心"。但是,除非我们盲目满足于以某时间段之后的事实为依据来得出结论,我们的分析就不应当就此止步不前。在1934年以前相当长的一段时间内,市场也很有"信心"。20世纪20年代的股票投资者在总人口中所占比重之高,至今无以复加(虽然共同基金和养老金信托等间接投资方式,使得投资渠道更加广泛),而那时在联邦层面并不存在强制性的信息披露规则。在这种情况下,认为信息披露规则会培育本来将失散掉的市场信心,是否有失偏颇?

显然,不可能将此解释为如果缺乏强制性的披露要求,欺诈将极度盛行。在上文中,我们已经表明情况并非如此。支持强制性披露规则的人也没有证实,有了强制性的信息披露规则,比只有反欺诈规则而没有信息披露规则时欺诈行为更少发生。即使指出在20世纪20年代存在1例、10例或者数百例欺诈事件,也并不足以说明问题,因为我们也可以指出当前也存在相同数量的欺诈行为。要使得基于反欺诈之上的"为投资者树立信心"的假说更加可信,人们必须证明,可归功于披露规则的欺诈事件的任何减少,其价值都超过推行信息披露规则所耗费的成本。未经以下分析,对任何规则合理性的解释,都无法令人满意;不考虑成本,仅仅因为信息披露减少了欺诈行为就要求强制性地披露信息,与要求所有的汽车都用五英尺的钢板制成以降低交通事故的死亡率一样,显得荒诞不经。50年后的今天,强制性信息披露规则的支持者,仍然没有提供科学的、令人能够接受的证据来表明,任何强制性的信息披露规则,因为减少了欺诈行为或者增强了市场信心而带来了净收益。

保护不老练的投资者

与前述欺诈主张相伴相随的观点是,不老练的投资者需要特别的保护。例如,有些人认为不知情的投资者处于被盘剥的地位。因为不管是谁,只要获取信息较少,在交易中都将处于不利的地位。另有些人则主张,不管这些投资者事实上最终是否"输盘",遭受剥削的担心还是会侵蚀其信心。在这种情况下，信息披露规则使投资者能够平等地获取信息（同时简单化了披露的语言，使得所有的投资者都能看懂），从而解决了这些问题，不论这些问题实际上以什么形式出现。

这一论调与它试图保护的投资者一样，都可归入"不知情"之类。它忽视了市场在消化和反应信息方面的功能。只要知情的投资者在搜寻信息和议定价格方面，投入足够的时间和成本，股票的市场价格就会反映出所有可以公开获得的信息。知情交易者的投资行为就将持续影响股票价格，直至他们基于自己掌握的信息，对该价格满意为止。于是，在新的信息产生之前，这一价格不可能得到进一步的"改进"。这样，不知情的投资者便可以搭乘由市场过滤出来的信息的便车；他们得到了与专业投资者一样的价格，却无须在获取信息方面付出任何努力。相反，如果硬把信息塞给他们，只会使他们的处境更加糟糕；他们必须阅读这些信息或者只是一扔了事。这些信息并没有增进不知情的投资者的任何福利，因为专业投资者早已获取并消化了这些信息，因而它们对股价无法构成任何影响。知情的投资者因为稍稍早于市场获取了信息而得到回报，但这并非以损害更不知情的投资者为代价，而只是对努力获取信息的一种报偿，这种努力同时有利于全体投资者。事实上，不论法律规定了怎样的信息披露规则，那些通过接收邮件而获取公司披露信息的"普通投资者"，在交易获利方面，总是无法与最先使用该消息的人相提并论。

在交易开始时，市场才开始反应相关信息。也许那时投资者从发行人中直接购买股票，或者从制造并控制着惟一的信息市场（获取信息的市场应当是双边的）的经纪人中购买股票时，就已经上当受骗，被"深套"其中了。压榨寡妇和孤儿钱的电话推销的许多故事，其实与此类似。然而，P. T. Barnum 的仰慕者并不担心强制性的信息披露规则。电话推销还是通过老套的方法来赚钱：他们把钱从别人的口袋里骗出来。执行反欺诈规则，正着意于妥当处理这些不当行为，我们一再强调的强制性信息披露制度正发挥着此种功效。

如果不老练的投资者并没有因为公司未披露信息（而不是欺诈）而遭受剥削，在逻辑上，他们就并不担心剥削因而也并不缺乏信心。

的确,有人可以认为投资者非理性地缺乏信心,所以建立强制性的信息披露制度就是事所必须,但这却近乎同义反复。它如何能够被证实或者证伪?我们愿意承认,一些投资者经常怀疑知情的投资者秘密地获得了许多优势,但这又当如何?存在这种臆想的投资者可用最低的成本来实现自我保护。例如,他们可以把钱交给专业理财顾问或者共同基金的经理们,从而获得内部人可以获得的任何收益。因而,信息不均等状况的存在——不管是现实的还是想象中的——都不足以成为强制性信息披露制度的基础。

增加真实信息的供应量

为强制性信息披露的正当性进行辩护的第三个理由是,它为绝大多数老练的投资者提供大量的信息,以使其能够作出敏锐的投资决定。在这种理由之下,普通的投资大众是否拥有或者能够理解这些信息并不重要,谁首先获得这些信息也无关大碍,最重要的是将信息披露出来。换句话说,这种观点认为,价格在反映市场信息方面很有效率;信息披露有助于提升股票价格的准确性,这正是该制度得以正当化的理由。

为市场提供更多的信息披露,也许确实不无助益。我们已经讨论过,信息披露方面的私人激励,甚至在它与市场主体之间、各州之间的竞争息息相关时,也无法使市场获得所有的信息,同时它披露的信息可能也并不适量。这样,如果联邦的信息披露规则能够减少投资者成为知情人士的成本,就不但能够增进投资者的净收益,资本市场也能借此将资金配置给更有效率的使用者。

但是,我们也不能错误地认为,只要披露一些信息有所裨益,就意味着信息多多益善。仅仅知道信息披露规则使得公司现在披露的信息量远远高于1933年前的水平,是远远不够的,尽管这一数字的比较毫无疑问是正确的。信息的整合、散播和消化都需要高昂的成本,而且这绝大部分由投资者自身来承担。投资者是否因此而获益,要取决于投资者因此而增加的边际收益是否超出边际成本。试想,如果克莱斯勒(Chrysler)汽车公司喋喋不休地"披露"该公司每次会议文件的内容、每一根传送带的市场价格、公司与员工下一轮谈判时公司所采用的策略等等,没有一个人会认为投资者将因此而获益。这样,现在公司披露的信息多于57年前,可能意味着今天披露的信息过多,57年前的信息披露正好适量;或者它只是表明,今天的市场环境发生了变化,市场现在需要更多的信息。果如此,则不管法律规则是否要求披露信息,市场的信息量都会增加。

披露规则为市场带来了有价值的信息,这一论辩本身也难逃讥讽。许多规则禁止公司在一定的时间、以一定的格式传输信息。"偷步"(Gun jumping)规则和"吹牛"(touting)规则对证券发行前发行公司的陈述予以限制。对于市场而言,最重要的是关乎公司未来的信息,因为过去的事实已经反应在股价之中。然而,美国过去的45年间,SEC一向并不鼓励公司披露项目收益预测等其他前瞻性信息,认为这些信息具有内在的误导性。直到1979年,SEC经过长期的论证,终于发布了175规则(Rule 175),允许公司发布前景预测信息,只要它们有着足够的支撑(换言之,它们与公司以前的业绩息息相关)。要了解现在或者过去的信息披露规则,就必须对强制信息披露、限制信息披露和可以不予披露的信息方面的规则,作出解释。

作为"第三方效应""法律错误""寻租"应对策略的披露规则

虽然为证券法中信息披露的条款提供支持的基本原理通常并不完全令人信服,但寻求一种更合理的解释,还是有可能的。

信息披露要求的目标

控制"第三方效应"

为什么自利驱动的披露模式,无法形成理想的信息披露状态?根据我们前面的讨论,有三个原因:(1)有些数据不仅关涉公司,同时还关涉公司所处的行业。这样,公司发布此类信息的激励不足,因为它无法就别的公司因此获得的收益而向其收取费用;同时也因为它们希望自己秘而不宣,但能够通过其他公司的信息披露而了解其计划。(2)公司披露同行业其他公司情况、以供投资者比较的动力不足,因为它们无法向受益者收取费用。(3)公司开发成本最低的披露程式的动力不足。我们前面还讨论了私人和州就这些问题的救济途径，但这些都远非完美。私人机构无法强迫别人遵从，所以必然会出现公司"敲竹杠"的问题。而各州就信息披露展开的竞争，也不能收到全部效果，因为相当多的问题具有跨州性质。如果"敲竹杠"有利于一些公司，有些州宁可成为这类公司的天堂，因为它们能够借此获取相当的好处。

控制"跨州剥削"

通过各州之间的竞争来协调公司的信息披露，面临着许多困难，这一情况也恰好表明，只有对于某一项特定的商业决定，都一体适用于某一个州的法律，这种州际竞争才是最为有效的。因为只有当一个州的法律能够统管公司所有的"内部事务"时，竞争才富于成效。然而，如果不存在强制性的信息披露制度，对于注册于 D 州的公司适用的信息披露规则，却能够同时对许多在其他州注册的公司构成影响。的确，在强制性信息披露制度缺位的情况下，证券市场"横跨多州"的属性，为各州试图去剥削居于他州的投资者，创造了可能。

举例而言，某公司在 D 州注册，该州要求公司披露的事项为 X、Y、Z，假设在这一时点上，某公司的信息披露达到最优状态；再披露其他信息给投资者带来的成本将超过其收益。但 D 公司的投资者遍及全国，其中位于 N 州的一些投资者可能会向 N 州的法院起诉，称根据 N 州的披露规则，某公司还应披露 Q 事项。即使 N 州的法官知道，披露 Q 事项其实是反效率的，但支持这一诉求并判令某公司赔偿 N 州的投资者，仍然符合 N 州的利益。因为绝大多数投资者在 N 州之外，得不到赔偿。故而，对 N 州投资者作出的赔偿支付，实际上来自于其他各州的投资者。所以，N 州就可以抓住这一机会来"剥削"居住于其他州的投资者。这样，N 州的投资者所获得的赔偿收益，就远远大于他们因为将来某公司披露"缺乏效率"而遭受的损失，因为这种披露成本由其余 49 个州的投资者共同承担。最后，N 州的投资者获得了 100% 的转移支付，却只需承担一小部分未来过多的信息披露所带来的成本。

如果 N 州尝试着剥削其他各州的投资者，市场其他各方将作出相应的调整。公司可以在 N 州尽可能地少销售股票，但它们无法避免投资者迁徙到 N 州。公司也许会开始披露 Q 事项,但根据假定这并不是最优的安排,而且即使公司披露了 Q 事项,也无法避免 N 州第二天要求公司披露更多方面的事项。最后,其他州可能会愤起报复,如果注册于 N 州的公司与其他各州发生交易而不披露 Q 事项时,其他各州也会实施处罚。这样,报复性平衡机制发展的结果是,各州都要求注册于其他州的公司披露太多的信息。

如果各州不再试图剥削其他州的投资者,投资者将大为受益。但控制剥削的成本相当高昂。世界各国纷纷使用关税壁垒以牺牲他国利益为代价来增进本国国民利益,而要使各国放弃这一做法,事实已经证明这一进程充满曲折和艰辛。同样,美国宪法中关于商务、优惠和豁免、州际税收等相关条款的存在,至少部分是由于认识到了国内各州存在类似的问题。但宪法条款(以及运用商务条款作出的旨在防止各州赤裸裸的州际保护行为的法院判决)也并不足以避免所有的州际剥削问题。我们可以将现在各州的税法、产品责任法和冲突法原理,都理解为以牺牲州外利益为代价来保护本州居民利益的工具。在这个意义上,或许只有联邦统一立法,才能防止各州在证券交易方面大行剥削之道。

控制普通法的运作成本

早在 1933 年,美国各州的反欺诈法律,就具有通常是普通法才具有的弹性。各州法律不但禁止赤裸裸的诈欺行为,而且对于通过不完整的披露、选择性披露和运用狡诈的语言来误导投资者的行为,也严加禁止。然而,可以想见的是,普通法的不确定本身,也带来了相当大的成本。

其一是风险。可能在事实发生多年后,披露方才知道他是否触犯了法律。那些以为已经对投资者作出了适当披露的公司,可能在数年后吃惊地发现,自己披露的事项却仍欠完整或者不够妥当。这种风险增加了筹资成本,往往并无必要。对于投资者而言,如果公司在风险降低的同时,并未降低其未来收益,这无疑是一大利好。投资者愿意购买确定性,即使这种"确定性"的价格,包含了披露相对于在不考虑风险的情况下显得"过多"的信息的成本,投资者的福利仍能得到改进。诉讼也是昂贵的。风险加大后,诉讼方必须投入更多的成本,因为一旦法院下判,将很难改变。证券问题涉及面广,证券欺诈诉讼所涉及的利益纷争因而也相当多。相应的,诉讼中投入的资源也极为巨大。所以,如果公司和投资者能够找到一种减少讼争的办法,市场各方都将因此而受益。例如,如果能够创造出一套行政机制来提前判定信息披露是否充分,无疑会降低信息披露的总成本。而且,即使这套行政机制的创建成本,包括了为创造不存在诉讼成本的环境而过量披露信息所带来的成本。

强制性信息披露的概貌

因而,强制性的信息披露规则,总会存在一些益处。但其功效是否已经实现,则是一个实证问题。我们并无意犯"Nirvana 错误",不会宣称因为市场存在缺陷,就断定对它进行管制就一定是上佳选择。认识到市场的缺陷,其实与认识到任何一件好的事物都存在不可回复的运作成本一样,都没有多少助益,这正如买入钢材是制造汽车的成本,而不是"汽车市场不完善"的成本一样。其实,法律比市场更容易面临"功能失效"问题,因为几乎没有什么力量能够自动纠正运行发生偏差的法律机制。而且,法律系统缺乏竞争者,法律自身也经常压制许多赖以察觉"法律失效"的信息的产生和传播。

最初的问题是,联邦层面信息披露和监管系统的特性,是否与我们所期望看到的景象一脉相承?也就是说,信息披露规则设计得足够合理,从而实现了我们已经考量过的各项目标。我们前面完成的讨论表明,信息监管系统应当具有以下属性:(1)信息披露标准化、常规化;(2)信息披露由跨州的公司、而不是一州之内的公司作出;(3)信息披露强调历史事实;(4)禁止对其他事实进行书面披露、禁止以口头作出任何不同于书面披露内容的陈述;(5)对信息披露和其他风险降低机制予以事先审查;(6)在审查书面披露文件是否存在欺诈情形时,审慎使用"重大遗漏"检验方法。证券法包含了所有这些要素。在本章的最后一部分我们将阐明,为什么这些要素是对信息披露高成本问题的妥当反应,我们还将阐明,证券法是如何提供这些要素的。

强制性信息披露要求的模式

标准化、常规化的信息披露

信息披露的标准化直接缘于第三方效应问题。强制推行标准化的披露格式,并统一披露时间,有利于对所披露的信息进行比较利用,并且有助于创造一套富有效率的披露语言。的确,如果所有公司都必须就相同的事项作出披露,即使公司被迫披露有利于竞争对手的信息,这种互惠机理还是有利于所有公司的投资者。

证券法创建了披露的附表,要求公司在指定的时间内完成披露,同时还授权 SEC 颁布并解释会计术语,以实现披露规则的标准化。SEC 还运用它的监管权力,根据公司的规模、所处的行业等特点,创造许多适合的披露表格。例如,美国采矿公司就专用适用一种特殊的披露表格。根据披露附表,大公司比其他公司披露更少的信息(适用于规模最大的公司的 S-3 附表,本着这样的认识来设计:市场创造着大量的关于这些公司的信息)。这些监管表格的特殊性,既大大降低了披露成本,又增强了所披露信息的可比性。

然而,SEC 并没有对会计行业施加大量的监管。我们赞成使用共同的披露语言,这一观点似乎表明对会计行业管制过深。然而,这里的困难在于,没有谁能够确切地作出判断,标准化到哪个程度是最优的安排。SEC 试图对会计行业立规,但这可能会阻碍更好的行业规范的形成。也许最有效的监管办法是,允许会计行业自行建立一套通用的语言系统,而 SEC 则致力于防止出现对这套系统的重大和误导性的背离。

跨州公司披露而州内公司则不披露

统一的披露规则禁止任何公司"敲竹杠"、拒不披露信息,这有助于解决我们前面提及的第三方效应问题。所有的公司都从其他公司的信息披露中受益;所有的公司也都必须付出披露公司自身情况的代价。投资者分布于数州的公司与投资者集中于一个州的公司之间的区别,直接反映为两者在跨州剥削问题上的差异。当公司的持股者分散于数州,以至于每一个州都认为自己能够将损害和过量披露带来的成本"出口"给其他州时,剥削的危险就即刻产生。相反,当一家公司的绝大多数投资者都居于一州,这种成本和损害的"出口"就十分困难,在此情况下各州之间的竞争就更可能产生最优化的规则。

证券法对这一视角的遵循,体现在它对跨州证券的首次信息披露(在股票发行时)予以了限制。而1933年《证券法》第3(a)(11)则对州内的证券销售,SEC的147规则(Rule 147)更是对主要在一州之内进行的交易予以披露豁免。随后的披露规则(年报和10K表格、征求委托材料,等等)则只适用于在全国证券交易所上市以及投资者超过一定人数的公司。小公司和封闭公司则不适用该披露规则。

许多人对于豁免这些小公司以及州内证券交易的信息披露义务,表示疑惑不解,因为他们认为在这些小额交易(投资者更不老练)中,证券欺诈更易发生,而且因为股票市场和专业化的投资分析几乎没有提供任何保护。当然,如果他们认为这些豁免确有理由的话,那理由便是降低这些相对小额的交易的成本。但恰恰相反的是,我们的视角并不是要为各州立法对这些小额证券发行的漠不关心寻找借口。联邦证券法律结构的逻辑在于,各州有能力为仅在本州之内发行证券等事宜,提供最优化的法律制度安排,但对于跨州的证券交易,各州法律都无能为力。

这带来了一个问题:为什么证券法减少了州际剥削?联邦法律规则并没有明确禁止各州法院作出赔偿判决;的确,(在这方面)联邦法律有着保留条款。然而,各州法院作出的判决,极少被发现存在剥削的迹象。其中部分可归功于事先审查和联邦法律的"安全港"特征;部分则可归功于各州法院判案都要面临的威胁:尽管存在保留条款,联邦最高法院仍可能对联邦法律作出解释,认为这种剥削行为构成了跨州商务的负担从而予以禁止。我们无需提供一个完整的解释;联邦证券法的结构本身就已经在事实上使得证券案件的审理,不会遵循"没有尽到警示"义务的产品责任案件相同的审理范式。

强调历史事实

复述特定的客观事实,是成本最低的披露方法。事实上,最容易在各公司间展开比较的是其历史事实。比较而言,对于发行公司就特定历史事实作出的陈述进行证实的成本最低,反欺诈规则的运用也最为有效。所以,根据我们的视角,证券法规应当强调对客观事实的披露,而将其他任何(将来导向性的)关于公司所处行业或者经济整体状况的信息披露,留给市场来解决。

的确,法律和法规促使公司加强了对历史事实的披露,尽管许多学术批评指出,市场更看重的是公司未来的业绩和利润。SEC的披露表格强调披露公司已经实现的利润和资产的成本等等,只是偶尔同意公司披露其"计划"、公司市场前景等类似的信息。1979年175规则(Rule 175)颁布前,发行人就其预期利润或者新产品作出的任何陈述,都将面临极大的危险。而今情形大有不同。公司披露其前景信息时适用的是"安全港"规则,这使得公司在绝大多数情形下都无须承担责任。这样,公司的前景披露事宜,就有效地留给了市场:法律既不要求披露,对于披露者,也不予以惩罚。

禁止书面披露其他信息或者口头陈述不同于已披露的信息

为实现语言共通并有利于投资者比较公司优劣,披露规则必须排除新的披露方式。如果一家公司采用了新的披露方式,将侵蚀信息披露在比较公司优劣方面的功用。举例而言,一家公司可以选择披露一些信息,这些信息是如此的不同寻常,以至于普通的比较标准根本无法适用,这样,这家公司就可以使其他公司的投资者无法获得信息披露本来可以带来的互惠优势。

进而言之,任何旨在降低诉讼成本的努力,都必须确保提交给SEC的书面披露信息都是可效验的。如果所有的投资者面对的是同一套披露信息,那么他们就有可能以集体行动的方式提起证券诉讼,这相应地降低了每一投资者的诉讼成本(并且至少在一定程度增加了损害得到赔偿的可能性)。在这种权利诉求中,信息披露构成了核心部分,许多侵权或者合同官司中经常面临的困难("购买方说X,而销售方却说Y")都因此得以避免。

而且,当所有的投资者利益诉求相同时,将它们合并在一个案件中加以审理,将给投资者带来正向激励。如果单个投资者在提起诉讼时,考虑到此前其他人提起的诉讼并没有带来多大价值,因而往往最后不愿投入时间和精力。与此相反,在集团诉讼中,律师在决定调查和诉讼方面应投入多少时间和精力时,考虑得更多的是所有的投资者因此可能获得的利益。这样,集团诉讼使得所有的利益相关人都卷入了诉讼,就不存在明显的第三方效应问题。当然,毫无疑问,即使"集团"有着正向的激励,为集团服务的律师却未必有着同样的激励,但这是另外一个问题。不管律师的激励如何,那些代表集团提起诉讼的人,总是比只代表个别人利益的人,拥有更大的激励。

联邦《证券法》的规定与此一脉相承,其重点是书面披露。1933年《证券法》第5节禁止以书面或者口头形式早于规定的时间披露信息,也禁止以书面或者口头形式作出不同于规定范围的信息披露。虽然一些证券在二级市场交易的公司,可能、事实上也的确做过口头的信息披露——这对于披露公司特定的事实是必要的——但当投资者主张这些口头陈述与书面披露不同时,法院却倾向于并不认可这些诉求。[15] 这确保了书面披露居于主导地位。除非是小额交易或者与经纪商的个别交易,口头陈述绝大部分都是无关紧要的。

事先审查与"安全港"

毫无疑问,事先的行政审查比事后的(而且带有风险的)司法决定,成本要低得多。市场各方都愿意"过度披露"以减少风险。证券法也想方设法地遵循"事先审查"和"降低风险"这一路径。长期以来,SEC 的官员细致地审查了每一份公司注册声明和招股说明书,然后才使其生效。虽然这种审查程序并不会产生正式的法律免责结果,但在实践中之所以这么操作,是因为行政程序确保了信息披露符合格式要求,当然,它同时也滋生了许多为预防风险而进行的的过度

---

[15] 参见 Zobrist v. Coal-X, Inc., 708 F. 2d 1511 (10th Cir. 1983)(在该案中,法院驳回了一项诉求,因为信赖自认为是公司口头陈述的原告,无法证明这种信赖关系;换言之,法院并不允许公司作出与书面陈述不一致的口头陈述(因而原告不应当相信公司的口头陈述);Teamsters Local 282 Pension Trust Fund v. Angelos, 762 F.2d 522 (7th Cir. 1985);Acme Propane, Inc. v. Tenexco, Inc., 844 F. 2d 1317 (7th Cir. 1988)。如果适用严格的口头证据规则,也会出现相同的结果。Blue Chip Stamps v. Manor Drug Stores, 421 U. S. 723 (1975 年)一案讨论了如果投资者能够依据口头陈述提起诉讼,那么在认定信息披露是如何使这位投资者没有采取行动时,法院会面临的重重困难。根据这一案件总结出的几点考量要素,也得得出类似的结果。近期一个相反的案例是 Bruschi v. Brown, 876 F. 2d 1526 (11th Cir. 1989)。在该案中,法官允许原告主张,由于许多原因、包括本人疏忽大意,原告没有看到书面的信息披露,因而可以质疑口头陈述的真实性和完整性。该法院似乎没有察觉到,证券法为什么对此有完全不同的规定。

信息披露情形。(行政审查和实务操作的规范化,还促使信息披露日益成为一种惯例,并且在过去的15年里,SEC已经能够依赖律师界不断累积的专业知识,使公司的信息披露符合格式要求,而再无须进行这种细致的审查。)

事前行政审查没有涉及的事项,被纳入了法律或者监管意义上的"安全港"规则——该规则充分利用了1933年《证券法》§19(a)条、1934年《证券交易法》§23(a)(1)条等相关规定的优势。根据这些规定,基于诚实地信赖SEC发布的规则而实施的任何行为,都不构成证券法和证券交易法责任的基础。这些安全港规则通常要求公司采取一系列复杂的步骤来获得"庇护",对于从事证券业务的律师而言,它既是一种吸引,同时又是一种挑战。然而,以投资者的眼光分析,这些法律规定为他们提供了一种减少曝光的机会,但换得的是更少的披露信息。

在这些法律规定之下,可以想见的是,即使公司生产的产品面临着巨大的、难以预测的风险,它们就其发行的证券却只是面临小得多的责任风险——虽然产品质量要比证券的价格容易预测得多。根据通常程序制作并且向SEC提交的披露文件所引发的法律责任的案件,极为少见。的确,现实生活中确实有过许多赔偿责任案件,但绝大多数涉及小额营业的转让或者其他一些并不常见的、与特定主体相关的交易。这一责任范围证实了我们的基本判断:宽松的披露规则,对于降低风险、以使公司更不会频繁地更改信息披露,是富有成效的。

审慎使用重大遗漏检验标准

如果对构成欺诈的未予披露情形进行宽泛的界定,那么我们前面讨论过的严格的披露途径及其带来的种种确定性,都将因此遭受损伤。法律和证监会发布的规则规定,对于为使信息披露不至于产生误导而必须披露的重大信息,不得遗漏。然而,"重大""误导"这类术语本身是含糊不清的。SEC和法院可以将其解读为要求披露的信息没有边界,要求披露的信息的内容也极不确定。同样的,将其与侵权案件做一类比,无疑不无裨益。长期以来,对于"未能警示"某些种类的危险,法院课以极其重大的责任,对于遗漏了足以引起误导的重大信息，其侵权责任应当是相同的。

然而，在证券案件中，"重大遗漏"标准的使用却受到极大的限制。联邦最高法院认为，只有以下情况的遗漏，才是重大的，即"理性的投资者在决定如何投票时，极有可能认为该被遗漏的信息是重大的"。[16] 在作出这种界定的相关案件中，法院认为，证券后来的价值低于初始披露时对其估价的20%，对于这一事实未作陈述，并不构成重大遗漏。法院的推理是，如此多的其他信息已经被披露，以至于证券价格的变动可以被合理地推断出来，而且，无论如何，这一未予披露的信息与已经披露的信息之间的联系非常有限，因而它并不足以构成责任的基础。

在这一"重大性"的标准之下，SEC 的表格和附表的充分披露要求，切断了随后许多着意于证明"重大遗漏"的努力，因而可以实现信息披露的标准化和风险降低功能。的确，层级较低的法院在许多判决中认定，正式披露文件中的一些遗漏是"重大的"；我们也不否认，其中一些判决所认定的遗漏，即使从绝大多数人的眼光看来，也属于微不足道和无关紧要的。但除了极少数的例外[17]，这些案件中都没有作出损害赔偿的判决。绝大多数的案件关注的是后续交易。（也许，彼此的区别在于，一旦股票已经发行，对于新事项，公司就不再自由地作出警示性评估。因为不当的利空评估，可能被描述为市场操纵行为。）在各州法律之下，地方法院对于"重大性"沿用了一个广泛得多的标准，这使得州际剥削假说更为可信。[18] 然而，在联邦法院发出禁令裁定的案件中，每年5至10件案子被裁定信息披露存在"重大遗漏"，但这一情形并不能动摇以下更为重要的认定：由于向 SEC 提

---

[16] TSC Indus., Inc. v. Northway Inc., 426 U. S. 438, 449 (1976). 这一范式对股票买卖和投票同样适用。Basic, Inc. v. Levinson, 485 U. S. 224, 232, 239—240 (1988).

[17] 例如：Feit v. Leasco Data Processing Equipment Corp., 332 F. Supp. 544 (S. D. N. Y. 1971); Escott v. Bar-Chris Construction Corp., 283 F. Supp. 643 (S. D. N. Y. 1968).

[18] Lynch v. Vickers Energy Corp., 429 A. 2d 497, 501—04 (Del. 1981), 该案的部分判决要旨，在以下案件所改变：Weinberger v. UOP, Inc. 457 A. 2d 701 (Del. 1983).

交的正式披露文件存在遗漏而被责令赔偿的情形绝少发生。

成本和收益的实证分析

对证券法的实施绩效进行检验的呼声一直没有停止过。然而,57年后,我们仍然所知甚少。无论成本还是收益,都没有现成的测量方法可供利用。

直接成本

证券法信息披露的规范所带来的直接成本,包括信息的编制成本、传播成本、规范成本和诉讼成本等。其中包括参与信息披露这一进程的人员(公司业务人员,律师和其他人员等)所投入时间的机会成本、印刷和邮寄信息披露规则和具体披露文件的支出等。Susan Philips 和 Richard Zecher 称,1980 年的实际成本达到 10 亿美元,这一数字还不包括发行公司的员工所投入时间的机会成本。[19] 公司在信息披露方面自愿投入了大量的成本。尽管法律并不要求将经过验证的公司声明和年报寄送给投资者,但公司每年在这方面的花费都在 20 亿美元以上。事实上,这些邮件并没有创造出新的信息:年报中披露的事项在其邮寄之时即已如明日黄花,而且就年报披露的信息进行传播,并无助于改善投资决定。

以上情形表明,为确定法定的信息披露带来了多大成本而付出的种种努力,都存在着以下重大的问题:我们无法确切地知道,在证券法没有规定的情况下,公司将披露什么事项,公司会向谁披露这些事项。回想在 1933 年,公司自愿披露的信息就极其宽泛,我们就可以想见,上述 10 亿美元的披露成本,绝大多数在没有法律相关强制性规定的情况下,仍会产生,在此情况下,我们就能够认为,强制性信息披露规则的边际直接成本可能就小得多。如果邮寄年报带来的不确定收益可以使公司自愿地投入 20 亿美元,那么对于 SEC 不断加码的披

---

[19] Susan E. Philips and J. Richard Zecher, *The SEC and the Public Interest* 27—51 (1981). 接下来提及的自愿披露成本,则为 500 亿元(表格 3.3)。

露要求,也无须以其为公司带来多大的利益为理由将其正当化。

间接成本

信息披露的间接成本不但更加庞大,而且更难测度。其中的成本之一是公司可能因此放弃或者改变它们本来愿意开展的盈利项目。在秘而不宣的状态下实施新的项目更可能赢得利润,公司并可借此"偷得"压倒竞争对手的优势。但如果法律规则要求公司事先披露将要实施的新项目,竞争对手就此作出的反应将减损这一新项目可能带来的收益。另外,赞成对诸如公司的外汇支付和环境污染等事项进行信息披露的人,常常主张信息披露是有益的,因为正是它改变了公司的行事方式。然而,不论这种信息披露能够产生多大的社会效应,对于投资者而言,它都是无所裨益的。营利行为的任何变更——不管这种利润是来自于新产品,或者是来自于无须支付排污的全部社会成本而节余的开支——从投资者的角度来看,都构成了一种成本。

可能几乎没有一个项目会因为公司披露了相关信息而被放弃,以一种事后的眼光分析,法定披露信息的公式化和互惠性质,使得公司几乎不会泄露任何有价值而且无法得到回报的信息。各公司关于污染方面的互惠式的披露,甚至对于投资者整体可能都是有益的,尽管对于每一家公司而言,其他公司披露而自己三缄其口反而能因此获益。因而,信息披露的成本(和潜在的收益)是否会使公司改变自己的行为,尚不得而知。

信息披露系统还存在其他潜在的间接成本。其一为"噪音"。如果法律强迫公司披露多于它们自愿披露的信息,投资者将花费额外的时间来归拢信息,以判断真正发生了什么事情。另一为替代成本。公司可能会停止披露一些有用的信息,转而披露一些令人疑惑不解(但却是符合披露要求)的信息。公司可能因此变得更加谨慎,对形成纸面的文字慎而又慎,而通过更不精确、传播范围更小的讨论或者其他口头交流,来完成重要的信息披露。的确,未能被很好理解或者"编码"的披露信息,也无法被完好地"破译"(并且存在一些成本)。在极端的情况下,强制性信息披露系统中关于披露内容的准确界定,可能会使得公司无法将不同种类的信息一并传递给投资者。

收益

据称,强制性信息披露的主要收益是投资者因此赚取了更多的金钱。他们因为受到欺骗而遭受的损失将会减少;即使市场欺诈的情形没有缓解,投资者知道得越多,他们就越可能作出明智的投资决定。与此同时,社会利益与投资者同步增长,因为理性的投资意味着资金与项目的有效匹配。然而,对于投资者和那些总想分清利弊得失的人而言,市场竞争使得根据信息披露来获取利益显得极其困难,或者即使确实存在这些收益,但辨识起来也相当艰难。

有利于投资者?

对于1933年证券法颁布前后投资者的收益变化,有三篇详尽的研究文章;但没有一篇文章寻找到了法律为投资者带来重大收益的证据。[20] George Stigler(1964)和Gregg Jarrell(1981)称,法律并没有为投资者带来任何收益,他们认为在联邦证券法颁布前后,新股发行和上市公司增发股票的投资者,都只获得了标准利率的回报。新股发行和增发股票的投资者,所获得的风险调整后的投资回报率,只是等同于他们本来可以从其他投资工具、例如投资于二级市场中获得的回报率。Carol Simon(1989)证实了这些发现,只是其中还有个有趣的例外:购买了不在纽约证券交易所上市交易的首发股票的投资者,在证券法出台后,获得了更好的回报。这一研究表明,法定的信息披露制度,为投资者创造了一些价值,而这些价值,早在1933年以前纽约证券交易所交易规则和专业投资者的审查机制就已经提供了。Stigler,Jarrell和Simon一致认为,1933年证券法进一步的效应在于,它减少了上市公司披露信息之间的差异。1933年后,经营不成功的公司带来的损失并不大,然而,与此同时,它们带来的收益也变小了。

---

[20] George J. Stigler, "Public Regulation of the Securities Market," 37 *J. Bus.* 117 (1964),修改并再刊于Stigler,前注[3],at 78。Gregg A. Jarrell, "The Economic Effects of Federal Regulation of the Market for New Security Issues," 24 *J. L. & Econ.* 613 (1981). Carol J. Simon, "The Effect of the 1933 Securities Act on Investor Information and the Performance of New Issues," 79 *Am. Econ. Rev.* 295 (1989).

总体而言,减少证券市场的易变性的确不无裨益(绝大多数投资者厌恶风险)。

这些发现给了我们什么启示?新股发行和其他工具的投资者,不管法律规定的披露内容如何,他们获得的回报都相差无几。然而,这种情形毕竟只是发生在同一拨投资者身上。而每一位投资者都可以投资于新股发行、股票增发、债券、稀有金属、期货和其他投资工具。趋于均衡的市场,将使以上各种投资工具的风险调整后收益趋向相同或者相似。即便信息稀缺,投资者愚笨,我们仍无法认为他们在购买新股时是如此的愚不可及。

1933年以前就有着大量的信息披露行为,专业投资者通过"刺探"和"骗取"等方法来获得公司不愿披露的重大信息。如果1933年《证券法》只是将公司的"好做法"通过法律条文固定下来,以此稍稍减少专业投资者搜寻信息的工作量,那么《证券法》的效用,在数据上将几乎不会留下任何痕迹。然而,假设在1933年《证券法》颁布之前,一些发行公司没有披露"足够的"信息,而1933年的《证券法》迫使它们披露"正确的"信息,并且假设这有利于投资者。我们可能仍然无法看到法律规则带来的收益,除非一些公司发行的股份(可能是在纽约证券交易所之外进行的IPOs)瞄准的是傻瓜投资者。但如果在信息披露规则之下的新股发行更富于吸引力,它们也可以标出更高的售价。新股发行的保荐人和承销商察觉到这一点后,股票售价走高,这种价格的市场调整,将掩盖法律带来的收益。

还有另外一个问题。1934年《证券交易法》改变了购买新股所获收益计算标准。有关发现表明,投资于(比如说)1940年发行的新股,与投资于二级市场所获收益相差无几,但如果二级市场的变化提升了计算这两种投资收益的准确性,则这种发现将无所助益。虽然这在查证效果方面导入了偏见,但其他方法同样存在偏见。1933年以来,信息中介机构如雨后春笋、日益普遍,公司信息披露状况的改善,也许应当归功于它们而不是法律。针对1933年前后所做的研究,也许能够发现收益的增长,但在几乎没有信息中介机构的情况下产生的收益,并不能支持以下推论:1933年的《证券法》在今天仍在继续创造着我们能够测度的收益。

关于1933年《证券法》使公司收益的变数为之降低的观点,在论及相对于损失的公司收益时,也显得模棱两可。如果公司收益的变数的减少,源于更准确的、有助于资金和项目更优化配置的信息披露,则公司无疑会取得收益;而如果公司收益的变数的减少,源于延迟出售股票——因为在公司信息累积之时,股票在公开发售前长期掌握于风险资本家手中——则收益可能因公司延误了进入资本市场的时机而被抵消,这种延误可能价值不菲。只要风险投资市场足够大,而且具有合理的效率(今天正是如此),证券私募就能以最理想的利率,从愿意与新的风险企业打交道的人手中募足所有必需的资金。

中介机构和公司的利润和损失

如果说,针对不同种类的证券发行或者不同时期的公司回报所作的比较分析,其运用的数据是模棱两可的,那么我们还可以运用股票价格变化的即时数据,来做得更好。查明法律颁布时股价发生了什么变化,这完全有可能。这种观点继续阐述道,如果新的披露规则确实有利于投资者,投资者将调高股票的估值,股价也应当即刻上扬以反映该披露规则给投资者带来的益处。

George Benston(1973)研究了市场对1934年通过《证券交易法》的反应。[21] 由于在主要的证券交易所挂牌交易的公司,都完成并披露了独立的年度审计报告,Benston就得以相当便利地比较此前披露过销售状况的公司(62%)和那些未作披露的公司的股票价格表现之差异,并借此分析法律对市场的影响。结果他发现,在1934年2月(证券交易法提交一审)和1935年6月(在这一时间之前,所有的公司都完成了销售状况的披露)之间,不同类别的公司的股票表现并没有明显的差别。Benston据此推断,新的披露规则对于投资者并无益处。

然而,如何得出这项结论,仍然难以获知。也许,公司的"销售状况"并不是投资者所期待的关键信息(虽然有证据表明,披露公司的销售状况经常对价格构成影响)。当然,也许公司股票的市场表现之所以差别不大,是因为市场已经从同一行业已经披露销售状况的公

---

[21] Benston, 前注[12], 63 *Am. Econ. Rev.* at 141—152。

司中,推断出了未予披露信息的公司的销售状况。果如此,我们将把不披露信息的公司称为搭便车者,它们试图利用其他公司的优势。这一解释与 Benston 进一步的论证一脉相承,那就是从 1929 年到 1934 年间,那些未披露销售状况的公司,其股票价格比作出披露的公司稍有上涨。Benston 称,这一状况表明公司的信息披露损害了投资者利益。然而,对于这种观点,我们可以轻松地指出,未作信息披露的公司的额外收益,只是来源于它们作为搭便车者的身份。按兵不动者总试图从其他公司的披露中获取信息,而自己却从不披露。

我们不想发表听起来过于天真的见解。要对信息披露立法的效果展开研究相当困难,因为即使是低效的市场也会产生大量的信息。关于披露和法律规则的信息事先越多地反映在股票价格中,就越难辨识新的法律规则的绩效。可以公正地说,至今缺乏有力的证据表明,披露规则有利于上市公司股票增发;但有一些证据表明,披露规则对于在纽约证券交易所之外交易的股票的初始发行,是有益的。同样也缺乏有力的证据表明,披露规则是有害的、或者成本极其高昂。至少在目前,我们所拥有的只是争论而不是证据,而争论本身不具有决定意义。

12 最优损害赔偿

证券案件中的救济措施为我们提出的"公司法中隐含着经济理性"这个命题,提供了一个很好的检验。而起初有关证券救济方面的法律看上去却是杂乱无章的。从制定法方面来看,这些法规条例列举了各种各样的原则——范围涉及从合同的撤销到利润归入再到对损害的赔偿等范畴。[1] 从司法实践方面来看,在证券案件的审判实践中,各法院的判决也是千差万别,如:有些法院强调原告的直接损失;有些法院则强调被告的所得;有些法院判定撤销交易;另有些法院则判定利益返还;通常还有一些法院干脆放弃使用这些规则,而宣称法官对一些适用于特定案件的补救措施享有自由裁量权——因为他们认为似乎没有必要用法律规则,来衡量特定案件事实的重要性和影响力。[2]

---

[1] 1933年的《证券法》第12节规定,那些购买了未注册证券(或者卖方做了重大虚假陈述的证券)的人可以追偿相当于他们已支付的购买价金"扣除由出售该证券而获得的任何收益,最高上限为该证券的投标价,或者……如果他不再拥有此证券的话,可以要求补偿其损失"。1933年《证券法》第11节d项规定,如果在注册中有虚假陈述的,判定按照购买价扣除在诉讼时或证券卖出时的价值获得赔偿。但是,除此之外,该法案还创设了一个抗辩事由,即如果由于产生责任的事件,而导致该种证券跌价,这时的差价不得追偿。1934年《证券交易法》第9节e项把"持续不变的损害赔偿金"看作是某种特定的操纵案件的标准;而第18条a项还论及由在报送给SEC的文件中存在虚假陈述所产生的损害赔偿额。1934年《内幕交易处罚法》和1934年《证券交易法》第21条d项第2款修正案,则规定法院可以判给SEC相当于被告从内幕交易中得到收益的最高3倍的赔偿金;而第20条A项d项第1款又规定,私人原告不能获得此种倍数的收益。在这里,每项规定都不尽相同。

[2] 摘自Hackbart v. Holmes, 675F.2d 1114, 1121 (10th Cir. 1982)。关于不同法院诉讼方法的概要,参见Thomas Lee Hazen, *The Law of Securities Regulation* §§7.5.3, 13.7 (2d ed. 1990); Arnold S. Jacobs, "The Measure of Damages in Rule 10b-5 Cases," 65 *Geo. L. J.* 1093 (1977); Robert B. Thompson, "The Measure of Recvoery under Rule 10b-5: A Resitution Alternative to Tort Damages,", 37 *Vand. L. Rev.* 349 (1984)。

和法院判决相比,有关这方面的学术文献兴许会稍微好一点儿,因为学者们时常发现那些案件中包含的规则表达得并不清楚,甚至前后矛盾。但仅仅认识到这些,仍是远远不够的,毕竟它并不能最终解决问题。美国法律协会(American Law Institute)所起草的《联邦证券法》曾经被看作是证券立法和法律解释的示范文本,其内容也是包罗万象,几乎包括所有的竞争性规则,该法声称这些规则"在有关解除约定的不同解释或者损失计算方法方面,表现出了极富于变化性,因此也就更适合对诸如原告的损失、被告的所得、特定类型责任的不同效应等诸如此类复杂问题的判决"。[3]

就像通常我们认为的那样,我们在这里要讨论的主题,在表面上看起来是杂乱无章的,而实际上却并没那么复杂。一些相当简单的原则,往往可以推导出一系列关于损害赔偿的清晰明了的规则。这些规则不仅在理论上很优美,在实践中也是适用的。我们这里马上要讨论的有关制裁的经济学原理就是如此。按照这个原理,法律规则的目标是要阻遏某些不受欢迎的行为,而不是去阻遏获利行为。规则应从(a)法律允许的受欢迎的行为,(b)法律禁止的不受欢迎的行为,(c)法律实施的成本等三个方面来使损失最小化。法律体系不仅通过对实体教义的选择,也通过对制裁的选择来平衡这些竞争性目标。的确,尽管在实体规则方面总是存在着诸如不完全性和狭隘性等不尽如人意的地方,但是通过对制裁的审慎选择,也还是可以促使令人满意的结果出现。

证券市场最优制裁的经济学

就像我们所强调过的那样,证券实际上就是一种特殊的合同。投资者投入资本并承担企业的风险;作为对价,他们得到一个可以参与公司经营并可分得公司利润的承诺。"证券欺诈"作为违约的一种形式,通常指的是,合同中的一方当事人没有给另一方提供在日常交

---

[3] 1980年《联邦证券法》第1723条e项。这个注解认为,也许"在10b-5规则下不存在损害赔偿的法律"。同上,评注1。

易过程中其应得到的信息;或者一方提供了信息,但并不履行其义务或在履行义务过程中有瑕疵,从而使其所提供的信息发生错误。我们应该认识到,证券作为一种特殊的合同,必然使证券案件的损害赔偿与其他合同案件的损害赔偿之间,存在着某种紧密联系。

在大部分合同法中,损害赔偿额与各种极端情况中所花费的成本相比,位居中游,不算高也不算底。我们提到的其中一个极端情形是,法律规则为保证合同各方信守契约,而规定严格损害赔偿;另一个极端则是,在任何时候,只要违约方觉得方便,法律规则都允许其当事人违约——零损害赔偿规则就能产生这样的效应。但是,在一般情况下,法院并不采用这两种极端规则。在合同案件中,原告通常是要追回在合同中所受的损失(期望利益损害赔偿方法)。例如,某人签订了一份1吨豌豆的合同,每磅1美元,准备在7月1日在纽约交付,到时候如果每磅1美元的价格与7月1日在纽约的市场价格不同的话,他就有权利违约——该市场价格能够覆盖合同违约费用。这时,除非合同规定的是特定物,受害方不能获得"损失的利益"或者"间接性损害赔偿金"。

在合同案件中,损害赔偿的计算方法是,允许合同各方"有效违约"。在加利福尼亚的卖方手上持有豌豆,假设这些豌豆的价格在加利福尼亚上升到每磅1.1美元。这时,对于这些豌豆的最好的处理方法是,使它们在加利福尼亚变现(这里的买方对它们的评估价会更高些),而不是把它们运往纽约——因为那里的市场价格可能只有1.05美元。损害赔偿规则促使卖方把这些豌豆运往加利福尼亚,买方则希望在纽约以每磅1.05美元的价格获得这些豌豆,这时卖方将支付给买方每磅5美分。这个规则允许合同各方考虑履行合同和改变合同相对价值的成本。这些规则发挥作用的前提是,合同各方能够预见到意外事件,从而在这个基础上就该意外事件进行协商和谈判,损害赔偿规则可以接近合同中所提供的所有意外事件条款的结果。

我们很容易看出,在普通合同中也许会存在一个"违约的最优程度",但在证券合同中,它表现得就并不那么明显了。不过,它们适用的原理是一样的。"真实"——就像所有好东西一样,其生产成本也很高昂,我们会在第11章谈到许多这样的成本,整个产业——会计、投资银行、律师业、大部分财经刊物——都是公司及其发行证券的信息调查和认证成本的具体体现,节约这些成本是我们每一个人的目标。

有效责任规则和有效损害赔偿规则

对于事情的描述,有所保留总是比全盘托出有好处——这个范围涉及从减少文书工作到对其商业竞争对手隐瞒关键事实的能力——法律原则必须认识到不披露的价值所在。和其他合同一样,有两种方法可以做到这一点。对于普通合同来说,其方法是,在合同中(或在法律中隐含地)详细描述各种理由和其他有可能出现的各种意外情况,并且选择适当的损害赔偿方法。对于证券合同来说,也有两种方法,即详细阐述实体法的具体规定(例如密切注意"重大事项"和其他实体规则)和选择适当的损害赔偿措施。

在责任事件中,免除责任或设定较低程度的损害赔偿,都将会导致企业为保存信息资源而不愿意进行披露。然而我们上面提到的这两种方法——实体规则和补救措施——的效果并不相同,在对待不确定事件的处理方面,它们往往有不同的含义。假设投资者认为经理人不值得去对每一个远期的偶发商业事件进行研究和讨论;另假定投资者认为,和在各种可能性事件的调查方面花费太多的成本相比,他们宁愿认为远期恶性偶发事件(但是非公开的)终究会过去,而以碰运气的态度去听之任之,那么,这时,法律体系就可以通过定义一件特殊的偶发事件为"不重要的"(因此内幕交易也就不是一种违法行为)或是虽认定内幕交易是一种违法行为,但损害赔偿金为零,就可以使这一偶发事件逍遥法外。

"重大事项"方法需要法庭调查一件曾经认为是不大可能发生的事件,在未来发生的可能性有多大。由于对案件所下的赌注很高,当事人会在诉讼上投下巨资。但是,要将一个没有经过充分调查的不大可能发生的事件变为可能,将被证明是十分困难的,因此这种类型的诉讼往往既冒险,又代价高昂。损害赔偿的解决方案就可以降低解决这一问题的难度。如果损害赔偿金设置得当,卖方将会展开调查并进行披露,在这一点上,投资者多投入1美元将刚好获得1美元的回报。这时,信息灵通人士将会当即作出调查或披露的决定,从而节约了可能花在事后法庭审判上的成本。在许多案件中建立一个有关损害赔偿的规则,以诱使使卖方作出披露决定,将比通过司法调查来达到最优信息披露水平更为有效。

证券的卖出者会彻底调查并披露所有的可能性;他们或许会聘请专家(他们有或多或少的经验);或许会依赖金融中介机构如投资银行家们去展开调查,并用他们的声誉保证来替代"充分"披露;也或许会选择对某些特定事件根本就不披露,因为他们担心披露有可能给竞争对手带来发展机遇;他们也可能会选择把某些调查留给投资者去做。这些选择中的每一个选择,都与成本收益分析紧密相连,优选的损害规则能驱使券商去选择利润最大化的策略;这就是"有效违法"在实践中的意义。法律体系认定一些内幕交易是违法的,并不一定就是为了根除这类行为,而是出于让决策者自己承担他们行为所带来的成本。证券案件中的规则,可能和普通合同案件(不是为了消除违法)中的规则,或者侵权案件中的规则(不是用来消除冒险行为)一样,有着共同的作用机制。就像证券案件一样,在合同和侵权案件中,设立规则的目的,也是为了促使绝大多数有智识的当事人,比较他们行为的成本和收益。

然而我们常常会发现无责任比运行良好的损害赔偿规则更好。在证券法中,责任规则是有好处的这个假设,是建立在对一系列艰难的实际征询工作难以解答基础上的。实际上,损害赔偿行为在带来收益的同时,也会带来成本。尽管信息是所有合同的基石,但许多合同获得最佳履行,往往是通过自助救济,而不是通过法律的作用。[4] 在证券案件中,个人要求损害赔偿的行为,往往带来惊人的成本。无论何时,只要股票价格大跌,投资者总是会起诉管理人。对于法院来

---

[4] 参见 Benjamin Klein 和 Keith B. Leffler, "The Role of Market Forces in Assuring Contractual Performance," 89 *J. Pol. Econ.* 615(1981); Charles R. Knoeber; "An Alternative Mechanism to Assure Contractual Reliability," 12 *J. Legal Studies* 333 (1983); Lester G. Telser, "A Theory of Self-Enforcing Agreements," 53 *J. Bus.* 27 (1980); Oliver E. Williamson, "Credible Commitments: Using Hostages to Support Exchange," 73 *Am. Econ. Rev.* 519(1983).

说,就很难测定这种下跌是由外来事件造成的,还是由一些管理人事先知道该信息但却没有披露造成的。如果法院将错误的结果等同于错误行为的话,那么随之而来的损害赔偿,将会对商业公司的运作带来更多的阻碍,而不是有助于某些重要事实的揭露。但在本章中,我们并不准备对该规则的作用范围做进一步的讨论。在这里我们假设既定的责任规则、损害赔偿规则和免责条款之间的分配与界定是完全正确的。

证券交易中最优制裁的本质

作为净损失措施的赔偿

当某种特定行为既能带来成本也能带来收益时,最优制裁就是这种行为对别人造成的净损失,除以该行为被察觉和被成功告发的概率。[5] 例如,假定因疏于调查和披露一些偶发事件而节约了100美元的调查成本,同时这又对两类投资者产生了不同的影响:对于一类投资者而言,这种偶发事件的发生会带来200美元的损失;而对另一类投资者而言则可获得50美元的收益。我们先不考虑对于投资者来说,货币损失是否就等同于真正意义上的经济损失;我们也假定投资者都想使公司的预期价值最大化,也就是说假定他们是风险中性的。对于这一点,第4章和第5章都曾有过详细说明,在此不拟详述。

如果信息不公开的事实会百分之百地肯定被觉察和揭发的话,那么比较适宜的赔偿金也即净损失,也就是150美元。如果企业看到为了节约100美元而必须支付150美元损害赔偿金的话,他们一定会去实施调查活动的;如果相比较下,企业不展开调查也会节约175美元的话,那他肯定会节约这笔资金,而宁愿去支付赔偿金。这样的话,投资者也会因此而得到25美元,因为他们最终也会从"企业的节约"中受益。如果成功揭发的概率是1/2的话,损害赔偿金应该翻倍。那么在10个类似的案件中,企业每次预期节约175美元(总起来

---

[5] Gary S. Becker, "Crime and Punishment: An Economic Approach," 76 *J. Pol. Econ.* 169(1968), 该文是一个基础性的分析,重印于他的 *Economic Approach to Human Behavior* 39(1976)一书。

会节约 1750 美元);五个案件,每个需支付 300 美元(总共 1500 美元),企业还是会节约资源的。所以只要成本超过 150 美元,企业(像我们第 1 章说的所有风险)总会保存调查的成本,并且他也应该如此。

最优化的其他考虑

尽管"净损失"规则对人们决定花多大力气调查和披露构成了适当的激励,但是它不一定向其他行为人也显示了合适的信号——因为或许对损害赔偿金作一些调整来避免由此带来的一系列问题仍是必需的。

投资者不会对净损失作出直接反应。在我们上面给出的例子中,信息不公开对一些投资者是有利的,而对另一些投资者来说则是有害的。那些遭受 200 美元损失的投资者将会想尽一切办法来保护自己的利益。比如,他们可以想法雇用代理人(如投资顾问)来代表他们的利益去展开调查。不过,他们也有可能没有这种调查的激励;根据假设,信息方面的最优投资要么为零,要么企业花费少于 150 美元。总之,投资者花费在调查上的费用,是对有效私人激励或者是诱致最优披露水平的法律规则的替代。因此,安排一种可以改变私人调查激励的损害赔偿措施是有益的。然而,在我们给出的例子中,只有给利益受损的投资者以 200 美元的赔偿,才能改变他们展开调查的激励。不过,从企业的角度来看,这笔赔偿费用实在是太大了。如果必须支付给利益受损的投资者 200 美元的话,企业就会在调查费用上花费同样多的资金,这笔费用(根据假设)也是同样过于庞大了。

这个例子说明了两件事。第一,损害赔偿规则最低限度也要能补偿投资者的私人损失,而不仅仅是社会损失或是净损失。这一点非常重要。因为,补偿得太少很可能会导致过多的私人调查行为;也就是说,如果遭受非法侵害的受害者得不到私人损失的补偿的话,潜在的受害者将会花费很多资金来建立不必要的防卫,而有了损害赔偿金这一补救措施,就可以阻止这一行动。第二,一条补偿私人损失的规则,又会使企业在调查和披露上投入太多。因此,或许根本就不存在所谓的"最优"补救办法。有时选择一些制裁体系,来平衡这些相互冲突的目标仍是必要的。

有一点很重要,那就是要给人以正确的激励去执行这些规则,并强迫他们支付赔偿金以诱使他们去作出正确的决策。这种报酬结构应该会引导规则执行者将他们的资源花在寻找和揭发违法行为上——而且在边际上,直到他们花费在执行上的费用的最后1美元所减少的不披露的社会成本也正好是1美元。当然,这几乎是不可能达到的,至少有三个方面的原因:

第一,只有在偶然情况下,这种特殊的案例中所发生的损害赔偿(执行者比较他的花费的标准)才会等于未来的社会损失,关于披露的决策也与此近似。

第二,损害赔偿金的提高与较低的胜诉概率相对应的规则,表明损害赔偿金的倍数和诉讼概率之间呈反比关系,但是这在一个私人实施的系统中很难完成。收入增加值越高,则诉讼费也越高;这种诉讼费越高,人们作出的调查和诉讼也就越多。这样做的结果既可能导致更多的净处罚,也有可能导致更多的法律执行。

第三,如果内幕交易或欺诈的受害者自己对其按受害比例拥有实施权,每个人就不会花费太多的时间去做调查或对违法行为提起诉讼。因为每个人都只能获得弥补他自己损失的那部分补偿,而他们的调查和诉讼行为又都会给其从前的和未来的受害者带来收益,而且这种收益是不能够被自己所专用的。围绕这个问题,一种解决方法就是把这种执行权分配给一个单一的"实体"——通常是指在一个特定领域活动的阶层。然而实践证明,这不过是转换一下说法而已,也就是说,现在这个问题不过是变成了谁为这个阶层说话?况且这个阶层的每一个代理人(律师和专家)都会面临这"不可专用的收益"问题。当然,我们可以设计许多优美的机制,通过它们,想成为规则执行者的人,可以付一大笔钱购买这种执行权;通过这些机制或许可以在理论上克服这一问题。然而,如果规则执行者们都是风险厌恶者的话(就像大多数人一样,甚至原告的律师们,也声称帮助他们规避风险),这些机制在我们的法律体系中仍将是无效的,而且也是无法运行的。

这个损害赔偿的净损失规则,仅仅是在存在"有效犯错"的时候才适用。净损失规则可以诱使企业在调查和传播信息方面作出正确的支出决策。许多行为往往会带出一系列成本而不是一系列节约，比如，对企业的资产撒谎就必须十分谨慎，一个企业拿出一份简介说，它存货单上有10万吨的烟草，而事实上该企业所有的领导都知道只有1万吨。这个谎言就不能使企业节省调查的成本，相反的，通常编造一个谎言并不断地去"圆谎"，其成本比说真话还要高，而且，说谎也往往会成为别人展开调查并揭穿谎言的诱因。这样，法律规则就应该被设计成绝对无条件地威慑——不是用强力去迫使公司计较成本和收益，而是把它的行为纳入法律允许的轨道。我们把对武装抢夺的僵化、严厉的惩罚，转为更能令人接受的谈判形式，使得强盗可以和商人谈判。这种规则的特点在于，它是诱导当事人这样做而不是诉诸于强力。人们可能会很容易忽略所谓"有效抢劫"及带有多种欺诈性质的诸如此类的行为。如果我们确信某些行为总是不当，那么惩罚即使再严也不为过。(这是一个大的"如果"，当法律体系出错时，无论是选择禁止哪种行为还是判决被告干了法律所禁止的勾当，严刑峻法总是会对不合意的行为具有威慑作用)。

不存在完全的不惩罚，在边际上保持一定程度的威慑仍是必要的。如果我们预期撒一个小谎，会给欺骗者带来好处的话，那么所有人都将去选择说谎。如果你准备去说谎，你或许撒一个弥天大谎。任何惩罚的机制都必须根据违法的严重性程度，从而对人们所预期的惩罚措施进行分级，以避免违反者在犯错的道路上越陷越深。

我们讨论的最终结果是，虽然这个净损失规则对于实施适度披露激励的评价，是一个有用的起点，但它并非适用于所有案件。为了保持实施该规则的激励，同时又防止投资者的过分谨慎，我们有必要对它进行修正。当这种被置疑的陈述方式或遗漏不能被看作是有效率的时候，该规则也就到了有可能被废弃的时候了。对于有问题的封闭公司而言，也可以适用其他一些修正案。我们又回到这些问题上来了，然而，现在我们来详细说明作为起点的净损失规则究竟有什么用。

寻找净损失

在证券交易中，净损失至少有4个要件。首先，通常也是最大的，是向有过错方的净转移，当A从B那里偷了100美元并持有这些钱，这个财产权的转移是损失的一部分。如果 A 是罗宾汉那样的人,他把其中 90 美元给了 C,那么对于小偷造成的净损失来说,就只有 10 美元。为了观察为什么是净转移,而非全部转移,才是正确的衡量方法,我们考虑对我们上面提到的例子,进行一下变通处理。假定一家企业的经理人决定为节约调查费用,而不再对意外事件进行调查,这将影响到两组投资者的相关权利。假如这个意外事件发生了,第 1 组损失了 200 美元,第 2 组获得了 40 美元,而经理人个人获得了 10 美元,那么这个净损失就是 150 美元(200 美元 − 40 美元 − 10 美元)。只要这样做的成本少于 150 美元,企业管理团队中的各方,就会要求"这个企业"去引导信息的调查和传播。如果法律规定征收某个决策总共 150 美元的罚金,那么只有当其所得少于 150 美元,经理人才会采取各种措施以避免那种结果的发生。如果设置更高的处罚,那将会导致在信息上的过度投资,一个使掌握决策权的人持有个人私利的规则,也常常会使决策行为发生扭曲。因此,我们可以这样来理解净损失规则的第一个构成要件:损失是总损失减去交易所产生的收益(无论这个收益是转移给投资者,还是表现为调查方面所花费资源的节约)。

由欺诈和不披露所引起的损失的第二个来源是实施违法行为、揭露违法行为、采取措施预防类似违法行为、提起诉讼等项成本的总和。安装巨锁和防盗报警系统的成本,构成盗窃成本中的一部分;花费在调查证券陈述的真实性上的额外成本,构成证券违法所造成的社会成本的一部分;除此之外,这些成本还包括,说真话的企业,必须把自己和粗心的或不说真话的企业区分开来的成本(然而,企业往往自动地承担着由欺诈而产生的成本;这些成本是"做生意本身所要付出的成本"。我们无需在违法惩罚里面对其进行重复计算)。

损失的最后一个来源和经济配置效率的下降有关系。一方面是,有关投资的信息披露不完全或不准确,导致人们进行了错误的项目投资决策,他们会在生产该商品和劳务上花费"太多"的资源;另一方面是,这些不完全或不准确的信息揭露可以传递有关风险的错误讯号,从而扰乱人们在投资和消费之间的选择。我们从以下三个案例来看一看这些影响。在每个案例中,人们对一个准备开工生产一种小产品的企业进行投资,这时,他们在两个方面拥有选择权:去购买无风险证券(如国库券)或当公司产量增加所产生的利润足以支付风险溢价时去作风险投资。

在第一个案例中,小商品的生产是无风险的。一个成本为1美元的小商品,任何人可以想做多少就做多少。当不存在潜在的技术风险时,一个证券欺诈者可能会承诺生产超过这个企业生产能力之外的产品数量。我们假定企业可能会募集10美元资金而只生产9件商品,这时,商品的生产效率并没有降低:企业花9美元生产9件小商品,而企业发起人则拿走了1美元。这样的话,惟一的损害就是产生了无补偿风险。由于担心这种事情的发生,人们在承担风险的时候,往往会需求少量的额外赔偿,这就需要把小部分投资从风险偏好者身上转移出去。因此,像这个案例中的净损失就是1美元的转移额,加上少量的风险增值,再加上实施、抵制和揭露这种欺诈行为的成本。

在第二个案例中,小商品生产是要冒一定风险的,而且企业发起人没有披露有关生产技术的风险,或许他们就干脆表示没有任何风险。而事实却是,如果投资10美元,有50%的几率只可以生产8件小商品,而另有50%机率可以生产12件商品。和上个案例一样,对经济有效行为的惟一损害是,又一次产生了无补偿风险,这个净损失就是少量的风险增加值,加上实施、抵制和揭露这种不真实披露的成本。如果作出准确的有关生产小商品风险陈述的成本超过这个数目,那么这个案例就是一个"有效违法"的案例。把损害赔偿设置为净损失的规则,将会诱致企业发起人在调查费或者损害赔偿金的支付方面,采取"两者孰低"的原则。

在第三个案例中,小商品的生产要冒风险,且企业发起人没有披露技术生产能力。他们可能说,如果投资10美元于他们的新技术项目,将会平均生产11件商品。但是事实上,只有50%的可能性生产8件,50%可能性生产10件。在这里也存在无法补偿的风险,也会产生效率损失。因为社会投入10美元仅生产(平均数)9件小商品;即使发起人说真话,投资者也会坚持去用无风险技术,并保证用10美元生产10件小商品。在这个案例中,净损失是有效生产中的1美元的减少量,加上少量的风险增值再加上实施、抵制和揭露这种欺诈行为的成本。如果发起人花费不足10美元的钱去生产,也就会有一部分转移必须抽出来作为净损失的一部分。最后,该案例也会在分配效率上造成损失,消费者评估下来,第10件小商品损失超过1美元。在第三个案例中,新的损失部分是图1中两个平行线中间的那部分区域。这个阴影中的三角形部分,表示分配性损失,即消费者剩余的减少量;这个阴影中的梯形部分表示生产效率的减少量。

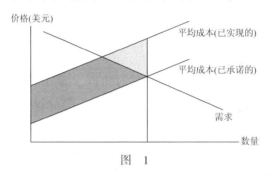

图 1

我们无法统计证券违法案件归入这种分类的频率。更进一步说,我们或其他任何人都还没有找到更好的方法来测定相关成本。作为一个规则,风险升级的成本是很小的,对于很多证券违法行为来说,这种财富的转移肯定是构成净损失因素中的最大部分。因此,随着在涉及分配和生产效率明显减少方面的案例的不断增加,多倍的净转移支付将会是一个有用的起点。

流动性市场的作用

市场上可以观察到的价格,为这种分析工作的进行提供了所需的大量信息。现在假定我们的问题是,如果一家企业决定不向外界披露关于新的医用成像设备的市场风险的信息,将会对该企业造成多大的损害——这些风险包括,技术可能失败,可能受制于不利的监管规定,或者有可能被更新的技术所替代等。由于要评估和揭示这些风险,可能会付出高昂代价,而且具有相当的不确定性。因此最佳的战略可能是少说(或不说)为佳。不过最终某些地方还是出了问题(比如说,出台了一个新规定,要求对每个城市拥有的这种昂贵设备的数量作出限制),于是投资者认为不公开披露信息是错误的。当坏消息被公开以后,我们就有可能通过观察股票价格的变化,来确定一个净转移的上限。

假定一切都在瞬间发生。企业刚刚作出决定去节约调查的成本,并以一个(不适当的)乐观主义的价格发行股票,紧接着坏消息就传出来,于是股票价格就滑落到那些充分了解信息的投资者们认为的比较合适的价位上。这个价格差在法庭上被称作为"直接损失"——也就是指已经支付的价格与假设那些本应当披露的信息被披露后所应支付的价格之间的差。这一价格差是净损失的最高限额。因为这里的损失可能被其他投资者的收益所抵消,而且也并不是所有损失都表现为社会财富或者决策者利润的减少。根据先前的讨论,在股票价格上的超额支付要比净损失更大。因此,大部分的超额支付将转移到那些不对没有披露信息承担责任的人那里去,并且这些转移并不构成净损失的一部分。一般情况下,认为净损失会接近但不超过毛损失,是比较安全的。

但是,事情往往并不是在瞬间发生的,因此我们无法确切地知道,对股票的超额支付是多少。现在的问题是,在证券销售及其相关信息的发布之间的时间里,会有很多其他事情发生,如:社会经济发展中的事件、公司短期的资金问题,都有可能推翻这种利用信息不足制造价格差从而获利的谋划。

解决这个问题的办法就是一项被称为允许我们"滤除市场"的技术,也就是把一个上市公司的股票价格变化额,分成两个部分,我们在第 7 章曾介绍过这种方法。在那一章,我们用它来评估要约收购的成本和收益。我们都知道,任何一个公司的股票价格的变动,都部分依赖于社会经济整体的变化(从市场和行业可以反映出来),而另一部分则依赖于具体的企业的变化。计算一家企业股票价格的变化与更大数量的一揽子股票的价格变化(无论是整个市场,整个行业,还是一些重要股票的组合)之间的关系是可能的,这种关系可以用下面的公式表示:

$$r_i = \alpha_i + \beta R_m + \gamma R_x + \varepsilon$$

其中 r_i 是一企业股票价格的变动情况,α_i 是具体企业的固定常量(可能是零,当事件发生时),βR_m 是市场—企业间的相关系数(β)乘以该期间内市场的变动(R_m),γR_x 是所处行业—企业之间的相关系数（γ）乘以该期间内该行业的变动情况（R_x），ε是"剩余变量",表示在股价变动中所无法解释的特殊因素,我们把它归结为企业专有信息。根据这些关系,如果企业没有什么特别的意外情况发生的话,我们通过掌握市场或者其他相关行业在某一特定时期内的行为,就可以测定该企业股票价格的预期变动。如果企业的股票价格没有按照我们预测的那样变动的话,我们则可以将这个差价产生的原因归结为企业的一些专有信息。

这种方法显然不是理想状态下"即时"价格变化的完美替代品,因为很多干涉事件往往可能很难应付。该方法对那些交投比较活跃的股票,要比那些交投冷清的股票更为合适;甚至对那些封闭公司的股票来说,这种方法可能根本就不适用。如果在考察期,这只股票和其他股票之间的相关系数发生变化,这种方法也将会失效。该方法没有揭示,假如在不同时间披露信息,将会有什么效应,甚至连"即时"价格变化,也不能告诉我们一个非常重要的事实——那就是,企业的经理人是否知道或者已经知道一些企业专有的信息,并在任一特定时间进行披露。

这种方法也依赖于价格总是能准确地反映业已公开的信息这一假设前提。但这也并不能说就是一个"弱点",因为它也是证券法的基本假设前提。证券法立法的基本立场是：信息披露是有效证券市场的基石,并且信息一旦披露,那么在市场上无论是以什么价格成交,都将是"合适"的。为了不断接近这个理想状态,回到我们前面介绍的从市场获得信息的方法,即时的价格变化测量方法本身,就体现了"价格是正确的"原则。

因此,我们认为使用这种市场方法,来减少外来事件的影响是合适的。在市场模型中"余数"是那些企业专有信息效应的合理反映。如果企业的股票价格下降得比其他类似的业绩不稳定企业的股票价格更为迅速,这就说明它反映了某些坏消息;如果其价格爬升得比它们更为缓慢,这也说明它反映有坏消息。因此,如果股票没有足够迅速地上涨,那么,一位原告对由于信息没有公开而对投资者造成的损害行为提起诉讼,就是完全合理的。富于流动性的股票市场的存在还会造成我们下面要提到的其他后果,这些后果包括"保证足额补偿"的可能性,并用这种"补偿"去制止那些累积性损害赔偿和消除"协商"空间(由此带来的协议利益损害赔偿)。

法律规则和经济分析

现在,我们准备将制裁的经济学与法律救济结合起来分析。我们首先讨论为什么一些法律救济方法很少在证券纠纷案件中采用。我们将对基于原告"损失"的制裁方法和基于被告"所得"的制裁方法之间的差别,进行审视和观察。然后,我们将分别考察股票发行中的欺诈行为,二级市场中的欺诈和失职行为,以及内幕交易和经纪人欺诈行为。

缺失的救济

尽管法庭在证券纠纷案件中使用一大堆乱七八糟的救济方法,但是一些经常在其他法律中使用的救济方法,在证券案件中却没法派上用场。由于在实践中不太重要,法院在证券纠纷案件中没有判定协议利益损害赔偿、间接性损害赔偿和惩罚性损害赔偿这三种类型的司法判决。而这些救济方法的缺失恰好和最优制裁理论是一致的。

协议利益损失赔偿(Benefit-of-Bargain Damages)

假设一家企业对公众的报价是每股 30 美元,而根据企业的实力和市场前景,企业声称这些股票"值"40 美元。有人根据这一陈述购买了该公司的股票;或者假定一家企业宣布,它的股票在市场上,正在以 30 美元进行交易,而它推定其股票价格被市场"低估"了,并且发布言论说,该股票实际上至少每股"值"40 美元。于是又有人根据此陈述购买了该股票。此后,所有投资者都发现,这些股票实际上正按照 30 美元成交——那些假定的额外增值因素并没有使该股票增值(或者根本就没有存在过)——于是,投资者据此提起诉讼。但是,除非投资者能够证明股票在购买当天的实际价值低于 30 美元,否则他就有可能会败诉。即使投资者赢了这场官司,他也仅仅只能获得 30

美元购买价和该股票购买当天的"内在价值"之间的差价赔偿。[6]那么,为什么法院不判给投资者认为他们应该得到的协议利益呢?

对上面问题一个基本回答就是,在流动性证券市场里,根本就没有"协商"的余地。人们总是在不断地寻找"廉价股票",但是这个搜寻过程本身,却最终导致廉价股票因价格的调整而迅速消失了。如果公司的经理人们认为其股票应该值 40 美元,而实际上其交易价格却仅为 30 美元,那么对这种现象的一个可能的解释就是,精明的投资者们认为经理人是在盲目乐观。其实,一个新公司首次发行股票时,该企业的发展前景并不一定有那么乐观。然而,我们认为价格不是"协商"的结果,还另有原因,即公司的发起人没有理由会以低于股票应该代表的价值而抛售股票。当投资者认识到证券卖方所声称的他们要抛售某些东西并不真实的时候,他们就不会受到太大损害,购买者也就不存在遭受损失的机会了。即使他投资了另外一家企业,他也不会在那儿捡到便宜。

对于一项买卖或交易来说,还有另外一种解释,这就是消费者剩余的存在。如果 Perkins 认为某套房价值 50000 美元,因为惟独该房特别适合他的口味,并且没有其他人会出高于 40000 美元的价钱购买此房,那么 Perkins 就可以 40001 美元购买该房,也就是说便宜 9999 美元。在合同案件中,协议利益损害赔偿金通常被确定为对人们消费者剩余损失的补偿。如果违约,使 Perkins 不能占有该房,并使消费者剩余遭受破坏,这就成为实际的经济损失了。但是在证券市场里,却没有类似的消费者剩余,即使某种证券不可替换,但货币却是可以替换的。投资者愿意以某个价格购买某个公司的证券,取决于某些投资在其他证券上的回报率,专业投资者会将其投资资金从一种证券转移到另外一种证券,直到每种证券预期的边际收益相同(风险调整)。这些专业人士的活动就确定了每个人所接受的价格。由于某一家企业股

---

[6] 比较 Astor Chauffeurered Limousine Co. v. Runnfeldt Investment Corp., 910 F. 2d 1540(7th Cir. 1990),和 Lenvine v. Seilon, 439 F. 2d 328(2d Cir. 1971)(Friendly, J.)(证券案件中不存在协议利益损害赔偿)这两个案件和 Osofsky v. Zipf, 645 F. 2d 107(2d Cir. 1981)一案(存在损害赔偿以确保证券卖家从签约方那里能得到报酬)之间的异同。

票的股份与其他股份相同,一股股票的边际收益与平均收益也就是相同的。这说明每股股份实际上就只是一个边际份额,并且在资本市场里可能并不存在其他市场所具有的消费者剩余(有一个小小的限制:一些股票可能在使多元化投资方面具有特殊价值,另外在股票交易中还存在交易成本,它随着交易规模的增大而减小。因此,投资者在是选择一个公司的一千股还是选择一千个公司的一股方面,往往表现出漠不关心。然而,这也无关大局,并且由于以边际之下的股份没有剩余价值为前提假定,因此就能可靠地计算出损害赔偿金的多少)。

然而,在封闭公司中(股票不对外公开)却可能存在消费者剩余。在这种公司中,股票持有者通常不希望分散化投资,因此其边际价值和平均值有可能不同。这种流动性市场的缺失,意味着股票价格有可能反映不了所有信息。有时,封闭持有的股票发行价格被设计为会创造剩余;或许这只股票被看作就是一种在投资者之间不平均地分配投资回报的"协议"(其他投资者可以通过其作为经理人的地位来获取高工资或者额外补贴作为回报)。因此,这时采用协议利益方法来实施专门为闭锁型公司而量身定做的合同安排,或许就是合适的。事实证明,在证券案件中,这种类型的损害赔偿判决是绝无仅有的一次。

证券法里的另外一种协商意识来源于首次公开发售股票时所普遍存在的折扣。通常这种股票在发行后一般都会升值,这使他们捡了一个"便宜货"。一些经济学家曾质疑,投资银行家们是否会利用其发行人的优势,为其心仪的客户攫取利益。但是,这种明显的协商行为或许不过是他们花费在调查和为企业广告促销等方面的额外费用的一个替代品而已;它也是一种为获取预期额外回报所作的商业冒险(未披露的),因此,从这种意义上说,并不存在所谓的"廉价股票"。但是,我们并不需要去专门解决新股发行折扣的这类特殊性问题,它也不过就是平均不超过几个百分点而已,而且在证券法的规范下,没有人会认为投资者会有讨价还价的余地。由于不存在新股发行折扣,就不会被追究为存在任何"错误"行为,因此它在最优制裁设计过程中就不再成为问题了。

间接性损害赔偿

在合同案件中，法院有时会判决间接损失。我们举一个例子。Perkins 签订了一个把其专用机器出售给 Smith 的买卖合同。Smith 计划将该机器用于小机具生产线。后来，Perkins 违约，而 Smith 不得不为此停工几个月。不过 Smith 最终还是获得了一个替换产品。通常，Smith 可以获得因工厂停工而导致利润损失等间接损失补偿。这些是由违约所导致的净损失的一部分，因为他们代表的是被迫停工的设备的生产价值。在侵权行为法中，这种间接损失赔偿是惯常的做法，它规定遭受商业损失的一方可以因此获得利润补偿。

相反，证券法中就没有规定此类间接损害赔偿。如果 Perkins 因股价下降（Smith 的过错）而导致他失去了某些其他可获利的机会，而向 Smith 索赔，那 Perkins 就可真是太滑稽了。最优制裁理论认为，Perkins 的损失是很正常的，因为证券市场价格的波动本身并不会产生实质的经济损害。一个有缺陷的零件有可能使工厂不能运作，而股价的变化却并不影响实体资产的运作。

如果 Perkins 拥有一家工厂，该工厂需要采购一批零件，那么他可以卖出证券融得资金，以购买该零件。他可以对因价格降低对他增加所需资金所造成的阻碍而进行索赔。但是，如果 Perkins 的工厂生产的产品，和保持工厂运作的成本相当，那么 Perkins 也可以通过借贷来融得购买零件的资金。至于他将该资金用于何处（此处是购买零件），是与该资金的来源之间是没有联系的。在证券诉讼中，如果对间接损失进行索赔，索赔一方就要假定资金的来源和使用之间存在某种联系，但是这种索赔在正常情况下常常得不到法院的支持。

惩罚性损害赔偿

证券法中也没有规定惩罚性损害赔偿。[7] 乍一看，这也许会让人有点疑惑，因为惩罚性损害赔偿给原告的赔偿要多于其所遭受的

---

[7] Byrnes v. Faulkner, Dawkins & Sulllivan, 550 F. 2d 1303, 1313 (2d Cir. 1977); Gould v. American-Hawaiiian Steamship Co., 535 F. 2d 761, 781 (3d Cir. 1976). 包括 RICO 法案（Racketeer Influenceand Corrupt Organizactions Act）和州侵权行为法在内的法律都为投资者提供了获取数倍损害赔偿或惩罚性损害赔偿的机会（州法），我们不管这些机会对目前的目的来说显得有多么离谱。

实际损失,因此,正如最优制裁公式所表达的,它是一种加大损害赔偿力度的方式,这一点和最优制裁公式所隐含的原理是一样的。"净损失除以成功诉讼的可能性"规则,意味着更多倍的赔偿——这是由于诉讼的结果从来都不是确定的,而且大部分证券违法行为都是隐蔽进行的,如证券欺诈往往都是隐蔽的;遗漏也是秘密中进行的,这也增加了诉讼和调查结果的不确定性。但是,对于没有导致实际损失的欺诈和遗漏(或者仅仅是缓和了收益率)事件,却是不适于被起诉的。

惩罚性损害赔偿的缺失是不正常的。但是它却可能还是有一定道理的。我们下面要表明的是,许多损害赔偿措施,特别是撤销交易和建立在原告会遭受直接损失基础上的判决,都内在地蕴涵了更多倍的赔偿额。由于这些裁决通常超过净损失,而且数量较大,因此不适宜再通过惩罚性损害赔偿金来作进一步调节。不适用惩罚性损害赔偿,只不过是一种次优的解决方案;其实,在二级市场交易中建立最优损害赔偿机制,然后再考虑到证券案件确实存在隐蔽状态下难以发现问题的实情,允许更多倍损害赔偿的存在,仍是可取的。

原告损失和被告所得之间的选择

"损失"模式和"利益返还"模式,是证券法中损害赔偿的两种可供选择的模式。基于损失的救济措施,通常被叫做"直接损失",其瞄准的目标就是原告的损失是多少。法院询问投资者,他所购买的证券价值是否与他所支付的资金相符(或者如果是一位证券出售者的话,则询问卖者是否得到了证券所值的价值)。如果回答是否定的,则被告必须补足差额。有几种方法可以弥补损害带来的损失,包括撤销交易方法,这种方法迫使被告承担所有的交易风险,但是这些方法之间的差异对目前的目标来说并不重要。相比之下,利益返还方法则更加注重被告的交易所得,法院要求被告放弃所得的利益,这个被告所得的利益可能大于也可能小于另一方的损失。

法院在决定何时适用建立在损失基础上的损害赔偿方法,何时又适用建立在利益返还基础上的赔偿方法时,的确存在很大困难。法官们几乎无法说出他们作出某种选择的理由,有的法官甚至规定,在损害赔偿规则的设置方面,还是要依从在原告损失或者被告所得之间哪一个更大而决定。[8]

作为一个经济事件,许多争端往往并不太重要。损失和所得往往是匹配的。如果 A 在某一股票价值的问题上,对 B 进行了欺诈,并导致 B 为购买该股票付出了太多的钱,那么 B 所承受的损失实际上就等于 A 所获得的收益。如果某公司的发起人(或有限合伙企业的主要合伙人)说谎,结果导致其所获得的收益,远远多于其所售卖的投资产品的价值,那么这个收益最终还是会转化为别的投资者的损失。"所得"在最优制裁理论中的确是一个很好的计算基点,并且侵权者获得的收益往往是从受害者处转移得来的,因此是净损失的一部分,而且往往是最大的一部分。

然而基于收益的赔偿方法,还是遭遇了困境,因为如果我们制定简单的规则,要求侵权者倾其所有交易所得而进行赔偿的话,那么这种规则将会使受害者从这种制裁的执行本身中获得经济利益。假如公司的发起人,没有对一些意外事件进行尽职调查,那么他就会因节省很多调查所需的资源,而从中获取收益,如果上述规则将此种收益也算入其中的话,这种规则就将会失效。因为,这种损害赔偿规则,将会使发起人不会在没有尽职调查而给他人带来的损失与调查成本的节约之间作出比较,从而不再努力尽职调查。因此,我们有必要考虑将被告的那些在交易中因节约调查成本而获得的收益,以及那些由于提高生产效率而获得的收益,从"所得"的定义中剔除出去。这才是真正意义上的法律规则![9] 假如这一剔除和滤除过程没有被很好的执行,也无关大碍,因为只要受害人察觉和起诉面临很大的不确定性,那么基于被告所得的赔偿方法下的赔偿数额本身也就会很低。

关键的问题是,为什么还会存在那种基于损失的赔偿。虽然许

---

[8] Affiliated Ute Citizens v. United States, 406 U.S. 128, 155 (1971); Siebel v. Scott, 725 F. 2d 995, 1001—1002 (5th Cir. 1984); Pidcock v. Sunnyland America, Inc., 854 F. 2d 443 (11th Cir. 1988); Bruschi v. Brown, 876 F. 2d 1526 (11th Cir. 1989).

[9] Siebel v. Scott, 725 F. 2d 995, 1002(5th Cir.. 1984); Janigan v. Taylor, 344 F. 2d 781, 787 (1st Cir..), cert. denied,382 U.S. 879(1965).

多被告在其违法行为中所获得的收益,在数额上近似于该违法行为所造成的净损失,然而在一些案件中,投资者的损失与被告所获得的收益相比,还是有可能大相径庭。可以考虑这样一个情况,一个公司的经理宣布该公司完成了一项惊人的发明,而且声称该发明将价值数十亿。随后,该公司股票价格飞升。两天后,这位经理又非常不好意思地宣布,上述消息是一个错误信息,随后股价又回落到了原来的水平。显然在这两天中购买该公司股票的人,都会承受巨大损失,然而该经理和该公司却也都没有获得什么收益,也就是说,即使是那些违反规则的人,也没有获得任何的收益。当然,收益和损失还是相互匹配的,在这两天中购买股票的人所承受的损失,正好被在这两天中抛售股票的人所获得的收益所抵消。这些获益者并没有违反规则,因此也就不可能要求他们去赔偿那些受损失的人。如果一个规则要求该公司就购买股票者所承受的损失,进行全额赔偿,那么其赔偿额将远远超过其所造成的净损失。诸如此类的案子将会造成净损失——此类事件将会导致投资者自己进行调查,并且会在一定程度上增加经济中的无法补偿的风险——不过,这种损失是很小的。因此,我们希望能有一个多元化的处理机制,来解决证券案件中的损害赔偿问题。通过这些机制,即使是那些被表述为基于损失而衡量的损害赔偿,也可以进行转化,从而与被告所获得的所得相挂钩。让我们先回到这些限制性机制,来首先探讨一下股票发行欺诈问题,因为该问题是基于损失来计算损害赔偿办法的一个最明显的应用。

证券发行欺诈

适用于证券发行欺诈中的规则会导致很大规模的补偿。如果证券没有进行适当的注册,或者在招股说明书中包含有不真实的内容,或有某些重大信息遗漏,那么按照1933年法案的12节的规定,需要承担损害赔偿责任。一般赔偿金额是证券购买价格减去该证券在法院审理时或售卖时的价值。这种"撤销交易"的赔偿方式将不但补偿投资者"直接损失",还将补偿投资者因涉足证券市场进而遭受整个市价跌落所带来的损失。在该规则下,被告就承担了所有的市场风险,而投资者却稳坐钓鱼台,非常安全。即使一家企业经营失败或者其股票市场价格下跌,投资者也能获得补偿;如果一个公司经营成功或者股价上升,投资者也可以继续持有该证券从而获得收益。总之,投资者总是处于不败之地。

如果问题是产生于注册文件而不是招股说明书上——或者投资者向其他人寻求救济,而不是向发行人或者售卖人寻求救济——那么上述合同撤销式的赔偿方式就得有所修正了。根据1933年法案的第11节规定,任何被告都可以有这样的请求权,即要求申明证券价格的下跌是由于其他因素,而不是由于欺诈或是某种信息遗漏造成的;也就是说,这一规定允许使用市场模型对该判决进行校正,从而滤除那些由于市场总体变动而引起的证券价格的波动。每个承销商仅被要求就其所获得的收益负责赔偿;并且这种赔偿责任将在承销团中进行分摊。

是什么原因造成了这种规则如此严厉,又是什么原因造成了在12条的规定下,那些被认定有责任的证券售卖者,将比其他市场参与者(例如会计师事务所与律师事务所——它们只需要就第11款的规定负责)面临更多的罚款?这种规则在很大程度上是依赖于对附条件的威慑和无条件绝对威慑的区分。一个股票被要求注册而没有注册,发行人在发行股票时说谎,这些行为是不存在任何借口的,因此在第12节的规定下,这时的所有风险都将由被告承担。正是通过这样的规定,法律可以将证券发行者的行为引向正途。

在股票发行中发展无条件的绝对威慑,其条件已经成熟。在证券发行者发行证券之前,证券交易委员会有一个行政程序,专门为其提供发行前的指导。如果证券发行者认为不公布一些信息(或不将股票进行注册)是合适的,那么他可以通过这一指导过程,确认其观点是否正确。在股票发行过程中,由于欺诈或者信息缺失而造成的资源分配上的效率损失是最为严重的——它将导致资源从最有效率的行业转向相对缺乏效率的行业,从而产生实际的损失。然而,要衡量这种损失又非常困难,而这也正好说明了将不确定性而产生的负担加于被告的规则的效用。

在证券的发行中(不像我们在以下部分中提及的二级市场),没有第三方可以获利。因此,净损失也就相当于毛损失。同样,损失和收益也是惊人的一致。假如公司的发起人声称将1000美元的存财产投入了公司,而事实上他们只投入了200美元;之后他们又将股票以1000美元卖出,那么投资者损失的800美元将正好等于发起人所获得的收益。在上文中我们已经阐述了,为什么说从收益的角度出发,去衡量净损失是一个很好的想法,同样,法律也正是通过这种方式来确定赔偿额的。

进行这样的分析很可能会引起两种潜在的反对意见。首先,被起诉的人往往是承销商,而不是发起人,但是承销商并没有获得利益;其次,如果市场下跌的话,法律将允许1000美元的补偿,而不是仅仅就发起人获得的800美元进行补偿。被告除了发起人之外应该还另有其人。这种观点是正确的,但并不非常重要。被告可能与发起人关系紧密,并且可以安排进行补偿,比如,要求发起人提供保证人,或是让其采取预防措施,使被告可以免除责任。那些潜在的被告们能够以最低的总成本分配责任和义务,从而达到符合法律规定的要求。这是科斯定理的又一个重要含义。那种认为赔偿的额度将超过所获得的收益的观点,也只是部分正确的——许多的市场参与者,例如会计师事务所以及律师事务所,只有在第11节的规定下才负有责任,而这个第11节的规定是允许对由市场原因而引起的变化进行调整的。值得补充的是,就算是那些随时要因为市场的下跌,而对消费者进行赔偿的人也可以进行避险,例如,承销商在发行股票时为了避免市场下跌的风险,可以卖空股指期货;发起人也可以就市场下跌而带来的风险的增加进行避险。一个具有流动性的二级市场的存在,使避险成为可能,因此,虽然第11节规定的赔偿允许对市场波动进行调整,而第12节规定的赔偿,却不允许这种调整,但从根本上来说两者之间已经没有很大的(系统性的)区别了。

有趣的是第11节b款给予那些发行者的"帮手们"(例如会计师)一些保护,然而这些保护却没有给予发行者。这些差别表现在这些专业人士提供其服务的交易方式上。法院会接受这些专业人士的有关免责的一些主张,通过这些主张,这些专业人士可以大大降低由于重大信息遗漏(与欺诈相对应)而给他们带来的风险。在这里"无条件绝对威慑"这一概念的运用是最少的。这些专业人士可以通过减少信息的调查和介绍而获得收益。会计师以及其他的一些专业人士提供的是一些很有价值的服务,如果某个规则将无过错责任同样加于他们身上的话,那只会减少他们在证券发行时所提供的服务。因此,法院的创造性在于减少针对这些专业人士的赔偿请求。有一个法院认为在针对会计师的案件中,运用"撤销标准"是"不公的,因为它补偿的是投资者由于进入市场而承担的一种不特定的风险",该法院最终在考虑到市场变化的情况下,还是判处减少赔偿额。[10] 另一个法院则坚持认为,由于发行者本身的纯商业问题而令投资者蒙受损失,就不应该要求会计师进行赔偿(和虚假陈述的实际后果相对应)。[11] 诸如此类的调整,从制裁经济学的视角来看,更是意味深长。对于投资者的税收利益,最高法院也持相同意见,最高法院认为,投资者的税收利益不能用来减少其应当付给的损害赔偿金[12];税收利益不归属于违法行为的真实财产部分,并且和被告的所得无关,因此,最优制裁经济学要求他们有所忽略。

我们在处理证券发行问题时,已经把企业分为两种形式:一是封闭持有;另一种就是公开上市。在这种分类下,会存在这样的情况,即在一个发行人所得到的收益和从其他投资者手中榨取的超额支付之间,将会有一场势均力敌的竞争。但是如果是公众公司发行新股,情况又会如何呢?这里我们会看到,这种竞争会出问题。那些从这些罪恶中"能够获益的人"往往就是公司的原始投资者。这些投资者可能会在新股发行对市场造成冲击之后卖掉他们的股份,从而把虚假陈述所带来的收益变现。当发行人支付了由新投资者所提起的诉讼中的损害赔偿金的时候,这些补偿金的大部分,又不过是来自于其他的新进入的投资者——他们会在股票价格被虚假陈述引发第二次上涨的时候,从那些买了第一批股票的其他新投资者身上购得股票。那些在二级市场上购买了第一批股票的人,则会损失双倍的利益(就像是二手股票的购买者一样)——当真相大白的时候,股价还会进一

---

[10] Huddleston v. Herman & McLean, 640 F. 2d 534, 555 (5th Cir.. 1981), 以别的理由, 部分地被推翻, 459 U. S. 375 (1983)。
[11] Sharp v. Coopers & Lybrand, 649 F.2d 175, 190—191 (3d Cir. 1981).
[12] Randall v. Loftsgaaeden, 478 U. S. 647 (1986).

步深幅下挫，因为公司必须拿出相当的资产来支付给二手股票的购买者。

这就又让我们回到关于收益和损失之争这个难办问题了。在这场投资战争中，一些投资者获利，而另一些则遭受了损失，并且盈亏又大体上持平，也就是说总体来看净损失可能是很小的。比如说像上面所提到的这样案例，风险的增加也就是仅仅引起了分配效率的降低；如果新股发行所募集的资金被用到一个低劣技术项目中去，又加上通常意义上的生产、防止和抵制欺诈的成本，那么生产效率也就会随之降低。然而，这也证明了在证券销售案件中，实际上真正判决由公众公司赔偿的数额是很小的。在二级市场购买由发行人卖出的第一批股票的人，会提起针对发行人的诉讼，因为假设正是发行人的不当行为，才使得股票价格上涨，并使他们正好在价格飞涨的时候购买了该股票。这时如果发行人同时对几乎所有的投资者都支付损害赔偿金的话，由于人数众多，那么真正分摊到每个投资者手中的赔偿数额就会很少，而支付很少的赔偿金，毕竟是不大好的事情；因为这个赔偿额甚至少得几乎和股息或者部分清算费用差不多（在这种情况下如果被告是会计师或者其他专业人士而不是发行人的话，那么这个问题从根本上讲就和公司公开上市一样了。这些所有经市场运作所过滤过的损害赔偿金计算，将会给这些专家们一个激励去采取适当程度的谨慎水平）。

二级市场上的欺诈和内幕交易

只要我们讨论的问题涉及二级市场中的交易，就不可能回避收益和损失相匹配的问题。回忆一下我们上面提到的有关经理的例子，这位经理宣布了有关公司的利好消息，但是两天后他又将话收回了。在这种情况下，如果投资者在这两天中，正好卖出了股票，那他就会大赚其钱；反之如果正好他在这两天之内买进了股票，那么显然他一定会亏损；而对于那些既没买进又没卖出的投资者来说，则自然就是毫发无损了。我们看到，这里几乎不存在任何净损失，因为毕竟卖出股票者，已经不再是这个公司的投资者了，但是由于还会存在其他仍抱观望态度的投资者，公司的损害赔偿支付问题，也不会打水漂儿。这时,如果按照在这两天内买进股票的投资者的损失,来计算赔偿金额,那这个数额就有可能大大超过最优制裁水平。

就像以上我们说的那样,我们不能因为说过度的救济措施会对合意的无条件的威慑具有促进作用,就认为其具有正当性。如果这样做,一家企业可能会因为需要做一些更详细的调查工作,而延迟证券发行的时间;或者会冒着承担责任的风险而作出悲观的陈述。针对某种特定行为而采取无条件威慑式的严厉损害赔偿规则,不可能在长期上阻断有价值的机会。但一家在二级市场披露信息的企业,总是不可避免地冒着"要么过度乐观、要么过度悲观"的风险,而如果我们为此而采取那种"一刀切式"的措施去规范这两种倾向,其结果就并不一定会提高信息的真实性,反而倒是有可能会导致投资者们的过度缄默。投资者不管在任何时候都不需要那种会导致缄默的规则。就像我们在第 11 章中所指出的那样,总体而言,公司是有关它们自身信息的最好提供者。如果使公司有所保留,则其他当事人比如:投资银行家、投资顾问、经纪人等等就会先行发布消息;但是相比较而言,他们在接触信息方面要比公司有更多的困难,相应地他们在发布信息时,就会花费更多的成本,而且其准确性也会打一些折扣。因此极有必要制定一个规则,诱使企业在产生更多或更准确的信息的成本方面作出某种平衡,从而防止由错误信息所造成的净损失的出现。

然而,也不能抛开公司本身而将解决这个困难问题的责任推到经理而不是"企业"身上,从而逃避这个疑难问题。只有单方负责的责任是不存在的。它可以通过合同来进行变更,如果法律禁止他们明显的转移(如禁止经理免责),那么在相对价格方面就会发生一些变化。经理们会因为不断增长的风险而要求更高的薪水,以这笔钱来支付保险费。其操作技巧是确定一个最优损害赔偿水平,以至于那些在损害规则的阴影下,从事交易的人们将会被引导采取适当的谨慎水平。

我们对加大经理所承担的责任的提议持怀疑态度,还有另外一个理由。其中一个众所周知的有关损害赔偿规则正当化的解释,就是他们将损失转移到了那些最能传播风险的人身上。将风险转移到较少具有风险规避倾向的人(或者说更能将风险转移到对风险中性的保险者)往往会产生真实的经济收益。但证券市场的结构表明,风险规避程度的不同,并不构成经理们在损害赔偿责任承担方面免责的理由。上市公司作为一个制度安排,其设立的目的就在于把风险从经理身上转移到投资者身上,投资者进行权益投资,实际上就等于在购买风险,但同时作为对价,他们可以获得这种投资的剩余收益。作为一个风险承担者,他们拥有比较利益,因为他们同时可以持有很多家公司的股票,并进行多元化投资,这些多元化投资者们,实际上在行事方式上,秉承着一种风险中立的投资风格。一个持有多元化投资组合的投资者,在交易中就像我们在这一节中提到的例子一样,既会是潜在的赢家,也常常会是潜在的输家。每一个在那两天中受损失的股票买家,总是会对应着一个受益的卖家。从长期来看,任何进行理性的多元化投资的投资者,总会在一段时间是买家,在另一段时间又是卖家。在一个迫使投资者反复地用其自己的盈利,来弥补其自己亏损的法律规则下,这一类投资者是很难一直获得长久好处的。

经理们一般按照风险规避的方式去行事,因为他们的大部分人力资本和大量个人财产与公司的命运紧紧捆绑在一起,由于缺乏分散化投资,致使经理会为投资者的利益而努力工作;毕竟他们的财产与公司的命运密切相关,但这同时也使经理成为风险的惟一的承担者,而且经理个人承受的绝对风险越大,他们的行为就越谨慎。但是对于有影响力的风险中性的投资者来说,他们并不需要过度谨慎的经理。

当然,这也并不能仅仅因为大部分损失和收益相抵,就认定在二级市场案件中的最优损害赔偿金是零。事实上净损失还包括监管费用,和对不当行为所提起的诉讼的费用;并且只要一种特别交易会产生无法挽回的损失,就还会存在一个分配效率损失。投资者之间的损失转移数额越大,他们花在预防方面的资源就越多。尽管每一个多元化投资者,都希望在每次交易中都能成为赢家,但存在如此大规模的证券信息产业的事实本身就表明,这种预防损失转移的费用,绝不是一个小数目。但如果能获得损失补偿金则会降低这方面的费用,但即使是最优的损害赔偿金判决,也肯定要比财产转移的总额要少得多。在计算判决的损害赔偿金之前,应该假定法庭是赞成净收益规则的,这个规则也可称为"不当行为者的收益规则"(还包括执行和处理事物的成本措施和一些风险费用措施)。最好的规则或许可能是制定一种比较呆板一些的规则——也就是说,规定只有公司股价总变化的百分之一可归结于该不当行为,这样就可以避免我们去计算实际的损失。因为这个损失,其实根本就是无法计算清楚的,然而这样的机械性规则,只要通过法令就可以建立起来,根本不需要我们费太多心思。

问题在于法庭是否会适用以收益为基础损害赔偿计算方法。在涉及封闭公司的案件时,肯定是这样处理的。但是不当行为者的所得和其他投资人的损失,总是基本持平的,所以盈利和亏损的计算尺度就毫无作用了。在贸易公司,事情就更不清楚了。很多年来,法院表达了这样一种规则——在这种规则下,所有在公司虚假陈述影响股价的时候,参与交易的股票投资者都有权知道,他们买入(或者卖出)的价格和股票的真实价值之间的差别。以损失为基础的损害赔偿计算方法,在案件审理过程中仍然只是口头上的一种方式,在最近的一些案件的审理过程中,法官也已表现出对这种方法的不满。

举一个例子来说,一家企业向外部人发布了一些重大的并且对公司不利的信息,而且这些外部人在公司披露该信息之前,就已经从事了该公司的股票交易。(这是一个名义上的内幕交易案件——也是我们后面要讨论的主题,但是由于它是被用来反对企业在没有让其他投资人充分知晓的情况下允许其他投资人去参与交易,因此我们把这种情况看做是一种二级市场上的普通重大信息遗漏案件。)那些于公司信息私下发布和最终公开期间,在市场上购买了企业股票的投资人,向公司提起诉讼,并试图从企业那里追回损失。地区法院在案件审理过程中,就运用了基于损失为基础的损害赔偿计算方法,但这个办法被第二巡回法院所否决[13]。因为,第二巡回法院认识到,一些投资人在价格下跌前,完全有可能抛售股票获得收益,因

---

[13] Elkind v. Ligget & Myers, inc., 635 F. 2d 156(2d Cir. 1980).

而该法院采取了建立在交易所得基础上的救济计算方法。另外如果运用基于损失的计算方法,要追回全部损失,也确实显得有点过分,因为很难精确量化损失与股票持有之间的实际对应关系。但不管投资者是否得到一些收益,他们毕竟已经参与了交易(而且一些投资者还遭受了损失),而且事实上它也确实已经给投资人带来了损失。

很难说在实践中,这种基于被告所得基础上的损害赔偿计算方法,是否正在取代基于损失的计算方法,因为在牵涉到二级市场交易方面的违法案件毕竟是少之又少。对于这种情况下的案子,人们通常会寻求诉前和解,有时大概这是因为事情太棘手;有时又是因为数目实在是太大。但是不管法院是选择收益,还是选择损失作为计量赔偿金的基准点,问题还是没有得到解决。

诉讼当事人通常认为,法院将会继续使用以所得为基准的计算方法;很多案子都是在继续使用此种方法。在最近的一个案子中,投资者起诉公司在发布年度报告时"过于乐观"了,那些在这三年期间购买了受到这个报告影响的投资者声称,他们购买这个股票时,买入价太高,因此他们要求获得以购买价格与"真实"价格之差为标准的赔偿。[14] 但法院在判决此案时,使用了市场判断方法,来为损失数量设置了一个上限,比如,可以观察一下市场运行情况,如果当真实信息公开时,股价回落了11%,那么法院就可以以此作为救济补偿的标准。[15] 从市场中采集价格数据,至少可以给出损失的一个准确的图画。使用市场价格波动数据,把市场影响排除在外,从而仅仅保留企业专有信息效应,仍不失为一种较好的方法,但是它却不是一个适当

---

[14] Sirota v. Solitron Devices, Inc. , 673 F. 2d 566(2d Cir. 1982).

[15] 673 F.2d at 577. 它否决了陪审团的评估意见,陪审团推断在真实信息公开之前,股票被高估了52%,法院没有采用这个模型,因为它没有说明股价下跌11%期间市场运动的情况。(很明显,也没有人询问这件事)法院也采用了陪审团早些年的评议意见,推定最终的价格调整没有反映早些年的言过其实的表述如何影响了价格。法院的区分是大体上准确的,不管年度报告上怎么说,确切的信息还是到达了市场,结果当消息泄露的时候,公司虚假陈述可能维持的高价位就将会稳步下挫,第一个购买者的超额支付会超过最后一个买家的超额支付——正像法院所观察到的,他们的损失可能会比11%的调整幅度要大。

的起点。

有人认为,或许从各方面综合的角度来看,以原告损失为基础的赔偿计算方法可能更具正当性。首先它激发了人们过度的谨慎意识,而且只要私人损失不可补偿,他们就会有这方面的激励谨慎行事;其次他们可以非常粗略地充当实际净损失的倍数,以在考虑到出现那些难以察觉的非常重大的信息遗漏时(或者异常重大虚假陈述)以增强法律的威慑效应;最后,法院并没有判决对那些没有获得收益的人们以损害赔偿,这一事实减少了以损失为基准的赔偿方法的超额水分。假定由于重大信息的遗漏使本应上涨的股价原地踏步,用我们的"行话"来说,这对投资人而言是实际损失;因为不上涨,几乎和股价下跌没有什么区别。然而,很少有投资人对此类案例起诉,我们也没有发现一例因为公司不当行为而导致投资者加入到获利大军中去而给予赔偿的判决,我们也没有发现任何使用市场模型以增加赔偿额的案例——尽管这在逻辑上说常常应该有这种效果。

所有这些说法都只是托词,而非真正意义的解释。建立在10b-5规则下的私人损害赔偿诉讼规则规定,赔偿责任的判定以明知或故意为主观要件。这才触及到了问题的实质。仅仅有过失是不够的,必须是故意的误导行为,才能构成责任承担的要件。设置故意要件的主要目的是为了过滤掉一些不当行为案件。但是由于原告很难对此举证,这使得一些不当行为得以逃脱。被漏掉的案子越多,就越适合采用多倍的惩罚性损害赔偿。如果责任的认定仅仅被限定在真正惊人的大案范围内,那么我们就不必再过度担心最优威慑问题了。故意要件和损害赔偿规则之间的相互作用,应该从规则过度(或者,不准确)实施中脱离出来。利用实体规则去处理一些小型案件,更适合使用无条件绝对威慑的严格责任规则。但是如果这个故意要件规则,不能过滤掉疑难案件——假如最终证明总是有可能在事情变坏的时候,发现一些有过失的遗漏——那么以损失为基准的损害赔偿额就太高了,也就是说有必要用更温和一点的救济措施来取而代之。

市场欺诈与市场真相

有关救济的法律有一部分是很明显地遵循经济分析的逻辑的。

当市场谎言对股价造成负面影响的时候,即使这个仍是一头雾水的投资者从未听说或依从过此虚假陈述,他也有权追回其所造成的损失。也就是说,假如这个谎言影响了股价,然后价格吸收了这个消息(真实或错误),不管投资者是否知情,该谎言都已经对该投资者造成了损害。这种"市场欺诈"教义曾一度引起争议,但最终在 Basic, Inc. 诉 Levinson 案中被联邦最高法院所接受。[16] 这个规则就依赖于我们在本章通篇都在讨论的方法。

市场欺诈可能引发以下几种后果:第一种后果是被"市场真相"所识破。如果市场知道了真相,最厚颜无耻的谎言所造成的损失就将得不到支持。[17] 因此如果公司对(不过参与交易并能影响股票价格的专业人士却知道内情)它正面对的大的环境赔偿判决,和昂贵的设备重置只字不提,而大声地宣传其对环境是安全的,不会损害投资者的利益。市场上对真相的要求可能会带来很多困难问题。尽管股票在市场真相大白时,其 $\varepsilon=0$,这也意味着信息发布过程中不包含"新信息",但我们也还是不知道到底何时才能真相大白。假如信息是在最初的撒谎和最终揭露这个期间慢慢渗入市场的,这时也有可能对投资者造成损害,只不过难以察觉罢了。在这种情况下,就非常适于采用市场模型。不过,其原理仍是简单明了的。

第二种后果是,由于不准确的披露,会减缓股票的名义价格上涨

---

[16] 485 U.S. 224, 241—247(1988). 另参见 Daniel R. Fischel, "Efficient Capital Market, the Crash, and the Fraud on the Market Theory," 74 *Cornell L. Rev* 907, 917—922(1989). 很难说 Basic 是否理解被法院采纳的市场欺诈理论的基础或意义,因为经济理性首先是与 Basic 本身所隐含的无责任教义是相吻合的,并且法院或许也把因果关系和信赖相混淆了。参见 Jonathan R. Macey and Geoffrey P. Miiller, "Good Fianance, Bad Economics: An Analysis of the Fraud-on-the-Market Theory," 42 *Stan. L. Rev.* 1059(1990)。市场欺诈会导致价格变化;如果我们把这种效应用被投资者"信赖"这个词来表达,那就只能会导致混淆,(当股票广泛交易的时候,消除作为一种明显的调查的"信赖"是最好的选择。) Basic 捏造了有关法院认为的市场是如何有效率的所有问题,至于执行中的具体细节问题,对诉讼来说应该是至关重要的,但对于现在的目的而言却并不重要。

[17] 没有任何一个法院明确地表示它们接受"市场真相学说",但在 Flamm v. Eberstadt 一案中,该主题却得到了一个得到相当正面地肯定。814 F.2d 1169, 1179—80(7th Cir. 1987), and In re Apple Computer Securities Litigation, 886 F.2d 1109, 1115—16(9th Cir. 1989).

的速度,因此就可能具有危害性,并且可以据此提起诉讼。就像我们曾经痛苦地指出的那样,投资者的损失必须以扣除市场波动以后的数额为标准来计量,如果我们做的不像我们所预期那样好(给定市场变化),这本身就是一个机会成本,这个损失就和股价下跌没什么两样。法院一旦采用市场模型(就像市场欺诈教义所做的那样),和预期相比的损失救济就会随之而来,尽管并没有发生直接损失。[18]

内幕交易

内幕交易(我们在第10章曾有详尽论述)通常被描述为一种二级市场上的不当行为。它通常只指公司故意推迟真实信息的公布,而内部人或知情人员却在该消息发布导致股价变化前,进行利己交易的行为。如果人们主要控诉的是重大信息披露的延迟,那么前面那部分的分析就仍是适用的。但是大部分的信息披露延迟根本就不具有可诉性[19],即使有少量案件进入诉讼程序,收益和损失也应该会抵消;假如人们主要控诉的是交易本身,而不是延迟的事实,那就有必要把眼光放得远一些了。

假设交易各方一致认为,公司已按时向公众发布所有必需的信息,并且一些人在发布前已进行了交易。在这种情形下我们就很难确定损失。因为内部知情人的交易伙伴,在交易中并没受到什么损害,说到底,他们仅仅是在买或卖而已;而且知情人的交易行为并没有引起其他人的交易。在流动性市场中,当前的知情人的交易订单是与其他先前就存在的知情人的交易订单相匹配的。即使知情人的行为已对股价产生了一些影响,那也不会引起其他人的交易。一只股票不会由于一个投资者的部分投资组合的改变就变得更"离谱"。因为在这种情况下,股票价格只会发生很小的变动。股票价格的波动也许会引起那些密切关注某家公司的职业投资者的注意,因为根据所有有关该公司的已公开信息,这个新的价格似乎是不合理的。

---

[18] 参见 Goldberg v. Household Bank f. s. b. ,890 F. 2d 965(7th Cir. 1989)。
[19] 只要公司在信息披露延迟期间保持沉默。Basic, Inc. v. Levinson, 485 U.S. 224, 239 n. 17(1988)。

但是这些职业投资者们在决定是买还是卖时,可以轻易地决定,是进行一下调查研究或是等待观望。因此,内部知情人行为所造成的影响,似乎同公司不披露公司信息决定的影响是一样的。

然而,这也不甚正确。因为知情人的行为可能会导致股票价格朝着由未披露的信息所暗示的方向变动。这使得价格成为一个更好的价值指示器。因此也可以把知情人的交易所得,看成是对其制造的这种信息所给予的补偿,而这些信息对公司来讲可能是有价值的。由于这些原因或者其他的原因,内幕交易可能对投资者们来讲是有益的。从这个意义上讲,内幕交易根本就不应该受到处罚。但是,由于交易中存在的机遇可能会诱使经理们采取不恰当的冒险行为(目的是增加股票价格的波动性),或者将信息延迟发布,而且交易的诱惑可能会导致知情人透露出该消息(即使只是不经意地留露),或者使得别人能从该信息中,暗自推断出某个时候是公司最佳利益之所在。在这种情况下,内幕交易就会产生净损失——不是那些当秘密还处在保密状态时,由投资者在市场上交易引起的损失;而是公司的所有投资者都已经察觉到的损失。每个投资者都会发现股票的售价有点偏低,造成这种结果的原因是由于股票价格波动性的增加(风险的一种形式),以及由于内部知情人总是有机会盗用公司利益,或泄露公司机密,但却没有向公司提供一些相应的价值补偿。

如果认为内幕交易是完全有害而全无益处的,那么,就应该对所有的投资者进行补偿。在实务操作中,这往往意味着对公司本身进行补偿。需要再次说明的是,净损失就是由不当行为当事人的所得,加上效率方面的减损而转化而来的,它的计算是用二者的总和除以(对内幕交易行为起诉)胜诉的概率。内幕交易法已经朝着这个方向稳步地迈进。现在,损害赔偿已经坚实地建立在知情人的"所得"之上,而不是其他交易者所要求的一些"损失"基础上。并且《内幕交易处罚法案》(Insider Trading Penalties Act)允许法庭放宽损害赔偿的计算额度高至3倍,这样做的原因是,考虑到秘密交易者逃出法网的可能性比较大的缘故。[20]

这就产生了一些关于"所得"到底意味着什么的有趣问题。制定法是这样定义"所得"的——"'所得'是证券购买或出售价格与在公众散布了非公开信息后的一个合理的时期里,以证券的交易价格衡量的证券价值之间的差"。在一些案件中[21]法官也已经使用了相似的计算公式。这种方法实际上是市场模型方法的一个应用。因为它将所得(信息的价值)定义为拥有信息的股票市场价格,和不拥有信息时的股票市场价格之间的差额。信息披露后的一个"合理期间"这个措辞的使用,提醒我们应注意到这样的事实,即交投比较清淡的股票的价格,不会像诸如 IBM 这样的股票那样,能够迅速或准确地进行价格调整。因此,有必要使法庭具有足够的判断力来确定一只给定的股票的价格,是如何对新信息作出反应的。如果说在这个公式中还存在问题的话,那就是缺少对在这个期间里有关市场动向调整的参考资料。制定法含蓄地假设了市场和工业组织是保持不变的,而且交易和信息的发布之间的间隔耽搁的时间越长,这个假设的正确性就越差。制定法并没有排除一种消除市场变动的调整方案——一种有可能增加补偿,也有可能降低市场变动的调整方案。这种调整方案作为一种经济方案是合适的,并且它可以用作计算证券购买或出售价格方法的一部分暗含于制定法之中。

Coffin 法官提出了一个不同的关于"所得"的定义。他主张交易者的所得是其所支付的价格,与其在出售时真正实现的价格之间的差价,即使售出行为发生在信息公布后的很长时间里也是如此。[22]一个知情人以 10 美元购买股票,在信息公布之后,股价上升到 12 美元,一年之后,知情人以 20 美元的价格出售该股票。Coffin 法官以 10 美元来计算该"所得"而不是以 2 美元来计算。在一些案件中,由于

---

[20] 15 U. S. C. §78u(d); SEC v. MacDonald, 699 F. 2d 47 (1st Cir. 1983) (in banc),后发回重审, 725 F. 2d 9(1984)); Elkind v. Liggett & Myers, Inc., 635 F. 2d 156 (2d Cir. 1980)。

[21] Section 21(d)(2)(c), 15 U. S. C. §78u(d)(2)(C)。

[22] SEC v. MacdDonald, 699 F.2d 47, 55—58(1st Cir. 1983)(in banc)(持部分反对意见)。

调查工作不太可能进行,这样一种计算方法,虽加大了损害赔偿额,但也算是对调查工作不能有效进行的一个粗略的弥补。这也是对所谓很难计算准确,这样一个事实的惟一可能的解释。知情人以他的知识或信息而获取的利润是 2 美元,在消息公布之后,知情人可以自由地随意购买他所想要购买的股票,而剩下的 8 美元,则是对知情人作为一个风险承担者所应得到的利益的一种回报。[23] 因此,没有理由把这个股票作为对风险承担者而得到的这一回报,当作是"内部信息"所带来的"利润"。知情人在此处所扮演的角色,同任何其他不知道"内部信息"的公司投资者所扮演的角色,是没有任何差别的。这个股票或许已经轻易地跌到 4 美元,或者这个知情人或许已经以 12 美元的价格将其出售,然后再买回来并持有。在所有的这些案例中,从被禁止的活动中所得到的收益是 2 美元。一旦消息公示,这个知情人的风险承担行为,就会成为一种社会生产行为,那么它在损害赔偿中就不应当受到惩罚。

经纪人的不当行为

我们只要简要地看一下经纪人在与他们的客户交易中的不当行为就可以推断,这种不当行为仅仅是偶尔才与证券法所要规范的主要目的发生关系的。经纪人常常在处理客户的账户时用到辨别力。当客户看到他们的一个账户的资产价值下跌时,他们可能会指控经纪人未能尽职尽责。他们或许会说经纪人在"搅拌"客户*以获取更高的佣金收入;或者说他们挑选了不"适合"客户所要求的股票;或者说他们诱使客户购买他们自己并不愿意购买的股票。这些控诉与证券本身无关,但却与经纪人对于做一个诚实代理商的承诺的破坏有关,并

---

[23] 该情形和其他投资者所看到的镜像是一样的。一旦信息发布,如果 12 美元的价格具有吸引力,那些以 10 美元价格出售给知情人的投资者就会自由和理智地重新评估他们的出售行为,并且会购买新的股票,他们的损失也就不会超过 2 美元。股票市场上的足额补偿的概率——如在出售大豆合同中的足额担保一样——切断了当违法行为真相大白时候的赔偿金,而且无论他们想要多少商品,这个市场对于参与者来说都将是安全的。

* 在英美法中,通常指为牟取佣金收入而诱使客户作过度频繁的交易,不断地买进或卖出证券的行为。——译注

且正是他们的控诉,引发了一些评估和计算方面的问题。

多年来,法庭在损害赔偿方面的判决,是建立在客户的毛损失额的计算基础之上的。如果经纪人诱使客户购买了 Q 公司的股票,并且又隐瞒了他对 Q 公司股票有关"造市"的信息,后来 Q 公司股票价格下跌,法庭就会以支付价格和已实现的价格之间的差额,来判定损害赔偿金的多少。[24] 这实际上是一种应当摒弃的损害赔偿金测度方法。因为这种方法将公司成败的全部风险以及股市的整体风险统统都强加在经纪人头上。实际上,不应该将威慑设计成绝对的无条件的威慑,而应该针对具体问题具体分析——比如针对既定老练程度的客户应披露多少信息,在任意一个账户中有多少交易可做——诸如这类问题才是审判所需要的。现实中可能会存在经纪人披露较少的情况,但采用损害赔偿规则,就可能会诱使经纪人向客户披露真实的数额。如果规则允许客户从证券价值的增长中获利,但却要求经纪人虚构亏空,那么这个规则所传递的就将是不正确的信号。客户的所失与其他人的所得是匹配的,它们不是净损失的一部分。

现在,法庭几乎不再以客户的交易损失来计算损害赔偿额了,它们改为假设市场在股票定价方面是合理的有效率的。因此,客户得到了他们为之所支付的东西——即使这东西不是他们所想要买的。投资的风险是归属于客户的,即使客户更乐意选择另一只股票,但他还是有意地去接受或承担这些风险。一只股票与另一只股票(事前)升或跌的可能性是一样的,因此这个投资组合的价值下降就不构成损害赔偿金的一部分。但是,任何过度频繁的交易中所产生的佣金收入,还是应该归还给客户[25],因为这最符合最优损害赔偿的精神。在经纪人不当行为的案例中,佣金占到净损失额中的一大部分。佣金是从受害者那里在没有抵消收益情形下的收益让渡(除了不当行为者之外);那将是要求他们放弃以前的计算方法的充分理由。这个理由通过下列事实得到了加强,即过度频繁的交易往往会耗费真实资源——经纪人、交易所以及

---

[24] Chasins v. Smith, Barney & Co. 438 F. 2d 1167(2d Cir. 1971); Perlstein v. Scudder & Geman, 429 F. 2d 1136(2d Cir. 1970).

[25] Costello v. Oppenheimer & Co., 711 F. 2d 1361 (7th Cir. 1983); Arrington v. Merrill Lynch, Pierce, Fenner & Smith, Inc., 651 F. 2d 615(9th Cir. 1981).

过户代理机构的时间。(没有必要将这种损失计算在损害赔偿的单列项目中;经纪人将其当作"自然而然的"成本加以承受,因为他必须从佣金收入中支付它们。)

法院有时会采取一种略微不同的方法。他们认为经纪人必须补偿客户在组合投资价值方面所减少的数量,但是他们要把市场因素去除掉。这样的话,假如这个投资组合价值下降10%,同时市场价格指数(或者一些其他指数)也下降了10%,经纪人就可以因此而免责。因为损失赔偿额仅是涵盖于投资收益下降大于市场价格下降的这一范围内。[26] 从表面上看,在这种情况下,经纪人仅仅是返还客户佣金;而从平均意义上讲,客户的组合投资收益和市场波动是相一致的。当然并非所有的客户,都可以因此而向经纪人提起追诉。这仅在那些投资组合设计比较糟糕、并且低于平均水平、而且经纪人也无法从其他设计出的投资组合中击败市场的客户那里弥补这种损失时,才会发生。尽管法院开始免除经纪人的这种风险,但是这种有关损失的测算方法,还是会迫使经纪人承担一些投资风险。

在审理经纪人不当行为的案件中,法院对市场波动的判断是通过对更大的相类似股票的投资组合相比较的基础之上,并询问如何对这些客户进行投资组合来进行的。假使经纪人为其客户购买了一些高风险的股票,即β系数为2的股票,这个β系数为2的股票上涨(或下跌)幅度大致2倍于市场波动的幅度。为简便起见,假设经纪人把客户全部资产都投资于这种股票,而且市场价格迅速下跌10%,我们预计这只股票将会有20%的下降幅度。假定股票价格下跌了25%,法院将会进行这样的认定:由于相类似股票投资组合下跌了20%,因此可从这只股票的购买价中减去20%,进而来考察该"校正后的购买价格"和出售股票后实现的价格之间的差额以及判给客户的差价之间的差异。这时如果客户需要高风险股票(即上涨和下跌都快于市场波动的股票),即使客户并不想要这个特定股票,法院的这种认定也是合适的。如果客户希望有一个稳定的投资收益,即股票的变动与市场波动同步,或者甚至慢于市场波动的情形,那又该如何呢?在经纪人不当行为案件中,真

---

[26] 参见 Rolf v. Blythe, Eastman Dillon & Co., 637 F. 2d 77 (2d Cir. 1980).

正的问题往往是,经纪人所带给客户的风险高于客户的预期。如果风险就是损失,我们上述的解决方式就无法补偿由于经纪人的过错造成的客户损失。法院应该以比较客户的投资组合与目标风险怎样分级来进行判断,而不是通过比较客户投资组合和另一相似风险的投资组合的收益来进行判断。在我们所给出的例子中,经校正的购买价格仅仅比实际情形低 10%,但损失赔偿则是最初投资价值的 15%。[27]

Rolf 则给出了另外一种解释。尽管其更小一些,也没有切中要害。但法院还是试图使用股票指数来作出粗略的判断,即尽量测算一组股票的平均业绩的情形。然而,不能不指出的是,指数还是有一些众所周知的缺陷,它们往往既不能真正代表整个市场的情况,也无法表明市场和特定股票之间的关系。显然使用市场模型进行校正的方式,比用这种固定套用模式去测算将更为准确。

上述这种解释,实际上暗含了一种在经纪人不当行为案件中更好的净损失测算方法:由经纪人的选择所产生的超额风险方法。用这种方法,法院可以计算出经纪人构建的投资组合的总风险超过客户想要的风险的程度,由于人们承担风险就一定会给付对价,那就暗示作为一种损害赔偿计算方法,用该方法计所算出的结果,实际上就是客户曾经要求承担的超额风险水平。因此法院的判决,就应该基于这种事前认定的超额风险水平,而不能基于事实情形下最后的结果如何。这或许是一个极为棘手的问题,因为它既取决于客户"真正想要"承担的风险有多大(如果是事后的话,客户会说"没有风险"),也取决于最终能诱使客户所愿意承担那种风险补偿有多大。由于这些充满风险的投资组合所带来的回报,实际上就是市场作为整体所

---

[27] Rolf,前注[26],表明法院如何可能会遗漏这一点。经纪人把客户置入一组高风险股票组合状态中,(大部分初建的公司并没有在交易所上市交易)。在不断发生这种不当行为的这段时间里,标准普尔工业指数上升了 9.79 个百分点;标准普尔低定价指数下降 7.5 个百分点。(这些指数之间呈负相关是很少见的,但是却极有可能发生,而且越是不稳定的股票,越有可能发生此类事情。)法院断定由这些经纪人购买的这一揽子股票组合特别像低水平定价指数,并且价格会因此而缩水 7.5 个百分点。这就更说明了客户所需要的是一个安全的投资组合。只要经纪人能够给他一个这样的组合,这组股票就只会增值而决不会贬值。

产生的风险回报,因此其中一些补偿,就已经内生地成为其中不可分割的一部分了;但是这些补偿之间的差别仍是很难区分的。

　　客户给予经纪人自由支配一个证券账户的目的,就是使经纪人能构建一个令人满意的投资组合。由于投资组合的管理是一种技巧性很强的工作,因此客户一般会寻求借用经纪人的专业知识,来打理投资业务。如果经纪人设计的一个投资组合所隐含的风险过大,而事实上这种风险是可以通过分散化的套期保值来释放的,或者通过挑选多种各不相同股票来降低的,在这种情况下,经纪人行为,就可能对客户利益带来损害。更糟糕的是,如果客户因担心经纪人无法构建和设计一个良好的投资组合,客户就会试图更严密地监督经纪人。因为这种风险投资事业的目的,就是要借用经纪人的比较优势来降低成本。但客户的这种监督实际上又构成了另外一种经济代理成本。而我们上面所提到的建立在超额风险之上的补偿,实际上是客户对代理人的过度监控的一个替代,它可以用来测试设计拙劣的投资组合所带来的真实经济损失。

致 谢

我们对公司的理解,在传统上起源于罗纳德·H.科斯(R. H. Coase)的一篇题为《企业的性质》("The Nature of the Firm")的文章,该文最初发表于 4 *Economica* (*n. s.*) 386 (1937),重印于科斯的著作《企业、市场和法律》(*The Firm, the Market, and the Law*)(1988)第 33—55 页。在这篇文章中,科斯首先设问,为什么企业不同于市场?两者的边界在哪里?同时,科斯在其著作第 3—31 页的介绍以及作为 frestchrift 项目一部分的三次讲义中,对此有详细的阐述。参见科斯的文章《企业的性质:起源,意义和影响》("The Nature of the Firm: Origin, Meaning, Influence," 4 *J. L. Econ. & Org.* 3—47(1988))。

我们对科斯理论的特定的阐述形式,在很大程度上得益于 Michael C. Jensen 和 William H. Meckling 的文章《企业理论:经理行为,代理成本和所有权结构》("Managerial Behavior, Agency Costs, and Ownership Structure," 3 *J. Fin. Econ.* 305 (1976))。另外,还有许多著述对于本书也起到了重要的作用,它们包括 Armen A. Alchian and Harold Demsetz, "Production, Information Costs, and Economic Organization," 62 *Am. Econ. Rev.* 777 (1972); Eugene F. Fama and Michael C. Jensen, "Separation of Ownership and Control," 26 *J. L. & Econ.* 301 (1983), 以及 "Agency Problems and Residual Claims," 出处同上; Sanford J Grossman and Oliver D. Hart, "The Costs and Benefits of Ownership: A Theory of Vertical and Lateral Integration," 94 *J. Poi. Econ.* 691 (1986); Henry Manne, "Mergers and the Market for Corporate Control," 73 *J. Pol. Econ.* 110 (1965); Ralph K. Winter, Jr., "State Law, Shareholder Protection, and the Theory of the Corporation," 6 *J. Legal Studies* 251 (1977); Oliver E. Williamson, *The Economic Institutions of Capitalism: Firms, Markets, Relational Contracting* (1985). 还可参见 John W. Pratt and Richard J. Zeckhauser, eds., *Principals and Agents: The Structure of Business* (1985); Nicholas Wolfson, *The Modern Corporation: Free Markets vs. Regulation* (1984); Steven N. S. Cheung, "The Contractual Nature of the Firm," 26 *J. L. Econ.* 1 (1983); Benjamin Klein, Robert G. Crawford, and Armen A. Alchian, "Vertical Integration, Appropriable Rents, and the Competitive Contracting Process," 21 *J. L. Econ.* 297 (1978); Henry B. Hansmann, "Ownership of the Firm," 4 *J. L. Econ. & Org.* 267 (1988).

同时,我们的阐述在很大程度上与 Richard R. Nelson 和 Sidney G. Winter 的 *An Evolutionary Theory of Economic Change* (1982)一书有共通之处。当然,尽管本书是新古典主义的一项分析和运用,而 Nelson 和 Winter 却对这一分析范式质疑有加。自然选择的进程越迅速、越复杂,最终能够在激烈的竞争中胜出的制度或惯例就越发地声名鹊起。公司是经济组织在进化压力之下而形成的组织模式。

当然,对于这一传统见解也不无反对之声,其中有些也构建于经济分析之上。参见 Lucian Arye Bebchuk, "Limiting Contractual Freedom in Corporate Law: The Desirable Constraints on Charter Amendments," 102 *Harv. L. Rev.* 1820 (1989); Jeffrey N. Gordon, "The Mandatory Structure of Corporate Law," 89 *Colum. L. Rev.* 1549 (1989);更多的则奠基于非经济学对这一传统观点的见解,例如 Robert Charles Clark, "Agency Costs versus Fiduciary Duties," in *Principals and Agents: The Structure of Business* 55—79;有时则构建于混杂的论辩之上,参见 Melvin Aron Eisenberg, "The Structure of Corporate Law," 89 *Colum. L. Rev.* 1461 (1989)。我们全书通篇融入了这些反对的观点,对它们作了概览式的述评,而并不试图对某一特定的反对观点详加阐释。

本书的某些部分,已经发表于以下法学院或商学院的工作坊(workshops)里,这些院校是 University of California at Los Angeles, University of Chicago, Columbia University, Cornell University, Georgetown University, Harvard University, University of Michigan, New York University, Northwestern University, University of Pennsylvania, University of Southern California, Stanford University, Swarthmore College, University of Toronto, University of Virginia, and Yale University。对于这些工作坊的参与人员为本书作出的重大贡献,我们深表感谢。同时,我们还收到了数以百计的人发来的评论,虽然我们深怀感激,但却无法一一提及,在此我们要特别感谢 Douglas G. Baird, Walter J. Blum, Dennis W. Carlton, William M. Landes, Henry G. Manne, Bernard D. Meltzer, Richard a,. Posner, Kenneth E. Scott, Steven Shavell 和 George J. stigler.

本书的某些部分来自于我们以前公开发表的文章。第 2 章基于"Limited Liability and the Corporation," 52 *U. Chi. L. Rev.* 89 (1985),ⓒ1985 by the University of Chicago Law Review。第 3 章基于"Voting in Corprate Law," 26 *J. L. & Econ.* 395 (1983),and is ⓒ 1983 by the University of Chicago。第 5 章和第 1 章的部分基于"Corporate Control Transactions," *Yale Law Journal* vol. 91, pp. 698—737,并且获得了 Yale Law Journal Company and Fred B. Rothman & Company 的许可。第 9 章基于"Close Corporations and Agency Costs," 38 *Stan L. Rev.* 271 (1986),ⓒ 1986 by the Board of Trustees of the Leland Stanford Junior University。第 11 章基于 "Mandatory Disclosure and the Protection of Investors," 70 *Va. L. Rev.* 669 (1984),ⓒ1984 by the Virginia Law Review Association。第 12 章基于"Optimal Damages in Securities Cases," 52 *U. Chi. L. Rev.* 611 (1985),ⓒ1985 by the University of Chicago Law Review。对于著作权人允许我们使用这些文章,我们在这里深表谢意。

案例索引

(本索引所标页码为原书页码,本书边码,"n"表示脚注,索引据原文,下同)

Acme Propane, Inc. v. Tenexco, Inc., 307n
Affiliated Ute Citizens v. United States, 333n
Alaska Plastics, Inc. v. Coppock, 245n
Alford v. Shaw, 107n
Allen v. Biltmore Tissue Corp., 236n
Amanda Acquisition Corp. v. Universal Foods Corp., 225n
In re Apple Computer Securities Litigation, 344n
Application of Behrens, 154n
Arrington v. Merrill Lynch, Pierce, Fenner & Smith, Inc., 349n
Astor Chauffeured Limousine Co. v. Runnfeldt Investment Corp., 330n
Auerbach v. Bennett, 106n

Baker v. Commercial Body Builders, Inc., 239n
Bartle v. Home Owners Cooperative, Inc., 55n
Basic, Inc. v. Levinson, 115n, 244n, 309n, 344, 345n
Bateman, Eichler, Hill Richards, Inc. v. Berner, 255
Bell v. Kirby Lumber Corp., 136n, 153n, 156n
Bershad v. Curtiss-Wright Corp., 160n
Blue Chip Stamps v. Manor Drug Stores, 307n
Bostwick v. Chapman, 234n
Broad v. Rockwell Int'l Corp., 91n
Brophy v. Cities Serv. Co., 266n
Brown v. Hendahl's-Q-B & R, Inc., 154n
Brunswick Corp. v. Waxman, 55n
Bruschi v. Brown, 307n, 334n
Business Roundtable v. SEC, 277n
Byrnes v. Faulkner, Dawkins & Sullivan, 332n

In re Cady, Roberts & Co., 261n
Campbell v. Loew's, Inc., 76n
Carpenter v. United States, 255
Cavalier Oil Corp. v. Harnett, 152n, 154n, 157n
Cede & Co. v. Technicolor, Inc., 152n, 154n, 158
Chasins v. Smith, Barney & Co., 349n
Cheff v. Mathes, 129n
Chiarella v. United States, 255, 259–260, 271
City Capital Associates v. Interco, Inc., 164n
Clark v. Dodge, 235–236
Colbert v. Hennessy, 236n
Coleman v. Taub, 136n
Commolli v. Commolli, 247n
Continental Securities Co. v. Belmont, 81n
Costello v. Fazio, 60n
Costello v. Oppenheimer & Co., 349n
CTS Corp. v. Dynamics Corp., 219, 224, 225n, 226

David I. Greene & Co. v. Schenley Industries, 157n
In re Delaware Racing Ass'n, 153n
Deutsch v. Blue Chip Stamps, 136n
Diamond v. Oreamuno, 264n
Dirks v. SEC, 255, 261, 267
Donahue v. Rodd Electrotype Co., 245–247, 250–251
Dower v. Mosser Industries, 136n
E. I. DuPont de Nemours & Co. v. Collins, 126n

Edgar v. MITE Corp, 219, 223–224, 226
Edwards v. Monogram Indus., 58n
Elkind v. Liggett & Myers, Inc., 341–342, 347n

Endicott Johnson Corp. v. Bode, 154n
Escott v. Bar-Chris Construction Corp., 309n
Essex Universal Corp. v. Yates, 134n
Exadaktilos v. Cinnaminson Realty Co., 245n

Feit v. Leasco Data Processing Equipment Co., 309n
Fins v. Pearlman, 126n
Flamm v. Eberstadt, 115n, 244n, 257, 344n
Florsheim v. Twenty Five Thirty Two Broadway Corp., 153n
FMC Corp. v. Boesky, 272
Fogelson v. Thurston Nat. Life Ins. Co., 154n
Freeman v. Decio, 264n

Gabhart v. Gabhart, 136n
Galler v. Galler, 230n, 236
Gay v. Gay's Supermarket, 245n
Gerdes v. Reynolds, 129n
Getty Oil Co. v. Skelly Oil Co., 126n, 140n
Goldbert v. Household Bank, f.s.b., 345n
Goodwin v. Agassiz, 264n
Gottfried v. Gottfried, 245n
Gould v. American-Hawaiian Steamship Co., 332n
Grand Metropolitan PLC v. Pillsbury Co., 164n
Guth v. Loft, Inc., 265n

Hackbart v. Holmes, 315n
Hall v. Trans-Lux Daylight Screen Picture Corp., 77n
Huddleston v. Herman & McLean, 337n

Insuranshares Corp. v. Northern Financial Corp., 129n

Janigan v. Taylor, 334n
Jones v. H. F. Ahmanson & Co., 131–132
Jones v. Williams, 236n

Jordan v. Duff & Phelps, Inc., 244n, 245n, 265
Joy v. North, 107n

Kamen v. Kemper Financial Services, Inc., 106n
Kaplan v. Block, 235n
Kerbs v. California Eastern Airways, 81n

Lehrman v. Cohen, 236n
Levine v. Seilon, 330n
Lochner v. New York, 227n
Long Park, Inc. v. Trenton-New Brunswick Theaters Co., 236n
Lynch v. Vickers Energy Corp., 156n, 157–158, 309n

Macht v. Merchants Mortgage & Credit Co., 65n
Manson v. Curtis, 234n
In re Marcus, 154n
Masinter v. WEBCO Co., 245n, 247n
Matteson v. Ziebarth, 248n
McQuade v. Stoneham, 234n, 235
Meiselman v. Meiselman, 245n
Metlyn Realty Corp. v. Esmark, Inc., 155n, 207n
Michaels v. Michaels, 244, 245
Miller v. Magline, Inc., 245n
Miller v. Register & Tribune Syndicate, 106n
Mills Acquisition Co. v. Macmillan, Inc., 155n, 207n, 208n
Minton v. Cavaney, 55n
Moran v. Household International, Inc., 164n
Mortell v. Mortell Corp., 230n
Myerson v. El Paso Natural Gas Co., 140

Nelson v. Gammon, 134n
Neuman v. Pike, 248n

O'Donnell v. Marig Repair Serv., 245n
Osofsky v. Zipf, 330n

Paramount Communications, Inc. v. Time, Inc., 164n, 206n

Pearlman v. Feldmann, 127–129
Perlstein v. Scudder & German, 349n
Pidcock v. Sunnyland America, 334n
Polikoff v. Dole & Clark Building Corp., 239n

Rabkin v. Phillip A. Hunt Chemical Corp., 158
In re Radom & Neidorff, Inc., 230n
Rafe v. Hindin, 236n
Randall v. Loftsgaarden, 338n
Revlon, Inc. v. MacAndrews & Forbes Holdings, Inc., 164n
Rolf v. Blythe, Eastman Dillon & Co., 350n, 351
Romanik v. Lurie Home Supply Center, Inc., 245n
Rosenblatt v. Getty Oil, 104n, 108n, 152n, 156n, 160n
Rosenfeld v. Black, 133n
Rosenfield v. Fairchild Engine & Airplane Corp., 77n

Schein v. Chasen, 264n
Schnell v. Chris-Craft Industries, Inc., 76n
Schreiber v. Carney, 65n
SEC v. Chenery Corp., 90n
SEC v. MacDonald, 347n
SEC v. Texas Gulf Sulphur Co., 254n
SEC v. Transamerica Corp., 66n
Secon Service System, Inc. v. St. Joseph Bond & Trust Co., 55n
Sepaug Voting Trust Cases, 234n
Sharp v. Coopers & Lybrand, 338n
Siebel v. Scott, 333, 334n
Singer v. Magnavox Co., 135–136, 157–158
Sirota v. Solitron Devices, Inc., 342nn
Smith v. Atlantic Properties, Inc., 248n
Smith v. Van Gorkom, 107–108, 206n
Sporborg v. City Specialty Stores, 156n
Starrels v. First National Bank of Chicago, 106n

Stauffer v. Standard Brands, 157n
Strong v. Repide, 265n

Tanzer v. International Gen. Indus., 136n
Taylor v. Standard Gas & Elec. Co., 60n
Teamsters Local 282 Pension Trust Fund v. Angelos, 307n
Texas Partners v. Conrock Co., 76n
Toner v. Baltimore Envelope Co., 247n
Topper v. Park Sheridan Pharmacy, Inc., 240n
Treadway Co. v. Care Corp., 126n
Tri-Continental Corp. v. Battye, 156n
Tryon v. Smith, 126n
TSC Industries v. Northway, Inc., 85n, 309n

Universal City Studies v. Francis I. duPont & Co., 153n
Unocal v. Mesa Petroleum Co., 126n, 164n, 197, 199–200, 206n

In re Vogel, 236n

Walkovsky v. Carlton, 55n
Warren v. Pim, 234n
Weinberger v. UOP, Inc., 104n, 126n, 136n, 152–153, 154, 157, 158, 159, 309n
Wieglos v. Commonwealth Edison Co., 285n
Wilkes v. Springside Nursing Homes, Inc., 247

Yanow v. Teal Indus., 136n

Zahn v. Transamerica Corp., 138n
Zapata Corp. v. Maldonado, 107n
Zetlin v. Hanson Holdings, 126n
Ziddell v. Diddell, Inc., 245n, 247n
Zion v. Kurtz, 236n
Zobrist v. Coal-X, Inc., 307n

作者索引

Aivazian, Varouj, 248n
Alchian, Armen A., 248n, 355, 356
Amihud, Yakov, 114n, 188n
André, Thomas J., Jr., 76n
Andrews, William D., 127n
Arrow, Kenneth J., 70n
Asquith, Paul R., 200n

Baesel, J. B., 268n
Baker, George F., 202n
Barron, David P., 188n
Baysinger, Barry, 214n, 216
Bebchuk, Lucian Arye, 155n, 185n, 188–190, 207n, 356
Becker, Gary S., 95n, 278n, 320n
Bensen, Tracey G., 56n
Bentson, George, 289n, 314
Berkovitch, Elazar, 188n
Berle, Adolph A., 81–82, 127n, 295n
Binder, John J., 192n
Bishop, Joseph, 105n
Black, Bernard S., 184n, 203–204
Black, Duncan, 70n
Blumberg, Phillip I., 55n, 58n
Booth, James R., 293n
Bradford, C. Steven, 201n
Bradley, Michael C., 102n, 181n, 188n, 200n, 209, 214n
Brealey, Richard A., 18n, 191n
Brett, Jeanne M., 84n
Brickley, James A., 80n, 112n, 210
Brown, Charles, 201n
Brown, Stephen J., 192n
Brudney, Victor, 137, 140, 141, 179
Burnovski, Moshe, 188n
Butler, Henry N., 214n, 216

Card, David, 183n
Carlton, Dennis W., 253n
Carney, William J., 123n, 134n, 136–137, 161n, 169n

Carr, Jack L., 57n
Cary, William L., 129n, 213, 214, 216, 220, 222
Caves, Richard E., 211
Chandler, Alfred D., Jr., 13n
Cheung, Steven N. S., 355
Chirelstein, Marvin, 137, 179
Choi, Dosoung, 210
Clark, Robert Charles, 60n, 74n, 140, 141, 264n, 356
Coase, Ronald H., 17n, 355
Coffee, John, 188n
Comment, Robert, 210
Cooter, Robert D., 217n
Crawford, Robert G., 248n, 355–356
Curzan, Myron P., 88n

Darby, Michael R., 281n
Davies, David G., 72n
DeAngelo, Harry, 71n, 112n, 120n, 139
DeAngelo, Linda, 71n, 112n, 139
DeMott, Deborah A., 106n, 107n
Demsetz, Harold, 172n, 355
Denis, Debra K., 200n
Dent, George W., Jr., 64n
Desai, Anand, 209
Dodd, Peter, 71n, 213n, 214n
Dooley, Michael P., 241, 249n, 250
Douglas, William O., 58n
Downs, Anthony, 66n

Easterbrook, Frank H., 20n, 114n, 176n, 188n, 201n, 226n, 253n
Eckbo, B. Espen, 203n
Eisenberg, Melvin, 129n, 161n, 214n, 234n, 356
Ekelund, Robert B., Jr., 44n
Elton, E., 191n

Fama, Eugene F., 95n, 355
Finnerty, J. E., 268n

作者索引 369

Fischel, Daniel R., 64n, 72n, 102n, 107n, 155n, 188n, 253n, 344n
Fishman, Michael J., 289n

Gay, Robert S., 211
Getman, Julius G., 84n
Gilson, Ronald J., 18n, 64n, 164n, 188–190, 215n
Goetz, Charles, 94n, 105n
Goldberg, Stephen B., 84n
Gordon, Jeffrey N., 64n, 123n, 356
Grossman, Sanford J., 19n, 71n, 114n, 174n, 283n, 355
Gruber, Martin J., 191n

Hackl, Jo Watson, 210
Hackney, William P., 56n
Haddock, David D., 166n, 262n
Hagen, Willis W., II, 266n
Hagerty, Kathleen M., 289n
Halpern, Paul J., 42n
Hamilton, Robert W., 56n, 126n
Hansmann, Henry B., 356
Hart, Oliver, 71n, 114n, 174n, 355
Hazen, Thomas Lee, 315n
Herman, Jeanne B., 84n
Hetherington, John A. C., 240–241, 249n, 250
Hillman, Robert M., 249n
Hirschey, Mark, 257n
Hirschman, Albert O., 83n
Holderness, Clifford G., 112n, 139

Israels, Carlos D., 249n

Jackson, Thomas H., 60n
Jacobs, Arnold S., 315n
Jaffee, Jeffrey F., 268n
Jarrell, Gregg A., 64n, 71n, 112n, 210, 272n, 278n, 312
Jennings, Richard W., 127n
Jensen, Michael C., 113, 114n, 200n, 210, 355

Kahan, Marcel, 155n, 207n
Kamma, Sreenivas, 210
Kanda, Hideki, 151–152, 153
Kaplan, Stephen, 112n
Karni, Edi, 281n

Karpoff, Jonathan M., 210
Keown, Arthur J., 268n
Khanna, Naveen, 188n
Kim, E. Han, 200n, 209
Klein, Benjamin, 94n, 248n, 319n, 355
Knoeber, Charles R., 94n, 319n
Kornhauser, Lewis A., 123n
Kraakman, Reinier, 18n, 164n
Krendl, Cathy S., 58n
Krendl, James R., 58n
Kripke, Homer, 278n
Kronman, Anthony T., 94n

Laffont, Jean-Jacques, 184n
Landers, Jonathan, 50n
Lang, Larry H. P., 202n
Lease, Ronald C., 71n, 72n, 80n
Leffler, Keith B., 94n, 319n
Leftwich, Richard, 213n, 214n
Lehn, Kenneth, 64n, 172n, 210
LeRoy, Stephen F., 19n, 191n
Levmore, Saul, 151–152, 153
Levy, Haim, 71n
Lichtenberg, Frank R., 211
Lipton, Martin, 179n
Lorie, James H., 268n

Macey, Jonathan, 107n, 126n, 166n, 217n, 262n, 279n, 344n
Makowski, Louis, 120n
Malatesta, Paul H., 80n, 210
Manne, Henry J., 43, 174n, 273n, 278n, 355
Manning, Bayless, 147–149
Marais, Lavrentius, 68n, 112, 139, 200n
Matthewson, G. Frank, 57n
McAfee, R. Presgon, 184n
McChesney, Fred S., 126n, 166n
McConnell, John J., 71n, 72n, 200n, 202n
McMillan, John, 184n
Means, Gardiner C., 81–82, 127n, 295n
Meckling, William H., 355
Medoff, James L., 201n
Meiners, Roger E., 44n
Meulbroek, Lisa K., 202n
Mikkelson, Wayne H., 71n, 72n, 210
Milgrom, Paul, 184n, 283n

Miller, Geoffrey, 107n, 217n, 279n, 344n
Miller, Merton H., 176n
Mitchel, Mark L., 202n, 210
Modigliani, Franco, 176n
Mofsky, James S., 44n
Muhlerin, J., Harold, 202n
Muris, Timothy J., 248n
Murphy, Kevin M., 94n
Muscarella, Chris J., 202n

Neiderhoffer, Victor, 268n
Nelson, Phillip, 281n
Nelson, Richard R., 356
Netter, Jeffrey, 64n, 112n, 202n, 210, 211

O'Hara, Maureen, 71n
Olson, Mancur, 66n
O'Neal, F. Hodge, 239n, 241n, 249n

Painter, William H., 234n
Paulus, John D., 211
Pearse, Douglas, K., 18n, 192n
Pelesh, Mark L., 88n
Peltzman, Sam, 278n
Penman, Stephen H., 268n
Penny, Michael, 248n
Pepall, Lynne, 120n
Phillips, Susan E., 310
Pinkerton, John M., 268n
Plott, Charles R., 257n
Posner, Richard A., 50, 215–216, 240n, 278n, 281n
Poulson, Annette B., 64n, 71n, 202n, 210, 272n
Pound, John, 71n, 84n, 211

Rasmusen, Eric, 72n
Reich, Robert B., 175n
Rice, Edward M., 112n, 139
Ritter, Jay R., 278n
Roberts, John, 283n
Roley, V. Vance, 18n, 192n
Roll, Richard, 184
Romano, Roberta, 201n, 213n, 214n, 216, 220, 221n, 279n
Rosenzweig, Michael, 169n, 181n, 200n
Ruback, Richard S., 64n, 71n, 210

Rubinfeld, Daniel L., 217n
Ryngaert, Michael, 211

Schaefer, Elmer J., 149n
Schenk, Alan, 149n
Scherer, F. M., 211
Schipani, Cindy A., 102n, 214n
Schipper, Katherine, 68n, 112n, 139, 200n
Schleifer, Andrei, 126n
Scholes, Myron S., 153n
Schulman, Steven H., 149n
Schumann, Laurence, 211
Schwartz, Alan, 123n, 185n, 186, 188n
Schwartz, Donald, 85n
Schwert, G. William, 192n
Scott, Kenneth E., 103n, 215–216
Scott, Robert E., 94n
Seligman, Joel, 64n, 277n
Seyhun, H. Nejat, 268n
Shanks, Carrol M., 58n
Sheehan, Dennis, 112n, 139
Siegal, Donald, 211
Simon, Carol J., 312
Smith, Abbie, 68n, 112n, 139, 200n, 202n
Smith, Adam, 8
Smith, Clifford W., Jr., 68n, 80n, 91n
Smith, Richard L., II, 293n
Sowell, Thomas, 19n
Statman, Meir, 122n
Stein, B. R., 268n
Stigler, George J., 95n, 278n, 312
Stiglitz, Joseph E., 19n
Stillman, Robert, 203n
Stone, Christopher D., 50n
Stout, Lynn, 153n
Stulz, René M., 202n
Sunder, Shyam, 257n

Telser, Lester G., 75n, 94n, 319n
Testani, Rosa Anna, 210
Thompson, Robert B., 239n, 315n
Tirole, Jean, 184n
Tollison, Robert D., 44n
Treblicock, Michael J., 42n, 248n
Turnbull, Stuart, 42n

Verrecchia, Robert E., 19n

Vishny, Robert W., 126n
Vogel, David, 85n

Walkling, Ralph A., 80n, 202n
Warner, Jerold B., 68n, 71n, 91n, 192n, 210
Warren, Gilbert Manning, III, 219n
Watts, Ross L., 289n
Weintrop, Joseph, 210
Weiss, Elliot J., 85n, 102n, 134n, 161n, 214n
White, Lawrence J., 102n, 214n
Wier, Peggy, 203n

Williamson, Oliver E., 13n, 94n, 248n, 319n, 355
Winter, Ralph K., Jr., 213–215, 216, 218n, 355
Winter, Sidney G., 356
Wizman, Thierry A., 200n
Wolfson, Nicholas, 278n, 355
Wruck, Karen H., 202n

Zaima, Janis K., 257n
Zecher, J. Richard, 310
Zimmerman, Jerold L., 289n

总索引

Agency costs 代理成本, 9—11, 14—15, 69; and managers 和经理人, 38, 217—218; and voting 和投票, 73—74, 74—76, 87—88; and fundamental corporate changes 和公司的重大变更, 79—80; and fiduciary duties 和信义义务, 91—93; and control transactions 和控制权交易, 112, 113—117; and corporate opportunities 和公司机会, 141; and tender offers 和要约收购, 171—173

Amendments. 修订 See Voting

Antitakeover laws 反收购法: effect of 效果, 197—198; first generation 第一代, 219; second generation 第二代, 219; third generation 第三代, 219; and Wisconsin 和威斯康星州, 219; and Delaware 和特拉华州, 219, 222—223; motivations for having 拥有的动机, 219—222; and the Commerce Clause 和商务条款, 225—227

Appraisal 估价, 139, 241—242; and Delaware law 和特拉华州法律, 139, 145n, 150n, 152, 153—158; functions of 功能, 145—147; and stock market exception 和股票市场例外, 149—152; exclusivity of 排他性, 157—160; and injunctions 和禁令, 158—159; and damages 和赔偿金, 158—159; and fraud 和欺诈, 159—160

Articles of incorporation 公司章程, 6, 16

Auctions 拍卖, 27—28, 187—190, 194—195, 204—205, 221

Audits 审计, 282, 283, 289—290

Background terms 备用条款, 14—15

Bankruptcy 破产, 48—49, 69

Board of directors 董事会, 2, 3, 64; classified boards 分类表决的董事会, 72。See also Directors

Business judgment rule, 2, 93—100, 163—164; and fraud 和欺诈, 98; and risk 和风险, 99—100; and informed decisions 和合情合理的法定, 107—108; in Delaware 在特拉华州, 107—108; and close corporations 和封闭公司, 243—245。

Capital asset pricing model 资本资产定价模型,191—193,327—329

Charter amendments 章程修订,33。See also Voting

Class action lawsuits 集团诉讼,306

Classified board of directors 分类表决的董事会。See Board of directors

Close corporation 封闭公司,13,55—56,228—230,237—238;and piercing the corporate veil 和揭开公司面纱,55—56;and risk 和风险,229,232—233;and specialization 和专业化,229;and agency costs 和代理成本,229—230,233—234;and lack of a share market 和股份市场的缺失,230—231;and rent-seeking 和寻租,234;and contractual arrangements 和合同安排,234—236;and default rules 和默认规则,236—238,251—252;and dissolution 和解散,238—243;and fiduciary duties 和信义义务,238,243—248,249;and buyout rights 和买断权,241—243,249;and business judgment rule 和商业判断原则,243—245;and optimal damages 和最优损害赔偿,331

Coase Theorem 科斯定理,51,141,240,337。See also Third-party effects

Commerce Clause 商务条款,301—302;and antitakeover laws 和反接管法律,225—227

Common law fraud 普通法上的欺诈。See Fraud

Conflict of interest 利益冲突。See Duty of loyalty

Conglomerates 集团公司,177

Control blocs 拥有控制权的大宗股份,sale of 出售,126—129

Control structure 控制权结构,changes in 变化,131—132

Control transactions 控制权交易,109,111,112—117;and agency costs 和代理成本,112,113—117;costs of 成本,115—116;and unequal division of gains 和收益的不平等分配,117—124

Corporate contract 公司合同,15—22,35;evolution of 演进,6—7,31—32;protecting contracting parties 保护合同各方,22—25;difficulty in enforcing 执行的困难,26—27;and investor mistakes 和投资者的错误,30—32;and regulation 和规制,167—168;and fiduciary principles 和信义原则,168

Corporate opportunities 公司机会,115,140—142

Corporate opportunity doctrine 公司机会学说,17,265

Corporation:nature of 公司:性质,10,11;entity theory of 实体理论,11—12。See also Conglomerates;Holding companies

Cumulative voting 累积投票。See Voting

Damages 赔偿金,315—316,317—319。See also Optimal damages

Debt:and equitable subordination 债务:和衡平居次原则(又称深石原则),59n; tax advantages of 税收优惠,114;and tender offers and debt 要约收购和债务, 175—177,198—199,200;and lemon markets 和柠檬市场,282,283

Debtholder covenants 债务人契约,6,51,68,181

Delaware:and piercing the corporate Veil 特拉华州:和揭开公司面纱,54n;and voting 和投票,63n,64n,65n,77n,79n,81n;and indemnification and insurance 和补偿以及保险,105n;and the business judgment rule 和商业判断准则,107—108;and freezeouts 和排挤,135—136;and appraisals 和估价, 139,145n,150n,152,153—158;and tender offers 和要约收购,164—166, 205—208;and incorporation 和公司组建,212—213,216—217;and antitakeover laws,和反接管法律 219,222—223

Delaware block method 特拉华州大宗股份方法。See Valuation

Derivative suits 派生诉讼,100—102,105—106

Directors:inside 董事:内部的,2;outside 外部的,2;tenure of 的任期,76—79。 See also Board of directors

Disclosure:and free-rider problems 披露:和搭便车问题,291;private methods of,私力途径,296。See also Mandatory disclosure

Diversification of risk 风险的分散。See Risk

Dividends, pro rata distribution 按比例分配,143—144

Division of labor 劳动分工,11

Duty of care 注意义务,103,109,134—135。See also Fiduciary duties

Duty of loyalty 忠实义务,3,25,103—105,109,134—135。See also Fiduciary duties

Earnings value method 收益估值方法。See Valuation

Equal opportunity rule 平等机会规则,245—247,249

Equal treatment of shareholders 股东待遇平等,110—111

Evolution of efficient corporate contracts 富有效率的公司合同的演进,6—7,31—32,166—167

Externality 外部性。See Third-party effects

Fair value 公平价值。See Value

Federal securities laws 联邦证券法,276—280;and fraud 和欺诈,285—286。See also Williams Act

Fiduciary duties 信义义务 132,134; and agency costs 和代理成本,91—93; and equal treatment of shareholders 和股东的平等待遇,110—111; and Rule 10b—5 和 10b-5 规则,269—270。See also Duty of care; Duty of loyalty

Firm-specific investments,公司专用性投资 97

Flip-in 折价购己方公司新发股票

Flip-over 折价购对方公司新发股票

Fraud 欺诈,23,58; and business judgment rule 和商业判断原则,98; and appraisal 和估价,159—160; and lemon markets 和柠檬市场,280—283; and enforcement 和实施,284; and federal securities laws 和联邦证券法律,285—286; at common law 普通法上的,302; and risk 和风险,302

Free-rider problems 搭便车问题,47,48,78,172

Freezeouts 排挤,118,134—139,151; in Delaware 特拉华州,135—136

Fundamental corporate changes 公司的重大变更,79—80

Governance structure of corporation 公司治理结构 7,17,20,21

Greenmail 绿邮(讹诈),165,197

Holding companies 控股公司,131

Holdout problems 敲竹杠问题,159,179—180

Holdup problems 敲竹杠问题,101,158

Indemnification for corporate officers 公司管理人员的补偿问题,105

Information: concealing of 信息:隐藏的,27—28; markets in 市场的,96—97; as a public good 作为公共产品的,287—288; and intermediaries 和中介组织 292—293; and competition among states 和各州之间的竞争,95—296,300—302; and mandatory disclosure 和强制性的披露,298—300。See also Inside Information

Injuctions 禁令,158—159

Inside Information 内幕信息,254—256。See also Information

Inside trading: and stock prices 内幕交易:和股票价格,256—257,271—272; as management compensation 作为管理层补偿机制的,257—259; as theft 作为盗窃行为的,259—260,270; and moral hazard 和道德风险,260; and risk aversion 和风险厌恶,260—261; and unfairness 和不公平,261; and the Coase

Theorem 和科斯定理，262—263；and public enforcement 和公力实施（执行），263—264；under common law 在普通法之下的，264—266；and the corporate opportunity doctrine 和公司机会学说，265；and Rule 10b-5 和 10b-5 规则，266—272，274；and optimal damages 和最优损害赔偿，345—348

Insurance for corporate officers 为公司管理人员的投保，105

Interest group legislation 利益集团立法，216—217，277—279

Interstate Duty Clause 跨州关税条款，301—302

Intrinsic value 内在价值。See Value

Last-period problems 最后任期问题，169—170

Latecomer terms 后续条款，32—34，161

Lawsuits 诉讼。See Class action suits; Derivitive suits

Lemon markets 柠檬市场，280—283

Leverage 杠杆效应，effect of 的效果，175—177

Leveraged buyout 杠杆收购，114，139，202—203

Limited liability 有限责任，11；of non-equity holders 非股权持有者的，40—41，44—47；benefits of 的利益，41，44；and insurance 和保险，47—49，53—54；and voluntary creditors 和自愿债权人，50—52，59；and involuntary creditors 和非自愿债权人，52—54，59

Liquidity problems 流动性问题，241

Lock-up options 锁定选择权，165

Looting 掠夺，129—131，207—208. See also Theft

Management buyout 管理层收购，114，138—139，202—203

Managers：and compensation 经理人：和薪酬，5，141—142，257—259；and agency costs 和代理成本，38，217—218；liability of 的有限责任，61—62，340—341；and incentives 和激励，68，69；and tender offers 和要约收购，173—174；and inside trading 和内幕交易，257—259

Mandatory disclosure 强制性披露，25—26，286，288—290；and information production 和信息产品，298—300；and standardization 和标准化，303—304；and interstate firms 和州际公司，304—305；and intrastate firms 和州内公司，304—305；and historical facts 和历史事实，304—306；and nonstandard disclosure 和非标准化的披露，306—307；and prior review 和事先审查，307；and safe harbors 和安全港，308；and material omissions 和重大遗漏，308—309；

costs and benefits 成本和收益, 310—314。See also Disclosure

Mandatory insurance 强制性保险, 60—61

Mandatory terms 强制性条款, 25

Market price method 市场价格方法。See Valuation

Mergers 兼并, 67, 118。See also Leveraged Buyout; Management buyout; Takeovers; Tender offers

Miller and Modigliani Theory MM 定理, 176

Minimum-capitalization requirements 最低资本金要求, 60

Monitoring 监控,监督, 9, 10, 11, 45—46, 69, 79—80, 84, 91—92, 114, 171—173, 188—189

Moral hazard 道德风险, 49, 50, 58, 59, 61; and inside trading 和内幕交易, 260

Nexus-of-contracts theory of corporations 公司是合同的联结的理论, 8—11, 12, 14, 90—91, 163

Optimal damages 最优损害赔偿, 316—317, 320—323; net harm rule 净损失规则, 320, 322—326; and liquid markets 和流动性市场, 326—329; benefit-of-bargain damages 协议利益赔偿, 329—331; and consumers' surplus 和消费者剩余, 330—331; and close corporations 和封闭公司, 331; and consequential damages 和具有因果关系的损害, 331—332; and punitive damages 惩罚性赔偿, 332—333; and plaintiff's loss 原告的损失, 333—335, 341—343; and defendant's gain 和被告的所得, 333—335, 341—343; for fraud in the issuance of securities 证券发行中的欺诈, 335—339; and close corporations 和封闭公司, 338—341; and traded corporations 和被交易的公司, 338, 341—342; for fraud in the after market 就二级市场的欺诈所作的(赔偿), 339—344; manager liability 经营责任, 340—341; for fraud on the market 就市场欺诈所作的(赔偿), 344—345; for inside trading 就内幕交易所作的(赔偿), 345—348; for brokers' misconduct 就经纪人的不当行为所做的(赔偿), 348—352。See also Damages

Pareto optimality 帕累托最优, 126, 145

Partnerships 合伙, 143; and close corporations 和封闭公司, 249—252

Piercing the corporate veil 揭开公司面纱, 54—55; and Delaware law 和特拉华州法律, 54n; and close corporations 和封闭公司, 55—56; subsidiaries 子公司,

56—57；contracts 合同，58—59；torts 侵权，58—59；undercapitalization 资本金不足，59

Poison pill 毒丸，27，164，196—197，198，204—206

Political system 政治系统，comparison with corporate system 与公司系统的比较，76—79，81，85

Preferred stock 优先股，64，69，72

Price of stock 股票价格，17—22，23—24，42，136—138，146—147，171，191—193；and errors 和错误，19—20；and inside trading 和内幕交易，256—257，271—272；informed traders 知情的交易者，293—294

Privileges and Immunities Clause 优惠和豁免条款，301—302

Professional investors 职业投资者，18—19，31

Proxies 代理，63，65；federal regulation of 联邦法律的，81—86；shareholders proposals 股东议案，85—86

Proxy contents 代理权竞争，33，71，77—79，83；and misrepresentation 和虚假陈述，85；and increased disclosure 和强化的披露，86—87；and increased access 和增加了的方式，87—88；and institutional investors 和机构投资者，88—89

Public confidence in markets 市场的公信力，296—297

Quorum 法定人数，3，64，65

Ratification by directors and shareholders 董事和股东的批准，104—105

Recapitalization with dual-class stock 通过双重股权以改变公司资本结构，197

Regulation 规制，1，7；of inputs 投入，62；compared with markets 与市场的比较，302—303

Rent-seeking 寻租，119，125

Repeat transactions 重复交易，95—96

Risk：and diversification 风险：和分散化，29—30，122—124；firm-specific 企业专用的，53—54；and business judgment rule 和商业判断原则，99—100；systematic and unsystematic 系统性和非系统性，121—123；and fraud 和欺诈，302

Risk aversion 风险厌恶，29，47，53，120—123，209；and inside trading 和内幕交易，260—261

Risk-return tradeoff 风险—收益的权衡，44，51，120—123

Rule 10b-5：and inside trading 10b-5 规则：和内幕交易，266—272，274；materiality 重大性, 267—269; fiduciary duty 信义义务, 269—270; the proper plaintiff 适格的原告, 270—271; scienter 故意, 343

Rule 19c-4 19c-4 规则, 277n

Rule 147 147 规则, 304

Rule 175 175 规则, 285, 299, 306

Sale of office 出售职位, 132—134

Sale of votes 出售投票权, 65, 74—76

Section 16: and inside trading 第 16 节：和内幕交易, 272—275; reporting requirements 报告的要求, 273; short-swing profits 短线利润, 273—276; short sales 短线交易, 274—275

Shareholder ratification 股东的批准, 81; of waste 和浪费 33,

Shareholders proposals 股东的议案。See Proxies

Shark repellants 驱鲨剂, 80, 202, 204, 206

Single-owner standard 单一所有者标准, 185—187, 204—205

Stock exchanges 股票交易所, 294—295

Stock, nature of 股票性质, 10—11, 42

Subsidiaries 分支机构, 56—57

Takeovers 收购, 33, 76, 96。See also Leveraged buyout; Mergers; Tender offers

Taxes 税收, 250, 251; and debt 和债务, 114; and tender offers 和要约收购, 184, 202—203

Tender offers 要约收购, 26—29, 67, 70—71, 118—119, 162; and Delaware 和特拉华州, 164—166, 205—208; and agency costs 和代理成本, 171—173; and market mistakes 和市场错误, 177—178, 183—184, 199, 201—202; two-tiered tender offers 双层要约收购, 179—181, 199—200, 207—208; and labor 和劳动力, 181—183, 201; and monopolies 和垄断, 184, 203; and taxes 和税收, 184, 202—203; hubris 骄傲自大, 184—185, 203—204; gains to target shareholders 目标公司股东的收益, 194—i95; gains to bidder shareholders 投标公司股东的收益, 195—196; defenses 抵制, 196—197

Theft 盗窃, 125; and inside trading 和内幕交易, 259—260. See also Looting

Third-party effects 第三方效应, 17, 23, 25—27, 34, 39, 53, 170—171, 290—292, 300。See also Coase Theorem

Transaction costs 交易成本。See Agency costs; Coase Theorem

Transaction-specific investments 交易专用性投资, 97
Transfer prices 转移价格, 8
Treasury shares 库存股份, 3
Truth on the market 市场真相。See Fraud

Ultra vires doctrine 越权学说, 102—103
Unanimity requirements 要求一致通过, 248
Unsophisticated investors 不老练的投资者, 297—298

Valuation: Delaware block method 估值:特拉华州的加权平均法, 153—157。206; market price method 市场价格方法, 154—155; asset value method 资产估值方法, 156—157; earnings value method 收益估值方法, 155—156
Value: fair 价值:公平的, 152—153; intrinsic 内在的, 206—207
Vertical integration 垂直一体化, 8
Voting 表决, 6, 33; and charter amendments 和章程修改, 33; and Delaware law 和特拉华州法律。63n, 64n, 65n, 77n, 79n, 81n, cumulative voting 累积投票, 63, 64, 73; rules and practices 规则和实践, 63—65; supermajorities 绝对多数, 64, 73, 164, 196; voting trusts 投票权信托, 65, 73—74, 131
Voting and collective action problems 投票和集体行动问题, 66—67, 68, 70, 75, 78, 79—80, 81, 83, 87, 105; and residual claims 和剩余索取权, 67—70, 73; agency costs 代理成本, 73—74, 74—76, 87—88; fundamental corporate changes 公司的重大变更, 79—80; optional shareholder voting 可选择的股东投票权, 80—81; comparison with union elections 与协会选举的对比, 83—84; pass-through voting 直接投票, 89

Williams Act《威廉姆斯法案》, 27, 165, 168, 198, 255; and antitakeover laws 和反接管法律, 223—225
Wisconsin and antitakeover laws 威斯康星州和反收购法律, 219
Wealth maximization 财富最大化, 37—39